LAURA
ASHLEY

Dekoratives Wohnen

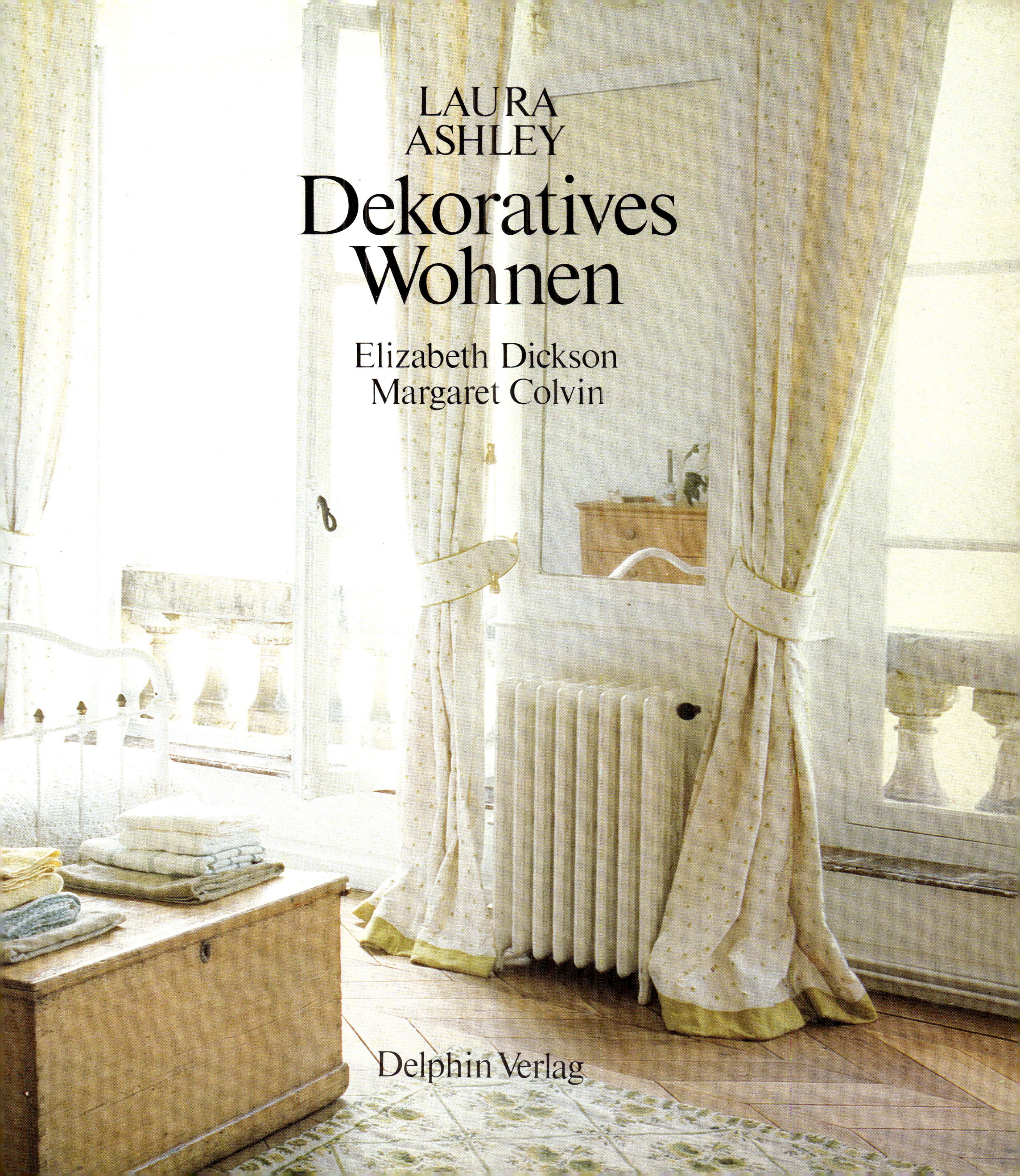

LAURA ASHLEY

Dekoratives Wohnen

Elizabeth Dickson
Margaret Colvin

Delphin Verlag

Originaltitel:
*The Laura Ashley Book of
Home Decorating.*

Satz: R. & J. Blank GmbH, München.

ISBN 3.7735.5150.9

Produced by Mancarin Publishers
Limited, Hong Kong.

Printed in Hong Kong.

Inhalt

Elizabeth Dickson

Planen Sie Ihr Heim!

Margaret Colvin

Dekorieren, Kissen, Polster

Vorwort – Laura Ashley daheim

Kein Heim auf der Welt gleicht dem anderen – denn jeder arrangiert die Dinge nach eigenem Geschmack. Bei der Planung unserer Kollektionen berücksichtige ich die Faktoren, die für die meisten Wohnungen und Häuser zutreffen, beispielsweise geschichtlicher Hintergrund und Vorliebe für einheimische Kunst. Fast jeder von uns hat ein oder mehrere Möbelstücke aus früherer Zeit um sich und lebt mit alten Büchern, Porzellan und Bildern. Dies alles beeinflußt natürlich stark die Auswahl der Muster für unsere Kollektionen und wir bemühen uns, sie so zeitlos wie möglich zu gestalten.

Je verblaßter die Räume sind und je weicher in den Konturen, desto schöner empfinde ich sie. Ich sehne mich nach einem neu ausgeschmückten Zimmer, um dort »zur Ruhe zu kommen«. Handgemachte Patchworkarbeiten und Stickereien, Flickenteppiche, Unmengen von Spitzen und weißes gestärktes Leinen (dazu altmodische Bügeleisen) sind meine ganze Wonne. Ich hatte eine Vorliebe für Fußböden aus Schieferplatten, die unempfindlich sind gegen Gummistiefel und auf denen sich Hunde und Kinder herumtummeln konnten, gleichzeitig aber gelang es mir immer wieder, die Tradition eines gepflegten Speisezimmers und die wohltuende Ruhe behaglicher Schlafräume zu erhalten. Diese Dinge sind es, die ein Wohnmilieu zum Heim machen.

Zahlreiche Fotografien in diesem Buch stammen aus meinen Familiendomizilen – angefangen beim Haus im walisisch-viktorianischen Stil über die Schneiderwerkstatt aus dem 17. Jahrhundert und die abgelegene Waliser Bergfarm bis hin zum Haus im Londoner Regency-Viertel. Heute lebe ich in einem französischen Château aus dem 18. Jahrhundert. Jede dieser Heimstätten habe ich mit viel Freude eingerichtet, wobei ich dabei eher zum Praktischen neige als zur reinen Dekoration. Der Gesamteindruck ist mir wichtiger als makellose Perfektion. Obwohl ich den schlichten Landhausstil liebe, habe ich mich mit Begeisterung an kompliziert verarbeitete Gardinen und Raffrollos herangewagt – mit Resultaten, die – gelinde ausgedrückt – erstaunlich waren. Letztendlich ist es meiner Meinung nach nicht die Machart, die zählt, sondern das Gespür für derlei Dinge.

Dieses Buch soll dazu beitragen eine Brücke zu schlagen über die Kluft zwischen den überreich gefüllten Regalbrettern der Innendekorationsgeschäfte und den kahlen Räumen oder der verblühten Ausschmückung Ihres Heims. Gardinen oder Rollos? Tapeten oder Farbanstrich? Welche Drucke und Farben würden passen? Fragen über Fragen! Der erste Teil des Buches bietet Ihnen reichhaltige Anregung für die Ausstattung Ihrer Räume in einer Vielfalt von Stilrichtungen. Vielleicht haben Sie aber auch bereits eine Vorstellung davon, wie alles aussehen soll, wissen aber nicht, wie Sie Ihr Vorhaben verwirklichen können. Zu diesem Zweck finden Sie im zweiten Teil des Buches Vorschläge zum Dekorieren und Arbeitsanleitungen für Polster, Kissen und Vorhänge, die im ersten Abschnitt abgebildet sind. Meine Mitarbeiter und ich hoffen, daß Ihnen dieses Buch manche vergnügliche Stunde bereitet und dazu beiträgt, Ihr Zuhause in ein behagliches Heim zu verwandeln. . .

Laura Ashley

Links oben: Laura und Bernard Ashleys Heim aus dem 18. Jahrhundert in Picardy, Frankreich.
Oben: Die Bibliothek. Die Dekorationen wurden von Bernard Ashley ausgesucht.
Rechts: Ein Blick in den Salon mit den wunderschönen alten Stuckverzierungen über Kamin und Türen.
Ganz rechts oben: Das Speisezimmer und (oben Mitte) ein fertig gedeckter Tisch für ein zwangloses Frühstück im ehemaligen Spielzimmer. Wie diese Fotos zeigen, sehen Laura Ashleys zeitlose Muster und sanfte Farben in einer vollendet gestalteten konventionellen Umgebung ebenso gut aus wie in einem schlichten Landhaus oder in einer Stadtwohnung.

Planen Sie Ihr Heim!

Das Geheimnis des Stils

Wie immer Sie Ihr Heim auch gestalten – die Art und Weise, in der Sie es einrichten und ausschmücken, ist der natürliche und sichtbare Ausdruck Ihrer individuellen Lebensart. Ihr persönlicher Stil ist eng verknüpft mit Ihrer Lebenseinstellung. Er spiegelt unzweideutig Ihre Persönlichkeit wider – ähnlich wie Ihre Handschrift dem Leser Hinweise auf Ihre Person vermittelt.

So wie sich dem Zuhörer am Klang Ihrer Stimme Ihre augenblickliche Gefühlslage mitteilt, oder der Ausdruck Ihrer Augen dem aufmerksamen Beobachter einen flüchtigen Blick in Ihr wahres Inneres gewährt, erlaubt die Art, in der Sie Ihre Umgebung gestalten, Einblick in Ihren Charakter.

Manch einer mag vielleicht auf die eine oder andere Weise den Stil eines anderen Menschen übernehmen – ganz einfach weil er ihn bewundert, oder weil er sich ein wenig nach dessen Lebensart oder Veranlagung sehnt. Andere wieder kopieren ohne viel nachzudenken unbekümmert die Art, in der irgend jemand sein Reich gestaltet oder wie er sich kleidet. Im Grund genommen überlagert man so die eigenen Vorstellungen mit den Ideen anderer – sei dies nun eine dünne, kaum wahrnehmbare Schicht oder eine glänzende, leicht rissig werdende Politur.

All dies schadet nicht, so lange Sie dabei Ihre eigenen Vorstellungen im Hinblick auf Gestaltung und Ausschmückung, auf Kleidung oder selbst auf Zubereitung und Anrichten einer Mahlzeit nicht brachliegen lassen. Wer seine eigene Lebensart nicht zur Entfaltung bringt, dessen ungenützte Kräfte verkümmern wie vernachlässigte Zuneigung oder eine Pflanze, der Licht und Wasser fehlen. Lebensstil muß – wie jede andere Begabung auch – gehegt und gepflegt werden.

Kaum ein Stil ist vollkommen neu; so ziemlich alles, was wir betrachten und tun, hat seine Vorbilder in der Vergangenheit. Beruhen die akkuraten Proportionen eines Kinderlaufstalles aus Holz nicht auf denselben klassischen Linien, die Grundlage des antiken, marmornen Parthenon waren?

Mag sein, Sie verspüren das Verlangen, etwas weit Schwierigeres zu unternehmen als nur die ansprechenden Ideen eines anderen Menschen schlicht nachzuahmen. Anders gesagt, Sie möchten sich vielleicht an das mühsame Vorhaben heranwagen, die besondere, nicht greifbare Atmosphäre einzufangen, die eine andere Person um sich herum entstehen läßt. Bis auf wenige Ausnahmen aber ist der Versuch, jenes bestimmte Etwas, jenes geheimnisvolle Flair, das ein anderes Individuum besitzt, festzuhalten und für sich selbst zu kopieren, reine Zeitverschwendung. Weit lohnender ist der Versuch, das was einem gefällt mit anderen Mitteln umzusetzen.

Entwickeln Sie eigenen Stil

Wer Stilgefühl besitzt, wird vermutlich da erfolgreich sein, wo er die Stimmung oder die Erfahrung eines anderen Menschen durch sein eigenes, selbst gewähltes Medium zum Ausdruck bringt. So wird beispielsweise ein begabter Komponist die Eigenart der Verse eines Dichters durch seine eigene Melodie in seiner Weise interpretieren, während eine Modeschöpferin Farben und Geist eines Gemäldes, von dem sie beeinflußt ist, vielleicht sogar unbewußt in ihren Entwürfen umsetzen wird. Dieses Vorgehen bringt viel mehr und ist befriedigender als das Bemühen, einen Stil so wie er sich darbietet, zu reproduzieren, ohne daß der Nachahmer dabei seine eigene Phantasie im geringsten strapaziert.

Was ist das nun, was wir als ›Stil‹ bezeichnen und das so schwer zu definieren ist? Stil ist das, was bleibt, während Modetorheiten und Trends, Formen und Vorstellungen sich verschieben oder allmählich in Vergessenheit geraten. Ein angesehener Modeschöpfer – vielleicht der großartigste, den es je gab – ein Mensch, der von Lebensart einiges verstand, soll einmal bemerkt haben: »Mode vergeht, Stil bleibt«.

Versuchen wir einmal, die wesentlichsten Punkte festzuhalten. Zunächst einmal – Stil ist beständig. Trends steigen auf und ziehen, leuchtenden Kometen gleich, vorüber. Vielleicht erscheinen sie Jahrzehnte später einigen wieder, die zur rechten Zeit am rechten Ort sind, ehe sie schließlich verglühen und für immer verschwinden. Mode wird aufgenommen und wieder fallengelassen, manche Richtungen gehen klanglos für immer in der Versenkung unter, andere tauchen wie in einer Aufwärtsspirale immer und immer wieder auf.

Jedesmal, wenn eine Mode erneut in Erscheinung tritt, zeigt sie sich in einer etwas abgewandelten, der jeweiligen Epoche angepaßten Form, wie ein Volkslied, dessen Tempo und Bedeutung sich ändert, während es von Generation zu Generation weitergegeben wird. Die Erfahrung bleibt dieselbe, nur wird sie von jedem, der sie zum erstenmal macht, immer auf neue Weise empfunden und bewertet.

Nehmen wir beispielsweise einmal ein beliebtes Element der heutigen Raumgestaltung, die Wiederentdeckung des Raffrollos als Fensterschmuck. Jahrelang war die schlichte Leinengardine fast gleichbedeutend mit glänzenden, beschichteten Oberflächen und Möbeln aus Chrom und Glas. Dann tauchten in einfachen Bistros und in den Küchen junger Paare, in denen auch gegessen wird, Strohjalousien und Caféhaus-Gardinen auf. Diese Gardinen auf halber Fensterhöhe zählten neben Tiffanylampe und all dem Drumherum im nachgemachten Nouveau-Art-Stil bis hin zur grell gestrichenen Eingangstür zum Standardschema der Raumgestaltung. Schlendert man heute durch die Wohnviertel der Vornehmen und Wohlhabenden und blickt die Fenster entlang, stellt man fest, daß das Raffrollo aus einem früheren Jahrhundert mit seinen breiten Rüschen und der farblich abweichenden Paspel wieder seinen festen Platz hat.

Wie man diese Raffrollos anfertigt, können Sie in dem auf S. 97 beginnenden Abschnitt mit den Arbeitsanleitungen nachlesen. Doch wie dem auch sei, jahrelang sah man die duftigen Raffrollos als altmodisch und verstaubt an, heute sind sie erneut die ganz große Mode; das Rad hat sich einmal herumgedreht.

Der Schlüssel zum Stil

Was haben nun Raffrollos mit dem Thema ›Stil‹ zu tun? Sehr viel, soweit es darum geht, wie der Ein-

Links: Der robuste Geschirrschrank aus Kiefernholz ist eine reizvolle Alternative zum modernen Küchenschrank vom Fließband. Die Farbgebung in Grün und Weiß wirkt beruhigend. In der Blattform des Keramikleuchters wiederholt sich das Blattmuster von Tapete und Lampenschirmen. Die klaren Linien der Faltlampenschirme und der Leinendecke auf dem Kaminsims schaffen ein Gegengewicht zum rustikalen Charme des derben Holztisches, des Bestecks mit Holzgriffen und des Fichtenbretterbodens.

Unten: Dinge, die wenig kosten, aber hübsch aussehen. Originelle Kleinigkeiten, wie ein umgedrehtes Hufeisen oder eine Bootslaterne in geschickter Anordnung, sind das A und O einer schönen Sammlung.

zelne den Begriff auslegt. So wäre beispielsweise ein bauschiges Raffrollo in einem strengnüchternen Büroraum ausgesprochen fehl am Platze und würde unpassend wirken. Rüschen über Computerterminals? Kaum denkbar – die beiden würden ebensowenig zusammenpassen wie das Oberteil eines Raumfahreranzugs zu viktorianischen Spitzenunterhosen. Stellen Sie sich hingegen ein Schlafzimmer mit hoher Decke vor, in das das Licht durch große, nordseitige Fenster einfällt und das mit massiven alten Möbeln ausgestattet ist. Hier ist eine Abmilderung der strengen Atmosphäre gut. Raffrollos, zusammen mit Übergardinen aus Spitze, erzeugen diffuses Licht und weiche Konturen und damit ist das erreicht, was wir ›Stil‹ nennen.

Wenn Sie glauben, kein ausgeprägtes Stilgefühl zu haben, aber den Wunsch verspüren, es zu entwickeln, dann setzen Sie sich am besten erst einmal hin und sammeln Ihre Gedanken. Sind Sie ganz sicher, daß in Ihrem Kopf nicht doch ein paar interessante Ideen herumspuken, die nur darauf warten, ans Tageslicht zu kommen.

Scheuen Sie sich niemals davor, mit verschiedenen Stilarten herumzuexperimentieren, um Ihre ganz persönliche Richtung zu entwickeln.

Überall Anregungen aufnehmen

Hören Sie niemals auf etwas auszuprobieren, halten Sie die Augen offen, passen Sie auf und beobachten Sie. Schauen Sie sich in Galerien Genrebilder an. Vor allem die Details auf Gemälden mit Szenen aus dem täglichen Leben können manchmal Anregungen geben; es ist nicht wichtig, ob die Bilder zeitgenössisch sind oder einer früheren Epoche entstammen. Sie sollten in Antiquitätenläden herumstöbern und keine Angst haben, das zu erfragen, was Sie nicht wissen. Versuchen Sie, sich zu merken, wie die Menschen, deren Stilgefühl Ihnen Anregung vermittelt, sich einrichten.

Beim Besuch historischer Häuser bietet sich Gelegenheit, genau zu erkunden, wie die Bilder aufgehängt sind, wie Sammlungen arrangiert werden und Möbelstücke gruppiert sind.

Wie steht beispielsweise bei Ihnen die Couch im Verhältnis zum verfügbaren Platz im Zimmer? Lädt sie zum Sitzen ein oder wirkt die gesamte Sitzecke eher steif? Entsteht durch die verwendeten Farben eine Atmosphäre von Wärme oder eher von Distanziertheit? Fassen Sie die Dinge, deren Anblick Sie erfreut, auch gerne an? Studieren Sie genau, wie die einzelnen Gegenstände miteinander harmonieren. Sie werden sehen, wie gut frische Gartenblumen oder wilder Kerbel zu altem englischen Chintz paßt, während ein stacheliger Kaktus den ganzen Eindruck verdirbt. Er harmoniert aber wiederum gut mit geometrischen Drucken oder dem kühnen Streifenmuster eines mexikanischen Baumwollteppichs.

Bewahren Sie sich ein offenes Auge. Wer noch nicht ganz verlernt hat zu staunen wie ein kleines Kind, nimmt visuelle Eindrücke viel intensiver in sich auf und behält sie viel länger unverwischt im Gedächtnis.

Schulen Sie Ihren Blick. Betrachten Sie einen Gegenstand so, als ob Sie ihn zum erstenmale sähen – mit unverfälschtem Wahrnehmungsvermögen. Wer sich darin übt, wird merken, daß er vertraute Dinge wie Bäume, ein Gartentor oder einen Krug, auf einmal mit völlig neuen Augen sieht. Vergegenwärtigen Sie sich die Verzauberung, mit der ein Kind einen Tautropfen im halbgeöffneten Schirm eines Lupinenblattes wahrnimmt. Jedesmal, wenn auch Sie etwas derart Neues, Makelloses entdecken, tun Sie einen Schritt zur Entfaltung und Festigung Ihres Stilgefühls.

Ein weiterer Aspekt in diesem Zusammenhang ist die Sparsamkeit von Linie und Form. Sicher-

Links: Rote Glanzfarbe an den Wänden und ein schmales Fenster mit Spitzbogen bestimmen diese Arbeitsecke. In Postkarten mit den ersten Wolkenkratzern klingt diese turmähnliche Atmosphäre erneut an, während sich in der gußeisernen Wandkonsole gotisches Maßwerk widerspiegelt. Der grüne Holzschrank beherbergt allerlei Krimskrams.
Rechts: Heitere Töne von warmem Rot, Orange und leuchtendem Gelb, durchsetzt von Lindgrün, beherrschen dieses Schlafzimmer. Blüten überall, an den Wänden, auf dem Sitzkissen, an den hölzernen russischen Puppen und ein Blumenkranz, selbst im Bilderrahmen aus Fichtenholz. Die geschwungene Glaslampe unterstreicht diese lebhafte Farbkomposition.
Ganz rechts: Die rosa getünchten Wände des mit Steinfliesen ausgelegten Raumes sind mit Blattgirlanden und Früchten geschmückt – ein Beispiel für Schablonenmalerei in verschwommenen, durchscheinenden Tönen. Dieser Hintergrund bildet einen romantischen Rahmen fur die Möbel. Der viktorianische Klappstuhl mit Chenille-Kissen steht neben einem Kneipentisch mit Mahagoniplatte.
Rechts unten: Vorhänge verbergen die Regalbretter in der Nische und der Bezug aus Hanfleinen verleiht der strengen Form der hochlehnigen Stuhle ein rustikales Aussehen.

lich läßt sich Schönheit in Form von Rüschen, Volants und exotischen Dekors dokumentieren, der erste Schritt in Richtung Stil jedoch ist die Beschränkung auf das Wesentliche, ehe man Zusätzliches darüberhäuft.

Bei der Restaurierung oder Innenausstattung von Häusern heißt das, (in der Phantasie und in Wirklichkeit) manche Stelle bis auf den Kern freizulegen. Vielleicht müssen fünf Farbschichten abgekratzt oder sogar eine Mauer abgetragen werden, um einen alten Kamin zum Vorschein zu bringen, der jahrelang verborgen war. Im Grunde genommen geht man ähnlich vor wie bei der Hausarbeit, wo man vernünftigerweise erst abräumt und dann abspült oder die Möbel aus dem Zimmer schafft, ehe man sich in den Frühjahrsputz stürzt. Zum besseren Verständnis ein kleiner Vergleich: wer im Zweifel ist, wie ihm ein Kleidungsstück steht, sollte besser erst einmal die Accessoires wegnehmen anstatt verzweifelt noch mehr Beiwerk daraufzupacken. Natürlich steht es Ihnen frei, Rüschen zu tragen oder Karostoff mit Paisley-Drucken und Bonbonstreifen zu kombinieren, aber gehen Sie dabei lieber vorsichtig vor.

Wenn Ihnen die Ausstattung eines Zimmers nicht mehr gefällt und Sie ergründen möchten, was Sie daran verändern können ohne ganz von vorne beginnen zu müssen, dann finden Sie hoffentlich auf der einen oder anderen Seite dieses Buches manche Anregung. Vielleicht suchen Sie auch Antwort auf Fragen, die nicht so schwerwiegend sind, Sie aber schon länger beschäftigen. Wie läßt sich das Aussehen von Gartenstühlen verändern? Soll paspeliert werden oder nehmen sich Volants nicht doch besser aus? Was ist ein Kranzvolant und wie wird er drapiert?

Genaues über Dekorationsvorschläge – beispielsweise über die Kunst von Patchworkarbeiten oder textilen Wandbespannungen – finden Sie im zweiten Teil dieses Buches. Dort wird erklärt, wie man die Arbeit in Angriff nimmt und mit welchen Kniffen man sie zu Ende führt.

Das Buch beschäftigt sich überdies mit einem anderen Aspekt zum Thema Stil: mit der Möglichkeit, im Rahmen eines festgelegten Budgets ein wenig Glanz in die Wohnung zu bringen. Dies ist eine Frage der Kunst zu entscheiden, wo Sie bereit sind Kompromisse zu schließen. Worauf soll verzichtet werden zugunsten anderer Dinge, die unbedingt sein sollen? Was ist Ihnen am wichtigsten? Da war z.B. jene Hausfrau, die zwei Jahre lang zu viel zu tun und zu wenig Mittel hatte, um die passende Tapete für ihr neues Heim zu kaufen. Familie, Arbeit, Hund und alle möglichen anderen Dinge nahmen sie total in Anspruch. Wenn Freunde zum Abendessen eingeladen waren, brannten Kerzen, weil sie sich immer noch nicht zwischen Spotbeleuchtung oder normaler Lampe entschieden hatte. Die rohen Wände waren rosafarben gestrichen. Doch mit einer Schale Rosen auf dem Tisch und dem polierten Silber erntete sie Komplimente für ihre Raumgestaltung im italienischen Villenstil. Es lohnt sich, auf das zu warten, was man haben möchte. Wenn Ihnen blau-weißes Chinaporzellan vorschwebt, dann lassen sie sich nicht dazu verleiten, auf Kunststoffersatz auszuweichen anstatt auf das Weidendekor zu warten. Überbrücken Sie auf stilvolle Weise die Wartezeit und suchen Sie sich in einem Trödelladen einzelne Teller zusammen, die nicht unbedingt zusammenpassen müssen, aber hübsch genug sind, damit man jeden Tag mit Appetit davon essen kann.

Seien Sie stolz auf Ihre Umgebung

Der Stolz auf das eigene Heim erschöpft sich durchaus nicht im täglichen Saubermachen unter den Betten. Natürlich braucht die häusliche Umgebung Pflege, in erster Linie aber muß man spüren, daß hier gelebt wird. Benützen Sie die Gegenstände, die Sie um sich herum haben und drängen Sie sie nicht in die Rolle schöner Dekorationsstücke. Mangelnder Stolz auf die eigenen vier Wände führt zu Nachlässigkeit und von hier aus ist es nur noch ein Schritt bis zum Verfall.

John Fowler, verstorbener Doyen der Innenarchitekten, der unter anderem eine Generation lang königliche Haushalte ausstattete, hatte für Leute, die zum erstenmal eine Wohnung einrichteten, eine goldene Regel parat: »Hausen Sie

erst einmal darin!« Mit anderen Worten heißt das, lassen Sie sich Zeit. Letztendlich müssen Sie darin wohnen. Lernen Sie Ihr Heim erst einmal kennen, ehe Sie sich an die Details der Ausschmückung machen und freunden Sie sich mit den Örtlichkeiten an. So sollten Sie beispielsweise auf die Farben achten, die durch das Parterrefenster des Hauses wirklich zur Geltung kommen und zusehen, welche Materialien damit harmonieren. Beobachten Sie den Einfall des Sonnenlichtes. Machen Sie sich und den Menschen um Sie herum das Leben leicht. Sind Sie ordentlich oder eher etwas schlampig? Brauchen Sie eine Reihe Kleiderhaken oder werden die Kleidungsstücke besser in den Schrank gehängt? Reicht der Platz neben der Tür für alle Gummistiefel oder tragen Sie überhaupt keine?

Stil ist nicht zuletzt eine Sache des Urteilsvermögens: man muß entscheiden, welche charakteristischen Merkmale des Hauses bewahrt bleiben sollen und was weniger erhaltenswert ist und beseitigt werden kann. Stilgefühl ist gleichbedeutend mit der Fähigkeit, sorgfältige Restaurierungen vorzunehmen, ehe Beiwerk hinzugefügt wird. Wer Stilgefühl besitzt, befaßt sich mit den Farben der Natur und registriert, welche Schattierungen und Töne miteinander harmonieren. Eine Fasanenfeder eignet sich hier ebenso gut als Lehrstück wie die Farbtöne einer Meeresmuschel.

Man sollte nie vergessen, daß gute Innendekoration letztendlich das gleiche ist, wie die geschmackvolle Zusammenstellung der Garderobe oder die ausgewogene Mischung richtiger Zutaten für eine einfache, wohlschmeckende Mahlzeit. Das ganze Unterfangen erfordert ein gewisses Budget, normalerweise ziemlich viel Zeit und mit Sicherheit sehr viel Geduld. Dieses Buch soll Ihnen dabei helfen, von Ihren Möglichkeiten als Innendekorateur den besten Gebrauch zu machen.

Ein freundliches, einladendes und schönes Heim zu schaffen, dürfte eines der lohnenswertesten und anspruchsvollsten Ziele Ihres Lebens sein.

Alles über Küchen

Links unten: Moderne, beschichtete Möbel, ein an der Decke aufgehängtes Regal, ein makelloser cremefarbener Fußboden und eine blasse Tapete mit Blatt- und Zweigdekor: alles verbindet sich zu einer perfekten Farbgebung in dieser perfekt eingerichteten Küche. Selbst die Krüge auf dem Küchenschrank sind farblich auf den Raum abgestimmt. Das Fenster schmücken zwei Faltrollos.
Rechts: Dieser von einem Anrichtezimmer abgezweigte Raum in einem französischen Schloß beherbergt eine funktionelle moderne Küche. Ständig in Gebrauch stehendes Porzellan und Glas sind auf einem offenen Kiefernholzregal untergebracht, der Mittelpunkt ist die kombinierte Koch-Arbeitstisch-Einheit.

Die Küche ist der Mittelpunkt, um den sich nahezu alle Haushalte drehen. Manchmal geht es hier ganz ungezwungen zu und jeder stürmt herein und holt sich, was er braucht. Mitunter aber entwickelt sich die Küche im Laufe der Jahre zu einem autonomen Machtbereich der Köchin, den nur ein ganz Beherzter zu betreten wagt in dem unwiderstehlichen Drang, nach einer Keksdose zu kramen.

Alle Systeme funktionieren

Die Küche ist ein wesentliches Zentrum, kraftvoller Mittelpunkt des Haushaltes, dort ist der Platz, an dem der Herd steht, wo rohe Zutaten liebevoll in schmackhafte Gerichte verwandelt werden, wo der Mülleimer schluckt, was man in ihn hineinwirft, von wo Dämpfe aufsteigen. Bevorzugte Mode in diesem Bereich sind Gummihandschuhe und Kattunschürzen – aber ein hübsches Kleid ist hier durchaus nicht fehl am Platz. Überhaupt trägt man in der Küche alle möglichen Arten von Kleidung einschließlich Gummistiefel. Sie sind dann nötig, wenn Spülbecken und Abtropfbrett einen so schmalen Vorderrand haben, daß das Spülwasser vornüber auf den Boden schwappt, eine Fehlkonstruktion, die manchmal zu beobachten ist.

Die Küche von morgen wird ein Raum sein, der vielen Zwecken dienen muß. Das wird sich nicht umgehen lassen, nachdem das Heizen immer teurer wird und die steigenden Lebenshaltungskosten uns zwingen, auf kleinerem, bescheidenerem Raum zu leben. So wie die Dinge liegen, ist die Küche heute tonangebend und wichtigster und am meisten geschätzter Aufenthaltsort der Wohnung. Es gibt viele konkrete Möglichkeiten für eine sinnvolle Küchengestaltung. Die Bedeutung der Küche, ihre Ausstattung und Stellung im Haushalt hängen weitgehend von der individuellen Lebensart und der Einstellung gegenüber den leiblichen Genüssen und deren Zubereitung ab. Es kommt durchaus vor, daß ein Mensch die Mitte des Lebens bereits überschritten und noch immer nicht gelernt hat, ein Ei zu kochen. Trotzdem lebt er fröhlich dahin mit Kenntnissen, die über das Ausstreuen von Vogelfutter nicht hinausgehen. Am anderen Ende dieser Skala finden sich diejenigen, die bereits in jungen Jahren in Hauswirtschaft unterrichtet wurden und über einen Schatz an erprobten Küchengeheimnissen verfügen.

Falls Ihre Befreiung von bürgerlichen Vorstellungen so weit geht, daß Sie Ihre Mahlzeiten häufiger auswärts einnehmen als daheim, dann existiert die Küche in Ihrem Bewußtsein wahrscheinlich als undefinierbares Anhängsel Ihrer Wohnung, als Ort mit scharfen Ecken und Kanten, an denen Sie sich auf der Suche nach schwarzem Kaffee nur stoßen. Farben und Ausstattung spielen keine Rolle. Am Abend verwandelt sich dann die Arbeitsfläche in einen Bartisch, auf dem man mit Eiswürfeln herumspielt, Zitronen schneidet und bestenfalls die gebrauchten Gläser abstellt ehe man erneut zum Abendessen aus dem Hause eilt.

Gleichbleibende Routine

Andererseits kann die Küche auch ein idealer Treffpunkt für die ganze Familie sein, der morgendliche Betrieb mit manchen Diskussionen und Gesprächen ist wichtig. Von da aus macht sich dann jeder eilig auf den Weg in die Schule, zur Arbeit und ins Büro. Der Betrieb geht weiter, bis nach dem Mittagessen ein wenig Ruhe einkehrt. Es dauert nicht lange und die Hausfrau steht erneut vor Geschirrbergen der nächsten Schicht. Alles läuft auf vollen Touren und wenn der erste Heimkehrer den Schlüssel in die Wohnungstür steckt, läßt das Abendessen nicht mehr lange auf sich warten. Inzwischen haben auch schon die Vorbereitungen für den nächsten Tag begonnen. Während sich die Kinder mit den Hausaufgaben herumplagen, werden Päckchen aus dem Bauch der Tiefkühltruhe genommen und zwischendurch wieder einmal der Hamster eingefangen, der sich hinter dem Schrubber verkrochen hat. In solch häuslicher Atmosphäre will manch einer den Morgenrock gar nicht erst ausziehen und den ganzen Vormittag mit hochgelagerten Beinen zwischen Krümeln und Marmelade gemütlich am Kiefernholztisch sitzen.

Wer die Einrichtung einer Küche plant und überlegt, wie der Platz am besten genutzt werden kann, sollte sich vernünftigerweise Gedanken darüber machen, wieviel Zeit und welche Stunden des Tages die Familienangehörigen hier verbringen. Am meisten hat man von der Küche,

wenn man fähig ist, eine gewisse Selbstdisziplin aufzubringen. Und Disziplin – so streng sie auch sein mag – läßt sich viel leichter in einem festgesteckten Rahmen üben. Eine Frau, der durch die Erziehung von Kleinkindern auch lange Stunden der Isolation auferlegt sind, mit denen sie fertigwerden muß, bringt einen Großteil ihrer Zeit in der Küche zu. Damit ihre Stimmung an Tagen, an denen das Spülbecken besonders tief zu sein scheint, nicht auf den Nullpunkt sinkt und ihre seelische Verfassung ein wenig gehoben wird, sollte die Küche so weit wie möglich in das Gesamtgefüge der Wohnung und der Außenwelt einbezogen sein. Gleichgültig wie groß eine Küche und wie sie ausgestattet ist, eines gilt es immer zu bedenken bei Frauen, die Kinder im Vorschulalter zu versorgen haben: die Kleinen wollen fast stets in der Nähe ihrer Mutter sein, egal ob sie mit einem Topf kochenden Wassers hantiert, bis über die Handgelenke in der Mehlschüssel steckt oder vielleicht sogar versucht, eine Lernstunde für das Schlußexamen einzuschieben.

Vier Bilder aus Küchen, die Mittelpunkt des Haushaltes sind.
Ganz links: Der Küchenschrank-Effekt entsteht durch ein Kiefernholzregal, das an der unverputzten Wand über dem robusten Sideboard hängt mit tiefen Schubladen für Besteck und Tischwäsche. Die braun-cremefarbenen Teller heben sich vor dem Hintergrund in natürlichem Ziegelrot ab.
Mitte: Mittelpunkt des Familienlebens, die geräumige Küche in einem walisischen Bauernhaus. Hier fehlt nur noch das Lämmchen, das zur Hintertür hereinspaziert und die Katzen, die ihre Milch aus dem Schälchen neben dem Herd schlecken. Katzen- und Picknickkorb aus Weidengeflecht, glänzende alte Aluminiumtöpfe, Kohlköpfe und Porzellanschüsseln – alles paßt zusammen.
Links unten: Hier laufen ungünstig geschnittene Winkel zu einer großen Wohnküche zusammen. Wände und Boden sind mit modernen, glänzenden Kacheln in erdbraunen und cremefarbenen Tönen gefliest. Einer der beiden Tische dient als Arbeitsfläche, eine Insel zwischen Spüle und Herd auf der einen und Vorratsschrank auf der anderen Seite. Am zweiten Tisch aus Kiefernholz und mit geraden Beinen wird gegessen, spielt man Karten oder Brettspiele und macht der Nachwuchs seine Hausaufgaben.
Unten: Der Herd steht an der Stelle des ursprünglich gemauerten Küchenofens. Die unverputzten, teilweise getünchten und teilweise im Naturton belassenen Wände wirken bodenständig und gemütlich. Die Glasscheibe in der Tür hat einen Buntglasrahmen und das hohe, ziemlich schmale Fenster wirkt durch Grünpflanzen und einen Käfig aus dünnen Bambusstäben noch größer.

Gefällige Küchen

Welchen Lebensstil die Bewohner auch pflegen mögen oder welche Wünsche sie haben, ob sie viel zu Hause sind oder einen großen Teil des Tages außer Haus verbringen, die Küche sollte – wenn ihr eine wichtige Rolle im Haushalt zukommt – ein Ort sein, an den man gerne zurückkehrt. Eine gemütliche Atmosphäre beruhigt nicht nur durch friedliche, gleichbleibende Ordnung und das Gefühl von Bodenständigkeit, sondern hebt gleichzeitig die Stimmung angesichts einer freundlichen, gepflegten Umgebung. In diesem Zusammenhang ganz nebenbei eine kleine Bemerkung zu den Schwächen und Marotten mancher Leute in bezug auf Küchenhygiene. Es ist seltsam, daß jemand beachtliche Mittel in die Planung und Ausstattung einer Küche investiert und trotzdem mit demselben Satz uralter, rissiger Holzkochlöffel weiterhantiert. Nicht selten liegt das daran, daß man es einfach nicht merkt, wenn ein ständig benutzter Gegenstand mit der Zeit verschleißt. Trotzdem sollte man so gern man auch automatisch nach dem gewohnten Küchenutensil greift, sich die Zeit nehmen und gründlich prüfen, wie es um die Dinge in der Küche bestellt ist.

Pulsschlag des Hauses

Zentrum des Hauses ist der Raum, zu dem sich die meisten Familienmitglieder hingezogen fühlen und wo es folglich auch am zwanglosesten zugeht. Während für eine Nachteule das Schlafzimmer ein Heiligtum ist, andere wieder nur in einem schalldichten Aufnahmeraum den Lebenspuls zu spüren glauben, hält der Gärtner, der den Erdboden jedem geschlossenen Raum vorzieht,

Links: Strohrollos, neutrale, kühle Töne, nicht eine Spur von Nahrungsmitteln oder Mahlzeiten und eine Fülle von makellosem, glänzenden Edelstahl: diese hypermoderne Küche ist das Einpersonen-Reich der vielbeschäftigten Karrierefrau, die nur einmal zur Entspannung kocht.
Rechts: Eine winzige Küche Tür an Tür mit dem Eßzimmer in einem Londoner Terrassenhaus. Sie ist so gestaltet, daß sie zu dem in Grün gehaltenen angrenzenden Eßzimmer paßt. Farbige Schablonenmalereien an Schränken und Kästen lassen einen rustikalen Eindruck entstehen. Dasselbe schlichte Motiv ziert auch das Rollo. Die blaugemusterte Tapete hält den ordentlichen und übersichtlich eingerichteten Raum zusammen und das Blau des Dekors wiederholt sich an den Rollokanten.
Ganz rechts: In dieser Kellernische wird der Platz unter dem Gewölbebogen gekonnt für Regale und Einbauschränke genutzt. Leuchtend gelbe Oberflächen lassen die Illusion vom Sonnenlicht in einer Küche auf einer griechischen Insel entstehen.
Unten: Wintertag in der Küche einer Stadtwohnung. Alles wirkt aufgeräumt, gut beleuchtet und einladend. Am Fenster hängen Adventskalender, der Einkaufskorb steht unter der Arbeitsfläche und das Geschirr ist staubsicher untergebracht.

seinen Gartenschuppen für das Paradies. Für die Familie oder die Wohngemeinschaft aber ist eine geräumige, gemütliche Küche Sammelpunkt und Zentrum des Hauses. Das Bild der harmonischen Familie, die sich um den Herd schart, ist ewig jung und wird immer erstrebenswert bleiben. Wenn Sie also umziehen oder Ihr eigenes Haus umbauen, sollten Sie gründlich darüber nachdenken, wie reizvoll eine Küche sein kann, in der die Hauptmahlzeiten eingenommen werden und die überdies genügend Platz bietet zum Spielen, zur Entspannung und für Arbeiten wie Bügeln usw. Alles spricht dafür, den Raum mit dem meisten Platz und dem besten Ausblick im Erdgeschoß für die Küche vorzusehen, vorausgesetzt Installationen und angrenzende Räume wie Diele oder Korridor erlauben eine solche Planung.

Im Laufe der letzten zehn Jahre hat sich unverkennbar eine wiedererwachende Vorliebe für Küchen im gemütlichen Landhausstil gezeigt; Holztäfelung und Stein- oder Fliesenfußboden sind wieder gefragt. Der Trend, offene Küchen und Eßplatz miteinander zu kombinieren, begann sich vor einigen Jahren als Wohnstil abzuzeichnen, als man beim Umbau von Häusern aus dem 19. Jahrhundert im Erdgeschoß die Wände durchbrach. Charakteristisch für diese Umgestaltung von Form und Anlage, durch die Kochen und Essen in einen einzigen großen, schlichten und hellen Raum verlegt wurden, war das Auftauchen des ersten, heute allgegenwärtigen Küchenschrankes aus abgebeiztem Kiefernhölz im Erdgeschoß; dazu als unumgängliches Muß das Messingbett im Obergeschoß und irgendwo dazwischen der Kaffeetisch mit Metallbeinen als Statussymbol.

Holz ist gemütlich

In der Küche von heute sind Holzgegenstände fast immer dekorativ und zugleich zweckmäßig. Da gibt es Sägearbeiten, Rohrgeflechte und Schnitzereien, schmückendes Beiwerk wie geätzte oder gemalte Glasbilder sowie handbemalte oder mit Schablonenmustern verzierte Möbel. Ergänzt wird das ganze mitunter noch durch einen Holzofen im angrenzenden Wohn- oder Lesezimmer. Mit dem Wiedererwachen satter Behaglichkeit und traditioneller Werte im Küchenbereich, mit der Wiederentdeckung dieses Raumes als reizvollen Aufenthaltsort, wird auch der kombinierte Herd immer beliebter. Die leuchtend emaillierten modernen Formen sehen so ansprechend aus, daß es sich lohnt, ihnen einen dekorativen Rahmen zu geben.

Die hier abgebildeten Einrichtungen zeigen die unmittelbare Weiterentwicklung aus dem einfachen Landhausstil mit schlichten Kiefernmöbeln und glatten Wänden. In solchen Küchen fühlt man sich zwar wohl und sie sind leicht zu pflegen, langsam aber sieht man sich daran über und möchte eine Abwechslung. Es erwacht der Wunsch zum Experimentieren und mit einem Schuß Phantasie diese spartanisch-sterile Nüchternheit aufzulockern.

Sicherheit – das oberste Gebot

Holz sieht gut aus und hält lange, doch denken Sie immer daran, daß die Feuergefahr mit der Menge des verarbeiteten Holzes steigt.

Jede Küche sollte mit einem Handfeuerlöscher ausgestattet sein, den im Notfall auch jeder im Haus bedienen kann. Der Abstand zwischen Küchengardine und Herd muß ausreichend groß

sein und Topf- und Pfannengriffe dürfen am Herdrand nicht überstehen. Sie müssen so nach innen gedreht sein, daß sie auch vor dem Zugriff neugieriger kleiner Hände sicher sind.

Magnetleisten, an denen scharfe Küchenmesser mit den Klingen befestigt sind, sollten außerhalb der Reichweite von Kindern an die Wand montiert werden. Auch an herabhängenden Tischtüchern klammern sich die Kleinen gerne fest, wenn sie am Boden kriechend auf Entdekkungsreise gehen. Ein Ruck am Tischtuchzipfel und alles, was auf dem Tisch steht, fliegt durch die Gegend. Den Platz für die Futternäpfe von vierbeinigen Hausgenossen wählt man am besten so, daß keiner hineintritt und die Katze nicht ständig Angst um ihren Schwanz haben muß. Überhaupt sollte man Tiere und Kinder jeden Alters daran gewöhnen, sich außerhalb der »Schußlinie« zu halten, d.h. nicht zwischen Herd, Spülbecken und Arbeitsfläche herumzutoben, wenn es in der Küche hoch hergeht.

Wer ständig kleine Kinder um sich hat, während er Berge von Lebensmitteln und Geschirr hin- und herschleppt, trägt vernünftigerweise Schuhe mit flachen Absätzen, eine Vorsichtsmaßnahme gegen einen ungewollten Salto über die Kellertreppe hinunter oder einen Stolperschritt über den Teppich, wenn Ihnen ein vollbeladenes Tablett die Sicht auf Ihr Jüngstes versperrt, das zu Ihren Füßen auf allen vieren herumkrabbelt. Ein möglichst nahe beim Arbeitsplatz deponierter Verbandskasten sollte in der Küche ebensowenig fehlen wie eine griffbereite Tube Brandsalbe in unmittelbarer Nähe des Herdes.

Eine Leiter oder ein Hocker mit Trittstufen, der sich im Handumdrehen aufklappen läßt, sorgt dafür, daß Sie sicher stehen, wenn die obersten Regale des Vorratsschrankes außerhalb normaler Reichweite liegen. Balanceübungen auf der Arbeitsfläche sind nicht zu empfehlen. Ebensowenig sollten Sie auf einem Küchenstuhl herumturnen, der leicht unter Ihnen wegrutschen kann, vor allem auf feuchtem oder glattem Fliesenboden. Sich beim Abwaschen der Küchenwände oder

Links: Küche in naturfarbener Esche, reich ausgestattet mit Zierleisten, Gitterwerk und Rohrgeflecht. Sie entstand durch Zusammenlegen einer kleinen Küche und eines Eßzimmers. Jetzt ist die Küche durch einen offenen Raumteiler abgetrennt und durch die visuelle Wechselwirkung von verschiedenen Bereichen und der Oberflächenstruktur natürlicher Materialien entsteht ein gemütlicher Gemeinschaftsraum für die ganze Familie. Der ganze Raum ist mit viel Stilgefühl gestaltet, einfache Eisentöpfe, Utensilien aus Edelstahl und einfaches Porzellan wirken schlicht und unauffällig. Der Tisch in Hackklotzform hat eine beidseitig ausziehbare Schublade.
Links unten: Mit dem kunstvoll gearbeiteten Regal über dem Kombiherd wirkt das Ganze wie eine Kochecke aus alter Zeit.
Unten: Blick in die rustikale Wohnküche eines Londoner Hauses, wo die Parterreräume umgebaut und in einen geräumigen Bereich umgestaltet wurden. Die rosa getünchten Wände sind mit Girlanden in Schablonenmalerei geschmückt. Bilder, die Kinderbüchern aus der Zeit vor der Jahrhundertwende entstammen konnten, zieren die Glaslampen aus den Zwanzigerjahren. Der prachtvoll ausgestattete Geschirrschrank hat blasse, harmonisch aufeinander abgestimmte Farben.

beim Frühjahrsputz der Regale einem derartigen Risiko auszusetzen, lohnt sich nicht.

Manche Küchenarbeiten, auch das Bügeln, lassen sich bequem im Sitzen erledigen, Rücken und Füße werden dabei entlastet. Stuhl oder Hocker zur Arbeit am Bügelbrett oder Küchentisch müssen aber etwas höher sein als der übliche Standardstuhl. Hocker sind auch praktisch zum Essen an der Frühstücksbar, werden aber von vielen Menschen bei längeren Mahlzeiten als unbequem empfunden, weil sie keine Rückenlehne haben. Für kleine Kinder sind hochbeinige Hocker ungeeignet, weil sie leicht nach hinten überkippen.

Sicherheitsvorkehrungen

Einbrecher versuchen gewöhnlich, von der Rückseite her in ein Haus einzudringen. Sorgen Sie also dafür, daß die Hintertür gut gesichert und mit kräftigen Riegeln ausgestattet ist. Katzentürchen müssen immer weit genug vom Türschloß entfernt angelegt sein, damit niemand von außen hineingreifen und die von innen verschlossene Tür öffnen kann.

Jemand, der viel allein ist und dessen Küchenfenster zum Garten oder zu einer anderen, leicht zugänglichen Stelle hinausgeht (z.B. Treppenschacht mit Fluchtweg), wird sich sicherer fühlen, wenn an der Außenmauer des Hauses über dem Küchenfenster oder der Hintertür eine Lampe brennt. Das Licht wird von der Küche aus eingeschaltet und erhellt – wenn die Lampe richtig angebracht ist – die unmittelbare Umgebung. Aus demselben Grunde sollte ein Hausbesitzer, dessen Haus in einem Viertel mit hoher Kriminalitätsrate liegt, davon absehen, dichtes Buschwerk in der Nähe der Haustür oder bei den rückwärtigen Parterrefenstern anzupflanzen; allzu leicht könnte sich hier ein Eindringling verstecken.

Der Garten in der Küche

Seit eh und je wirkt eine Reihe von Geranientöpfen auf dem Küchenfensterbrett ausgesprochen malerisch, insbesondere in Verbindung mit Holzfensterläden oder Musselinvorhängen. Naturfarbene Steinguttöpfe, mit Krokussen bepflanzt, sehen vor allem im Frühjahr bezaubernd aus. Auch Pflanzen, die in Körben, Terrakottatöpfen, runden Glasbehältern und allen möglichen anderen Behältnissen von der Decke hängen, wirken ausgesprochen dekorativ. Allerdings erfordert das Gießen eine gewisse Geschicklichkeit. Vergessen Sie den Untersetzer zwischen Topf und Korb oder Netz nicht, sonst tropft Ihnen das überschüssige Gießwasser beim Kartoffelschälen auf den Kopf. Schnellwachsende Pflanzen wie Jasmin oder einige Pelargoniensorten in der Küche zu ziehen, macht besonderen Spaß, weil man das Wachstum fast täglich als willkommene Abwechslung mitverfolgen kann.

Rechts: Dieselbe Küche aus einem anderen Blickwinkel. In der Eßecke ist reichlich Platz für einen langen Tisch und einen Korbstuhl am Erkerfenster. In den Raffgardinen aus Spitze klingen die Farben der Schablonenmalerei an.
Rechts unten: Der großzügige Raum soll verschiedenen Zwecken gerecht werden: Aufenthaltsraum für die Familie und Küche und Eßplatz sein. Der mediterrane Charakter zeigt sich in den rosa getünchten Wänden, die so freundlich wirken wie die Mauern einer toskanischen Villa. Praktische Gegenstände sind geschmackvoll zur Schau gestellt, Bodenfliesen und ein paar solide Möbelstücke vervollständigen das Bild. Der ursprüngliche Kaminsims ist heute gefliest und nimmt nun die Wärmeplatte auf, während die ausgesägten Herzchen am Kiefernholzschrank fast wie eine kleine Marotte wirken. Der Tisch in Hackklotzform hat eine Steckdose für den Mixer.
Unten: Blick auf Spüle und Herd vom Kamin aus. Die grünen Kacheln stammen aus einem abgerissenen viktorianischen Wintergarten.

Platz ausnutzen

In einer großen Küche tut man sich unter Umständen leichter mit einer Arbeitsinsel. Diese Einheit besteht entweder aus Herd, Arbeitsfläche oder Spülbecken oder sie ist nur mit den notwendigen Anschlüssen für elektrische Küchengeräte ausgestattet. Außerdem stellt diese Insel eine zweckmäßige Zwischenstation zwischen den gegenüberliegenden Arbeitsflächen dar. Handtuchhalter und Tassenhaken finden an den Seitenwänden Platz, während Körbe, Trockenblumen, hübsche Töpfe und Pfannen an Deckenhaken baumeln. Die Beleuchtung in der Küche läßt sich am besten durch eine Zuglampe regulieren, in die Decke eingelassene Leuchten sind am unauffälligsten.

Die Grundidee hier ist eine Farbgebung in Rot und Weiß und die Zusammenstellung auf einen vielseitig verwendeten Raum abzustimmen. Die Küche soll gut aussehen, man soll sich wohlfühlen und sie soll funktionell sein. Das fertige Ergebnis kostete den Besitzer die Feierabende von fünf Wochen.
Ganz links: Hänge- und Vorratsschranke sind rot lackiert und die Wände gefliest.
Links: Kirschrote Applikationen auf den eingefaßten Platzdeckchen passen zu Emailleteekanne und Vorhangschlaufen.
Links unten: Die strengen Streifen an den Springrollos sind durch Bogenkanten abgemildert.

Wer daran denkt, die bisherige Wohnzimmercouch durch eine neue zu ersetzen oder zur Abwechslung einmal Sitzelemente haben möchte, kann – wenn der Platz ausreicht – das ausgediente Sofa an die Wand des Küchen-Eßbereichs stellen. Das wäre eine originellere Idee als die Couch einfach in ein Kinderzimmer zu stellen, oder sie dem Trödler zu überlassen. Ihr Nachwuchs ist vielleicht ganz froh darüber, nicht noch ein weiteres altersschwaches Möbelstück im Zimmer herumstehen zu haben. Überdies verlockt ein Küchensofa richtiggehend dazu, zwischendurch die Füße einmal hochzulegen. Wenn Sie Zeit und Lust haben, dann gönnen Sie ihm einen neuen Bezug und machen die losen Teile passend zu Rollos, Gardinen oder Stuhlpolstern. Das Tüpfelchen auf dem i wären dann noch farblich darauf abgestimmte neue Einbände für die mit Fettflecken übersäten Kochbücher.

In einem kombinierten Küchen-Eßraum macht sich am besten ein langer Eßtisch, dazu Stühle mit geraden Lehnen, die ruhig verschieden sein können, falls nicht genügend zusammenpassende aufzutreiben sind. Auch Stühle mit leiterförmiger Rückenlehne und Sitzflächen aus Binsengeflecht harmonieren mit diesem Tisch oder Stühle im nachgemachten Barockstil. Diese Ideen lassen sich nur bei ausreichender Geräumigkeit verwirklichen. Für die Kleinküche im Appartement sind sie ebensowenig geeignet wie für Küchen mit langem, schmalem Grundriß, die vielleicht die einzige Verbindung zwischen Wohnzimmer und einem anderen Raum sind.

Wo der Platz knapp ist, läßt sich mit rundem Tisch, Rollos statt fülligen Gardinen und durchgehenden Oberflächen mehr ausrichten.

Das Tischküchengerät hat manchen praktischen Vorzug – vor allem bleibt der Hausfrau da-

Rechts: Blick über Spülbecken und Arbeitsfläche hinweg durch das Südfenster der Küche in diesem Haus aus der Epoche Edwards VII. Zwei Räume wurden hier zu einem großen Bereich gestaltet, in dem gekocht und gegessen wird und man sich aufhält. Die Überreste der ehemaligen Zwischenwand sind tapeziert, die Decke ist mit Nut- und Federbrettern aus Fichte verkleidet. Die Fußböden waren verschieden hoch, der Küchenteil ist jetzt gefliest und der Wohnbereich mit Kork belegt, ein warmer und angenehmer Bodenbelag für Kinder.
Unten: Die Sitzecke am anderen Ende des Raumes mit frisch bezogenem Sofa und einem stoffbespannten Spiegelrahmen.

durch mehr Zeit für ihre Gäste. Die ganze Gesellschaft schart sich dann um den Tisch, auf dem Fleischröster oder der traditionelle Fondue-Topf stehen und beteiligt sich mit größtem Vergnügen an der Zubereitung der Mahlzeit. Kaffeemaschine, Toaster und Frittiergerät ermöglichen ein gemütliches Frühstück oder eine leichte Mittagsmahlzeit ohne ständiges und störendes Hin- und Herrennen.

Technische Geräte sind kostspielig und haben manchmal ihre verborgenen Schattenseiten. Legen Sie sich einen Plan zurecht, ehe Sie sich einen stromlinienförmigen, chromglitzernden Automaten kaufen, der zunächst brav schnurrt, für den es dann aber keinen Kundendienst in Ihrer Nähe gibt, wenn er bereits nach ein paar Wochen streikt.

Welche technischen Geräte brauchen Sie in Ihrem Haushalt? Ernähren Sie sich in erster Linie von Chablis und Briekäse oder macht es Ihnen eher Freude, raffinierte Gerichte zuzubereiten? Ist die Anschaffung einer Maschine notwendig, die schneidet, hackt und noch andere Kunststükke vollbringt und die Ihnen hilft, der Nachfrage nach selbstgemachten Pasteten Schritt zu halten? Bevor man Küchenmaschinen anschafft, sollte man die Unterbringungsmöglichkeiten prüfen und darüber nachdenken, ob sich auf die Dauer ein eigener Platz dafür schaffen läßt. Kleinere Geräte wie Mixer oder Elektroquirl deponiert man samt Zubehör am besten da, wo sie am häufigsten benutzt werden.

Konservendosen lassen sich ganz gut in einem Flaschenregal aufbewahren, Stundenpläne und Notizen sind an einem Pinboard übersichtlich aufgeräumt und ein Tellerbrett aus Holz ist nicht nur praktisch, sondern auch sehr hübsch anzusehen.

Der gemütliche Eßplatz

Unsere Eßgewohnheiten sind heute vielseitig, wie die Plätze und das Geschirr, von denen wir essen. Früher gab es eine feste Regel. Jeder nahm seine Mahlzeiten an seinem Platz ein. Mit anderen Worten: Die Wohlhabenden speisten im wohlausgestatteten Speisezimmer oder -saal mit Fingerschalen, Klingel für die Dienerschaft und edlem Damast, während die Untergebenen im Erdgeschoß um einen gescheuerten Tisch saßen und die Kinder ihren Pudding im weit entlegenen Kinderzimmer löffelten. Noch heute gibt es Haushalte, die in großem, altmodischem Stil geführt werden und wo das erkaltende Roastbeef über die endlosen Korridore getragen wird. Die Dienstbotenzimmer sind vom Reich der herrschaftlichen Familie getrennt. Für die meisten von uns aber spielt sich das Leben weniger vornehm ab. Die Zeiten, zu denen wir unsere Mahlzeiten einnehmen und unsere Eßgewohnheiten sind nicht mehr so festgefahren, sondern abwechslungsreicher als je zuvor.

Eine Mahlzeit für jeden Anlaß

Im Vergleich zu früher haben wir heute eine weit größere Auswahl an Küchengeräten, Eßgeschirr und sonstigen Utensilien, die zum Essen nötig sind. Auf allen Gebieten der Eßkultur hat man Neuland betreten. Wer beispielsweise weder Zeit noch Lust hat, abzuspülen und glaubt, Geld für Wegwerfgeschirr ausgeben zu müssen, kann Champagner in hübsch gemusterten, farbigen Pappbechern mit dazu passenden Servietten servieren. Und für Leute mit einer Vorliebe für Rosa gibt es Edelstahlbesteck mit rosafarbenen

Oben: Eigener Tisch für die selbstbewußte junge Dame. Sie hat ihren Frühstücksplatz am Fenster des Wintergartens. Nach der Mahlzeit werden Tisch und Stuhl zusammengeklappt und weggeräumt. Mit grober weißer Spitze erhält ein einfaches Leinenrollo einen Hauch von Romantik und sieht in diesem Raum mit den weiß gestrichenen Möbeln bezaubernd aus. Die Farbgebung in Weiß und Rosa setzt sich bis zu Besteck und Geschirr fort. Der rustikale Teetopf mit rosa Deckel wird selbst dem widerwilligsten kleinen Frühstücksgast gefallen.
Unten: Umgebauter Wagenschuppen in einem irischen Schloß. Der lange Tisch ist für ein zwangloses Mittagessen gedeckt.

Kunststoffgriffen zu kaufen. Das Angebot an geschmackvollem Tafelgeschirr ist groß. Bevor Sie sich zum Kauf entschließen, müssen Sie sich über Form und Dekor im klaren sein. Außerdem kommt es darauf an, ob Sie ein geschenktes oder ererbtes Speiseservice ergänzen wollen, oder ob Sie vielleicht die von einer anderen Generation übernommenen Teller lieber für Dekorationszwecke verwenden und es vorziehen, sich ein neues Service zuzulegen.

Die Einstellung zur Eßkultur hat sich vollständig gewandelt. Heute telephonieren wir nach einem Fertiggericht und servieren es im Alubehälter während wir vor dem Fernseher hocken. Andere wieder essen auf der Straße einen Hamburger, den sie im Vorbeigehen bei einem Schnellimbiß mitgenommen haben. Grillmahlzeiten im Freien sind genauso modern wie Geräte zur Zubereitung von Gerichten am Tisch. Diese Variante der Kochkunst gibt den Gästen Gelegenheit, sich zwanglos am Geschehen zu beteiligen und der Gastgeberin Spielraum für individuelle Wünsche bei der Zubereitung des Fleisches.

Das Auge ißt mit

Gegessen wird bei unzähligen Gelegenheiten. Ob es sich dabei um ein Ei für eine einzelne Person, ein Kinderfest oder um ein Büffet für fünfzig Personen handelt, eines darf man nie vergessen: Speisen sollen nicht nur lecker schmecken, sondern immer auch appetitlich und hübsch angerichtet sein und serviert werden.

Die Kunst des Anrichtens ist selbstverständlich eine höchst subjektive Angelegenheit – in jedem Falle aber gilt eine Regel: Mit Garnierungen sollte man sparsam umgehen So ist Petersilie – feingehackt über ein köstliches Eintopfgericht gestreut oder als ganzes Zweiglein auf blassen

Oben: Weshalb den Tisch für eine morgendliche Geschäftsbesprechung mit Frühstück nicht so festlich decken wie für eine andere Einladung? Wo bereits ein Eßzimmer für eine große Personenzahl vorhanden ist, könnte man eine Ecke für einen kleineren, runden Tisch abzweigen, um den sich die Familie am Wochenende zum Frühstück versammelt. Grün und Aprikose ergeben einen gedämpften Hintergrund. Der Querbehang aus geblümter Baumwolle ist in üppigen Wolken drapiert, mit Rüschen versehene Tischwäsche und Kissen vervollständigen das Bild.

Kohlröschen in einer Silberschale garniert – ausgesprochen dekorativ. Ein schlichtes, frisches Stück Butter aber mit demselben Küchenkraut zu verzieren in der irrigen Annahme, es sähe sonst zu dürftig aus, ist reine Zeitverschwendung.

Ausreichend Platz schaffen

Wer über kein eigenes Eßzimmer verfügt, wird zwangsläufig improvisieren müssen. Vielleicht findet sich genügend Platz im Wohnzimmer – mit ein wenig Geschick möglicherweise nahe der Küche – oder Sie richten sich von vorneherein darauf ein, die Hauptmahlzeiten in der Küche einzunehmen. In Etagenwohnungen, wo der Platz ohnehin knapp ist, läßt sich manchmal ein Teil der Diele oder des Korridors entsprechend umfunktionieren. In solchen improvisierten Eßecken zieht es mitunter ein wenig. Am besten löst man in diesem Falle das Problem durch eine Eckbank oder durch zwei senkrecht zur Wand stehende Bücherregale, die eine gemütliche Ecke für Tisch und Stühle bilden. Eßecken im Korridor gewinnen oft, wenn man gegenüber oder hinter dem Tisch einen Spiegel aufhängt oder diesen Teil der Wand vom Boden bis zur Decke mit Spiegelfliesen verkleidet. Der Korridor ist dadurch nicht mehr so düster. Überhaupt läßt sich an jedem Eßplatz Kerzenschimmer und der festliche Glanz von Silber und Glas durch einen Spiegel auf reizvolle Art steigern.

Der abendliche Eßplatz

Wer tagsüber viel außer Haus ist und erst abends zu Hause kocht und ißt, tut gut daran, bei der Planung des Eßplatzes zu bedenken, daß dieser Raum meistens erst nach Einbruch der Dunkelheit benutzt wird. Damit unterscheidet er sich in Aussehen und Atmosphäre von den übrigen Räumen – eine willkommene Gelegenheit, dunkle und schwere Farben zu verwenden, die erst bei künstlicher Beleuchtung lebendig werden. Eine mit Dekorationsstoff verkleidete Decke – übrigens eine Arbeit, die weniger aufwendig ist als es auf den ersten Blick aussieht –, ist eine hervorragende Lösung, einem Eßplatz eine intime und gedämpfte Atmosphäre zu verleihen. An einem Tisch, an dem Decke und Wände ringsum mit dunkelbemustertem Stoff bespannt sind, fühlt man sich wohl wie in einer warmen Höhle, eine reizvolle Abwechslung nach dem Apéritif im hellerleuchteten Wohnzimmer.

Ganz links: Deckendekoration in Zeltform und Vorhänge mit Fächerfalten, die das Flügelfenster einrahmen und am Abend die Wand über die volle Breite verbergen. Durch den Barockspiegel wirkt das Zimmer geräumiger und heller.
Links: Für Liebhaber dunkler Farben und hochglänzender Oberflächen hier die Eßecke eines Appartements in Paris, in der Lampenfuß, Teller und Weingläser und die Rattanstühle gleichermaßen in dunklem Glanz erstrahlen.
Links unten: Ein bis ins letzte Detail eingerichtetes, in Braun- und Beigetönen gehaltenes Eßzimmer in einer Stadtwohnung. Die Stuhlbezüge in beigefarbener Leinenbindung passen zu den Vorhängen, die im Spiegel sichtbar sind.
Rechts: Schwungvoller Start in den Tag in einer für zwei gedeckten Frühstücksecke am Fenster. Platzdeckchen, Servietten, Eier- und Teewärmer schmücken den Tisch in ansprechender Weise. Die rote Überdecke kann schnell abgenommen werden und das bodenlange Tischtuch bleibt als Tagesdecke liegen.
Rechts unten: Das Oberteil der Tischdecke hat exakte Tischgröße. Die Seitenteile fallen als Volant auf den Boden, die Verbindungsnaht ist paspeliert. Rustikale Binsensets und Körbe lockern das dezente geometrische Muster auf.

Wo ein häßliches Fenster den abendlichen Eßplatz beeinträchtigt, bezieht man es am besten als Teil der Wand mit ein. Anstatt es noch zu unterstreichen, sollten Sie es hinter Dekorationsstoff verschwinden lassen.

Das Eßzimmer ist ein ruhiger Aufenthaltsort, an dem sich die Familienmitglieder während der Mahlzeiten versammeln und entspannen. Die symmetrische Anordnung von Möbeln und Gegenständen in einem konventionellen Eßzimmer erinnert wieder an traditionelle Werte, auf die man in unserer rastlosen Zeit gerne zurückgreift. Hier herrscht eine Atmosphäre, die so beruhigend ist wie das Ticken einer alten Standuhr.

Gehen Sie bei der Planung Ihres Speisezimmers von wenigen, aber großen Möbelstücken aus. Eßtisch und Anrichte nehmen viel Platz ein

und beherrschen durch ihre meist dunkle Farbe das Bild. Dazu kommen Stühle mit senkrechten Rückenlehnen. Stellen Sie sich dieses Zimmer als einen Hofplatz vor, wo sich die Leute treffen und nur wenige Gegenstände Blickpunkt sind.

Ein Vorteil des getrennten Eßzimmers liegt darin, daß bei einem größeren Essen manche Arbeiten bereits vorher erledigt werden können. In einem konventionellen Speisezimmer zum Beispiel lassen sich bereits am Vorabend eines großen Essens, mit Ausnahme letzter Kleinigkeiten, alle Vorbereitungen treffen, ohne daß dadurch am nächsten Tag der normale Ablauf im Haushalt beeinträchtigt wird. Das wirkt sich natürlich positiv auf die Gemütsverfassung der Gastgeberin aus, wenn der Augenblick gekommen ist, die Kerzen anzuzünden und die Gäste zu Tisch zu führen.

Auf diesen Seiten sind Beispiele von vier Räumen zu sehen, die ausschließlich als Eßzimmer dienen. Hier herrschen Wohlbehagen, Förmlichkeit und Ordnung, die weder durch eine angrenzende Küche oder ein Wohnzimmer beeinträchtigt sind.
Links und gegenüber oben: Eßtisch und Stühle in Hochglanzpolitur, gefirnister Fußboden und dunkle Wände, ein robuster alter Geschirrschrank sowie blau-weißes Porzellan und ein offenes Kaminfeuer, all dies ist charakteristisch für ein Landhauseßzimmer. Der Raum bietet viel Platz und ist in geradlinigem und schlichtem Stil dekoriert. Ziegelrote Wände und auf Hochglanz poliertes Kupfer und Messing wirken gemütlich und mildern die Strenge des dunklen Mobiliars in einem Raum, der ohne Kaminfeuer vielleicht frostig anmuten würde. Die Farben und Muster der Vorhänge aus üppig geblümten Chintz geben den passenden Rahmen ab für einen Blick auf hohe Bäume und efeuüberwucherte Mauern. Das Fenster an der Stirnseite hat Raffgardinen und die Wandvertäfelung ist weiß gestrichen.

Wenn möglich, sollte eine hitzebeständige oder entsprechend präparierte Abstellfläche für heiße Schüsseln oder eine Wärmeplatte zur Verfügung stehen. Versuchen Sie auch, eine Tischhöhe zu wählen, in der es sich bequem schneiden läßt, für die meisten Menschen ist dies etwas höher als die herkömmlichen Maße. Weiche Neonbeleuchtung bringt die Bilder zur Geltung, eine Zuglampe über dem Eßtisch gefällt fast jedem und mit Untersetzern unter den Gläsern ersparen Sie sich Weinflecken und Tropfen auf dem Tisch.

Zum Schutz für die Oberfläche eines wertvollen, polierten Tisches sollte man ein dickes Moltontuch unter das Tischtuch legen.

Wenn die Küche nebenan ist, tut ein Tee- oder Servierwagen gute Dienste. Ein dekorativer Wandschirm, entweder in Lacktechnik, die gut zu Damast und Mahagoni paßt, oder mit schlichter Stoffbespannung verdeckt den Zugang zur Küche und hält mögliche Zugluft ab.

Eine gute Verbindung zwischen Herd und Speisetisch ist eine Durchreiche. Ihre plumpe Form läßt sich hinter einem Rollo kaschieren, das im Material farblich zur Wand paßt und heruntergelassen wird, sobald sich die Durchreiche schließt. Dieses Rollo kann man auch als Teil eines Schablonen- oder trompe l'œil-Bildes gestalten, das sich über die Wandfläche zieht. Stellen Sie sich beispielsweise ein Phantasiegebilde aus gemalten Vögeln, Blumen und einem von einer Mauer umzogenen Garten vor, auf dem das Gartentor deckungsgleich mit der Durchreiche ist. Sobald sich das Rollo mit dem aufgemalten Tor hebt, öffnet sich der ›Zugang zum Garten‹.

Gegenüber, rechts unten: Ausschnitt aus dem roten Eßzimmer mit Raffrollo und Vorhängen.
Gegenüber, links unten: In diesem eleganten Eßzimmer kann man sehen, wie aus demselben Muster für Tapete, Vorhänge und Tischwäsche ein geschlossenes Ganzes wird und wie sehr ein weißer Hintergrund die Lichtwirkung verstärkt. Zu beiden Seiten des Flügelfensters stehen Kübelpalmen. Grüne Einfassungen unterstreichen die Schlichtheit des Raumes.
Links oben: Goldgelb und Weiß – frühlingshafte und doch formelle Aufmachung für diesen für vier Personen gedeckten Tisch.
Oben: Der grau-weiße Vorhang mit Schlaufe paßt exakt zum Ton der ausgekehlten Wandpaneele.

Einen Anbau errichten

Nicht selten kommt es vor, daß der Platz immer knapper wird und das Haus aus den Nähten zu platzen droht, durch viele Kinder und Haustiere, durch Zuzug eines betagten Familienmitglieds oder weil Sie sich mit Ihrem Büro oder Atelier unter dem eigenen Dach eingerichtet haben. In jedem Falle müssen Sie sich Gedanken darüber machen, auf welche Weise sich zusätzlicher Platz schaffen läßt. Nach wie vor ist ein Anbau – trotz des horrenden Kostenanstiegs für alles, was nicht in Serie angefertigt wird – weit weniger kostspielig als der Umzug in ein anderes Haus.

Mit der Familie und dem gesamten Haushalt umzuziehen, sich an eine neue Umgebung zu gewöhnen und das neue Domizil bis in die letzte Ecke einzurichten, wohnlich zu gestalten: All dies kostet immens viel Zeit und erfordert einen großen finanziellen Aufwand.

Das Leben im Glashaus

Ein Anbau fügt sich immer als neuer Teil an einen bereits in sich geordneten Haushalt an. Für Sie bedeutet das, daß Sie innerhalb eines Gefüges, das Ihnen schon vertraut ist, von dem neuen Raum Besitz ergreifen. Überdies erhöhen Sie mit dem Anbau den Wert Ihres Hauses.

Eine Methode, zusätzlichen Raum zu schaffen, ist der Anbau eines gefälligen und nützlichen Wintergartens. Wintergarten, Orangerie und Gewächshaus sind während der Renaissance entstanden, als man dazu überging, empfindliche Pflanzen den Winter über in kältegeschützten Räumen unterzubringen. Im Viktorianischen Zeitalter war der Wintergarten nicht mehr ausschließlich in botanischen Gärten und auf hochherrschaftlichen Landsitzen zu finden, sondern in den neu entstandenen Vororten der großen Städte Mode geworden. Man benützte die hübschen Wintergärten der Villen des 19. Jahrhunderts als malerischen Aufenthaltsraum und als dekoratives Sonnenzimmer, in dem eigene Wege angelegt waren und wo in besonderen Beeten exotische Pflanzen gezogen wurden. Wintergärten waren die ganz große Mode bis sie von weit geöffneten Fenstern und zwanglos angelegten Gärten abgelöst wurden.

Ende des 20. Jahrhunderts wurde der Wintergarten wieder beliebter. Natürliches Licht läßt sich voll ausnutzen und auch ein unkrautfreier Garten anlegen. Ein Wintergarten muß durchaus

Mehr Platz zum Essen und wohl fühlen – gleichzeitig aber ein ungewöhnlicher Raum für ein Stadthaus. Mit einem Klecks weißer Farbe und ansprechender Einrichtung erwacht der Wintergarten zu neuem Leben und wird zum vielseitigen Eßzimmer, das tagsüber und abends gleichermaßen einladend wirkt.
Ganz links: Dieser Raum bildet den romantischen Hintergrund für ein Abendessen bei Kerzenlicht unter dem Sternenzelt. Die Türen, die vom Wintergarten zum Garten führen, liegen auf der Südseite. Außerdem gibt es Zugänge zum Wohnzimmer und zur neu eingerichteten Küche und damit wird der Wintergarten zum idealen Speisezimmer. Die Baumwollrollos heben sich sanft gegen den Nachthimmel ab und Kerzen auf Fensterbrett, Tisch und in Drahthängekörben erleuchten den Raum. Mit bezogenen Schaumstoffpolstern und rüschenbesetzten Kissen sitzt es sich in den Leichtmetallstühlen bequemer.
Links: Derselbe Raum bei Tageslicht. Er eignet sich als Gartenzimmer, in dem Aronstab und andere Topfpflanzen gedeihen, ebenso hervorragend wie als stilles Arbeitszimmer weit ab vom geschäftigen Haushalt.
Links und rechts unten: An zwei Details der Innendekoration ist zu erkennen, wie die heiteren Rosa- und Grüntöne von Rollos, Sets, Servietten und Kissen einen gekonnten Übergang von drinnen nach draußen schaffen. Auch das Porzellan und die Kerzen mit ihrem sommerlichen Rosa tragen dazu bei. Der Boden besteht aus Natursteinplatten.

nicht als später Einfall – sozusagen als bloßes Anhängsel – gelten, er läßt sich in Form und Aussehen sehr wohl in die Architektur und das Gesamtbild eines Hauses einbeziehen. Doppelt verglaste Fenster und Heizkörper sorgen im Winter für die nötige Wärme, während ein ausgeklügeltes Belüftungssystem diesen Raum den Sommer über kühlhält.

Am besten passen romantisch-verspielte Möbel aus Korbgeflecht, Rattan und Schmiedeeisen in einen Wintergarten, ergänzt durch getöntes Glas, Lampions und Spitze. Als »ewigen Frieden des Wintergartens« beschrieb einer der ersten adeligen Befürworter dieser Raumform die Atmosphäre an diesem Platz.

Der Reiz eines Gartens liegt nicht nur darin, hier ein Fleckchen Erde zu haben, auf dem man

Links: Der klassische Klappstuhl in neuem Gewand. Eine neue Bespannung in lustigen Streifen anstelle des üblichen Segeltuchs. Möglicherweise braucht der Stoff ein Zwischenfutter als Verstärkung.
Ganz rechts: Hängematte und Liegestuhl. Neue Stoffe für die Gartenmöbel und das Sommerfest kann beginnen.
Rechts: Die beidseitige Picknickdecke verwandelt sich in eine Tragetasche für Besteck, Teller und Kissen.

Pflanzen zieht, wo man gerne arbeitet und die Mühe großen Lohn bringt oder wo man stundenlang und mit Akribie Rosen zuschneidet.

Seit eh und je war der Garten ein Zufluchtsort zum Sitzen und Nachdenken, Studieren oder Träumen.

Garteneinrichtungen

Was immer Sie an Möbeln oder größeren Gegenständen wie Lauben, Pavillons oder Schuppen in den Garten stellen, sollte im Einklang mit der Umgebung stehen. Das gilt für die Mietwohnung mit schmalem Balkon, an dessen Geländer sich ein paar Bohnen hochranken und auf dem kaum mehr als Liegestuhl und Klapptisch Platz finden, genauso wie für den stattlichen Landsitz, wo Tanzabende stattfinden, ein Zelt für Sommerfeste aufgestellt ist und eine orientalische Holzbrücke vom Bootssteg zur Insel eines kleinen Sees führt.

Im Garten wohnen

Die einfachste Form, im Garten zu wohnen, besteht in irgendeinem Sitz- und Eßplatz nahe des Herdes und des Spülbeckens.

Grundsätzlich sollten Gartenmöbel entweder absolut witterungsbeständing sein, so daß man sie das ganze Jahr über im Freien stehen lassen kann, oder leicht und einfach zusammenzuklappen und transportierbar, damit sie ohne Schwierigkeiten abgebaut und weggeräumt werden können. Rattanmöbel oder Möbel aus Korb- und Rohrgeflecht sind ideal für draußen geeignet, müssen aber über Nacht oder beim ersten Regentropfen untergestellt werden, weil sie in der Feuchtigkeit schnell verrotten.

Die ersten Gartenmöbel waren aus Marmor und Stein. Der Philosoph Epikur hat mit den Marmorsitzen, die er für seine Studenten in seinem Garten aufstellte, die Möbel für's Freie erfunden. Steinmöbel sind für die heutigen Gärten mit ihren eher bescheidenen Ausmaßen zu massiv und klobig. Man wird lieber auf den schlichten Liegestuhl und die einfache Bank aus Hickory-Holz zurückgreifen, die – Wind und Wetter ausgesetzt – mit der Zeit ein hübsches Grau annimmt.

Obwohl die Bewohner wärmerer Klimazonen die ersten Leute waren, die mehr draußen als drinnen lebten, waren es zum Großteil die Engländer des 18. Jahrhunderts, die Möbel für den Aufenthalt im Grünen phantasievoll gestalteten. Anmutige Landhäuser ergänzte man durch Tanzpavillons und Orangerien und Pfaue und Schwäne gaben dem müßigen Leben im Freien einen exotischen Anstrich. So fertigte man damals beispielsweise Stühle aus in sich gedrehtem Holz, an dem noch kleine Zweige und Blätter hingen und in Grotten sah man muschelförmig gestaltete Sitzflächen. Mit der einsetzenden Massenproduktion galten dann reich verzierte, weiß oder grün lackierte Gußeisenmöbel als vornehme Ausstattung für einen mit Lampions erleuchteten Wintergarten. In England wurden die verglasten Anbauten zum unerläßlichen Attribut jener Häuser, die sich die Neureichen in den rasch wachsenden Vororten erbauen ließen. Der Londoner Kristallpalast zeigte den Trend zum phantasievollen, verglasten Wintergarten, in dessen Wärme und ansprechender Umgebung man sich aufhalten konnte, selbst wenn draußen Schnee lag.

Heute benutzt man Abwandlungen dieser ersten, phantasievoll gestalteten Gartenmöbel, doch auch die zeitlose Holzbank behauptet nach wie vor ihren Platz im Garten und auf der Terrasse. Die modernen Formen der kunstvoll gearbeiteten Stühle in chinesischem und Rokokostil des 19. Jahrhunderts passen gut in die Gärten alter Häuser und lassen sich nach Ende der Freiluftsaison auch im Haus verwenden. Sitz- und Rückenpolster aus Schaumstoff, hübsch mit Stoff bezogen und mit Bändern befestigt, machen den Gartenstuhl oder die Bank den Winter über zur ansprechenden Ergänzung der Inneneinrichtung.

Farben im Garten

In kühleren Breitengraden sind Grün, Gelb, Blau oder Naturtöne die besten Farben für den Garten. Kleinbedruckte Baumwolle, schlichtes Leinen oder breite Streifen eignen sich als Überzugsstoffe besonders gut. Auch die gut miteinander harmonierenden Farben indischer Baumwollstoffe, oder die dezent-satten Töne im Stile persischer Teppiche können zu ansprechenden Kissenbezügen verarbeitet werden.

Für Gartenmöbel eignen sich die unterschiedlichsten Holzarten. Auch sonst ist der Phantasie keine Grenze gesetzt. Ob man sich nun für die herrlichen Farben eines orientalischen Zeltes oder persischer Kacheln entscheidet, oder für weiche chintzbezogene Kissen, knarrende Korbmöbel und Sonnenschirm, ob man einen Liegestuhl bevorzugt und ein Leinentischtuch für den

Teetisch, ob karierte Decken und Weidenkörbe für ein Picknick, eine mögliche Vielfalt bietet Abwechslung.

Gartenbeleuchtung

Die einfachste Gartenbeleuchtung sind Lampions und Laternen, die in Bäumen oder an einer Wäscheleine hängen. Feststehende Lampen kann man an der Außenwand montieren, sie werden von innen eingeschaltet, während man für Beleuchtungskörper, die Wind und Wetter standhalten sollen, am besten in einem Laden für Schiffszubehör herumstöbert. Eine Außenbeleuchtung kann gleichermaßen romantisch und praktisch sein und man muß nicht erst auf das alte Rom mit seinen Fackelbündeln zurückgreifen, um Lichterglanz in den Garten zu holen. Schlichtes Kerzenlicht tut es auch.

Wer über eine Terrasse oder einen Dachgarten verfügt, kann im Sommer mit einer ausfahrbaren Markise das Beste aus dem vorhandenen Platz machen. Ein preiswerter Terrassentisch läßt sich aus einer Holz- oder (leider weniger preiswerten) Marmorplatte zaubern, die auf den gußeisernen Unterbau einer ausgedienten Nähmaschine aufgeschraubt ist.

Die Kinderecke

Kinder sollten draußen im Garten ihre eigene Spielecke haben. Es gibt Spielhäuschen, die leicht aufzustellen und abzubauen sind und die Anschaffung eines aufblasbaren Planschbeckens wird von den Kleinen sicherlich begrüßt werden. Sandkasten und Planschbecken müssen aber in Hör- und Sichtweite der Erwachsenen angelegt sein. Außerdem sollte der Platz für die Sandkiste so gewählt werden, daß die lieben Kleinen mit ihren feuchten, sandigen Füßen nicht unbedingt über den besten Teppich ins Haus stürmen. Einfache Kletterrahmen, am besten in Naturfarben belassen, sehen gut aus und machen den Kindern Spaß. Dazu baut man vielleicht noch eine Schaukel und Hängematte, die bis heute absolut nichts von ihrem romantischen Reiz eingebüßt haben.

Falls Sie an einen Anbau denken, sollten Sie sich für einen Wintergarten oder ein Gartenzimmer mit solidem Dach und verglasten Wänden entscheiden. Welche Holzarten zur Möblierung geeignet sind, wurde bereits erwähnt. Aber auch Eisen- und Aluminiummöbel mit witterungsbeständigem Epoxyüberzug und Bambusstühle und -sofas passen besonders gut zu exotischen Palmgewächsen, zu Geranien aller Sorten, Klettergewächsen und Jasmin.

Wer die Mittel zu einem Anbau hat, von den räumlichen Gegebenheiten her aber nicht die Möglichkeit, einen Wintergarten anzubauen (selbst nicht auf dem Flachdach), könnte vielleicht an den Aufbau eines kleinen, freistehenden Sommerhäuschens denken. Sie müssen ja nicht den ganzen Garten verplanen –, selbst die bescheidenste Holzhütte kann zum schönen Zufluchtsort werden, an den man sich zurückzieht, wenn einem der gewöhnliche Familientrubel doch einmal zuviel werden sollte.

Sobald man sich darauf einrichtet, so viel wie möglich im Freien zu leben, sollte man Kleinigkeiten wie Gartenschürze, Gießkanne und Stiefel für draußen nicht vergessen. Ein Hessenkittel mit tiefen Taschen ist leicht genäht, ein Behälter aus Sackleinwand, mit Taschen versehen an die Wand gehängt, sorgt für Ordnung. Alle herkömmlichen Gegenstände, die im Freien benutzt werden, sollten in sanften, kühlen Farben gehalten werden. Sie erfreuen das Auge, machen den Aufenthalt im Garten angenehm, und gleichzeitig wird eine eventuell nötige Suche im Grünen leichter.

Der vielseitige Wohnraum

In zahlreichen Haushalten ist der Raum zwischen Küche und Wohnzimmer – oder wie immer man den Raum bezeichnen mag, in dem man sich am meisten aufhält – der Platz, an dem gegessen wird. Der Wohn-Eßbereich ist häufig ein großes, in zwei Abschnitte unterteiltes Zimmer, jeder zwar ein Reich für sich, gleichzeitig aber eine Einheit. Die Trennungslinie wird entweder durch einen Vorhang, oder eine feste oder bewegliche Wand gekennzeichnet, durch unterschiedliche Fußbodenhöhe oder sonst eine Form von Raumteiler, die für den Erfindungsreichtum des Wohnungseigentümers spricht.

Zunächst soll einmal die Lage der Küche zum angrenzenden Eßraum betrachtet werden. In umgebauten Häusern liegen Eß-, Wohn- und Küchenbereich oft im ersten Stock, wo aus zwei Zimmern durch Herausschlagen der Zwischenwände ein großer Raum entstanden ist und eine kleine Küche im rückwärtigen Teil des Hauses nahe dem Eßplatz liegt. Damit ist ein genügend großer Raum im vorderen Bereich des Hauses vorhanden, in dem sich Familie und Gäste vor und nach den Mahlzeiten aufhalten. Bei dieser Aufteilung kann das Erdgeschoß, in dem ursprünglich die Küche untergebracht war, als zusätzliche Wohnung oder Büro verwendet werden oder als Spiel- und Hobbyraum dienen. Diese Form des kombinierten Wohn-Eßzimmers gibt es oft in Etagenwohnungen, wobei die Küche in offener Bauweise anschließt oder unmittelbar gegenüber liegt.

In einem Haushalt, in dem der Eßplatz in den Küchenbereich einbezogen ist, sollte man berücksichtigen, welchen Teil der Küche die Gäste vom Tisch aus überblicken. Können sie das Küchendurcheinander von ihrem Platz aus sehen? Wenn ja, mit welchen Tricks läßt sich die nüchterne Küchenatmosphäre mit einem gemütlichen Eßplatz in harmonischen Einklang bringen?

Räume in Stil und Farbe miteinander verbinden

Wenn vom Eßtisch aus ein Küchenfenster zu sehen ist, betont man es am besten durch ein hübsches Rollo, das farblich zur übrigen Aufmachung paßt. So könnten Sie beispielsweise im Eßbereich gelb-grün gemusterte Chintzvorhänge und Raffrollos haben, dazu grün gestrichene Wände und gelbe Servietten und Platzdeckchen; ergänzt wird durch ein gleichartiges Raffrollo am Küchenfenster, das in Grün gehalten und gelb paspeliert ist. Der sichtbarste Teil der Küche sollte, wenn möglich, nicht gerade die Stelle sein, wo die größte Unordnung herrscht.
An das Speisezimmer mit dem Mahagonitisch auf dem Bild links schließt eine Küche an, in der alles zu sehen ist, zum Beispiel, wenn gebrauchtes Geschirr abgeräumt und der nächste Gang aufgetragen wird. Wie dekorativ eine solch winzige

Zwei Beispiele dafür, wie sich in einem großen, in Wohn- und Eßzimmer unterteilten Raum, eine harmonische Verbindung zwischen beiden Bereichen schaffen läßt.
Gegenüber, links unten: Das großzügige Dessin des orange-grünen Chintzbezuges gleicht die Strenge des winzigen grünen Musters aus. Die alten Kiefernholztüren sind abgebeizt.
Links: Hell, freundlich und sehr wandelbar: hier ein Beispiel dafür, wie sich mit Blautönen eine kühle und beruhigende Atmosphäre schaffen läßt. Der Raumteiler ist ein üppig herabfallender Vorhang, die Sitzkissen der rundlehnigen Stühle sind mit demselben Stoff bezogen.
Unten: Teilansicht der oben abgebildeten Sitzecke.

Trennwände und Raumteiler

Ein Raumteiler, der nur einen verstohlenen Blick erlaubt oder das, was dahinter liegt, ganz verbirgt, macht einen Raum geheimnisvoll, während ein durchsichtiger Vorhang das gefilterte Licht betont. Eine andere Methode, Wohn- und Eßraum voneinander zu trennen, ist entweder eine Zwischenwand einzuziehen, die bis knapp vor die tragende Seitenwand des Raumes führt oder eine spanische Wand aufzustellen. Sehr dekorativ sind hier orientalische Lackarbeiten, aber auch Stoffbespannungen, die farblich zum Raum passen oder nostalgische Collagen in Viktorianischem Stil sehen sehr schön aus. Wer einen eher exotischen Stil bevorzugt, kann die beiden Räume auch durch ein leuchtend rot bemaltes, nach maurischem Vorbild gefertigtes Gitterwerk voneinander trennen. Wo das Geld knapp ist, tut es auch Gitterwerk, wie es im Garten verwendet wird. Diese Idee ist besonders vorteilhaft, wenn vom Eßplatz aus die Seitenwand eines Küchenschrankes zu sehen ist. Man befestigt ein Stück Gitterwerk an der Schrankwand und hängt an Metallringen ein paar Geranientöpfe daran.

Küche zu machen ist, in der man kaum mit einem Geschirrtuch herumwedeln kann, ist auf S. 17 zu sehen. Das einfache Springrollo und die Fichtenholzoberflächen sind mit stilisierter, leuchtender Schablonenmalerei verziert, in der sich der Grünton der Eßzimmerausstattung wiederholt, während beim Blütenmotiv dieselbe Farbnuancierung entsteht wie bei dem großflächigen, grünorangefarbenen Blütendessin der gesteppten Chintzbezüge im angrenzenden Wohnraum. Auf diese Weise setzt sich die Stimmung eines vollendet gestalteten, konventionell ausgestatteten Wohnraumes über einen geräumigen, im gleichen traditionellen Stil gehaltenen Eßbereich bis in eine freundliche Küche fort, in der eher die Atmosphäre eines kleinen Landhauses als einer stattlichen Villa herrscht. Wohn- und Eßraum auf dem Foto links sind durch eine Falttür miteinander verbunden, während in der oben gezeigten Wohnung aus den frühen Zwanzigerjahren die in Blautönen gehaltenen Bereiche durch einen Vorhang getrennt sind. Eine andere Möglichkeit, Aufenthaltsraum und Eßplatz voneinander zu trennen, ist ein Glasperlenvorhang, ein Vorhang aus durchsichtigem Dekorationsstoff, oder ein phantasievolles Arrangement hochwüchsiger Palmen.

Links unten: Kleines Studioappartement mit angrenzendem Dachgarten. Der runde Tisch am Fenster ist Mittelpunkt; hier wird gegessen und nach dem Abräumen gearbeitet. Die Stühle lassen sich, soweit sie nicht gebraucht werden, schnell zusammenklappen und wegräumen. Schlichte, makellos reine Rollos aus Japanpapier und die Lampe aus demselben Material bilden ein Element ruhiger Ordnung in einem von Geschäftigkeit erfüllten Raum.
Links oben: Die andere Seite des Raumes mit tiefliegender Regalnische und Sitzecke.
Oben: Die Couchecken stoßen aneinander, dahinter steht ein Beistelltisch mit Blumen und Grünpflanzen. Deutlich zu sehen sind die in hellen Frühlingsfarben Rosa und Grün bezogenen Kissen mit adretten Rüschen, Tulpenblütenbordüren und andersfarbigen Paspeln.
Unten: Ein schöner Arbeitsplatz. Derselbe Tisch, ohne Tischtuch, mit einer heruntergeklappten Seite vom Fenster weg an die Wand geschoben. Der abgebeizte Kiefernholzwaschtisch ist zum Zimmergarten umfunktioniert.
Gegenüber, rechts oben: Heiter und luftig, ein Wohnzimmer in Garderot und Weiß. Die Vorhänge sind während der langen, hellen Sommermonate abgenommen und der Kamin wird zum Hintergrund für Pflanzen und Blumen.
Gegenüber, rechts: Sobald die langen Winterabende kommen, werden Feuer und Kerzen angezündet und die langen Vorhänge hängen wieder an ihren Holzstangen.

Starre Regeln lockern

Für Wohn- und Eßzimmer gibt es Regeln, über die man sich heute hinwegsetzen kann. Genauso wie das Eßzimmer keine absolute Notwendigkeit mehr ist, also ein streng von Wohnzimmer und Küche abgetrennter Raum, sondern so wie der Küchen-Eßbereich oder das Wohn-Eßzimmer heute häufig ineinander übergehen, genauso verwischen sich auch die Regeln im Hinblick auf die Dinge, die man miteinander benutzen oder kombinieren kann.

So gibt es beispielsweise neue Materialien, die sich durchaus mit alten verbinden lassen, vorausgesetzt, es geschieht mit Stilgefühl. Glänzende Oberflächen aus Chrom, Vinyl, farbenfrohem Acryl oder lackiertem Metall vertragen sich ohne weiteres mit gekräuseltem Leinen, grünem Flanell, Rosenholz und geschliffenem Kristall. Moderne kantige Gläser passen durchaus zu alten Löffeln mit schleifenförmig nach hinten gebogenem Griff und die zierliche silberne Suppenkelle ist neben dem elektrischen Bratenmesser keineswegs fehl am Platze. Es gibt heute geschmackvolles und hübsch gemustertes Wegwerfgeschirr und Sie können, vorausgesetzt es entspricht Ihrem Stil (natürlich möglichst auch dem Ihrer Gäste!) und Sie verspüren keine Lust zu einem großen Abwasch, ohne weiteres Sekt in rosagepunkteten Picknickbechern anbieten und den Pudding in gefalteten Pappschalen servieren.

Das gleiche gilt für festliche Dekorationen. Weshalb sollte prächtiger Fähnchenschmuck nur Straßenfesten und patriotischen Feiern vorbehalten bleiben? Wenn Ihnen die farbenfrohen Wimpel gefallen, die für ein Kinderfest über die Volants der Wohnzimmervorhänge gespannt wurden, warum sollten Sie sie, nur weil es die Tradition verlangt, gleich wieder entfernen sobald der letzte kleine Gast mit einem Luftballon in der Hand das Haus verlassen hat? Die Pflege alter Traditionen im Zusammenhang mit den jahreszeitlich bedingten Festen ist etwas sehr Schönes und es gibt viele Menschen, die sich immer wieder begeistert damit beschäftigen, ein solches Fest mit all seinen äußeren Zeichen und Symbolen vorzubereiten. Trotzdem gibt es keinen Grund, den weihnachtlichen Brauch, Stechpalmen-, Efeu- oder Mistelzweige aufzuhängen, bei Ihnen nicht zu einer ständigen Einrichtung werden zu lassen, wenn es Ihnen gefällt.

So mochte beispielsweise eine Familie, die nichts vom Aberglauben der Rauhnächte hielt, die Stechpalmenbeeren so gern, daß sie sich nicht entschließen konnte, den Weihnachtsschmuck zu verbrennen. Die immergrünen Girlanden an den Deckenbalken ihres Studios blieben das ganze Jahr über hängen und wurden schmückendes Element in diesem Raum, manchmal noch aufgelockert durch eine leuchtende Kunststoffnarzisse oder eine Papierrose. In einem anderen Haus werden die kunstvoll bemalten ausgeblasenen Ostereier gesammelt und in einem goldfarbenen Vogelkäfig aus der Epoche Edwards II. aufbewahrt. Das ganze Jahr über ist hier ein sanfter Hauch festlicher Stimmung zu spüren.

Ordnung halten

Sobald Eßecke und Wohnraum ineinander übergehen, ist es notwendig, einen Platz zu haben an den alle Dinge geräumt werden, die man täglich

am Tisch braucht, damit man sie nicht vor und nach jeder Mahlzeit aus der Küche holen oder sie wieder dorthin zurückbringen muß. Hier sollte ein Wandschrank oder irgendeine andere Aufbewahrungsmöglichkeit dafür sorgen, daß Pfeffer und Salz, Frühstücksflocken und Marmeladendosen ihren festen Platz haben, weil sonst jeder in der Eile versucht, alles auf dem Tisch stehen zu lassen. Anders als ein Flaschentablett mit ein oder zwei hübschen Karaffen und ein paar Flaschen, die gut dorthin passen, sollten Würfelzuckerpäckchen, Papierservietten und derlei Dinge weggeräumt werden, damit der Raum nicht unordentlich wirkt.

In diesem irischen Schloß wußte der Architekt mit herrlichen Proportionen und großzügigen Räumen sehr wohl umzugehen. Das in Beigetönen gehaltene Wohnzimmer mit seiner prachtvollen Holztäfelung und den schön gestalteten Fenstern wirkt ruhig und heiter. Es hat einen üppigweichen Wollteppichboden und ist sparsam möbliert.

Links: Ein weiteres Beispiel dafür, wie ein dunkles, sattes Rot (diesmal in leuchtenderem Ton) die Düsterheit dunkler Möbel aufhellen kann. Marmoriertes Karmesinrot für die traditionelle Leselampe, kräftiges Leder und Zierknöpfe für Chesterfieldsofa und -sessel.

Links unten: Natürliches Licht erfüllt den Raum und wird vom Wandspiegel zurückgeworfen. Ein getupfter Volant mildert die strengen Linien der Stehlampe.

Die Idee mit den Blumen

Eine kurze Bemerkung zum Thema Blumen: Ein einziger Blumenstrauß in einer Vase wirkt wesentlich eindrucksvoller als wenige Stengel, die in einer Reihe von Gefäßen über den ganzen Raum verteilt sind. Selbstverständlich sind Blumenarrangements eine Frage des persönlichen Geschmacks. Schlichter und damit effektvoller aber ist ein einzelner Strauß Blumen entweder von der gleichen Sorte wie z.B. ein Bund farbenprächtiger Wicken, oder von der gleichen Farbe wie weiße Rosen mit einem Hauch grünen Blattwerks. Eine Alternative zu der Idee des einzelnen Straußes als Blickfang wäre es, ein hübsches und

Rechts: Üppige Blumenbüschel auf gegittertem Hintergrund lockern die dunkle Strenge der Mahagonistilmöbel in diesem kleinen, engen Raum auf. Der Chintz ist auf das Kreuzdekor der Tapete und das satte Burgunderrot der Kissen auf der Fensterbank abgestimmt. Die Paspelierung an Kissen und Vorhangschlaufen ist ebenfalls tiefrot. Dieser Raum ließe sich als Lese- oder Schreibecke in der Ecke einer geräumigen Diele einrichten.
Unten: Trotz der Geräumigkeit wirkt die Sitzecke für sechs Personen behaglich. Der Ausblick auf die dunstverhangene Landschaft und die Weite des Himmels ist wesentlicher Bestandteil der Dekoration. Die Fenster haben deshalb keine Vorhänge und sind nur von den ursprünglichen Fensterläden flankiert.

mitunter etwas eigenwilliges Arrangement verschiedener, in einer Gruppe angeordneter Behälter mit Pflanzen zusammenzustellen. Das Ganze wirkt dann wie eine kleine botanische Studie. Stellen Sie zur Abwechslung einmal ein halbes Dutzend kleiner Gefäße wie Eierbecher, Sherrygläser oder Milchkännchen mit den ersten Frühlingsboten oder kleinblütigen Wildblumen nebeneinander auf einen Sims. Wenn keine frischen Blumen zur Hand sind, sieht auch eine Sammlung verschiedenartiger Blätter, Gräser oder Trockenblumen sehr dekorativ aus, besonders wenn sie farblich mit dem Zimmer harmonieren.

Die richtigen Proportionen

Bei der Auswahl von Blumen sollte man folgendes beachten: Sobald Sie Blumen auf einen Couchtisch zwischen einander gegenüberliegenden Sitzmöbeln stellen oder auf einen Tisch, um den herum sich alle scharen, darf das Arrangement nicht zu hoch sein, d.h. es muß unter Augenhöhe bleiben. Eine Unterhaltung wird schwierig, wenn der Austausch geistvollen Geplauders oder bedeutungsvoller Blicke zum Beispiel durch hochragenden Rittersporn behindert wird. Das gleiche gilt für den Eßtisch. Ein Gespräch lautstark über Kerzenleuchter hinweg geführt, die der Größe nach besser in eine Kathedrale passen würden, kann sich nicht entwickeln. Ausladender Tafelschmuck muß immer an sorgfältig ausgewählten Stellen zwischen den Gästen aufgestellt werden, auf keinen Fall vor deren Nase.

Der Salon

Seit jenem Tag, als die Menschen aus ihren Höhlen hervorkrochen, haben sie sich Plätze geschaffen, an denen sie ausruhen und entspannen können.

Der Salon bzw. das Vorzimmer zum Hauptwohnraum, in das sich das Familienoberhaupt zurückzog, wird zum erstenmale im 15. Jahrhundert erwähnt. Um die Mitte des 19. Jahrhunderts war der Salon dann zum wichtigen und großzügig angelegten Raum geworden. Er war Mittelpunkt des Hauses und zeigte in seiner Ausstattung unverkennbar femininen Charakter, während das Speisezimmer mit seiner dunkleren Einrichtung, dem wuchtigeren Mobiliar und den reich gemusterten Teppichen als eine Art Festung galt, die eher maskuline Züge widerspiegelte. Die Wände des Salons waren gewöhnlich in Pastelltönen gehalten oder hatten Tapeten mit Blumendessins und die bequemen Sofas und Sessel waren mit großblumigem Chintz bezogen.

Während der Viktorianischen Epoche herrschte im eleganten Salon ein ständiges Kommen und Gehen. Außer an sehr warmen Sommertagen wurde in diesem Raum das ganze Jahr über der Nachmittagstee serviert. Hier versammelten sich Gastgeber und Gäste vor dem Dinner, ehe sie sich in feierlicher Prozession ins Speisezimmer begaben und hier leisteten die Herren den Damen nach dem Essen Gesellschaft.

Das Wohnzimmer

In großem Stil erbaute Wohnsitze verfügten über ein sogenanntes Damen- oder Morgenzimmer. Es lag dicht neben dem Salon und war eine Art zwangloser Treffpunkt, an dem man sich nach dem Frühstück am Kaminfeuer zusammenfand. Dieser Raum war weniger aufwendig ausgestattet als der Salon und glich mehr dem Familienwohnzimmer wie man es jetzt kennt. Noch heute gibt es in großen Häusern solche Räume, dazu den traditionellen Salon sowie ein Arbeitszimmer oder eine Bibliothek. Kleinere Häuser haben meistens einen großen Hauptraum, der als Wohnzimmer benutzt wird und falls genügend Platz ist, ein weiteres kleineres Zimmer, das als Büro, als Arbeits-oder Studierzimmer und mitunter auch als Fernsehraum dient.

Links: Wohnzimmer in einer Stadtwohnung in gedämpfter und gewollt zufälliger Mischung aus Grün- und Brauntönen. Der grobe Schafwollteppich, Weidenkörbe und ein Leinenbezug für den Sessel lassen den Eindruck natürlicher Oberflächenstrukturen entstehen.
Links unten: Detailaufnahme einer Ecke im selben Raum.
Rechts: Gemütliches und bewohntes Zimmer für Familienzusammenkünfte, zum Lesen, Schreiben und Musikhören. Eine Tür führt zur Diele, eine andere zu einem kleinen Wintergarten. Die Bargello-Bezüge vertragen sich gut mit dem Perserteppich, mit indischer Seide, blauem Rips und Baumwolldruck. Zur traditionellen Einrichtung gehört ein Fußschemel, der als niedriger Beistelltisch und zusätzlicher Kaminhocker seine Dienste tut. Unter dem holländischen Ölgemälde steht eine Vase cremefarbiger Rosen, während sich unter dem naiven Bild über dem Kaminsims ein weißes Porzellanpferd aufbäumt.
Rechts unten: Überschaubarer und nüchterner ist dieser Einrichtungsstil. In diesem Wohnzimmer eines Hauses aus der frühen Epoche Edwards II. sind Zierat und Bilder mit peinlichster Genauigkeit angeordnet. Der Tisch in der Mitte ist ein auf Hochglanz polierter Hackklotz. Im portugiesischen Wollteppich werden Farben und Motive der Buntglasscheiben und der blumenverzierten Fliesen im Marmorkamin weitergeführt.

Die Fernsehecke

In Familien, die ihren Fernsehapparat in eine Ekke abseits des Wohnzimmers verbannt haben, prallen die Temperamente weniger häufig aufeinander als dort, wo das Gerät das Zimmer beherrscht und zu Meinungsverschiedenheiten darüber führt, wer welches Programm wann und wie lange anschaut. Überdies erstickt fast jede Unterhaltung, sobald der Fernseher läuft. Wenn das Wohnzimmer häufig von Gästen bevölkert ist oder die einzelnen Familienmitglieder hier lesen, Briefe schreiben oder Hausaufgaben machen, wäre es besser, ein tragbares Gerät anzuschaffen, das jederzeit mühelos woanders aufgestellt werden kann.

Manche Modelle sind derartig klobig und dominierend, daß man sie am besten von vorneherein in einem anderen Raum unterbringt, vielleicht in einem Schlafzimmer. Wer will, kann dann hier – unter die Bettdecke gekuschelt – fernsehen, während die restlichen Familienmitglieder sich in Ruhe unterhalten können. Es gibt auch Leute, die ihren Fernseher am liebsten in einer Küchenecke aufstellen, um während des Abendessens ja nichts zu versäumen.

Sorgfältig planen

Sobald Sie sich entschieden haben, welches Zimmer oder welcher Bereich hauptsächlicher Wohn-und Aufenthaltsraum werden soll, müssen Sie sich Gedanken über die Einrichtung machen: Das Zimmer soll wohnlich sein, hübsch aussehen und Sie müssen dort all das tun können, wofür Sie es vorgesehen haben.

Zunächst einmal nimmt man Stift und Papier zur Hand. Machen Sie eine Liste von all den Dingen, die Sie in diesem Raum tun möchten. Musik hören, lesen, Karten spielen, sich mit Freunden zusammensetzen, nähen und mit den Kindern spielen, Möglichkeiten gibt es mehr als genug. Anhand dieser Liste überprüfen Sie dann, welche der bereits vorhandenen Möbelstücke Sie dazu brauchen können.

Danach schreiben Sie alles auf, was auf jeden Fall im Zimmer untergebracht werden soll, beispielsweise eine Sammlung von Intarsienkästchen, an der Sie hängen, ein wertvolles Erbstück oder ein komplettes Teleskop mit Stativ, falls Ihre

Familie von der Sternguckerei besessen ist. Anschließend überlegen Sie wie die Möbel gestellt werden müssen, um möglichst alle Wünsche unter einen Hut zu bekommen. Nach den unvermeidlichen Änderungen und Abstrichen wissen Sie dann, was an Möbeln benötigt wird, damit der Raum Ihren Vorstellungen entsprechend benutzt werden kann. Jetzt heißt es das Budget zu überprüfen, vielleicht haben Sie Rücklagen für Innendekoration und Einrichtung machen können. Nachdem feststeht, welche Möbel gebraucht werden, ist die Innendekoration an der Reihe, bei deren Planung Sie bereits vorhandene Gegebenheiten – z.B. einen fest verlegten Teppichboden – berücksichtigen müssen.

Räume durch Farben verbinden

Was Farben angeht, so gilt es, ein paar grundsätzliche Überlegungen anzustellen. Zunächst einmal steht fest, daß die Farben des Anstrichs oder der Tapeten in Verbindungsräumen wie Flur oder Treppenhaus, den ganzen Bereich geräumiger, luftiger und übersichtlicher erscheinen lassen, wenn sie mit den Farbtönen des eigentlichen Wohnbereiches harmonieren. So könnte beispielsweise ein Korridor mit weißgemusterter, sandfarbener Tapete zu einem mit Büchern und Möbeln gefüllten Raum führen, in dem dann die lebhafte Stimmung durch die Ruhe und Klarheit cremefarben getünchter Wände aufgefangen wird.

Wenn Küchen- und Wohnbereich ineinandergreifen, tut es dem Auge weh, wenn beide Räume in völlig unterschiedlichen Farben gestrichen sind. Wer sich aber von vorneherein zu einem einheitlichen Anstrich entschließt bzw. für einen der beiden Räume höchstens einen etwas helleren Ton wählt, kann später wagemutiger vorgehen. Es hat wenig Sinn, sich in Diskussionen über die farbliche Gestaltung des gesamten Hauses zu verlieren. Wer sich nicht im klaren darüber ist, was er wirklich will, sollte sich für einen Pergamentton entscheiden, der irgendwo auf der unkomplizierten Farbskala zwischen honig- und cremefarben angesiedelt ist. Damit läßt sich dann in Ruhe experimentieren und der Cremeton kann im Zweifelsfall später ohne weiteres als Grundanstrich benutzt werden. Auf jeden Fall laufen Sie so kein Risiko, daß Sie ein halbes Jahr, nachdem alle Wände scharlachrot gestrichen wurden, feststellen müssen, daß Rot keineswegs chic ist und Sie nur hitzig und nervös macht.

Farben aufeinander abstimmen

Nicht immer passen alle gewählten Farben zueinander und man verfährt deshalb am besten so: Befestigen Sie auf einem möglichst großen Bogen Papier Musterstreifen der verschiedenen Dekorationsstoffe und auf Papier aufgetragene Proben der von Ihnen gewünschten Farben. Damit läßt sich die Ausgewogenheit von Farbtönen und -kontrasten sicherer und besser beurteilen als wenn Sie sich auf Ihr Gedächtnis verlassen.

Wer üppige, leuchtende Farben liebt, aber Schwierigkeiten mit der Feinabstufung von Tönen hat, ist bestens beraten, wenn er sich an den Farben eines Orientteppichs orientiert. Hier findet man die feinsten Nuancen von Grüngrau und Kastanienbraun in Verbindung mit Dunkelblau, nach denen man schon so lange gesucht hat. Eine andere Möglichkeit für alle, die sich nicht ganz sicher sind, besteht darin, die Natur zu Rate zu ziehen. Nicht nur im Gefieder eines Fasanen offenbart sich eine Palette von Farbtönen, die herrlich miteinander harmonieren, auch das Moos auf einer Baumrinde ist in seiner Farbabstufung ganz natürlich. Vielleicht animieren Sie gestreifte Tulpen dazu, leuchtende Farben miteinander zu kombinieren in Nuancen, die sich erstaunlicherweise nicht schlagen.

Creme- und Beigetöne passen gut zu Textilien mit stumpfer Oberseite wie Leinen, glattem

Links: Übersichtliche Gruppierung und klare Linien machen die Strenge dieser Sitzgruppe aus. Die aufeinander abgestimmten Schattierungen von Zimmerdecke, Teppich, Kissen und Fußschemel verstärken noch den Hauch eines kühl verfeinerten Stils in diesem amerikanischen Wohnzimmer. Die Flügelfenster sind von Volantvorhängen zum Teil verdeckt.
Unten: Ein Zimmer mit ähnlichen Proportionen in einem viktorianischen Haus in Wales. Der großzügige Raum dient als Familienaufenthalt. Eine willkürliche Ansammlung von Sesseln, Stühlen und Kissen, ein Teppich mit leuchtendem, auffälligem Muster, alles schließt sich zum Mittelpunkt ungezwungenen Familienlebens zusammen. Durch den schokoladefarbenen Anstrich erscheint die Decke optisch niedriger.

Tweed und grober Seide und glänzenden Oberflächen wie beispielsweise Porzellan. All dies kombiniert mit einem hellen hochflorigen Teppich und cremefarbenen Blumen verleiht einem Salon eine Atmosphäre von verfeinertem Stil und Vornehmheit. So schön und heiter ein so gestalteter Raum auch anzusehen ist, so wenig eignet er sich jedoch, wenn kleine Kinder zur Familie gehören und übermütige Hunde und Katzen, die mit besonderer Vorliebe an Stühlen und Sesseln die Krallen schärfen. Abgesehen davon läßt sich über Geschmack nicht streiten: Während der eine in Beigetönen schwelgt, sind sie für den anderen der Inbegriff von fade und leblos. Sie sollen ja wirkliche Freude an Ihrer Umgebung haben!

Dunkle Farben wie grüne Wände, glänzende Holzfußböden mit reich bemusterten Brücken in gedeckten Farben sowie sämtliche Abstufungen von Dunkelblau und Burgunderrot, kommen besonders am Abend zur Geltung und schaffen in einem Salon, der vorwiegend abends bewohnt wird, eine aufregende Stimmung. Eine solche Farbzusammenstellung ist überdies auch günstiger für das Familienleben. Die Haustiere werden von ihren Schlummerplätzen auf alten dunklen Polsterstühlen sicherlich nicht so schnell vertrieben und ein Hundekorb mit einer abgewetzten karierten Decke stört an der Wand unter dem Tisch keineswegs. In einem großen Wohnzimmer mit Tür zum Garten, wo reges Kommen und Gehen herrscht, empfiehlt sich ein dunkelfarbiger Teppich, auf dem Schmutz- und Feuchtigkeitsflecken nicht so leicht zu sehen sind. Achten Sie auch darauf, daß auf Ihrem Klavier nur Notenblätter liegen, eine Blumenvase kippt schnell einmal um und könnte das wertvolle Instrument ruinieren.

Der altenglische Stil ist eine Form der Innendekoration, die tief in der Tradition des Stils großer Landsitze wurzelt und sich über zweieinhalb Jahrhunderte hinweg in den englischen Grafschaften nach und nach entwickelt hat. Allgemeines Merkmal dieses Stils sind Zurückhaltung und Eleganz, die sich langsam, aber sicher abnutzt und fadenscheinig wird, ohne daß dies die Bewohner viel bekümmert. Je stärker die Farben verblassen, desto besser harmonieren sie mit den verschwommenen Schattierungen im Garten. Verwaschener, abgenutzter Chintz ist den feuchten Pfoten eines durchnäßten Spaniels gegenüber unempfindlich.

Ein Appartement für Alleinstehende, die Stadtwohnung für ein Paar vom Lande, das erste Heim für ein junges Ehepaar, ein gepflegter kleiner Schlupfwinkel oder die separate Wohnung für Großmama: all dies sind Verwendungsmöglichkeiten für eine Einzimmerwohnung, die vielen Zwecken dient, mit Stil eingerichtet werden kann und trotzdem Bewegungsfreiheit gibt.
Links: Ein begehrenswertes Einzimmer-Zuhause ist dieses nach oben zu offene Studio, in dem die Pflanzenpracht üppig vom luftigen Schlafplatz herunterwuchert. Die beweglichen Punktleuchten sind auf eine am Balken befestigte Schiene montiert. Natürliche Töne kombiniert mit weißen Baumwollbezügen und einem Minimum an Möblierung lassen hier einen friedlichen Raum entstehen, in dem man sich ebensogut konzentrieren kann, wie müßig herumsitzen. Das durch ein Dachfenster einfallende Licht wird von der blaßgelben Wand reflektiert und erweckt die Illusion eines sonnigen Morgens.
Unten: Derselbe Wohnraum aus einer anderen Perspektive.
Gegenüber, oben: Mehrzweckraum in einem Pariser Appartement. Geometrische Muster, weißgestreifte Gardinen und hohe zylindrische Lampen an beiden Seiten der Bettcouch fügen sich in diesem Beispiel zu gepflegter Ordnung zusammen.
Gegenüber, Mitte links: Derselbe Raum wie oben. Die pompöse Chaiselongue mit verschnörkeltem weißem Eisengestell und einem Berg blauer, gelber und olivgrüner Kissen läßt sich im Nu in ein bequemes Bett für einen Übernachtungsgast verwandeln.
Gegenüber, rechts und links unten: Helle Beleuchtung in einem Wohnschlafzimmer bei Tag und am Abend. Die Hängelampe hat einen Schalter an der Tür, die romantische, waldgrüne Wandlampe wird erst nach der Bettlektüre ausgeschaltet. Die Kissen stecken in Schlupfbezügen aus demselben Stoff wie die Matratzendecke und verwandeln das Bett tagsüber in eine Couch. Eher praktischen Wert hat die ebenfalls waldgrüne Metallampe über dem Fernsehtisch, die abends gedämpftes Licht verbreitet. Am Fenster gedeihen schnellwachsende Pflanzen. Blumenbordüren auf Tapeten, Vorhängen, Kissen und Lampenschirm lassen die ganze Dekoration wie aus einem Guß aussehen. Im Vordergrund steht ein klassischer Schaukelstuhl aus Rohrgeflecht und Biegeholz.

Dieser besondere Stil, der ebenso gefragt wie schwierig nachzuahmen ist, scheint auf England zugeschnitten zu sein, fast möchte man sagen wie ein korrektes Kleidungsstück. Das erstklassig gearbeitete Tweedjackett eines Engländers aus weichem Material und in Farben, die im Heidemoor zur perfekten Tarnung werden, wirkt ja auch niemals ganz neu und ungebraucht; genauso verhält es sich mit dem altenglischen Stil. Gekonnt im Salon oder Boudoir zur Geltung gebracht, wirkt er, als habe sich seit Generationen kaum etwas verändert. Am Landhausstil ist nichts streng oder grob. Die Farben erinnern in ihrer Zartheit an Blumenrabatten oder einen Rosengarten und sind manchmal verschwommen wie die fernen Hügel jenseits des mit Kissen weich ausgepolsterten Fensterplatzes. Dazu kommen dann noch die satten Töne von Porzellan und Seidenstoffen aus dem Fernen Osten. Aber auch dem Hang der Engländer zum Exzentrischen wird dieser Stil gerecht, egal ob in Form eines Grottenstuhls mit Rückenlehne aus Austernmuscheln oder eines phantasievoll-überladenen Sommerhäuschens.

Besonderheiten des Landhausstils

Es sind typische Kleinigkeiten, die einem Wohnzimmer und damit einem Stadthaus oder einer Etagenwohnung ein wenig vom Flair des zwanglosen Landhausstils verleihen. Da stellt man beispielsweise Bücher oder Pflanzen auf einen runden oder achteckigen Tisch, dessen Decke bis zum Boden reicht und am Saum oft Fransen hat. Schlichte Lampenschirme mit Lampenfüßen aus chinesischem Porzellan und weiche, bequeme Polstermöbel gehören ebenso dazu wie Kokosmatten oder Teppichböden mit Orientbrücken oder Flickenteppichen. Die Farben, die zu dieser Art der Dekoration am besten passen sind Moosgrün, Gelb, Apfelgrün, Blautöne aller Art und Aprikose. Grünpflanzen in Porzellanbehältern und Weidenkörbchen, ein Klingelzug aus Deko- oder Gobelinstoff und Vorhangschlaufen aus zweifarbiger Seiden- oder Baumwollkordel mit

Quasten vervollständigen das Bild, während ein Pfeilerspiegel das durchs Fenster hereinflutende Licht reflektiert.

Wohnlich und zwanglos

Der Stil, in dem man das Wohnzimmer, außer der Küche wohl der meistbenutzte Raum des Hauses, einrichtet, ist eine Frage des individuellen Geschmacks. Gleichgültig aber, ob es sich dabei um einen Salon in gotischem Stil mit hoher Decke handelt oder um einen erkerähnlichen Raum, dessen unebene Wände mit Reliefplatten und Firnisanstrich kaschiert sind, eines ist wichtig: Man muß spüren, daß der Raum behaglich ist und bewohnt wird, ohne daß er dabei allzu heimelig oder möglicherweise karg wirkt.

Das Bedürfnis, hinter jedem, der das Zimmer verläßt, aufzuräumen, sollte man besser zurückhalten, weil sich alle Familienmitglieder wohler fühlen in dem Bewußtsein, sich in diesen vier Wänden entspannen zu können. Jeder Raum, in dem man nach kurzer Abwesenheit zum höchsten Verdruß sämtliche Kissen wieder geometrisch exakt angeordnet vorfindet, die Zeitungen säuberlich gefaltet und die Illustrierten aufgestapelt wie im Wartezimmer, wirkt auf die Dauer frostig und abweisend. Sie sollten daher ein Gespür für den Unterschied zwischen echter Behaglichkeit und gekünsteltem Arrangement von Gegenständen entwickeln, denn schließlich wollen weder Sie noch Ihre Angehörigen in einem Kälte ausstrahlenden Museum leben.

Ein Zimmer für Oma

In einem sehr kleinen Wohnzimmer hält man sich am besten an eine oder zwei Farben oder an verschiedene Nuancen einer einzigen Farbe. Mehrere kräftige Töne bringen Unruhe in den kleinen Raum.

Wo ein älteres Familienmitglied (z.B. die Großmutter oder eine Tante) im gemeinsamen Haushalt lebt, ist eine eigene kleine Wohnung oder zumindest ein separates Zimmer angebracht. Ideal wäre ein kleiner Wohnbereich, in dem sich die betreffende Person unabhängig fühlt und in der ihr vertrauten Atmosphäre leben kann; wenn möglich mit ein paar liebgewonnenen Möbelstükken aus längst vergangenen glücklichen Tagen. Das Zimmer sollte nicht nur genügend Platz für

Man braucht nur Kissen und Polster wegzunehmen und schon wird die Sitzecke im Arbeits- oder Wohnzimmer zum behaglichen Schlafplatz.
Ganz links: Ein funktionelles Arbeitszimmer, in dem das Messingbett tagsüber unter einem Berg praller, quadratischer Kissen verschwindet und nachts zum behaglichen Schlupfwinkel wird.
Links: Detailbild von dem unten abgebildeten Raum: eine Regalnische mit Unterschrank.
Unten: Das behagliche Wohnschlafzimmer wird nachts zum Schlafraum, sobald die Bettcouch ausgeklappt ist.
Ganz unten: Die Couchecke – hergerichtet zum Schlafen.

Erinnerungsstücke bieten, sondern auch so groß sein, daß sich der alte Mensch jederzeit zurückziehen kann. Sorgen Sie dafür, daß sich Oma, Opa oder Tante, wer immer es sein mag, nicht alleingelassen fühlt und daß der Raum in einem dem Bewohner vertrauten Stil eingerichtet ist. Selbst wenn nur ein Zimmer zur Verfügung steht, sollte eine Kochnische nicht fehlen. Kochtopf und Spülbecken verschwinden hinter einer spanischen Wand, einer Schiebetür oder einer Regalwand, die gleichzeitig als Vorratsschrank dient. Denken Sie beim Aussuchen des geeigneten Zimmers auch daran, daß der Weg zu Bad und WC nicht zu lang sein sollte. Gerade ältere Personen werden es Ihnen danken, wenn sie diese Räume auch nachts bequem erreichen können.

Links: Großzügig denken und in diesem kleinen und ziemlich ausgefallen proportionierten Raum beispielsweise eine Eßecke durch Fliesenboden abtrennen. Durch die Farbkombination Maulbeere und Rosa und ein Minimum an Möblierung entsteht in einem Raum mit wenig Tageslicht eine bemerkenswerte Eßecke. Deckenlampe und Kerzen verleihen den Rosatönen einen sanften Schimmer. Für Pflanzen findet sich am Fenster und in den Ecken Platz.

Links unten: Muster im Muster: Die Bilder mit den Blumenvasen sind aus der Tapete des Zimmers und anderen Tapetenmustern zusammengesetzt und sorgen für einen gleichmäßigen, visuellen Übergang von der Eßecke in den Korridor. Die gedämpften Farben der Tweeddecke auf dem Stuhl und die Schale mit duftenden Blütenblättern verleihen diesem Appartement weit weg vom Lande einen rustikalen Reiz.

Rechts: Zwei Photos einer offenen und geschlossenen Schrankküche. Hinter den Türen befindet sich eine winzige Koch- und Spüleinheit. Die Regalinnenseiten sind in kontrastierendem Grün gestrichen. Mit weißen Regalen zu beiden Seiten der Schrankküche wird das Ganze zu einem interessanten Einrichtungselement in diesem in Rot und Weiß gehaltenen Wohnschlafzimmer. Am Vielzweckzeichentisch kann gleichermaßen gegessen und gearbeitet werden.

Rechts unten: Sich in die Nähecke zurückziehen und wissen, die Arbeit kann liegenbleiben. Der robuste Küchentisch, mit einigen Farb- und Lackschichten salonfähig gemacht, paßt wie angegossen in die Wohnzimmernische. Die rot-grüne Farbzusammenstellung setzt sich in der Glaslampe, dem Kissen und der Brücke fort.

Kleine Räume

Als wichtigste Regel gilt hier: Je kleiner der Raum ist, mit dem Sie auskommen müssen, desto großzügiger müssen Sie denken. Reden Sie sich immer wieder ein, klein sei schön. Die Wände dehnen sich dadurch zwar nicht in sämtliche Himmelsrichtungen aus, aber Sie werden mit dieser Einstellung mit dem Problem leichter fertigwerden und sämtliche Möglichkeiten zu nutzen lernen. Ecken müssen durchaus nicht nur Schmollwinkel sein, sondern lassen sich zu einem attraktiven Blickpunkt gestalten. Sie sind keineswegs nur Fallen, denen Sie nur mit der Schlauheit eines Fuchses entkommen. Ein solcher Winkel ist im Notfall genau der Platz, der Ihnen noch fehlt.

Man muß sich einmal die unzähligen Behausungen vor Augen halten, die es für Mensch und Tier gibt, angefangen beim einfachen Viehunterstand, der im Prinzip aus dem gleichen Material gebaut ist wie ein schöner großer Stall, über die Hundehütte und Katzenkiste, den Taubenschlag und Bienenstock, bis hin zum Iglu, dem Leuchtturm und der Sandburg. Auch Wildgehege, Dachs- und Fuchsbau sowie Nester gehören hierher. All diesen kleinen Behausungen und Unterschlupfen ist eines gemeinsam: sie erfüllen ihren Zweck ohne den geringsten überflüssigen

Platz zu beanspruchen. Die Schlupfwinkel in der Natur sind gut getarnt, behaglich und meistens auf irgendeine Weise befestigt, während die von Menschenhand geschaffenen Behausungen dekorativ und zweckmäßig sind, auch wenn die Sandburg nur bis zum Einsetzen der Flut standhält.

Ein Zuhause für Ihre Pflanzen

In Ihrem Heim haben die Elemente kaum eine Chance, Schaden anzurichten – im Gegenteil. Sie können Sonnenlicht, Wärme und sogar die feuchte Luft zu Ihrem Vorteil nutzen. Wer sich nach einem Garten sehnt, sollte daher einen kleinen Winkel seines Reiches in ein winziges Gewächshaus umgestalten. Voraussetzung aber ist, daß der vorgesehene Platz vor Zugluft geschützt ist und etwas natürliches Licht und Wärme hat. Wo ein Garten vorhanden ist, nützt man den Platz im Haus zur Pflanzenanzucht und zum Schutz junger Pflänzchen. Richten Sie Ihren Kindern an einer Stelle mit natürlichem Licht eine Pflanzenecke ein, wo sie keimende Avokadokerne oder die Wurzelbildung von Zwiebelgewächsen in Glasbehältern beobachten können. Auch ein Fleißiges Lieschen sowie andere schnellwachsende und -kletternde Pflanzen passen hierher, nicht zu vergessen die Schalen für frische Kresse. Grünpflanzen bringt man auf Regalbrettern unter oder besser noch auf Glasplatten; der Freilufteffekt wird damit ein wenig verstärkt. Mit einem Rattanstuhl wird die Pflanzenecke zum gemütlichen Ruheplatz. Wie immer dieser Miniaturgarten auch angelegt ist, die Gießkanne muß in Sichtweite bleiben. Wer sie verräumt, vergißt schnell einmal das Gießen. Neben den traditionellen Zinkkannen in ansprechender Form und mit großer Gießrosette gibt es heute leuchtend emaillierte Gießkannen, die farblich zur Einrichtung passen.

Nutzbarer Platz, auch wenn er noch so gering ist, findet sich oft im Keller oder in unregelmäßig geschnittenen Speicherräumen oder Türmchen, die sogar manchmal runde oder ungewöhnlich geformte Fenster haben. Solche Schlupfwinkel lassen sich mit viel Liebe hübsch einrichten.

Wenn das Ganze wie aus einem Guß wirken soll, erhält der kleine Raum dieselbe Farbe oder Tapete wie der übrige Wohnbereich oder er wird in einem passenden Ton darauf abgestimmt. Man kann ihm aber auch eine ganz eigene Note verleihen, indem man ihn farblich abtrennt und beispielsweise die Schräge unter der Treppe heller streicht als die Diele.

Verbindungsräume

Korridor, Treppenhaus und Flure sind die Bereiche der Wohnung mit dem meisten »Durchgangsverkehr«, mit stark frequentierten Ringstraßen vergleichbar, die zwar praktisch sind, deren Umgebung aber zuweilen nichtssagend ist und keineswegs zum Verweilen einlädt.

Korridore und Flure, die Knotenpunkte eines Heims, werden im Gegensatz zu den Zimmern, zu denen sie führen, nicht selten recht stiefmütterlich behandelt. Es fehlt ihnen häufig an der lebendigen Atmosphäre, die in einer Wohnküche herrscht, in der die Bewohner sich ständig aufhalten und ihre Umgebung bewußt zur Kenntnis nehmen. Aus diesen Verbindungsräumen läßt sich aber eine ganze Menge machen und es lohnt sich auch, sich mit ihrer Gestaltung eingehender zu beschäftigen.

Die Diele vermittelt den ersten Eindruck einer Wohnung, wird aber trotzdem bei der Innendekoration oft vernachlässigt. Dabei bietet sich gerade hier manche Möglichkeit zum Experimentieren. Wenn Ihnen z.B. für das Eßzimmer eine bestimmte Tapete vorschwebt, die aber wegen der benötigten Anzahl von Rollen viel zu teuer kommt, können Sie sich in einer kleinen Diele Ihren Wunsch vielleicht doch noch erfüllen.

In älteren Häusern kann man die Diele unter Umständen zum Vergrößern anderer Räume verwenden. Vielleicht läßt sich durch Herausschlagen einer Zwischenwand ein geräumigerer, offener Wohnbereich schaffen oder eine Sitzecke, die durch Bücherregale und Pflanzenarrangements abgegrenzt ist. Ein südseitiger Flur oder ungenutzter Platz am Hintereingang bietet die Möglichkeit zum Anbau eines Wintergartens.

Grundriß und Funktion Ihrer Diele bestimmen die Art der Gestaltung. Wenn Sie das Glück haben, auf dem Lande zu leben, brauchen Sie Böden, die leicht zu pflegen und unempfindlich gegen schmutzige Schuhe und nasse Gummistiefel sind. Wo in ländlicher Behausung lebhafte Hunde zur Familie gehören, sollten die Dielenmöbel robust sein und so weit auseinanderstehen, daß die Vierbeiner ungehindert mit dem Schwanz wedeln können.

In einem Haus mit ausgewogen geschnittener Halle und großzügigem Treppenaufgang sind alle Voraussetzungen für eine Gestaltung im großen Landhausstil gegeben. Wenn Sie aber ein Häuschen bewohnen mit unebenen Böden und niedrigen Balkendecken, liegt es an Ihnen, ob der Besucher beim Eintreten einen Hauch wohltuender Abgeschiedenheit verspürt oder erstickendes Unbehagen. Die Gestaltung eines tunnelähnlichen Ganges, der von der Eingangstür zum rückwärtigen Zimmer einer Etagenwohnung führt, fordert die ganze Phantasie des Bewohners heraus.

Licht auf allen Wegen

Dämmrige oder dunkle Korridore und Treppenhäuser sollten aus Sicherheitsgründen und der Wohnlichkeit wegen so hell wie möglich erleuchtet sein. Ideal ist ein Licht am Eingang sowie Lampen in der Diele und auf Treppenabsätzen, die von unten und oben her ein- und ausgeschaltet werden können. Kinder fürchten sich manchmal sehr auf einer dunklen Treppe und am besten wäre es, vom Spätnachmittag an im Korridor ein Licht brennen zu lassen, das erst gelöscht wird, wenn der Letzte in der Familie zu Bett geht. Praktische Ergänzung zur traditionellen Deckenbeleuchtung ist eine niedrighängende Lampe. Das

Vier bemerkenswerte Stellen auf Treppenabsätzen, in Dielen und auf Fluren.
Links: Dieser wie ein kleiner überdachter Innenhof anmutende Platz eignet sich als zwanglose Eßecke, als Platz zum Plaudern oder für geschäftliche Besprechungen, als Warteraum oder Treffpunkt für eine Tasse Kaffee. Die Fußteile der Bambusstühle sind so mit Stoff verkleidet, daß die Fußgelenke vor Zugluft von der Treppe her geschützt sind. Leuchtende Farbtupfer wie der bemalte Blumenkasten auf dem Schrank und das Tablett betonen das Rot als vorherrschende Farbe, mit Schwarz als apartem Kontrast.
Gegenüber, links unten: Ein frischer weißer Anstrich verändert auf besondere Weise. Die gedrehten Beine der hochlehnigen Stühle ergänzen sich sehr gut mit dem Tisch aus Weidengeflecht, der ebenfalls in neuem Glanz erstrahlt. Auf den Sitzbezügen wiederholt sich das Tulpenmotiv, das als Schablonenmalerei die Stuhllehnen schmückt, während die kräftigen Farben des Bildes mit denen des geometrisch gemusterten Läufers Hand in Hand gehen.
Links unten: Die einfachste Form einer Kleiderablage: eine Garderoben-Nische im Korridor, verborgen hinter einem ansprechenden, reich gerafften Vorhang mit hübschem Dessin.
Unten: Eine Kombination aus Rot und Weiß, ein Gartenstuhl und Tisch aus Weidengeflecht, dazu naturfarbenes Kiefernholz und schon ist aus dem Treppenabsatz eine einladend freundliche Telefonecke geworden.

Auge muß sich an Helligkeitsunterschiede anpassen und die Dielenbeleuchtung wirkt in diesem Fall wie ein Übergang für denjenigen, der aus der Dunkelheit kommend ins Haus tritt oder das hellerleuchtete Wohnzimmer verläßt.

Die Beleuchtung in Ihrer Diele hängt ganz von der Wahl der Lampe ab. Mehrarmige Deckenampen und Kristalleuchter wirken distanziert und vornehm. Glatter Edelstahl und Leuchten im Industriedesign verbreiten einen Hauch von Nüchternheit, während Tiffanylampen und zahlreiche ähnliche Formen – von bemaltem Glas bis zum Schirm mit Seidenfransen – den warmen Ton farbigen Lichtes und damit einen gewissen Zauber ausstrahlen. Ballonlampen aus Japanpapier sind preiswert, verschmutzen aber schnell. Bei der Auswahl von Laternen ist Vorsicht geboten, um den kitschigen Eindruck nachgemachter Volkskunst, der nur allzu leicht entstehen kann, zu vermeiden.

Durch gekonnten Einsatz von Spotbalken und Punktleuchten lassen sich Skulpturen und Bildergruppen wirkungsvoll zur Geltung bringen. Bringen Sie die Strahler aber so an, daß man nicht das Gefühl hat, unter einer gleißenden Operationslampe zu stehen.

Oberlichter gewähren freien Blick auf die Sterne. Wer im Erdgeschoß Fenster neben der Tür hat, aber nicht möchte, daß die Diele von außen einsehbar ist, muß sich einen Sichtschutz einfallen lassen. Bemalte oder getönte Glasscheiben, Lamellenrollos oder -läden sowie Vorhänge aus locker gewebtem Material lassen Tageslicht herein und gewähren Sicht nach draußen, während der Einblick von außen her verwehrt bleibt. Eine Tür mit Glasfüllung zwischen Diele und Wohnraum gibt natürliches Licht und macht sich in einem modernen Haus sehr gut. Überdies wirken Glastüren auf Menschen mit Neigung zu Nervosität mitunter beruhigend, weil sie den Blick von einem Zimmer zum nächsten freigeben.

Spiegel in Diele oder Korridor gelten als Symbol der Gastfreundschaft. Sie vergrößern den Raum optisch und erlauben noch einen raschen prüfenden Blick vor dem Eintreten ins Zimmer.

Der richtige Bodenbelag

Welchem Bodenbelag Sie den Vorzug geben, hängt von Ihrem Wohnstil und Ihrem Budget ab. Ein heller Teppich ist natürlich in einer Etagenwohnung viel einfacher sauberzuhalten und zu pflegen als in einem Haus, dessen Tür unmittelbar zur Straße führt. Gescheuerte, gewachste oder gestrichene Holzfußböden sind widerstandsfähig und leicht sauberzuhalten. Passen Sie aber auf, daß die Fußbodendielen nicht knarren. Oberflächen wie Marmor, Stein, Beton und Steinfliesen sind hart, kalt und laut und nur dort angebracht, wo das Schuheklappern in der Diele den Frieden im Schlaf- oder Arbeitszimmer nicht stört. Ein schallschluckender Bodenbelag lohnt sich überall da, wo viel hin- und hergegangen wird. Wer sich für einen textilen Bodenbelag entscheidet, ist auf lange Sicht mit einem erstklassigen Teppichboden besser dran als mit einem zwar dekorativen, qualitativ aber zweitrangigen Teppich, selbst wenn es kostenmäßig fast auf das gleiche hinauskommt. Korkplatten sind weich und warm und dämpfen das Geräusch widerhallender Schritte. Sie eignen sich dort, wo ein etwas modernerer, flotter Wohnstil bevorzugt wird. Alle Bodenbeläge sollten unter den Türen mit Aluleisten befestigt werden.

Ein anderes Kapitel sind Treppenläufer. Sie müssen stramm sitzen und sollten möglichst vom Fachmann verlegt werden. Die Trittflächen hält man mit Treppenstangen oder Spannleisten fest anstatt den Läufer auf die Stufen zu nageln. Im Gegensatz zum Belag an den Futterstufen (senkrechter Teil der Stufe) werden die Trittflächen durch eine nie endende Folge von Schuhen stark beansprucht und strapaziert. Es ist daher ratsam, den Treppenläufer mit einer Längenzugabe zu verlegen, die eine spätere Verschiebung um eine Stufenhöhe erlaubt.

Falls Diele oder Vorplatz eher einem Abstellplatz für Kinderwagen und Fahrräder gleichen, sorgen Sie am besten von vorneherein dafür, daß

Ganz links: Cremige und erdfarbene Töne in der sehr rustikal wirkenden Diele eines Hauses in Manchester. Die einladende Atmosphäre dieses Vorraumes wird durch die bogenförmige Nische und den bogenähnlichen Zierat an den Möbeln unterstrichen. Im Oval des Bilderrahmens wiederholt sich die Rundung des Alkovens am Fuße der Treppe und die geschnitzten Doppelbögen an den Kommodentüren ergänzen sich mit den abgerundeten Kanten des hübschen bemalten Waschtisches. In der Stickerei und auf dem bedruckten Baumwollstoff des Kissenbezuges und bei den getrockneten Hortensien, auch bei den glasierten Porzellankirschen im Korb, herrschen rosa Farbschattierungen vor.
Links: Mehr als nur einen lohnenden Blick wert: diese auf einem Sims arrangierten Gegenstände führen den Blick weiter um die Ecke und lenken von der Enge des Treppenaufgangs ab.
Rechts: Die Eichentreppe in diesem viktorianischen Haus in Wales ist mit demselben rosafarbenen Wiltonteppich (Plüschteppich) wie die übrigen Korridore und Räume belegt. Farblich darauf abgestimmte Schattierungen für Tapete und Rollo hellen den düsteren Ton des Eichenholzes auf. Das Problem der Fensterdekoration an diesem ungewöhnlichen und weit zurückgesetzten Treppenfenster ist durch ein Raffrollo auf reizvolle Weise gelöst. Das Fenster in der Hintertür gibt den Blick auf den ausgedehnten Garten frei.
Unten: Damit die Decke in diesem hohen und engen Dielen- und Treppenraum optisch niedriger erscheint, ist sie in einem dunklen Ton gestrichen, der zu dem tiefen Schokoladenbraun des Treppenläufers paßt. Der ausladende Spiegel täuscht mehr Breite vor.

Kratzer und Schrammen von Pedalen und Lenkstangen und die Spuren schmutziger kleiner Hände nicht allzu deutlich sichtbar sind. Eine abwaschbare, kräftig gemusterte Tapete in dunkler Farbstellung dürfte für diesen Zweck am günstigsten sein.

Dielen, Treppenhäuser und Flure haben nicht selten nur wenig Tageslicht. Mit einem Anstrich oder einer Tapete in hellem Farbton und an passender Stelle aufgehängten Spiegeln, läßt sich in einem solchen Fall das Beste daraus machen.

Bei hohen, schmalen Dielen und Treppenaufgängen erscheint die Decke durch einen dunklen Anstrich optisch niedriger, etwa vorhandene hübsche Simse und Leisten können auch durch eine andere Farbnuance betont werden. Ein Hauch von altmodischer Clubatmosphäre entsteht durch eine Wandtäfelung mit andersfarbig abgesetzter Bilderschiene. Bilder, zur Abwechslung einmal nicht an Haken, sondern mit Band und Rosette aufgehängt, vervollständigen den Gesamteindruck.

Wenn Sie auf jeden Quadratzentimeter Platz angewiesen sind, lohnt es sich zu überlegen, wie sich die Ecke unter der Treppenschräge gegebenenfalls für ein Heimbüro oder eine Miniwerkstatt, eine Telefonnische oder einen Standplatz für ein zusätzliches Bett nutzen ließe. Mit einem soliden Schloß an der Haustür können Sie sich in Ihrem Heim schließlich überall ganz sicher und geborgen fühlen.

Schöne Schlafräume

Die Ausstattung Ihres Schlafzimmers gibt Aufschluß über Ihren Charakter. Mitunter erlaubt auch der Stil, den Sie pflegen, Hinweise auf eine andere Lebensform, die Sie gerne hätten, oder von der Sie zumindest träumen. Das junge Mädchen, das am liebsten ein Märchendasein führen würde, genießt die Illusion, sein Bett durch Musselinvorhänge, die von einem efeubesetzten Kranzvolant herabfallen, in ein Dornröschenlager zu verwandeln. Vielleicht schlummert auch in der jungen Frau aus der Stadt, die ihr Schlafzimmer in der nüchternen Appartementwohnung mit gesteppten Patchworkdecken und geblümter Baumwolle vollstopft, in Wahrheit eine altmodische Bauernmagd, die es aufs Land zieht.

Im Idealfall ist das Schlafzimmer eine private Festung, in der man sich verschanzt und wo man sozusagen die Zugbrücke hinter sich hochzieht. Hier kann man sich gehenlassen und das tun, wonach einem zumute ist. Das Schlafzimmer sollte ein Zufluchtsort sein, an den man sich jederzeit zurückziehen kann, ein persönliches, abgeschlossenes Reich, von dem aus man der Welt erst nach ruhiger Nacht und erholsamem Schlaf wieder entgegentritt.

In Wahrheit sehen die Dinge aber meistens etwas anders aus. Vielleicht ist Ihr Schlafzimmer nicht so intim, geräumig und behaglich wie Sie sich es wünschen, Anlaß genug, das eine oder andere daran zu ändern, selbst wenn sich dadurch kaum mehr Platz für Möbel gewinnen läßt. Ehe wir näher auf die Raumgestaltung eingehen, noch eine kurze Bemerkung zum traditionellen Schlafzimmer und seinen verschiedenen Funktionen.

Von Anfang an

Das Schlafzimmer ist der Ort, wo sich der Mensch von frühester Kindheit an ins Bett kuschelt und sich sicher und geborgen fühlt. Ein großer Teil der späteren Kindheitserinnerungen sind mit der Schlafenszeit verbunden. Man erinnert sich noch genau, wie es in diesem Zimmer gerochen hat und wie es aussah. Gewöhnlich teilt

Hier ein Beispiel dafür, wie sich dieselben Muster und Farben auf unterschiedliche Weise einsetzen lassen. Dasselbe wattierte Kopfteil mit Messingstange und gleiche Bettwandlampen werden hier in zwei verschiedenen Räumen verwendet.
Oben, Mitte: Tapete, Rollos, Tagesdecke sowie Kopfteil und Kissen haben alle dasselbe helle Dessin. In starkem Kontrast dazu steht das dunkle Holz des Sekretärs. Die Steppdecke, an der sich das Bordürenmuster der Tapete wiederholt, der weiche tiefrosa Teppichboden und die Raffrollos wirken ungemein feminin.
Rechts: Faltrollo und glatte Schabracke in Verbindung mit cremefarbigem Teppichboden und angepaßter Tagesdecke lassen dieses Zimmer weniger verspielt wirken.
Gegenüber, rechts oben und unten: Detailansichten aus dem angrenzenden Boudoir und vom runden Tisch in der Zimmerecke.

man es mit anderen Kindern und wenn man dann ganz großes Glück hat, verfügt man später über ein eigenes kleines Reich, in dem ein Teenager zum Beispiel, unter behutsamer Anleitung seine eigenen Ideen verwirklichen kann. Hier zeigt sich schon die eigene Persönlichkeit und der junge Mensch fühlt sich trotzdem als umhegter Sprößling angesichts der wohlvertrauten Kinderzimmertapete.

Ein privates Heiligtum

In Zeiten von Krankheit und Genesung hält man sich vorwiegend im Schlafzimmer auf. Zweifellos fühlt man sich aber wohler in einem Raum, der von der Farbgebung her beruhigend wirkt und wo man sich voller Wohlbehagen in frisches Bettzeug und warme Decken kuschelt. Ein Bücherbord mit Ihrer Lieblingslektüre, ein paar Fotos oder Bilder, der eine oder andere Gegenstand, an dem Sie besonders hängen und sei es nur ein einzelner Spiegel, all diese Dinge tragen zusammen mit der Ruhe, die diesen Raum erfüllt, zu Ihrer Behaglichkeit bei.

Das Schlafzimmer sollte der Platz sein, an dem der Mensch ganz ungezwungen das tun kann, wonach ihm gerade zumute ist: lesen, ein wenig streiten und sich wieder versöhnen, für's Examen büffeln, nähen oder ein neues Make-up ausprobieren; Klarinette üben oder Tropenfische beobachten und nicht zuletzt vor allem mit dem Partner zusammen zu sein. In dieser Umgebung beobachtet Sie niemand, wenn Sie in den Spiegel starren, Ihre Gedanken sammeln und sich vor einer schwierigen Angelegenheit selbst ein paar aufmunternde Worte zuflüstern. Wenn Sie wollen, können Sie hier aber auch mit Freunden plaudern, mit ihnen und der Katze auf dem Bett spielen und dabei eine Tasse Kaffee trinken. Gleichzeitig ist es der Ort, an dem Sie sich an- und ausziehen, Ihre Kleidung aufbewahren und sich zurechtmachen.

Wer das Glück hat, diesen Raum allein zu benützen, darf getrost bis in die Morgenstunden Radio hören oder lesen. Teilt man das Zimmer aber mit dem Lebensgefährten, sollte man es von Anfang an mit Sorgfalt und Geschick so einrichten, daß es den Bedürfnissen beider gerecht wird und sie sich darin wohl fühlen.

Nicht selten ist ein Schlafzimmer kaum mehr als eine gemeinsam mit einem Freund oder einer Freundin gemietete Schlafstelle, wo sich die Koffer auf dem Schrank türmen und ein halbes Dutzend Mäntel an dem einzigen Haken hinter der Tür hängen. Selbst eine derartige vorübergehende Bleibe läßt sich mit ein paar Handgriffen und Kleinigkeiten wohnlicher machen.

Das Schlafzimmer ist Schauplatz alltäglicher Lebensvorgänge. Viele Menschen werden in diesem Raum geboren oder treten von hier aus für immer ab. Liebesbeziehungen nehmen an diesem Ort ihren Anfang und erfüllen sich, zerbrechen und werden erneut gekittet. Nirgendwo wagen wir mehr Mensch zu sein als in diesen vier Wänden.

Was hat Vorrang?

Angesichts der vielfältigen Möglichkeiten, die ein Schlafzimmer bietet, stellt sich die Frage, was in diesem Raum am wesentlichsten ist und wie er sich am besten für die Bedürfnisse eines oder mehrerer Benutzer einrichten läßt. Vorrangig für die meisten Menschen ist es, einen friedlichen Platz zu haben, der optisch ausgewogen, von der Atmosphäre her heiter und gleichzeitig praktisch eingerichtet ist.

Die Gestaltung planen

Wenn man bedenkt, daß das Schlafzimmer der Raum ist, der mehr Aufschluß über seine Bewohner geben kann als jedes andere Zimmer im Haus, ist es seltsam, daß ausgerechnet dieser Zufluchtsort in bezug auf Planung und Gestaltung häufig zu kurz kommt.

Das mag unter anderem daran liegen, daß die Schlafräume oft abseits des Wohnbereiches in einem anderen Teil des Hauses untergebracht und damit dem Blick Außenstehender fast immer entzogen sind und man möglicherweise deshalb nicht so viel Zeit und Geld in ihre Renovierung investiert wie in die übrigen Räume. Oft wird auch die löbliche Absicht, das Schlafzimmer zu verschönern, durch unvorhergesehene Ebbe in der Kasse zunichte gemacht. Da muß ein plötzlich aufgetretener Schaden am Haus repariert werden, vielleicht war auch die letzte Party zu aufwendig, oder man hat schließlich doch eine Gefriertruhe angeschafft. Es kommt auch vor, daß die anfangs mit Eifer gemachten Pläne in Vergessenheit geraten, weil nach dem Einrichten der Küche der nötige Schwung für andere Dinge fehlt. Stattdessen gewöhnen sich die Benutzer an das Schlafzimmer so wie es ist und nehmen nach und nach mit der Unbehaglichkeit vorlieb. Wenn es aber darum geht, ein Heim auf Dauer wohnlich zu gestalten, muß ein bequemes Bett an oberster Stelle und als wichtigster Posten auf der Einkaufsliste stehen. Schlaf ist eine ernstzunehmende Sache und Sie sollten möglichst bald nach dem Umzug ein paar Stunden Zeit, viel Sorgfalt und etwas Geld in die Einrichtung jenes intimen Raumes stecken, in dem Sie von der Tretmühle des Alltags ausrasten und sich entspannen wollen.

Und nun einige Anregungen zur Innendekoration. Wie Sie einen der hier gezeigten Räume Ihrem eigenen Stil anpassen, hängt ganz von Ihnen ab. Das Ergebnis jedenfalls trägt dann Ihre ganz persönliche Note. Wer beispielsweise Licht gerne durch farbiges Glas funkeln sieht, kommt vielleicht auf die Idee, Parfümflaschen in eine Fensternische zu stellen anstatt sie auf dem Frisiertisch aufzureihen. Manche fühlen sich am wohlsten in einer Umgebung, die an einen Serail erinnert und betten sich in ihrem, mit Kissen, Decken und niedrigen Lampen eingerichteten Zimmer am liebsten ebenerdig. Für andere wieder gibt es

Hier drei Beispiele von ausgewählt schönen Schlafzimmern, in denen der Stil vergangener Zeiten neu erstanden ist, frisch, farbenfroh und den Erfordernissen unserer Zeit angepaßt. Um den Ansprüchen zu genügen, die eine gute Leselampe erfüllen soll, sind die Lampenschirme einfarbig, groß und leicht konisch geformt. Samt- und Damaststoffe der Vergangenheit wurden durch Baumwollstoffe ersetzt, die aufeinander abgestimmt und leicht zu pflegen sind. Was sich erhalten hat, ist die kultivierte Atmosphäre. Der Blickpunkt in jedem dieser Zimmer ist das Bett.
Links: Das Pfostenbett aus Stahl und Messing hat einen schlichten Baldachin mit Volant und Kissenbezüge mit Besatz aus alter weißer Spitze. Die Gardinenstangen und die Rückwand des Eckschrankes sind marineblau gestrichen, hellere Töne dieser Farbe sind in den Ornamenten der Porzellanfiguren im Eckregal und im Teppichmuster zu sehen. Reisekoffer und Holztruhe dienen als Tischchen und gleichzeitig als praktische Aufbewahrungsmöglichkeit für zusätzliche Bettdecken.
Links unten: Eines der Fenster mit Holzfensterläden.
Rechts: Dieses ausladende Doppelbett sieht mit seinem zurückgebundenen Baldachin und dem Kranzbehang beeindruckend aus. Die dazu passende Tagesdecke hat einen großen, kreisrunden Patchworkeinsatz. Dieses Schlafzimmer wird durch ein angrenzendes Ankleidezimmer in derselben Farbkomposition ergänzt und durch ein Badezimmer mit sandfarben-weißen Kacheln und sandfarbenem Baumwolldruck für Fensterplatz und Gardinen. Der ganze Bereich ist mit blaßfarbigem Teppichboden ausgelegt.
Rechts unten: In diesem Bett nimmt man das Frühstück gerne zu sich und verbringt einen faulen Vormittag. Bei umgeschlagener Decke stehen Außen- und Innenseiten der Steppdecke und die einfarbigen Leintücher in wirkungsvollem Kontrast. Alle drei Zimmer liegen im ersten Stock zur Straße hin und haben ein schönes Fenster zur anderen Seite. In diesem Zimmer kann man die breiten Fenstersimse als Regalbretter benutzen und allerlei Krimskrams und einen freistehenden Spiegel darauf stellen.

nichts Schöneres als ein Zelt. Weshalb also die Zimmerdecke nicht unter zeltähnlich drapierten Stoffbahnen verschwinden lassen? Woher die Ideen und Einflüsse für die Einrichtung stammen, ist gar nicht wichtig. Was zählt ist die Art, in der sie diese Anregungen für Ihre Vorstellungen umsetzen

Öfters mal was Neues

Obwohl nicht selten stiefmütterlich behandelt, ist das Schlafzimmer, wenn es erst einmal schön eingerichtet ist, der Raum, der am häufigsten renoviert wird. Höchstwahrscheinlich verspürt man viel eher den Wunsch, hier alles umzukrempeln als Küche oder Wohnzimmer neu zu streichen oder zu tapezieren. Der Grund dafür liegt vermutlich darin, daß wir in den Mußestunden, die wir im Schlafzimmer zubringen, die Zeit dafür haben, uns zu sehr an die Tapete zu gewöhnen und sie dann plötzlich leid sind. Vielleicht aber wurzelt dieses Verhalten ähnlich wie bei der Kleidung nur in dem Wunsch nach etwas Neuem und in der üblichen Abneigung gegen Überholtes – und irgendwo muß man ja schließlich mit Änderungen beginnen.

Einfache Steppdecken sehen rein optisch schon warm und behaglich aus und wirken überdies üppig. Alle drei Schichten werden in einem der zahlreichen Steppdeckenmuster zusammengenäht. Sehr preiswert ist eine Wattierung aus einer alten Militärdecke. Für Schlafzimmer gibt es viele Ideen, unter anderem Caféhausgardinen aus Steppstoff, Bademantel und -pantoffeln, ausgefütterte Körbe für allerlei Kleinigkeiten und sogar Sesselbezüge.
Links: Zehn verschiedene Baumwollstoffe sind bei der Dekoration dieses viktorianischen Schlafzimmers verarbeitet worden. Die Tagesdecke ist gelb paspeliert und abgesteppt.
Unten: Das wattierte Kopfteil hat dasselbe Rautenmuster wie Bettdecke und Kopfkissen.

Eine Frage des Stils

Auf diesen Seiten stellen wir Ihnen Schlafzimmer unterschiedlicher Stilrichtungen vor: zunächst das Schlafgemach in einer Stadtwohnung. Es hat gute Beleuchtung, viel Komfort und reichlich Unterbringungsmöglichkeit und kann es mit jedem Luxushotelzimmer aufnehmen. Daneben der frische, adrette und sehr ansprechende Cottage-Stil, der wenig kostet und in seiner Zusammenstellung einfach ist. Dieser Stil verlangt nach bestimmten Grundelementen, wenn das Ergebnis befriedigen soll. Dazu zählt ein hübscher Kopfteil am Bett aus Polstermaterial, Holz oder Messing. Spitze in verschwenderischer Fülle oder als Kopfkissenbesatz darf keinesfalls fehlen. Die Wände sind ganz blaß gestrichen oder erhalten eine kleingemusterte Tapete, dazu schlichte Gardinen aus einfarbigem oder passend zur Tapete bedrucktem Stoff. Die einfachen Kiefernholzmöbel werden höchstens durch einen weichen, bequemen Lehnstuhl ergänzt. Patchwork, passend bezogene Sofakissen, getrocknete Blumen und Gräser, sowie zarte Bilder und Blumendrucke in hellen Holz- oder Stoffrahmen sind dekoratives Beiwerk. Falls die Holzdielen noch in gutem Zustand sind, wird der Fußboden entweder gescheuert und gewachst, gestrichen oder mit einer Schablonenmalerei versehen. Ebensogut können Sie den Raum mit einfarbigem Teppichboden auslegen. Als Beleuchtung sieht man im Cottage-Schlafzimmer oftmals die romantische Öllampe oder eine moderne Abwandlung der Studierlampe mit Glasschirm und Messingfuß, dazu kommt noch eine kleine Leselampe auf dem Nachttisch. Dieser Stil kommt in einem kleinen oder mittelgroßen Zimmer zweifellos am besten zur Geltung.

Stile, die überdauern

Auch das viktorianische Schlafzimmer erinnert an längst vergangene Zeiten. Diese Form der Raumgestaltung hat allerdings nichts vom Gartenlaubenzauber des Cottage-Stils an sich, sondern ruft eher Erinnerungen an die gediegene, von Wohlstand und Muße geprägte Behaglichkeit und Üppigkeit wach, mit der sich die wohlhabenden Familien während der Blütezeit des britischen Empire umgaben. Bestimmte Requisiten sind typisch für diesen Stil. So z.B. das Himmelbett oder das Bettgestell aus Messing, schön gerahmte Spiegel und wertvolle Mahagonimöbel. Die Fenster zieren kunstvoll drapierte, paspelierte Vorhänge und die Tapeten haben häufig ein lebhaftes Durcheinander von Blatt-, Vogel- und Blumenmotiven. Am Fußende des Bettes steht gewöhnlich eine Chaiselongue oder eine ausladende Truhe. Dieser ganz auf Üppigkeit ausgerichtete Ausstattungsstil mit seinem kunstvoll gearbeiteten Zierat wie Elfenbeinhaarbürste, Kristallflacons und Silberdöschen, erzeugte eine fast bedrückende und gedämpfte Atmosphäre. Die heutige Form dieses Stils ist etwas aufgelockerter, leichter zu pflegen und es läßt sich unbeschwerter darin leben.

Bei Dachstube, Kammer und Mansarde liegt das Problem darin, einen von Grundriß und Anlage her ungünstigen Raum mit Hilfe von hübscher Tapete, Flickenteppich und bemalten Eisenbettstellen in ein gemütliches Nest zu verwandeln. Für schräge Dachfenster sind Rollos und Spanngardinen am günstigsten, während sich an schmalen, senkrechten Fenstern schlichte Vorhänge zum Beispiel aus weißem, getupftem Musselin mit Halteschlaufen aus grünem Samtband, am besten machen. Diese Art Schlafraum erin-

Rechts: Eine kalte Dachkammer gewinnt in bäuerlichem Stil an Wärme, mit Rottönen, Spitze und Borten. So wie das wattierte Bolero zu den Röcken und Rüschen der Zigeunertracht gehört, ist die wattierte Tagesdecke Bestandteil dieses Dekorationsstils.
Unten: Jedes Plätzchen ausnutzen und jedes Stückchen Stoff verwenden: Hier wird die Nische zum Bücherregal und aus einem Restchen Steppstoff ein Tischläufer.
Rechts unten: In diesem Zimmer ist der Steppstoff zu einer Tagesdecke und als üppig-weiche Wandbespannung verarbeitet. Mit der Stepperei und dem adretten Baumwolldruck verbinden sich die klaren Linien und natürlichen Farbtöne der Bambusnachttischchen und des Kopfteiles aus Rattangeflecht.

nert ein wenig an die Dienstbotenkammer früherer Zeit. Zu diesem Stil paßt sehr gut ein Waschtisch aus Kiefernholz mit Schüssel und Krug in Blumendekor, ergänzt durch altmodische Nachthemden und einen Kerzenleuchter auf dem Kaminsims. Das Ganze läuft auf eine spartanische Abwandlung des Cottage-Stils hinaus.

Eine weitere Variante – das Schlafzimmer im englischen Landhausstil – läßt sich am besten in wohlproportionierten Räumen mit hohen Fenstern einrichten. Charakteristisch sind hier großblumige Chintzvorhänge, bemalte Möbel oder viktorianische Einzelstücke, sowie große Nachttischlampen und Unmengen von Büchern. Die Farben sind in denselben weichen Tönen gehalten wie Garten und Rasen vor den Fenstern.

Oben: Strahlenförmig spannt sich der Baldachin aus hübsch gemustertem Baumwollstoff über das Bett.
Rechts oben: Ein üppiges Raffrollo.
Rechts: Exotisch-phantasievoll erdachte Umgebung mit tiefblauen Wänden, üppig gerafftem Quervolant sowie drapiertem Bettbehang und Kerzenlicht.
Gegenüber, rechts oben: Spitzen so weit das Auge reicht in diesem lieblichen Schlafgemach. Spitze ziert das Bett, die Lampe und das Deckchen auf dem Kaminsims. Dunkle Raffrollos aus Samt und schmale, mit Binsengewächsen bemalte Spiegelstreifen runden das phantasievolle Zimmer ab.
Gegenüber, rechts unten: Zarte Spitze kommt vor diesem Hintergrund aus aprikosefarbener Tapete besonders gut zur Geltung.

Ein Zimmer für jedes Alter

Der Stil eines Zimmers muß auch immer dem Alter der Bewohner gerecht werden. Da ist zunächst das Kinderzimmer, in bezug auf Einrichtung und Sicherheit ganz auf das Kind abgestimmt. Dann kommt das Schlafzimmer für eines oder mehrere Kinder, in dem auch noch Platz für das Neugeborene ist, und schließlich die gemütliche Bude des Teenagers. Viele Familien brauchen, gleichgültig ob sie auf beengtem Raum oder in einem großen Haus leben, ein Zimmer,

das sich für mehrere Zwecke eignet; z.B. das Arbeitszimmer, das sich notfalls in ein zusätzliches Schlafzimmer verwandeln läßt oder den Luxus eines Fernsehraumes, in dem man schnell Platz für einen Schlafgast schafft. Eine ganz selbstverständliche Weiterentwicklung dieser Doppelverwendung ist dann der Wohnbereich, der auf einen Raum beschränkt ist und sich zwangsläufig ergibt, wenn ein Zimmer vermietet oder einem älteren Familienmitglied zur Verfügung gestellt ist.

Der Glanz der Phantasie

Ein Schlafzimmer im »Phantasiestil« ist etwas für den ausgesprochenen Individualisten. Mit diesem Stil unternimmt er den Versuch, ein wenig der Wirklichkeit zu entkommen. Wenn er Glück hat, teilt sein Lebensgefährte diesen Hang zur Phantasie. Die Ausstattung eines solchen Zimmers besteht z.B. aus einer Zusammenstellung unterschiedlichster Farben und Stilelemente. Manche haben auch die Marotte, nur ein einziges, bestimmtes Lieblingsmaterial in verschwenderischer Fülle zu verwenden.

Das letzte Beispiel in dieser Parade der Stilrichtungen ist der elegante Schlafraum, der sich in seiner Gestaltung mehr am Herrenankleidezimmer als am Boudoir orientiert. An die Stelle üppiger verspielter Blumendessins auf Tapete und Textilien treten hier klare geometrische Muster oder Streifen, die man durch kontrastierende Borten und Blenden noch unterstreichen kann. Nicht Spitzen und Volants zieren Kissen und Polster, sondern saubere Paspelstreifen. Quervolants und Vorhangschabracken (Querbehänge) sind akkurat geschnitten wie ein gutsitzender Anzug. Nirgendwo, angefangen bei der Tür bis hin zur Tagesdecke, findet sich überflüssiger Zierat. Über einem solchen Raum liegt ein Hauch von Zurückhaltung und vollendeter Eleganz. Jedes Ding hat seinen festen Platz, sogar die Pantoffeln. Um kein Gefühl von Eintönigkeit und Zweckmäßigkeit bei diesem eher maskulin-strengen Stil aufkommen zu lassen, sollte man den weniger augenfälligen Annehmlichkeiten besondere Beachtung schenken. Menschen mit leichtem Schlaf schätzen z.B. gefütterte Vorhänge, die kein Licht durchdringen lassen. Ein Telefon neben dem Bett wird als ebenso angenehm empfunden wie die Innenbeleuchtung im Wandschrank, oder ein Teppich im angrenzenden Badezimmer.

Sämtliche hier angesprochenen Stile sind Beispiele für eine unzweideutige Reaktion auf den sachlichen, hochglänzenden und funktionalen Stil, der ein Jahrzehnt lang als vornehm und chic galt. Diese Einstellung ist aber keineswegs gleichbedeutend mit einer Ablehnung von Glanz und einer gewissen Sinnlichkeit der Umgebung, die schon Mode war, als Cleopatra ihre duftgeschwängerte Barke bestieg.

Was wirklich hinter dieser Reaktion steht, ist eine Neueinschätzung alter Werte. Man betrachtet die Stilrichtungen, die Zeiten überdauert haben und überlegt, was sich daraus für die Gestaltung des Schlafzimmers unserer Tage machen läßt.

Das Reich Ihrer Träume

Bei der Planung Ihres Schlafzimmers müssen Sie sich über Größe, Grundriß und Lage des vorgesehenen Raumes im klaren sein und dann überlegen, wie es sich am besten für Ihre Zwecke einrichten läßt.

Für manche Leute hat die Farbe absoluten Vorrang. Also macht man sich eifrig daran, Tapeten und Stoffe auszusuchen, ehe man überhaupt herausfindet, ob sich die ausgewählten Farben auch für den Raum eignen. Wenn Ihr Herz beispielsweise an einem blauen Schlafzimmer hängt, der Raum aber nordseitig liegt, könnte das Ergebnis ziemlich trist ausfallen, es sei denn, der Eindruck von Kälte wird durch eine Kombination mit einer zweiten, warm wirkenden Farbe gemildert oder man entscheidet sich überhaupt anstelle des vorgesehenen für ein Zimmer auf der Südseite. Sollten Sie sich hingegen für ein kleines enges Zimmer, in dem Sie zu zweit schlafen und arbeiten, ein großblumiges Dessin einbilden, dann denken Sie daran, daß ein solches Muster auf so beschränktem Raum überladen und unruhig wirkt.

Wer ein Haus in der Stadt bewohnt, muß sich entscheiden, ob er in einem Zimmer im Obergeschoß mit Blick auf die Straße schlafen will, oder lieber in einem kleineren, ruhigeren Raum, der nach hinten, vielleicht sogar zu einem Garten hinausgeht. Falls ein Büro im Haus ist und Erdgeschoß und erste Etage mit Arbeitszimmer, Küche und Wohnbereich belegt sind, muß man mit den Schlafräumen ganz nach oben ausweichen. Vielleicht läßt sich zu diesem Zweck ein Speicher ausbauen oder ein Anbau an die Rückfront des Hauses anfügen. Die Zimmer kleiner Kinder sollten natürlich in Hörweite der Eltern sein und in Häusern mit nur einem Badezimmer wäre es gut, wenn die Schlafzimmer möglichst nahe beim Bad lägen.

Zusätzlich Raum schaffen

Falls Sie die Absicht haben, Ihr Heim bis unter das Dach auszubauen, empfiehlt sich vor Inangriffnahme der Arbeiten ein Expertengutachten. Die Trägerbalken im Speicherboden sind nicht so stark wie in den darunterliegenden Geschossen und man sollte aufpassen, daß kein Gast durch die zusammenbrechende Decke ohne Voranmeldung in einem fremden Bett landet.

Kaum ein Haushalt hat genügend Platz für ein oder mehrere Gästezimmer und wenn, dann dienen diese Räume meistens als Hobby- oder Tischtennisraum oder als Werkstatt. Trotzdem aber braucht man ab und zu ein Nachtlager für Gäste. Mit Schrankbett, Bettcouch oder Stapelbett bieten sich hier verschiedene Möglichkeiten an. Das letztgenannte besteht aus zwei ineinandergeschobenen Einzelbetten, die, auseinandergezogen und in der Höhe angeglichen, zum Doppelbett werden. Andere sinnreiche Bettkonstruktionen sind das Klappbett und der Verwandlungssessel.

Manche Betten kann man mit dem Bettzeug wegräumen. Wo das nicht geht, muß man sich eine Aufbewahrungsmöglichkeit für Kissen und Decke einfallen lassen. Für eine der einfachsten Methoden braucht man ein viereckiges Stück Stoff, das an jeder Ecke eine kräftige Schlaufe oder Öse hat und zwei mit Dübeln in die Wand geschraubte Haken. Der Stoff wird (möglichst über dem Bett oder Diwan) längsseits an zwei Schlaufen aufgehängt, das Bettzeug daraufgelegt und die untere Kante des Stoffes nach oben geschlagen und ebenfalls eingehakt. Das Ganze sieht ordentlich aus, man hat im Handumdrehen Kissen und Decke parat und die Schlafstelle wird tagsüber wieder zum gemütlichen Sitzplatz.

Wohin mit den Dingen?

Sobald Sie sich für einen Raum als Schlafzimmer entschieden haben, geht es an die Raumaufteilung. Wirkt Ihr Bett wie ein Ozeandampfer, um den herum gerade noch Platz für eine schmale Bettumrandung ist? Oder müssen Sie in einem vergleichsweise kleinen Raum noch Unmengen von Büchern und Kleidung unterbringen? Wenn

Vier dezent ausgestattete Schlafzimmer. In allen Räumen bilden Tapeten und Dekorationsstoffe in dunklen Farbnuancen den Hintergrund für die Möbel. Die Zimmer sind nicht überladen und strahlen wohlgeordnete Behaglichkeit aus.
Links oben: Das perfekte Gästeschlafzimmer: sauber, klein und ohne störendes Drumherum, ein Raum, in dem sich fast jeder Gast wohl fühlen wird. Mit Faltrollo und Sekretär ist der Platz gut ausgenutzt und dicke Kissen sorgen für Behaglichkeit.
Links: Frisch, gepflegt und nett: mit einer Stoffbespannung unterhalb des schmalen Fensterbretts und einer Kissenrolle läßt sich ein hübsches Kopfteil vortäuschen. Das Licht fällt durch die dünnen Stäbe eines Bambusrollos und die funktionelle, sachliche Atmosphäre wird durch die verstellbare Aluminiumlampe am Bett noch betont.
Oben: Zurückhaltend-elegant dekoriertes Junggesellenzimmer. Das Bett mit der schönen Holzschnitzerei und Rattanbespannung ist dasselbe wie im Bild rechts. Dieses Photo zeigt, wie sich das Möbelstück auch in einem Raum verwenden läßt, der eher maskulin wirkt und in dem es sich in Ruhe arbeiten läßt.
Rechts: Hier steht das Bett inmitten einer Oase aus grünem Blattwerk. Die Bettenkiste aus Fichtenholz ist gleichzeitig ein zusätzliches Tischchen.

Anhand von vier verschiedenen Schlafzimmern und einem Badezimmer läßt sich zeigen, auf welch vielfältige Weise sich ein und derselbe Gänseblümchenstreifen auf Ton-in-Ton-Untergrund verwenden läßt.
Rechts: In diesem Schlafzimmer wird ein ganz gewöhnlicher Einbauschrank durch Bordürenstreifen, die aus der Tapete ausgeschnitten sind, zu etwas Besonderem. Der Bettvorleger hat ebenfalls ein Blumenmuster, das Raffrollo ist moosgrün paspeliert.
Rechts unten: Die hübschen rosa Streifen der Tapete wiederholen sich an dem geschwungenen Kopfteil und auf der Tagesdecke und klingen in den Linien des Faltlampenschirmes an.
Unten: Ausgesprochen schlicht ist dieses wohlproportionierte Fenster eines im ersten Stock gelegenen Badezimmers dekoriert. Die ungefütterten Gardinen sind auf Messingstangen aufgezogen und können bei Bedarf losgebunden werden.

ja, fühlen Sie sich weniger beengt, wenn im Zimmer so viel Ordnung wie nur möglich herrscht.

Wandborde und Spotleuchten an der Wand anstatt Nachttischchen mit Nachttischlampe helfen ebenso Platz sparen, wie ein Wandspiegel mit Konsole für Haarbürste und Make-up, einfache Zuggardinen am Fenster und Schiebetüren im Kleiderschrank. Ein Rollo als Ersatz für bauschige Vorhänge läßt das Zimmer ebenfalls geräumiger erscheinen. Man muß sich entscheiden, ob man sich lieber vor dem Frisiertisch sitzend zurechtmacht oder ob ein gut beleuchteter Badezimmerspiegel zum Frisieren und fürs Make-up ausreicht. Wer mit Handspiegel und Tageslicht auskommt, braucht lediglich ein wenig Platz neben dem Fenster für Kosmetika und Haarbürsten. Für diesen Zweck wäre auch ein kleiner Waschtisch aus Kiefernholz ideal.

Das Schlaf-Arbeitszimmer

Fitness-Enthusiasten und Yoga-Jünger brauchen ausreichend Platz auf dem Fußboden ohne herumliegende Kabel und störende Stuhlbeine. Für Menschen, die gewohnt sind, im Bett zu arbeiten, tut ein fahrbares Tischchen mit Fächern gute Dienste. Ein in Weiß gehaltenes Zimmer mit Telefon und Stiften griffbereit auf einem weißen Tischchen auf Rollen, wird zum praktischen und sachlich-ansprechenden Schlaf-Arbeitsraum des in Kissen gepackten Arbeitstieres. Damit ein solches Möbelstück besser zur Einrichtung paßt, kann man es mit Selbstklebefolie beziehen oder man funktioniert ein Bambustischchen durch Laufrollen entsprechend um.

Wichtig ist, daß das Schlaf-Arbeitszimmer ein geschlossenes Ganzes bildet und nicht zum Provisorium für verschiedene Tätigkeiten wird. Manche brauchen eine Nähecke, andere möchten einen Schreibtisch unterbringen, oder müssen sogar eine Art Büro einrichten. Auf alle Fälle aber sollte dieses Zimmer in erster Linie das Refugium bleiben, in dem Sie sich von der täglichen Routine erholen und ausspannen. Wenn dies nicht möglich ist, muß notfalls eine andere Arbeitsecke – vielleicht im Wohnzimmer – eingerichtet werden.

In langen schmalen Räumen wirkt es manchmal besser, wenn das Bett an einer der Schmalseiten aufgestellt wird. Wer über ein geräumiges Zimmer verfügt und sich ausbreiten kann, probiert einfach aus, wo das Bett am besten hinpaßt. Wenn Sie einen hübschen Ausblick haben und einen Baum gerne vom Bett aus über die Jahreszeiten hinweg betrachten, dann stellen Sie Ihr Bett gegenüber dem Fenster auf vorausgesetzt, das Blenden des einfallenden Lichtes stört Sie nicht. Eine originelle Idee ist es auch, das Bett einem Eiland gleich, mitten ins Zimmer zu stellen.

Rechts: Das Blau eines wolkenlosen englischen Sommerhimmels wurde bei der Gestaltung einer Schlafzimmersuite in der britischen Botschaft in Washington berücksichtigt. Sieben verschiedene Muster und ein einfarbiger Baumwollstoff wurden zusammen mit vielseitigen Streifen verarbeitet. Für die Sitzbezüge von Stuhl und Hocker eignet sich dieses Muster besonders gut. Im Spiegel sieht man das geschwungene Kopfteil und die Tagesdecke. Sie sind aus demselben gemusterten Steppstoff wie die Deckchen auf dem Mahagonitoilettentisch angefertigt.
Unten: Zum Schluß noch ein sommerliches Schlafzimmer in einem nordfranzösischen Schloß. Die verschiedenen Grün- und Gelbtöne setzen sich ganz natürlich im Garten und in der Landschaft um Picardy fort. Schlichte Vorhänge verschönern die hohen Fenster an den beiden Seiten des Chippendale-Rasiertischchens. Gesteigert wird die herrliche Atmosphäre von Wärme und Sonnenlicht durch die vergoldeten Bilderrahmen. An dieses Zimmer grenzt das auf der gegenüberliegenden Seite abgebildete Badezimmer. Der Stil der Möbel und der Bettlampe setzt sich nahtlos in einer viktorianischen Wandlampe aus Glas und Metall und in dem Spiegel mit schwarzem, blumenverziertem Lackrahmen im angrenzenden Raum fort.

Beruhigende Farbvariationen in Blau und Weiß in zwei Schlafzimmern in Stadthäusern. Beide Räume haben hohe, wohlproportionierte Fenster mit breiten Querbehängen und reich drapierten angekrausten Vorhängen. Rechts: Die schlichtere Version hat eine angepaßte Baumwollbettdecke mit kleinem geometrischem Muster, blau eingefaßte Schutzüberzüge für die Kopfkissen und einen gekräuselten Staubbehang. Der behäbige Sessel ist kornblumenblau bezogen. Patchworkflicken in willkürlicher Zusammensetzung aus blauen Karos und Streifen und vereinzelten roten Quadraten sind zu einem Bettüberwurf zusammengefügt. Die grüne Glaslampe sorgt für intime Beleuchtung.
Unten: Weit aufwendiger ist dieses Zimmer ausgestattet mit seinen vielen Stofflagen, Volants und den Bambusmöbeln. Zweimal so viele Kissen türmen sich und der Bettvorleger bringt mehr Farbe und einen Hauch von Luxus in den Raum. Durch die Bambusmöbel und den Faltlampenschirm wirkt die Dekoration eine Idee strenger. Die in einem dunkleren Ton gehaltenen Volants fallen in üppigen Lagen übereinander.

Mit Farben erwachen

Sobald Sie Ihre Farbauswahl getroffen haben, stellen Sie zunächst Probestücke von Dekostoff, Tapete und Bodenbelag zusammen und pinseln eine Farbprobe auf Pappe. Diese Farbmuster werden dann bei Tageslicht und künstlicher Beleuchtung begutachtet. Anschließend probiert man verschiedene Töne der gewählten Farben für eventuelle Licht- und Schatteneffekte aus. Ein vollständig in Scharlachrot gehaltenes Zimmer kann einen kleinen Raum noch winziger erscheinen lassen, doch wenn es das ist, was Sie sich wünschen, dann lassen Sie sich nicht beirren. Zumindest im Schlafzimmer sollten Sie sich Ihre Träume erfüllen können. Für die verschiedenen Farbwirkungen gilt ganz allgemein folgendes: Blau besänftigt und wirkt kühl, Grün ist ebenfalls beruhigend und fördert die Konzentration. Rosa Farbtöne schmeicheln und sind feminin, während Aprikosen- und Rottöne Wärme verbreiten und anregend wirken. Mit der heiteren Sonnenfarbe Gelb sollte man im Schlafzimmer zurückhaltend sein, weil sie die Haut blaß erscheinen läßt. Weiß-, Creme- und Beigetöne verbreiten einen Hauch von Eleganz und Luxus.

Gut schlafen

Kaufen Sie sich das beste Bett, das Sie sich leisten können. Etwa ein Drittel unseres Lebens verbringen wir im Bett und guter Schlaf ist unentbehrlich für das unschätzbare Gut der Gesundheit. Am besten ist es, in ein Bettenspezialgeschäft mit fachmännischer Beratung zu gehen.

Die Entscheidung, welches Bett das richtige ist und den Rücken ausreichend abstützt, ist eine sehr persönliche Angelegenheit. Jedenfalls ist ein zu weiches oder zu hartes Bett die mögliche Ursache für Rückenbeschwerden. Paare sollten sich beim Bettenkauf keineswegs genieren, sich

Zwei Doppelbettzimmer in Blau und Weiß.
Rechts: In diesem geräumigen Zimmer, wo nicht jede Nische genutzt werden muß, wird die Kaminecke zum Dekorationselement. Den runden Tisch ziert eine bodenlange, blau eingefaßte Decke mit Streublümchenmuster. In dieser Ecke ist die Sammlung kunstvoll gearbeiteter Porzellangefäße sicher untergebracht. Daneben steht noch ein Nähkästchen aus Weidengeflecht.
Oben: Einige der wertvollen Zierstücke aus dem rechts abgebildeten Zimmer stehen auf einer Kommode an der anderen Seite, dem runden Tischchen und dem Kamin gegenüber. Die blütenweiße Leinendecke hat einen Häkelrand.
Rechts unten: Überall in diesem Zimmer fällt der Blick auf Borten. Sie schmücken das Bettzeug, laufen um die Scheuerleiste herum und in den Wandecken senkrecht nach oben.
Unten: Ausschnitt aus dem rechts gezeigten Zimmer. Die Borten sind hier deutlicher zu erkennen. In den rosafarbenen Wickel- und Reißverschlußtäschchen sind Kosmetika und Manikürutensilien ordentlich aufgeräumt.

Statt die ungleichmäßigen Linien und Balken nicht zur Kenntnis zu nehmen, sollte man aus einer schrägen Decke das Beste machen. Dachzimmer haben oft ungewöhnliche Ecken und Fenster, die so recht dazu angetan sind, Gemütlichkeit zu schaffen.
Oben: Diese Mansarde (ein Junggesellenschlafzimmer) ist in einer dezenten Mischung aus Marineblau und Sand dekoriert. Der honigfarbene Anstrich läßt die Decke optisch höher erscheinen und die winkeligen Wände sind mit adretten Streifen tapeziert. Am Fenster sind drei hübsche Springrollos montiert.
Rechts: In diesem winzigen Schlafraum sind Wände und Decke mit demselben Dekor tapeziert, um die ungünstigen Formen etwas zu kaschieren. Das Fensterchen hat eine Spanngardine.
Gegenüber, links oben: Mit Naturholzdecke und lustigen Blumen- und Streifendessins sieht diese Mansarde wie ein sonniges, rustikales Zimmer in einer Blockhütte aus. Das Fenster wird durch Gardinen, die vor der Nische hängen, optisch verbreitert.
Gegenüber, rechts: Zwei Ausschnitte aus einem Zimmer, in dem die Schräge so verläuft, daß eine begehbare Kleiderablage entsteht.

lang auszustrecken auf den verschiedenen Modellen und die Federung zu testen, um so die bequemste Liegestatt zu finden. Der geschulte Verkäufer hat Verständnis für den Kunden, der auf Nummer Sicher gehen will. Informieren Sie sich, worauf Sie liegen, und lassen Sie sich bezüglich der für Sie am besten geeigneten Matratze und des Bettunterbaus beraten. Mindestens drei verschiedene Arten von Sprungfedermatratzen werden heute angeboten, dazu Modelle aus Schaumstoff und Schaumgummi sowie verschiedene Ausführungen von Bettunterbauten auf Holzrahmen.

Praktische Betten

Für Paare eignen sich zweiteilige Betten, die miteinander verbunden sind. Durch die beiden getrennten Matratzen wird der eine Partner nicht gestört, wenn der andere unruhig schläft. Kastenbetten bieten mehr Platz. Es gibt aufklappbare Diwanbetten mit darunterliegendem Bettkasten und solche mit seitlich oder am Fußende eingeschobenen Bettkästen auf Rollen. In den zusätzlichen Stauraum packt man aber am besten nur Dinge, die selten herausgekramt werden müssen.

Sitzen im Bett ist wesentlich bequemer mit einem Kopfteil. Die verschiedenen Ausführungen reichen vom gepolsterten, stoffbezogenen Kopfteil mit und ohne Knöpfe über Messing-, Metall- und Holzaufbauten bis hin zum fächerförmigen Pfauenradkopfteil aus feinem Rohrgeflecht. Die einfachste Form der Kopfstütze ist ein mit Baumwollspitze bezogenes Kopfkissen, das an Schlaufen auf einer an der Wand befestigten Messingstange hängt. Das Material für fest montierte, stoffbezogene Kopfteile sollte eine Reinigung mit dem Schwamm vertragen. Himmel- und Baldachinbetten machen sich am besten in großen Räumen. Man kann heute komplette Bausätze für Baldachinbetten aus Holz kaufen, mit und ohne dazupassende Draperien. Wer auf den gewünschten Dekorationsstoff noch sparen muß, behilft sich inzwischen mit schlichten Kattunvorhängen.

Ist Ihr Schlafzimmer auch wirklich intim und abgeschirmt gegen neugierige Blicke? Bei der Wahl der Vorhänge ist dieser Aspekt zu bedenken. Wenn die Fenster Ausblick auf Ihre eigenen wogenden Felder bieten, kommen Sie vermutlich mit Rollos oder Voile-Gardinen aus. Wenn nicht, müssen Sie auf dichteres, lichtundurchlässiges Material zurückgreifen, um das Zimmer vor der Außenwelt abzuschirmen. Überdies sollten auch fest arretierbare Fensterriegel nicht fehlen, die verhindern, daß die spaltbreit geöffneten Fenster vom Wind oder von fremder Hand aufgestoßen werden.

Im allgemeinen haben die Engländer eine puritanische Einstellung gegenüber gutgeheizten Schlafzimmern, weil sie nur dazu verleiten, halb angekleidet auf dem Bett herumzuliegen. Gewöhnlich ziehen sie den ungeheizten Raum vor, in dem man sich in Windeseile auszieht und mit einem Kopfsprung in den Kissen verschwindet. Außerdem lieben sie weit geöffnete Fenster bei Nacht – auch im Winter. Ein gesundes Mittelmaß, also etwas frische Luft und ein wenig Wärme kann sicher nicht schaden. Allerdings müssen Gas- und Elektroöfen über Nacht abgeschaltet werden, und so romantisch ein offenes Kaminfeuer auch sein mag – vor dem Zubettgehen muß man es löschen.

Warme Bettvorleger auf blankem Holzfußboden sind eine begrüßenswerte Einrichtung. Vielleicht können Sie sich den Luxus eines reinwollenen Teppichbodens leisten, der für den übrigen Wohnbereich viel zu kostspielig wäre und über den Sie mit dem größten Vergnügen barfuß zum angrenzenden Badezimmer gehen.

Das Wohnen in einem einzigen Zimmer bedeutet ein Minimum an Dekoration, bestmögliche Ausnutzung des Platzes und eine Umgebung, in der sich der Bewohner wohl fühlt. Die Wirklichkeit aber sieht für viele ganz anders aus. Über einen einzigen Raum zu verfügen, heißt oft, mit einem abgelegenen Wohnschlafzimmer vorlieb nehmen zu müssen, wo man auf beschränktem Platz inmitten der klobigen, wackeligen Möbel fremder Leute und abgenutzter Chintzdecken lebt. Egal, wie groß und was der Raum auch ist – ob Atelier, Dachboden oder Wohnschlafzimmer – das Hauptproblem für den Bewohner ist, wie er den Platz am besten nutzt.

Links: Wer in einem Wohnblock lebt, sich aber auf's Land sehnt oder wer in einer funktionalen, chrom- und glasblitzenden Umgebung arbeitet und dabei vom Leben auf dem Bauernhof träumt, möchte sicherlich zumindest ein behagliches Schlafzimmer haben, einen Raum zum Entspannen mit hübsch gemusterten Baumwolldrucken und wohltuender Frische.

Mit preiswerten Materialien und sorgfältiger Arbeit kann man ein Zimmer ohne große Schwierigkeiten so gestalten. Der Baldachin des modernen Pfostenbettes ist aus Spitze. Durch das zarte Gewebe wird das Licht gestreut wie durch Äste eines Baumes.

Die Bettlampen sind Glaskrüge mit Taschentuchschirmchen über konisch zulaufenden Schirmgestellen, die einfachste Form des Lampenschirms überhaupt. Den Abschluß bildet eine Stickereispitze, die sich auch an den runden Kissen wiederholt.

Mit Farbe und Abziehbildchen sieht der Schaukelstuhl wieder wie neu aus. Der kunstvoll gearbeitete Spiegel aus dem Trödlerladen und der Toilettentisch, der sich darin spiegelt, sind weiß lackiert.

Die rustikale Wandverkleidung entsteht aus sorgfältig aufgenagelten Paneel- oder Dielenbrettern. Der Oberkantenabschluß der Holztäfelung wird aus Brettern gemacht, die so breit sind, daß gleichzeitig ein umlaufender Sims entsteht. Auch die Fenster sind mit Holzleisten eingefaßt. Wer will kann Klappläden anbringen oder Schiebeläden, die auf einer Schiene laufen.

Der beste Leseplatz ist ein Verandasitz, der wegen des günstigen Lichtes am Fenster aufgehängt ist. Dieser Schaukelstuhl ist an einem Deckenbalken verankert und hängt an vier, in die Armlehnen geschraubten Ketten. Rundherum baumeln Körbe mit frischen Blumen. Man kann aber auch eine Stange zwischen herabhängende Schnüre legen und Trockenblumensträuße daran aufhängen. Der weiß gestrichene Fußboden ist durch grüne Linien in Quadrate aufgeteilt.

Es gibt noch viele Ideen für diese Art des Dekorationsstils: Als Bettleuchten z.B. Öllampen, deren Glasschirme man mit denselben Abziehbildchen wie auf dem Stuhl verzieren kann. Auch Schablonenmuster auf dem Stuhl, den Lampenschirmen und an einfarbigen Wänden machen sich gut. Die Wände kann man mit demselben Material bespannen, aus dem der Baldachin gefertigt ist und ein Bettvorleger, aus Baumwollstreifen geflochten, ist eine Wohltat für die Füße.

Auch den geschwungenen Betthimmel kann man einmal anders dekorieren: zum Beispiel mit einer fransenbesetzten Chenilledecke, die an den Pfosten mit dicken Quastenkordeln festgebunden wird, oder mit zwei Glasperlenvorhängen, die einfach ausgebreitet werden und einen Hauch von Zigeuneratmosphäre entstehen lassen.

Zwei sehr unterschiedlich ausgestattete Mehrzweckräume, in denen das Bett jeweils erhöht ist und wo natürliche Oberflächenstrukturen ein Gefühl von mehr Geräumigkeit entstehen lassen.
Links: Durch die Verbindung von weiß getünchten, unverputzten Wänden, rohen Balken und beigefarbenem Teppichboden entsteht eine Atmosphäre ländlicher Ruhe. Das mit einer Felldecke zugedeckte, quer zum Fenster stehende Bett wird mit der teppichbelegten Stufe zur gemütlichen Sitzecke. Das Strohrollo am Fenster wird durch ein zweites ergänzt, das weiter im Raum montiert ist und als eine Art Raumteiler die Schlafecke bei Bedarf abschirmen kann. Durch das diffuse Licht wirkt der Raum optisch interessanter. Ausreichenden Stauraum bieten die Schubladen unter der Estrade.
Rechts: Ein ansprechender Schlupfwinkel für Studenten. In dieser modernen Version des Mansardendaseins geht von den holzverkleideten Wänden und dem Holzfußboden schon optisch eine gewisse Behaglichkeit aus. Das Bett läßt sich tagsüber in eine gemütliche Sitzecke umfunktionieren. Die Arbeitsfläche, vernünftigerweise so nahe wie möglich am Fenster, ist schnell angefertigt: man legt dazu einfach ein stoffbezogenes Brett auf zwei Holzstützen, die sich unauffällig in die übrige Holzverkleidung einfügen. Aufbewahrungsmöglichkeiten bieten Holzkästen, die einfach unter dem Bett hervorgezogen werden. Fensterrahmen und Decke sind in einem kräftigen Tiefblau gestrichen. Der ganze Raum wirkt wie eine Kombination aus Blockhütte und Sauna. Die Bücherregale sind mit demselben Stoff wie die Schreibplatte bezogen und die Schaumstoffmatratze hat einen einfarbigen, angepaßten Ripsbezug. Das Ganze ist ein geglückter Versuch in der Kunst der Vereinfachung. Schlichte Zuglampen sorgen für variable Beleuchtung und der Spitzenvorhang dämpft das einfallende Tageslicht.

Mit nachfolgenden Überlegungen werden Sie sich zwangsläufig beschäftigen müssen, gleichgültig ob Sie den Raum allein oder mit jemand anderem zusammen bewohnen.

Die Kunst der Vereinfachung

Das Wichtigste ist, den Raum den Gegebenheiten anzupassen. Die Einrichtung muß so wandelbar sein, daß man einmal ein paar Leute zum Essen einladen, ein andermal mit Büchern, Akten und Schreibmaschine arbeiten kann. Wer es fertigbringt, sich selbst den Gegebenheiten anzupassen und sich in seinen Besitztümern zu beschränken, dem bleibt um so mehr Bewegungsspielraum.

Gehen wir davon aus, daß Ihr Zimmer nicht mit den Möbeln der Vermieterin vollgestopft ist und Sie sich nach eigenem Gutdünken einrichten können. Dann dürften Ihnen die hier gezeigten Ideen nützlich sein.

Zu den leichten Mehrzweckmöbeln von heute zählen unter anderem zusammenlegbare Bambus-und leuchtend farbige Metallstühle, die an Haken gehängt werden, solange man sie nicht braucht. Außerdem gibt es Klapp- oder sogenannte Regiestühle, die sich gut übereinander stapeln lassen sowie Auszieh- und Klapptische und den ewig jungen zusammenlegbaren Teewagen. Gartenmöbel aus Holzlatten wirken nicht klobig und sind hübsch anzusehen, und aus einem höhenverstellbaren Gartenklapptisch läßt sich ganz nach Bedarf ein Eß- oder Nachttisch zaubern.

Halten Sie Ausschau nach Mehrzweckmöbeln. In einer Kiefernholztruhe bringt man beispielsweise Schreibmaschine und anderes Arbeitsmateria unter; gleichzeitig kann sie als Tischfläche oder Sitzgelegenheit dienen und auch als Kopf- oder Fußteil am Bett. Der Wandschirm ist Raumteiler und Hakenbord für Kleinigkeiten in einem. Bretter, zwischen zwei Sprossenleitern gelegt, ergeben ein einfaches Regal und an den Sprossen kann man noch verschiedene Dinge aufhängen.

Ziehen Sie gegebenenfalls auch unterschiedliche Höhen in Betracht und bauen Sie sich – wo dies möglich ist – eine kleine Estrade oder ein Podest für Ihr Bett. Die Lampen sollten winkelverstellbar sein oder eine Klemmvorrichtung haben. Noch eine kurze Bemerkung zu den Farben. Natürliche Töne und Strukturen sind für einen Raum, in dem man Tag und Nacht verbringt, wohnlicher als die sonst für Schlafzimmer verwendeten Pastelltöne.

Wenn junge Menschen ein Zimmer zur Verfügung haben, das sie als ihr eigenes Reich betrachten können, ist dies nur förderlich für den Prozeß des Heranwachsens. Erwachsen werden heißt, so viel Raum wie nur möglich für die Entwicklung der eigenen Persönlichkeit zu haben, und das gilt für den Alltag ebenso wie für den geistig-seelischen Bereich des Lebens.

Ein richtiges Teenager-Zimmer ist freundlich, sauber und sieht hübsch aus. Die Einrichtung sollte heiter stimmen und gleichzeitig zu einer Atmosphäre des Wohlbehagens beitragen. Am besten eignet sich dazu eine Umgebung, in der sich das Zugehörigkeits- und Persönlichkeitsempfinden des jungen Bewohners festigt und wo er sich nicht beengt, sondern frei fühlt.

Bei der Planung gibt es ein paar Dinge, die unbedingten Vorrang haben müssen, gleichgültig ob das Zimmer in einer winzigen Wohnung an das der Eltern angrenzt oder ob es abseits im weitläufigen Westflügel liegt: Verschiedene Verwen-

Wenn ein Mädchen zum Teenager herangewachsen ist, wird oft das Zimmer neu eingerichtet. Hier zwei völlig verschiedene Räume, in denen dieselbe Farbgebung in unterschiedlicher Weise verwendet und auf ein angrenzendes Badezimmer ausgedehnt wird.
Unten: Das Sofa aus Kindertagen mit neuen Bezügen, die zum Waschen leicht abgenommen werden können. Der alte zerkratzte Kaffeetisch ist mit Tapete beklebt und hat eine Glasplatte. Die ungefütterten Vorhänge haben eine weiß gestrichene Schabracke aus Pappe mit Bogenkante, deren Wellenlinie die strengen Umrisse des Fensters mildert.
Rechts unten: Die gegenüberliegende Ecke desselben Zimmers. In der leuchtenden Patchworkdecke sind alle rotgemusterten Stoffe verarbeitet, während die Streifen an Volant und Kopfkissenschutzbezügen das frische Blattgrün der Tapete mit dem Erdbeermuster ablösen. Die Dekoration von gepolstertem Kopfteil, von Bett und Tisch ist ausgesprochen mädchenhaft und zart.
Rechts: Ein Schlafzimmer im Cottage-Stil mit gewölbter Decke, Gitterfenster und altem, braunem Schnurteppich. Die individuelle Atmosphäre entsteht in erster Linie aus dem zwanglosen Stil. Decke und Holzleisten bleiben weiß, die rot gestrichenen Wände geben den passenden Hintergrund für die private Bildergalerie ab. Das ganze Arrangement wirkt deshalb besonders eindrucksvoll, weil es mit Sorgfalt zusammengestellt wurde. Der ganze Platz ist gut ausgenutzt. Mit einem scharlachroten Anstrich bekommt die Kinderkommode ein neues Gesicht und der Lampenschirm ist aus demselben Material wie Gardinen und Kissenbezüge. Volant und Gardinen sind locker gekraust und unterstreichen mit der Steppdecke zusammen ein adrettes Gesamtbild.
Gegenüber, unten: Der Luxus eines Teenager-Badezimmers ein begrüßenswerter Fortschritt nach den Kinderjahren, wo man immer gemeinsam baden mußte. Das Fenster verbirgt sich hinter einer Spanngardine. Zubehör wie Seifenschale usw. sind aus poppigem roten Acryl. Die Dekoration paßt zu beiden Zimmern.

dungsmöglichkeiten, Intimsphäre, Erholung und Schlaf, Unterbringungsmöglichkeiten sowie Lichtverhältnisse und Sicherheit. Am wichtigsten ist, daß das Zimmer wandelbar ist und das Mobiliar und das übrige Drum und Dran entsprechend vielseitig und leicht beweglich ist.

Gesunde Teenager genießen es, einen Raum zu haben, wo sie Musik machen, Freunde empfangen und ganz ungestört sein können. Hier dösen sie friedlich vor sich hin und lernen ohne Ablenkung. Wo unter günstigen Umständen zwei Zimmer zur Verfügung stehen, kann das Bett bleiben wie es ist und muß tagsüber nicht bedeckt werden. Ein solider Nachttisch mit stabiler, verstellbarer Leselampe, von der aus das Licht genau auf die Lektüre fällt, wenn der Jugendliche seine bevorzugte Lesehaltung einnimmt, fördert die Entspannung. Das Nachttischproblem läßt sich durch eine umgestülpte Kiste kostensparend lösen. Man schleift rauhe Ecken und Kanten mit Sandpapier glatt, streicht oder besprüht die Kiste mit einer guten Farbe und geht dann zweimal mit Klarlack darüber. Im Notfall tut es auch eine einfache Obststeige vom Gemüsehändler nebenan.

Räume zum Arbeiten und Spielen

Eine stabile Arbeitsfläche, hoch genug, damit die Knie darunter Platz haben und ein Stuhl mit aufrechter Lehne, die den Rücken korrekt abstützt, erleichtern das Lernen.

Wackelige Schreibtische mit Spindelbeinen sind nicht das Richtige.

Während kleine Kinder einen Platz zum Schlafen und Sitzen brauchen, dazu den Fußboden zum Spielen, bevorzugen Halbwüchsige Sitzgelegenheiten, auf denen sie sich herumräkeln können, die leicht zu pflegen und nicht zu kostspielig sind. Einzelsitzgelegenheiten sind ideal. Ein ovaler Hängekorbsitz macht ebensoviel Spaß wie große, bequeme Fußbodenkissen. Stoffbezogene Schaumstoffwürfel sind nicht teuer und passen sich jeder Form an. Ergänzt wird das Angebot durch Klappstühle aus Leichtmetall in klaren Formen und verschiedenen Farben. Sie sind besonders praktisch, wenn eine größere Freundesrunde z.B. zum Kartenspielen zusammenkommt.

Sobald die Gäste gegangen sind, hängt man die Stühle einfach an die Wand oder verstaut sie in einer Ecke, wo sie sonst niemand stören.

Falls Platz für eine zweite Arbeitsplatte vorhanden ist, können angefangene Arbeiten wie Collagen oder dergleichen getrost einmal liegenbleiben. Den Krimskrams aus frühesten Kindertagen, so etwa die einst heiß geliebten, jetzt aber kindisch und albern wirkenden Tieraufkleber, ersetzt man am besten durch ein Pinboard, an das der jugendliche Besitzer alles heften kann, was ihn gerade interessiert.

Machen Sie den Raum so gut es geht schalldicht. Dämmplatten an der Decke und ein zusätzlicher Fußbodenbelag bewirken eine gewisse Schalldämpfung. Stereoboxen sollten tunlichst an der Außenwand und in gehörigem Abstand von Fußboden und Zimmerdecke aufgestellt werden.

Ermuntern Sie Ihren Nachwuchs dazu, stolz auf sein Zimmer und die Einrichtung zu sein. Wo ein Bücherbord vorhanden ist, werden Bücher auch pfleglicher behandelt. Und wo Spiegel, Haarbürste und Wäschepuff in greifbarer Nähe sind erwacht vielleicht ein gewisses Interesse an einem kultivierten Äußeren und an Ordnung. Jeder Teenager muß von Zeit zu Zeit wegen Schlamperei zurechtgewiesen werden. Überlegen Sie deshalb im voraus, wie sich im Zimmer besser Ordnung halten läßt. Je weniger an den Jungen herumgenörgelt wird, desto lieber bleiben sie da.

Ein Reich für die Kleinen

Wenn sich ein Kind in seiner Umgebung wohl fühlt, dann mit Sicherheit in einem behaglichen, aber gut gelüfteten, sicheren und sauberen Zimmer. Interessante Dinge zum Anschauen entwikkeln die Wachheit des Geistes und lebhafte Farben und Formen fördern den Entdeckerdrang. Nicht zuletzt werden angenehme Geräusche und Gerüche zum wesentlichen Bestandteil schöner Kindheitserinnerungen. Zufriedenheit zieht ein mit dem Ticken einer Uhr und dem Duft frischer Seife, mit dem sanften Schimmer eines Nachtlämpchens, der den nächtlichen Weg des Dreikäsehochs vom Bett zur Toilette erhellt und mit dem Sonnenlicht, das während des Mittagsschlafs gedämpft durch die Gardinen fällt. An all diese einfachen, schlichten Dinge sollte man bei der Einrichtung eines Kinderzimmers denken und lieber eins mehr als zu wenig verwirklichen.

Ein Kind, das in einer Umgebung aufwächst, die die Entwicklung eigener Interessen fördert, hat Selbstvertrauen. Kleine Kinder sind durchaus empfänglich für eine Umwelt, die von der Gestaltung her den Eltern ihre Aufgabe erleichtert. Das heißt ein Raum, in dem, auch wenn die elterlichen Absichten des öfteren durchkreuzt werden, zumindest von der Planung her bereits eine gewisse Ordnung herrscht und wo sich das Leben ohne ewiges ärgerliches Stirnrunzeln abspielt. Man muß das Kind von Anfang an dazu ermuntern, alle Dinge an ihren Platz zu legen. Anstatt in den Fehler zu verfallen, immer wieder selbst aufzuräumen, weil dies schneller und einfacher geht, als das Kind zur Ordnung anzuhalten, sollte das Zimmer so eingerichtet sein, daß der Nachwuchs Ordnung und Sauberkeit spielend erlernt. Einfachheit in den Dingen ist der Schlüssel zu diesem Unterfangen und Geduld und Hilfestellung werden schließlich Früchte tragen.

All dies hört sich phantastisch an, doch wie kann die vielbeschäftigte und oft abgespannte Mutter ein solches Ziel erreichen? Kleine Kinder sind von Natur aus unordentlich, laut und sehr vertrauensvoll. Schneiden Sie das Kinderzimmer also von vorneherein auf diese Eigenschaften zu. Wer ständig Kissen aufschüttelt und eine ausgelassene Kissenschlacht unterbindet, wer sich die nötige Ruhe nicht gönnt, weil jede Schublade peinlichst genau mit Papier ausgelegt werden muß, sollte alles nochmals ein wenig überdenken. Lenken Sie Ihren Ehrgeiz lieber in eine andere, lohnenswertere Richtung: Es ist viel weiser,

Links: Improvisation ist alles in diesem blauen Schlafzimmer, das zu den hohen Räumen einer Pariser Etagenwohnung gehört. Die alte Schulbank ist frisch gestrichen und paßt zum Bettgestell aus Eisen und Messing. Waschbecken und Kommode verschwinden hinter einem dekorativen Wandschirm.
Links unten: Ein Schwan über rosa Kleiderhaken. Andere Vögel kreisen um den runden Spiegel am Waschbecken. Den Pflanzenbehälter kann man aus einem angemalten Fahrradkorb machen.
Rechts: Kinderspiel- und Schlafzimmer. Die tiefen Nischen zu beiden Seiten des Kamins sind zu Schränken mit Lamellentüren umgestaltet; ein Schrank für Kleider, der andere mit Regalbrettern für Spielsachen, Bücher und anderen Kinderzimmerkram. Weitere Aufbewahrungsmöglichkeiten bieten die blau bezogene Fensterbank und der Platz unter den robusten Stockbetten. Auf Regalbrettern, die an einem Ende des Bettgestells eingeschoben sind, ist Platz für Bücher und Spiele. Die Höhe des länglichen Tisches ist auf Kleinkinder abgestellt. Zusammen mit dem grünen Sessel und der Bank bildet er eine gemütliche Ecke zum Märchenerzählen. Zwei reizende Ideen für eine Kinderwiege sind das hölzerne Gitterbett mit herausnehmbarer Innenverkleidung und der zweihenklige Babykorb mit Auskleidung und Decke aus grün-weiß geblümtem Baumwollstoff.
Unten: Zwei weitere Detailphotos des in Königsblau und Apfelgrün gehaltenen Zimmers zeigen, wie lustig eine ungewöhnliche Farbzusammenstellung sein kann. Babykörbchen und Ritterburg stehen auf weichen Schaffellen.

die rasch vorübereilende Zeit der Kindheit bewußt mitzuerleben und zu genießen, die für Eltern und Kinder gleichermaßen kostbar und unwiederbringlich ist.

Richten Sie den Raum so ein, daß er leicht zu pflegen ist und sich alle Familienmitglieder darin wohl fühlen. Im bequemen Sessel neben der Lampe wird die Gutenachtgeschichte vor dem Lichtlöschen und ein kleines Gespräch über die Ereignisse des Tages zur liebgewordenen Gewohnheit und ein paar herumliegende Stofftiere tragen sogar zur heimeligen Atmosphäre bei.

Praktische Überlegungen

Nun wieder zurück zu ein paar Grundregeln der Einrichtung. Kontrollieren Sie die Heizkörper, damit sie nicht übermäßig heiß werden und montieren Sie zusätzliche Heizgeräte außerhalb der Reichweite von Kindern hoch an der Wand. Tragbare Heizöfen mit schadhaften Kabeln oder offenen Heizelementen haben hier nichts zu suchen. Für kranke und genesende Kinder muß man sich etwas ausdenken, damit der Aufenthalt im Bett weniger langweilig ist. Praktisch ist ein Tablett, das durch Klappfüße zum Bettischchen wird, von dem Malzeug und Geschirr nicht herunterrutschen. Und an eine Wärmflasche, die mit einem hübschen, wattierten Bezug mit Verzierungen zur Schmusekatze wird, schmiegt man sich viel lieber an.

Ein teurer, hochfloriger Teppichboden ist im Kinderzimmer fehl am Platz. Der Bodenbelag muß schon einmal verschüttete Flüssigkeit oder ein klebriges Bonbon vertragen. Auf allen vieren auf dem Boden herumzukriechen macht mehr Spaß, wenn es darum geht, ein Puzzlespiel zusammenzusetzen als Flecken aus dem Teppich zu reiben. Kokos- und Sisalmatten tun kleinen nackten Füßen weh und außerdem tritt sich die Knetmasse darin fest. Blanker Holzfußboden muß unbedingt splitterfrei sein. Eine brauchbare Lösung sind Korkplatten. Sie sehen gut aus, sind warm und leicht sauberzuhalten und passen zu Flickenteppichen. Eine Gummihaftmatte zwischen Teppich und Boden verhindert ein Verrutschen.

Ein Kinderzimmer einzurichten macht Freude und wer Lust hat, kann sich dabei über alle Regeln traditioneller Farbzusammenstellungen hinwegsetzen. Aprikose und Grün in sanften, frischen Nuancen sind ideal für ein Zimmer, das noch vor der Geburt des Babys eingerichtet wird.
Rechts: Gesamtansicht des Kinderzimmers. Der Tisch mit hochlehnigem Stuhl am Fenster ist ein bequemer Schreibtisch und mit einer abwaschbaren grün-weißen Unterlage gleichzeitig Wickeltisch.
Unten: Das weiße Metallgitterbett hat eine herausnehmbare, wattierte Verkleidung, die vor Zugluft schützt und zur Bodenmatte und den Spielwürfeln (großes Photo) paßt.
Gegenüber, oben: Die Einbauschränke passen farblich zu Tür und Wänden und schaffen ein einheitliches bild. Eine moosgrüne Zickzackeinfassung betont die Bogenkanten der Taschentuchlampenschirme. Das Polster des hohen Kinderstuhles kann herausgenommen werden.
Gegenüber, links unten: In der Wandtasche, deren Stoff farblich zur Tapete paßt, lassen sich bequem alle Wickelutensilien verstauen. Man kann sie auch mit wasserdichtem Material ausfüttern. Der Korb für die Babyausstattung hat eine hübsche Einlage mit Rüschen und eignet sich ebensogut als Nähoder Spielzeugkorb oder für Babys Fläschchen.
Gegenüber, rechts unten: Ein wunderschön ausgeschlagener Babykorb. Das Rollo mit Zickzackkante gleicht die verschwenderische Fülle von Rüschen an den Vorhängen aus.

Vielleicht haben Sie noch einen Schreibtisch aus Ihrer eigenen Kinderzeit oder einen Spielzeugschrank von Freunden. Wenn Sie aber neue Möbel kaufen, dann machen Sie um Liliputmodelle besser einen Bogen. Niedliche Miniaturmöbel sind schnell zu klein und wandern bald zum Gerümpel auf den Speicher. Wer genügend Geld für diesen Zweck hat, kauft dafür besser ein altes Schaukelpferd oder ein Spielhäuschen oder läßt, falls ein Garten vorhanden ist, eine Wippe oder ein robustes Klettergestell aufstellen.

Sorgen Sie dafür, daß bei Stockbetten die Leiter fest verankert und die untere Koje hell genug ist. Das ältere Kind sollte oben schlafen.

Bei der Schaffung von Unterbringungsmöglichkeiten kann ruhig die Phantasie mitspielen. Eine hübsche Idee ist es, die Front des Kleiderschrankes wie ein Haus zu gestalten. Dazu schneidet man in die Türen aus Hartfaserplatten Fenster, die mit Cellophan verglast werden und bemalt das Dach und die übrigen Details. Stofftiere, die momentan in Ungnade gefallen sind, kommen in einen an einem Deckenhaken aufgehängten Pflanzenkorb. Körbe, an Tassenhaken an einem Regalbrett befestigt, eignen sich auch zur Aufbewahrung von Kleinigkeiten, die sonst überall herumliegen, wie Socken, Anstecknadeln und Bänder. Die Kleinen finden sich damit auch leichter zurecht als mit dem ewigen Öffnen und Schließen von Schranktüren und Schubladen.

Sicherheit tut not

Zum Schluß noch ein Wort über notwendige Sicherheitsvorkehrungen. Freistehende schwere Möbelstücke müssen so fest stehen, daß sie beim Versteckspielen nicht umkippen. Horizontale Sicherungsriegel an den Fenstern laden geradeso zum Klettern ein wie ein Ast und müssen daher senkrecht angebracht werden. Elektrowassertöpfe zum Teekochen haben nichts auf dem Boden zu suchen und gehören außer Reichweite von Kindern. Manche junge Mädchen finden es chic und liebäugeln mit einer Beleuchtung, wie sie in Theatergarderoben üblich ist, d.h. mit einer Leiste nackter Glühbirnen. Sie verbreiten strahlendes Licht, sind aber nicht ungefährlich, wenn leicht brennbare Gegenstände in ihrer Nähe liegen. Bringen Sie nahe dem Kinderzimmer einen kleinen Feuerlöscher an und vergewissern Sie sich, daß jedes Familienmitglied auch wirklich damit umgehen kann.

Badezimmer für jeden Geldbeutel

Das Bad von gestern

Es gab eine Zeit, da war das Badezimmer ein stiefmütterlich behandelter Raum, in dem die Badewanne wie ein stattliches, bewegungsloses Tier auf vier dekorativen Füßen stand und die Armaturen so häßlich und zahlreich waren wie im Kesselraum eines Schiffes. Aus den Rohren und Abflüssen drangen seltsame Gurgellaute. Mit den Füßen rutschte man auf dem glatten Linoleum aus, am unteren Türrand zog es herein und der Staub drang durch die Ritzen der Fenster mit Milchglasscheiben.

Obwohl das Badezimmer der letzte in der Reihe jener Räume war, die schließlich als Selbstverständlichkeit zu einem Haushalt gehörten, fehlte es dort lange an Komfort. Die Raumaufteilung war unbefriedigend, es gab keine Ablagemöglichkeiten, und von wenigen Ausnahmen abgesehen war das Badezimmer von gestern ein frostiges Loch mit klappernden Wasserleitungen. Wenn man einmal von der mangelhaften Raumnutzung absieht, hatte das Badezimmer der Vergangenheit aber auch manch' Dekoratives zu bieten wie beispielsweise Wasserhähne, die mit Porzellan besetzt waren, farbenfreudige und phantasievolle Kacheldekors, Seifenschälchen mit Emailledeckeln und die von der ganzen Familie geschätzten Lattenroste und Badeständer aus gebleichtem Holz.

Der Badezimmerhocker aus Holz mit korkbeklebtem Deckel ist so ziemlich das einzige Badezimmermöbel aus vergangenen Zeiten, von dem es sich lohnt, es auch heute noch zu benutzen. Während der schwächliche hölzerne Kleiderständer zwar nützlich war, aber leicht überkippte, fand man den Wäschetrockner aus Holz, der über Seilrollen von der Decke heruntergelassen wurde, häufiger in der Waschküche oder einem anderen Wirtschaftsraum. Diese Trockner sind heute, wo man sich erneut auf die einfachen Haushaltsgegenstände der Vergangenheit besinnt, wieder in mancher Küche anzutreffen.

Die kunstvoll gearbeiteten Badewannen, Waschbecken und Toiletteneinrichtungen früherer Zeiten glänzten samt Armaturen in einsamer Pracht ohne ergänzenden Einbauschrank oder Duschkabine. Da gab es beispielsweise die mit italienischem Marmor ausgekleideten Bäder in Landhäusern und alteingesessenen, wohlrenommierten Hotels; oder Verzierungen in viktorianischem Stil auf Armaturen aus Gußeisen oder Porzellan. Wer einmal die blaue Rosenpracht einer viktorianischen Toilettenschüssel gesehen hat, wird diesen dekorativen Anblick nicht so schnell vergessen!

Baden heute

Dank der modernen Technologie verfügen wir heute über praktisch eingerichtete Badezimmer, wo das Wasser gleichmäßig fließt, die Handtücher rasch trocknen und Kunstfasermatten das kalte Linoleum und die Naturfaserteppiche ersetzen, die schnell unansehnlich werden.

Die Auswahl an Badewannen und Waschbekken, an Duschen und Bidets ist reichhaltig im Hinblick auf Farben und Formen. Dazu kommt dann noch ein verlockendes Angebot an zusätzlicher Ausstattung wie Handtuchhalter, Einbauschränkchen, Spiegel usw.

Gegenüber, oben: Die Kante aus grünlasierten Fliesen verbindet die weißen Kacheln mit der Tapete. Eine Marmorplatte dient als Fensterbrett. Der lackierte Spiegelrahmen und die Gardine aus cremefarbener Bogenspitze unterstreichen das reizvolle Aussehen dieses Waschraumes.

Gegenüber, unten: Dieser ungünstig geschnittene Speicherraum wurde in ein geschmackvolles Badezimmer umgestaltet. Mit Hilfe einer kleingemusterten Tapete wurden die eigenwillig verlaufenden Wände wirkungsvoll miteinander verbunden. Das weit zurückgesetzte Fenster hat keinen Vorhang, damit mehr Licht eindringen kann und weil keiner hineinsehen kann. Die einfache Badematte aus Baumwollstoff paßt im Dessin zur Tapete und hat eine Frotteerückseite. Auf dem breiten Absatz der Fliesenwand ist reichlich Platz für Flaschen und Pflanzen. Die glänzenden Fliesen lassen den sonst ziemlich dunklen Raum heller erscheinen.

Links oben: In diesem Badezimmer verbindet sich die Wärme und Gediegenheit dunklen Holzes mit zart wirkenden gerüschten Baumwollgardinen und geblümter Tapete. Man kann die Badewanne auch mit Nut- und Federbrettern aus Kiefernholz verkleiden, muß aber eine abnehmbare Klappe einbauen, um an die Installationen heranzukommen. Das marmorne Waschbecken ist auf den blassen Ton des Teppichbodens abgestimmt.

Rechts oben: Zwei Aufnahmen eines Badezimmers mit Zugang zu einem Ankleideraum. Das Badezimmerfenster hat ein schlichtes Rollo, das Fenster im Ankleideraum eine Spanngardine. Die Kanten schließen sauber mit Holzleisten ab und die weißen Fliesen sind leicht sauberzuhalten.

Rechts: Der Waschtischunterschrank in diesem ungewöhnlichen Badezimmer ist ein einfacher, schokoladenbraun lackierter Einbauschrank. Die Kassetten sind mit demselben scharlachroten Muster beklebt, das im ganzen Raum vorherrscht. Tiefbraune Holztäfelung, moderne Badezimmerarmaturen und ein Kopfpolster am oberen Wannenende machen diesen Raum zu einem Luxusbad, in dem man sich gerne in der Wanne aalt. Der hochflorige Teppichboden und das Velourleder an den Stühlen erzeugen einen Hauch von sinnlicher Atmosphäre.
Unten: Hängeschränke und Waschtischunterschränke erhalten eine besondere Note durch die Kassetten, die mit demselben Muster beklebt sind, das auch an den Wänden und am paspelierten Raffrollo zu sehen ist. Für Spritzschutz, Badewannenumrandung und den Boden unter der Brücke mit Gittermuster wurden versiegelte Korkfliesen verarbeitet. Sie verleihen dem Raum einen rustikalen Einschlag. Im Weidenkorb liegen die Handtücher, gleichzeitig dient er als Tisch neben einem bequemen Stuhl. Die Badewanne fügt sich gut in die Rundbogennische ein. In den Handtüchern und den Tupfen auf Gardinenstoff und Tapete wiederholt sich das Blau der Decke dezent wie in den Kissen, den Porzellanfiguren und dem Teppich.

Für jemanden, der vorhat, sein Heim neu zu gestalten und bereits Pläne dafür hat, hört sich das Ganze verlockend an, aber leider sind die meisten baulichen Veränderungen und neuen Installationen ebenso wie die Mehrzahl der neuen Badezimmereinrichtungen ausgesprochen kostspielig. Trotzdem gibt es Möglichkeiten, ein tristes Badezimmer aufzulockern und den Raum freundlicher zu gestalten, ohne daß am Ende eine allzu hohe Rechnung droht. Der Raum, der von allen in der Familie so viel benutzt wird, verdient es, ansprechend auszusehen.

Ideal für den morgendlichen und abendlichen Betrieb wäre es, wenn das Bad in der Nähe der Schlafzimmer läge. Das gilt natürlich nicht für den Komforthaushalt mit mehreren Badezimmern oder Häusern, in denen jedes Schlafzimmer zumindest mit einemWaschbecken ausgestattet ist. Wenn bei Ihrem Einzug ins Haus die Installationen bereits verlegt sind, richtet sich die Entscheidung über die Lage des Badezimmers zwangsläufig nach der Stelle von Wasserzuleitung und Abwasserabfluß. In einem zweistöckigen Haus sind die Leitungen normalerweise und am ökonomischsten so installiert, daß Bad und Küche direkt übereinanderliegen. Eine neue Toilette sollte von der Anlage her so geplant werden, daß sie auf einen gut belüfteten Gang oder Treppenabsatz führt.

Das Mehrzweckbad

Wenn Ihr Bad bereits installiert und dazu noch geräumig ist, aber eintönig aussieht, dann überlegen Sie, wie Sie es für mehrere Zwecke nutzen können. Dazu einige Anregungen.

Zunächst zum Bade-Ankleidezimmer. Stellen Sie fest, ob der Platz für einen Toilettentisch ausreicht – egal, ob es sich dabei um einen nierenförmigen Tisch mit bodenlangem Volant und dreiteiligem Spiegel handelt, um eine normale Platte mit beschichteter Oberfläche oder um eine Kommode mit freistehendem Spiegel. Selbst ein herunterklappbares Regalbrett ist besser als gar nichts.

Oben: Das Zweitbadezimmer im kleinen Häuschen eines Londoner Künstlers ist zweifellos geschmackvoll. Der knapp bemessene Platz in diesem sehr kleinen Raum mit wenig Tageslicht ist voll ausgenutzt. Der gut beleuchtete Spiegel über dem Waschbecken ist auf drei Seiten von Schrankwänden umgeben, in denen Kosmetika und Badezimmerutensilien untergebracht sind. Die offenen Regalfächer und weitere Schränke an der gegenüberliegenden Wand sind im Spiegel zu sehen. Die Holzleisten sind in einem harmonisierenden Beigeton gestrichen.

Links: Die wohlgeordnete Ecke eines mit den Farben Grün und Weiß belebten Badezimmers mit Handtuchhaltern aus Bambus und einer korrekt eingebauten Badewanne mit Zugang zu den Leitungen.

Ideen aufgreifen

Eine ausreichend tiefe Nische eignet sich gut zum Aufhängen von Kleidern. Anstatt sie hinter einer Tür verschwinden zu lassen, bringt man entweder ein Rollo an oder einen einfachen, fülligen Vorhang auf einer lackierten Holzstange. Dieser Vorhang sowie Cafèhausgardine oder Raffrollo am Fenster können beispielsweise aus demselben Material sein. Eine hübsche Ergänzung dazu sind dann noch quadratische, einfarbig oder in einem harmonisierenden Dessin bezogene Kissen für den Stuhl aus Weidengeflecht. Wenn der Stuhl noch in einer passenden Farbe gespritzt und Vorhangstange und -ringe im entsprechenden Ton lackiert werden, entsteht ein harmonisches Gesamtbild. Das i-Tüpfelchen bilden die auf die Grundfarbe oder die Farbkombination, zum Beispiel Rosa mit Grün, abgestimmten Accessoires wie Seife, Badeessenzen und all' die anderen Kleinigkeiten. Wer genügend weiße Handtücher besitzt und keine weiteren dazukaufen möchte, kann die Schmalseiten mit farblich auf das Bad abgestimmtem Band einfassen, das sich auch auf dem selbstgenähten einfarbigen Frotteebademantel wiederholt. Als Frisierstuhl eignet sich ein hochlehniger Küchenstuhl aus Holz. Er wird entweder in derselben Farbe wie der Korbstuhl gestrichen, oder abgebeizt und mit Bienenwachs behandelt. Eine hübsche Ergänzung wäre eine Badewannenabdeckung aus Frottee oder Vorhangstoff.

Mitunter wird das Badezimmer, ausgerüstet mit Schreibtisch, Telefon und Bücherbord, sogar zur gemütlichen Arbeits- und Lernecke, wenn sich sonst kein passender Platz findet. Oder man funktioniert es zum Trimmraum um mit Heimtrainer, bodenlangem Spiegel, der den Raum größer erscheinen läßt, und weicher Teppichunterlage.

Genausogut wie man im Badezimmer sitzen, schreiben, sich ankleiden oder Gymnastik betreiben kann, läßt sich auch, egal wie groß es ist, eine Art Gewächshaus daraus machen; gewiß nicht die schlechteste Methode, einen häßlichen Raum zu verschönern. Philodendron, Jasmin, Tradeskantien und die bezaubernden lila und kardinalroten Usambaraveilchen gedeihen in einem hellen, warmen Badezimmer recht gut. Wenn Sie als nachlässiger Gärtner Ihre Grünpflanzen gewöhnlich vergessen und kläglich vertrocknen lassen, fällt Ihnen das Düngen, Gießen und Aufpäppeln von Zimmerpflanzen sicherlich leichter, wenn

beim Zähneputzen neben dem rauschenden Wasserhahn der gesunde Farn in seinem Korb neben Ihnen baumelt.

Pflanzen im Bad sehen nicht nur hübsch aus, man kann damit auch ein wenig improvisieren. Ziehen Sie eine Efeuranke um den Spiegel herum oder um häßliche Rohrleitungen und verdekken Sie unschöne Stockflecken oder Kratzer an der Wand mit einem netten Arrangement von Topfpflanzen.

Im Vergleich zu früher ist heute viel Hübsches und Nützliches für das Badezimmer auf dem Markt. Das Angebot reicht vom Haartrockner, Haar- und Nagelbürsten, Frisierzubehör und Shampoos über Kosmetika und alle möglichen Toilettenartikel bis hin zu Badreinigungsmitteln und Bergen von Toilettenpapier, Seife und Watte. All diese Dinge finden in einem gut ausgestatteten Badezimmer ihren Platz. Ein verschließbares, vor wißbegierigen Kindern gesichertes Medikamentenschränkchen sollte auch nicht fehlen. Notfalls kann man es aber an anderer Stelle unterbringen. Waage und elektrisches Zahnpflege-Set brauchen ebenfalls ihren Platz. Neben Waschtischunterschrank und Einbauschrank benötigen Sie aber auch Aufhängemöglichkeiten für Handtücher, Kleidungsstücke und Kleinigkeiten wie Bademütze und Badematte. Vielleicht läßt sich ein heizbarer Handtuchhalter oder über der Tür ein Heizstrahler mit Zugschalter installieren. Und hier noch ein kleiner Tip am Rande: Wenn Sie Geld sparen wollen und ein paar hübsche Porzellangefäße besitzen, dann bringen Sie darin ganz individuell Toilettenpapier und -bürste unter und verzichten Sie auf neue, uniformierte Kunststoffbehälter.

Innerhalb der Reichweite von Badewanne und Waschbecken wird ein Großteil des vorhandenen Platzes genutzt. Doch wie sieht es mit den übrigen Wandflächen aus, etwa über Toilette und Spülkasten? Hier ließe sich manches unterbringen. Auf einem hölzernen, in der Decke verankerten Lattenrost kann man gut Handtücher stapeln oder das eine oder andere Kleidungsstück trocknen. Gibt es vielleicht noch einen Holzsims, in den man zusätzliche Haken schrauben kann oder ein Stückchen freie Wandfläche für eine originelle Bildergalerie? Alte gerahmte Fotografien, Ferienschnappschüsse und Theaterprogramme eignen sich dafür aber besser als ausgerechnet Ihr Lieblingsbild, das durch Wasserdampf Schaden erleiden könnte. Der schönste An- und Ausblick bietet sich natürlich, wenn das Badezimmer vom Grundriß her so angelegt ist, daß man müßig aus dem Fenster sehen kann, während man sich wohlig in der Wanne aalt. Eine hübsche Idee wäre auch einmal ein rundes Fenster und eine ausgefallene Muscheldekoration rund um die Badewanne.

Ein Hauch von Stil

Wer alte Möbel, aber zu einem vernünftigen Preis, für sein Bad bevorzugt, fährt am besten, wenn er Gelegenheitsfunde vom Trödler oder Flohmarkt entsprechend herrichtet. So paßt beispielsweise der Glanz glatter, kühler Keramikfliesen ausgezeichnet zur warmen Oberflächenstruktur eines abgenutzten, restaurierten Kiefernholzschrankes und die Spiegeltür eines wuchtigen alten Mahagonischrankes stellt eine ansprechende Alternative zu einer neuen Spiegelgarnitur dar.

Ganz links und Mitte links: Ein Badezimmer mit einer geglückten Kombination aus alter Möblierung und glänzenden modernen Fliesen. Die Kommode mit Schrankaufsatz dient als stilvoller Wäscheschrank, weiße Vorhänge, Handtücher und die Decke bilden ein Gegengewicht zu Holz und Tapete. Der Spiegel über dem Waschbecken befindet sich in einem vergoldeten Bilderrahmen.
Links und unten: Zwei Ausschnitte aus einem sehr weich eingerichteten, in Blau und Weiß gehaltenen Badezimmer. Nach einem hektischen Tag möchte man in diesem Raum gemütliche Stunden inmitten von lieblichem Jungmädchenkram verbringen. Der alte Eckschrank ist weiß gestrichen und die mit breiten Rüschen besetzten Raffrollos aus weißer Baumwolle bilden einen Kontrast zur Strenge des Streifendessins.

Von der Dusche bis zum Spritzschutz

Beim Umbau eines alten oder bei der Planung eines neuen Badezimmers tut man sich mit der Installation der Sanitäranlagen leichter, wenn zuvor eine genaue Skizze angefertigt wird. In einem Fall soll ein Bidet eingebaut werden, in einem anderen fehlt eine zusätzliche Dusche, für die sich unter Umständen auch eine andere Stelle im Haus finden läßt, zum Beispiel unter dem Treppenaufgang oder in einem Wirtschaftsraum. Auf alle Fälle müssen Wasserzuleitung und Ablaufrohre in der Nähe sein.

Überdies ist eine zusätzliche Dusche für viele Haushalte eine praktische Einrichtung, weil sie Wirtschaftlichkeit und Hygiene miteinander verbindet. Die Duschkabine nimmt etwa 1 m^2 Raum ein, man braucht nur ein Fünftel des für ein Vollbad benötigten Wassers und überdies rinnt beim Duschen ständig frisches Wasser über den Körper.

Anstelle von Kunstfasermatten sind Keramik- oder Korkfliesen ein praktischer Bodenbelag. Tapezierte Wände schützt man rund um Badewanne und Waschbecken mit Plexiglasplatten vor Wasserspritzern. Neben Badewannen für eine oder zwei Personen gibt es heute außer der üblichen Form auch runde, ovale und solche Modelle, die exakt in die Ecken eingepaßt werden. Traditionelles Material für Badewannen ist Gußeisen mit eingebrannter Emaille; daneben gibt es Wannen aus Preßstahl, die weniger kostspielig, leichter und damit besser transportierbar sind, sowie Modelle aus Kunststoff und Acrylglas. Das letztgenannte Material gibt es in mehreren Farben und läßt sich in verschiedene Formen pressen, ist aber äußerst empfindlich gegenüber Nagellack, Zigarettenbrandflecken und Farbentferner. Eine gute Wanne sollte für eine bequeme Körperhaltung an einem Ende abgeschrägt und an den Seiten eingebuchtet und niedriger sein, um das Hinein- und Heraussteigen zu erleichtern. Badewannengriffe und eine Gummimatte auf dem Wannenboden sorgen für die nötige Sicherheit, insbesondere bei Kleinkindern, und sie machen das Hinein- und Heraussteigen für alle Benutzer bequemer.

Dekorative Extras

Letzte Hand anlegen
Bis hierher hat dieses Buch verschiedene Möglichkeiten für die Innendekoration Ihres Hauses aufgezeigt. Wir haben sozusagen alles freigelegt, um ein klares Bild zu gewinnen und versucht, festzustellen, wie sich gute Ideen im Rahmen der baulichen Gegebenheiten in Ihrem Haus oder Ihrer Wohnung am besten verwirklichen lassen. Daneben wurde das Thema Farbe eingehend erörtert, über Kontrastwirkungen und harmonische Farbzusammenstellungen gesprochen, und wie Sie sich ihrer je nach Notwendigkeit, Stil und Budget bedienen können.

Vor allem wurden hier Ideen vorgestellt, die wie eine Art Katalysator für Ihre eigenen Vorstellungen wirken sollen, wenn Sie Ihre Persönlichkeit durch einen individuellen Stil der Innendekoration zum Ausdruck bringen. Zum Schluß wollen wir uns mit dem letzten, wohl wichtigsten Aspekt der Gestaltung beschäftigen – mit dem vielgerühmten Tüpfelchen auf dem i. Das heißt im Grunde nichts anderes, als einen ganz normalen Gegenstand mit viel Sorgfalt und Liebe zu etwas Besonderem zu machen. Fertigen Sie beispielsweise ungewöhnliche Sofakissen an und zaubern Sie dazu aus Stoffresten von Vorhängen, Decken, Rollos und Tischwäsche herrliche Patchworkarbeiten. Oder nehmen Sie die Blechkanne, die wegen des fehlenden Deckels oder einer rostigen Schnauze ausrangiert wurde. Geben Sie ihr durch glänzenden Lack oder Emaille – vielleicht in Rot – ein neues Aussehen und verzieren Sie Schnauze oder Henkel mit einem Blumenmotiv. Zum Bemalen nimmt man Farbreste oder die winzigen, für Modellbauzwecke angebotenen Lackdöschen. Mit Blumen gefüllt und dank Ihrer liebevollen Verschönerungsarbeiten wird aus dem alten, verschmähten Gefäß ein neues Prachtstück.

Vielleicht leben Sie in einem kleinen Landhaus, wo die Böden mit Kokosmatten belegt sind und die Zimmer ungewöhnliche Grundrisse haben, oder in einem engen Haus aus dem 19. Jahrhundert mit Terrasse, halben Treppenabsätzen sowie einem Raum im Parterre, der ursprünglich aus zweien bestand, und winkeligem Tiefgeschoß. Mag sein, Sie bewohnen ein modernes, wohlproportioniertes Haus mit nicht allzu großen Zimmern oder Ihr Leben spielt sich in großem Rahmen in einem alten Gebäude in klassischem Stil ab. Vielleicht haben Sie aber auch einen Stall

Ganz links: eine gekonnte Komposition in warmem Apricot mit Weiß, geschmückt mit verschiedenen hübschen Kleinigkeiten und einem Glaskasten mit duftenden Blütenblättern. Vorhänge und Lampenschirm sind geschmackvoll ergänzt durch Tischdecken in doppelter Lage und Umkehrmuster (Apricot auf Weiß) und durch die gemalte Borte im Hintergrund.
Links: Hübsch anzusehen wie ein bemaltes Fenster. Die ewig wechselnden Effekte des Lichtes, das durch die Gläser funkelt, sind in diesem schlichten Arrangement gut zu beobachten. Die in neapolitanischem Gelb gestrichenen Wände und das weiß eingefaßte Fenster verstärken die Vorstellung von einem sonnenerfüllten Raum.
Unten: Der bewundernde Blick für das, was im Glasschrank zu sehen ist, bleibt länger haften, wenn der Hintergrund hell und attraktiv gestaltet ist.
Ganz unten: Eine gute Idee ist es, eine dunkle Regalecke zu tapezieren, die Kanten mit Borten zu verzieren und sie so zum Bestandteil des Wohnzimmers zu machen.
Rechts: Mit apfelgrüner Farbe und dazupassenden Dessins ist in diesem hohen Eßzimmer einer Pariser Wohnung ein eindrucksvoller Paneel-Effekt geschaffen worden. Neben dem wuchtigen Kamin stehen auf einem runden Tisch die Früchte für den letzten Essensgang.

oder eine Scheune in ein Heim umgebaut. Jedem, der in einer der hier angeführten Möglichkeiten in etwa seine eigenen Wohnverhältnisse wiedererkennt, möchten wir mit Vorschlägen zur Seite stehen, die Architektur und Umgebung, in der Sie leben, berücksichtigen.

Wer hingegen auf kleinstem Raum wohnen muß – vielleicht in einem vollgestopften Wohnschlafzimmer, einer verschachtelten umgebauten Wohnung oder in einem trübseligen Wohnblock, verspürt wahrscheinlich den Wunsch, sich mit seinen eigenen vier Wänden einen kleinen Schlupfwinkel zu schaffen, eine Oase der Phantasie, die die Trostlosigkeit der übrigen Umgebung erträglicher werden läßt. Wenn Sie bereit sind, das Beste aus allem zu machen, dann werden Sie hier auf Ideen stoßen, die nicht nur Spaß machen und Sie etwas von der Wirklichkeit wegführen, sondern sich auch realisieren lassen.

Weshalb sollte das Springrollo, das in der winzigen Küche den Ausblick auf einen häßlichen Treppenschacht verdeckt oder die Spielschranktür im Kinderzimmer nicht ein Motiv in leuchtenden Farben tragen, auf dem sich eine Straße durch wogende Felder und Hügel windet? Malen Sie die Straße so auf das Rollo, daß die Illusion einer in der Ferne sichtbaren Landschaft entsteht. Das Bild macht sich auch hübsch als Malerei auf der Spielzeugkiste oder als Filzcollage auf einem Vorhang, hinter dem sich Kleidungsstücke verbergen. Wie wäre es mit einem Regenbogen oder einem Schloß mit Türmchen am Horizont Ihres Gemäldes?

Die persönliche Note

Ehe wir uns im zweiten Teil des Buches mit den praktischen Ratschlägen für die Anfertigung all der großen und kleinen Dinge beschäftigen, noch rasch ein Blick auf die letzten dekorativen Kleinigkeiten, die einem Raum den unverwechselbaren Stempel der Individualität aufdrücken und eine persönliche Note verleihen. Dies gilt für ein Büro, in dem sich die wohltuende Atmosphäre von Ordnung ersprießlich auf die Arbeit auswirkt gleichermaßen wie für die Diele in der Wohnung einer betriebsamen Familie. Sehen Sie einmal an der Front eines Bürohauses empor – nicht selten ist da ein Fenster zu entdecken, auf dem Grünpflanzen stehen. Mit Sicherheit hat hier ein Mensch mit ein paar Blumentöpfen an seinem kleinen Platz ein Gegengewicht zur tristen Uniformität geschaffen. Hier hängen am Pinboard neben den

Links: Wo ein dunkler Vierecktisch, Lampe und andere Dinge nicht gut zusammenpassen, kann eine Tapete mit ausgeprägtem Muster helfen, zu der alle diese Gegenstände passen. Hier unterstreichen Tapete und Borten die markanten Linien und Ecken des Raumes.
Unten: Jeden verfügbaren Platz ausnutzen. Dieser einfache Wandvorsprung eignet sich ideal für Bücher.
Rechts oben: Schablonenmalerei. Die hier gezeigte Farbenzusammenstellung besteht aus dem zeitlos frischen Rosa mit Grün und saphirblauen Schleifen. Dazu noch ein neu bemalter, ausrangierter Handtuchhalter und schon sieht die langweilige Tür vollkommen verändert aus.
Rechts unten: Möbel mit Schablonenmustern sind eine dekorative und farbenfrohe Alternative zu den einfachen und spartanisch aussehenden Kiefernholzmöbeln der letzten Jahre.
Ganz rechts: Putzen Sie eine schmucklose, hochlehnige Holzbank zu einem weichen, ansprechend aussehenden Sitzmöbel heraus und stellen Sie sie entweder an die Schlafzimmerwand oder auf einen Treppenabsatz. Besonders gut sieht eine Patchworkdecke auf der Rückenlehne aus. Hier setzt sich das Blätterdessin der Tapete und die moosgrüne Farbgebung im Porzellanfuß der Lampe fort.

Büronotizen vermutlich auch ein paar Bilder und persönliche Kleinigkeiten. Vielleicht versucht in einem anderen Büro eine junge Frau, in dem Bemühen, ein kleines Eckchen zu ihrem Reich zu machen, durch weiße Spitzenborte an der metallenen Schreibtischlampe sich gegen den Aktenschrank-Funktionalismus zu wehren? All dies ist persönliche Note schlechthin: das Werk eines Einzelnen, der darum bemüht ist, seine Umgebung schöner zu gestalten. Haben Sie Selbstvertrauen und arrangieren Sie Ihre Besitztümer so, wie es Ihnen Freude macht – aber niemals auf Kosten des Wohlbefindens und der Empfindungen anderer.

Erste Eindrücke

Das erste, was beim Betreten der Wohnung ins Auge fällt, ist die Diele. Auch hier können Kleinigkeiten zu dem Gefühl beitragen, in eine gepflegte und einladende Umgebung zu kommen.

Ein filzbezogenes, holzgerahmtes Brett mit kreuzweise gespannten Bändern ist eine praktische Merktafel neben der Eingangstür. Eine funktionelle und doch stilvolle Idee, alle Stundenpläne

und sonstigen Notizen an einer Stelle überschaubar unterzubringen.

Das richtige, aber leider noch fehlende Möbelstück auf andere Weise zu ersetzen, ist auch eine Art Kunststück. Bleiben wir beim Korridor. Wo kein Kleiderrechen oder keine Truhe vorhanden ist, dafür aber einzelne Gartenmöbel, kann man damit improvisieren. Ein Blumenständer, im Garten oder am Erkerfenster hübsch anzusehen, erfüllt seinen Zweck ebensogut als Hut- und Handschuhablage und macht sich mit seiner schlanken rechteckigen Form im engen Korridor sehr gut. Ein weiterer Vorschlag wäre, durch hübsche Bilder visuelle Hinweise zu geben. Nehmen Sie einmal das entzückende Bild vom Eichhörnchen Nutkin aus Beatrix Potter's berühmten Geschichten. Ein gerahmter Druck dieser Abbildung, in Augenhöhe neben die Gartenschlüssel gehängt, sieht recht lustig aus. Derlei Wegweiser sind eine originelle Idee und dazu angetan, beim Betrachter ein Lächeln hervorzulocken.

Die kleinen individuellen Extras machen Freude und geben einem Heim einen ganz besonderen Anstrich, vor allem wenn einer Idee in erster Linie zwar praktische Erwägungen zugrunde liegen, sie aber dennoch auf originelle Weise umgesetzt wird.

Kleinigkeiten machen Freude

Die einfachsten Einfälle, wie frische Blätter oder Blumen in einem Krug im Badezimmer oder am Nachttisch, wo sie neben dem Kopfkissen duften, sind mehr als ein Ausgleich für Unordnung oder mangelndes Staubwischen.

Kleine Zugaben, zum Beispiel duftende Seife im Gästebadezimmer, ausreichend Zahnpasta und Kosmetiktücher im Schrank oder eine hübsche Dose mit knusprigen Verdauungsbiskuits am Bett, sind Aufmerksamkeiten, durch die sich der Gast rasch wohl und zu Hause fühlt. Diese Kleinigkeiten bringen Lebendigkeit in einen sonst vielleicht etwas unpersönlich wirkenden Raum. In einem Haushalt, wo abgegriffene Notenblätter auf dem Klavier und abgetragene Gartenhandschuhe ohnehin von Emsigkeit zeugen, sind es gerade diese reizvollen Zugaben, die einen Hauch von Außergewöhnlichkeit und Besonderheit verbreiten.

Im Grunde genommen sind diese kleinen Dinge am Rande schlicht Ausdruck guter Umgangsformen. Eine Familie und deren Freunde fühlen sich wohler und leben lieber in einem Heim, wo Liebe zum Detail erkennbar und viel Zeit darauf verwendet worden ist. Dafür zu sorgen, daß sich andere Menschen in Ihren vier Wänden wohl fühlen, ist letztlich Bestandteil guter Umgangsformen.

Nicht immer aber ist die Liebe zum Detail auf den ersten Blick sichtbar und erntet gleich Lob. Sie kann durchaus im Verborgenen liegen. Verwenden Sie beispielsweise als Inlett für Ihre Kissen preiswertes und einfaches Material wie hübschen gestreiften Baumwolldrell für Matratzen oder Glasleinen, aber sorgen Sie mit einer Füllung weicher Daunen anstelle von Schaumstoff für Wohlbehagen.

Schmückendes Beiwerk steht gewöhnlich am Ende der Hauptarbeiten. Das heißt jedoch keineswegs, daß es mit einem nachträglichen Einfall oder einem Anhängsel gleichzusetzen wäre. Im Gegenteil – diese Ideen keimen vielmehr gleich zu Beginn auf und sind sorgfältig durchdacht.

Links oben: Fliesen legen. Hier gehört zum Spritzschutz aus Fliesen ein dazupassender Vorhang, hinter dem sich häßliche Wasserhähne oder Duscharmaturen dem Blick des Betrachters entziehen.
Links unten: Ein hohes schmales Fenster mit üppigem Raffrollo, Fensterbankpolster und einem Berg Sofakissen kann zum charakteristischen Gestaltungselement werden.
Ganz oben: Eine wohlausgewogene Linie bildet diese schön geschwungene, marineblau paspelierte Rollounterkante. Die Zugschnur endet in einem eichelförmigen Anhänger. Die klare, akkurate Linie paßt in eine betriebsame Küche. Das Fensterbrett mit seiner interessanten Raritätensammlung schafft einen optischen Ausgleich zur glatten weißen Arbeitsfläche und zum Abtropfbrett aus Edelstahl.
Oben: Hier ist noch einmal das unbeschwerte Gänseblümchendessin. Es rankt sich in Bordüren an den Schrankwänden empor und findet sich im wolkig-üppigen Raffrollo wieder. Die Konturen der Rüschen werden durch schmale, dunkelmoosgrüne Paspeln betont.

Unten: Wer die ruhige Ton-in-Ton-Dekoration liebt, sollte die Fenster mit schlichten Vorhängen dekorieren, die im Muster zur Tapete passen und mit weißem oder blaßfarbigem Stoff abgefüttert sind. Das Licht dringt so gedämpft ins Zimmer. Mit ein paar Topfpflanzen läßt sich ein häßlicher Heizkörper verdecken, zumindest so lange nicht geheizt wird.

Last not least

Denken Sie sich, soweit möglich, sämtliche Details von Anfang an aus, aber nehmen Sie sie erst in Angriff, wenn alle größeren Unternehmungen wie Bau- und Glaserarbeiten und Einrichten abgeschlossen sind. Gehirn und Körperkraft müssen zunächst für die wichtigsten Dinge eingesetzt werden. Sobald sich die geplanten Arbeiten dem Abschluß nähern, überlegen Sie, wieviel Zeit Sie in die dekorativen Kleinigkeiten investieren wollen. Wer eine wattierte Patchworkdecke anfertigt, kann sich dabei immer etwas Neues ausdenken. Mit der Dekoration eines Heimes ist es wie mit der Anlage eines Gartens – man kommt nie ganz zum Ende und hat daher immerwährend Freude daran.

Wenn Sie Familie haben, dazu vielleicht noch einen anspruchsvollen Beruf, sonst aber wenig Hilfe im Haus, wird nichts anderes übrigbleiben, als an den handgearbeiteten Bezügen für die Eßzimmerstühle irgendwann zwischendurch zu arbeiten. Oder Sie stürzen sich in den Kampf und malen einen Fries im Kinderzimmer, während Sie auf den Nachwuchs aufpassen und die lieben Kleinen unablässig an Ihrem Schürzenband zerren.

Mitunter möchte jemand einen Raum perfekt gestalten und verbeißt sich dabei wie besessen in die Details. Dazu eine kleine Warnung: Verbohrte Besessenheit ist nicht selten das Ergebnis physischer Erschöpfung, die sich bemerkbar macht, sobald die Innendekorationsarbeiten anfangen, einem zuzusetzen. Machen Sie es nicht wie jene phantasiebegabte Frau, die es leid war, mit der Farbrolle in der Hand durchs Haus zu wandern. Sie beschloß, gegen die Monotonie auf der Staffelei zu revoltieren, stieg ein paar Sprossen hinunter und wandte sich den Warmwasserleitungen zu, die sich entlang der Wischleiste in einer weniger kraftraubenden Arbeitshöhe hinzogen. In einem Anfall gestalterischen Ehrgeizes entschloß sie sich, die Rohre in leuchtend gezeichnete Schlangen zu verwandeln. Weitere Wasserleitungen im Bad wurden zu Ästen mit Blättern und Vogelnestern. Die Küchenecke erinnert jetzt an eine Schlangengrube, das Bad an einen Baumgarten und die Heizkörperknöpfe wurden mit ungeheurem Zeitaufwand in leuchtende Blüten verwandelt. Ein Großteil der notwendigen Malerarbeiten im übrigen Haus ist jedoch bis heute nicht abgeschlossen. Sicherlich eine reizvolle Sache, aber ohne System. Hüten Sie sich davor, sich durch außerplanmäßige Verschönerungsversuche von der Fertigstellung der Hauptarbeiten ablenken zu lassen und halten Sie sich zunächst fern von den Details. Sobald man angefangen hat, sich damit zu beschäftigen, lassen sie einen nicht mehr los. Sie entstehen zu sehen, bereitet dasselbe Vergnügen, das der Betrachter beim Anblick des Ergebnisses empfindet.

Ausflüge der Phantasie

Die Form, in der Sie diese Elemente einfügen, ist vielfältig. Sie reicht von der Art, wie Sie die Seidenvorhänge eines antiken Himmelbettes neu einfassen und abfüttern bis zum Papier, mit der eine Kommode ausgeschlagen wird.

Gegenüber oben: Ein Fensterplatz verleiht einem Zimmer Behaglichkeit, auch jede andere Fensternische, die tief genug ist. Dieser hier in einem winzigen Bade- und Ankleidezimmer hat Vorhänge mit breiten Rüschen und quastenbesetzte Kordelschlaufen im selben Beigeton. Der Sitz ist mit einem Sitzkissen und Sofakissen bequem ausgepolstert. Dicht am Fenster hängt eine feine Tüllgardine, warme Naturtöne setzen sich im Badezimmerzubehör fort.
Gegenüber unten: Applikationen. Mit Resten kann man die schönsten Bilder auf Kissenhüllen zaubern. Die Applikation links stellt eine Landschaft dar, die rechte ein lustiges Pärchen. Beide Kissenhüllen haben als Rückseite andere, farbige Baumwolldrucke und sind mit einem weiteren, anderen Muster paspeliert. Eine Mischung, die (wie Patchwork) zu jedem einfarbigen Material oder zu einem kontrastierenden Muster gleicher Größe paßt. Der Spiegel ist so angebracht, daß der Raum doppelt so groß erscheint.
Links: Patchwork paßt ausgezeichnet in ein Schlafzimmer und harmoniert ganz von selbst mit altmodischen Öllampen, Spitze, Holzschnitzereien, Nippessachen und Streublümchenmustern. Diese amerikanische Patchworkdecke aus dem 19. Jahrhundert mit dem Muster des Sterns von Bethlehem leuchtet in lebendigen, weichen Farben.
Unten: Passender Gänseblümchenstoff für einen klassischen nierenförmigen Toilettentisch.

Malerei bietet eine Menge Möglichkeiten, desgleichen Schablonenmalerei und Patchworkarbeiten. Borten und Zierleisten können aus einem gewöhnlichen Zimmer etwas Besonderes machen, und handgearbeitete Accessoires sind eine bleibende Freude. Man geht mit ihnen ebenso sorgfältig um wie mit der mühsam selbstgemachten Glückwunschkarte eines Kindes, die liebevoller aufbewahrt wird als eine gekaufte.

Dekorative Details drücken einem Heim sozusagen den Stempel des Besitzrechtes auf. Dieses Besitzrecht darf sich stilvoll, aber nicht aufdringlich dokumentieren. Pflanzen Sie doch einen Jasminstrauch oder eine Kletterrose an, die sich zum Schlafzimmerfenster hochrankt und die Nachtluft mit ihrem Duft erfüllt. Oder machen Sie es wie jene Hausfrau, die sich im traditionellen Speisezimmer mit losen Decken und Kattunvorhängen behalf, während sie auf kostspielige goldgetupfte Seide sparte. Mit Pinsel und Farbe zauberte sie inzwischen einen Goldschimmer auf den Kattun. Übergardinen, die etwas mehr als Bodenlänge haben, fallen üppig wie ein Bühnenvorhang und ergänzen sich hervorragend mit einem kunstvoll gearbeiteten Querbehang (Schabracke). Der letzte Schliff ist nichts anderes als die geglückte Verwirklichung einer guten Idee.

Hier nun einige Vorschläge. Sicherlich haben Sie selbst inzwischen zahlreiche Vorstellungen davon, wie Sie letzte Hand an ein Zimmer legen oder ein Möbelstück wieder auffrischen können. Aber vielleicht begrüßen Sie überdies noch einige Ideen, die Ihnen zu einem perfekten Ergebnis verhelfen.

Das gewisse Etwas

Borten grenzen ab, gleichgültig, ob bei der Innendekoration, auf einem Kleid oder sonst irgendeinem Gegenstand. Sie wirken als Trennlinien und bilden innerhalb dieser Abgrenzung einen geschlossenen Raum. Der Effekt einer geraden Borte ist eine gewisse Förmlichkeit. So wie ein Kind im weißblauen Matrosenanzug sauber und adrett aussieht, erwecken Bordüren und Zierleisten an Wänden und auf Möbeln auf Anhieb den Eindruck gefälliger Ordnung und klarer Linien. Sie verleihen eine gewisse Akkuratesse, heben oder dämpfen Farbschattierungen und können die beinahe strenge Atmosphäre eines Herrenclubs hervorrufen. In einem in dunklen Farben gehaltenen Arbeitszimmer oder einem kleinen Raum läßt sich dieser Effekt erproben.

Auch in Verbindung mit den Kacheln in Küche und Bad nehmen sich Bordüren reizvoll aus. Als Ergänzung zu Creme- und Brauntönen wirken sie elegant und stilvoll, in Verbindung mit Blau und Weiß sommerlich unbeschwert. Borten schließen den Raum in sich, wirken aber gleichzeitig als Grenzlinien. Wer also das Neutrale und ein Maximum an Weitläufigkeit bevorzugt, sollte diese Form der Dekoration für sich lieber nicht in Betracht ziehen.

Durch Bordüren läßt sich die Ausstattung eines Zimmers aufeinander abstimmen und ein bestimmtes Detail noch unterstreichen. Ein Band von Eichenblättern entlang der Decke, in herbstlichem Grün und Ocker hervorgehoben, wirkt noch dekorativer, wenn sich dasselbe Motiv als Schablonenmalerei um den Kamin herum wiederholt. Nähen sie getrost dieselbe Textilborte, die Ihr Schlafzimmer ziert, auf Ihren Bademantel oder greifen Sie bei der Einfassung oder Paspelierung von Tischwäsche auf die Farben des Eßzimmers bzw. Eßplatzes oder eine kontrastierende Abstufung zurück. Borten zur Heraushebung von Wänden und Holzflächen können ausgesprochen elegant wirken. So läßt sich beispielsweise eine grauweiße Wand dezent betonen, in-

dem man die Ränder in drei sich kaum unterscheidenden Grautönen absetzt.

Mit Stoffen können Sie 1001 Ideen zur Anfertigung von Accessoires verwirklichen, angefangen vom Flickenteppich, der über den mitgenommenen Teppichboden gelegt wird, bis zum Einband mottenzerfressener Kochbücher.

Schablonenmalerei ist eine liebenswerte Art der Wiederholung. Schmücken Sie Böden, Wände und Stoffe damit – die Wirkung ist einzigartig und ganz Ihr persönliches Werk. Dieses Handwerk macht Spaß, erfordert aber peinlich genaue Vorbereitung und kann kräfteraubend sein, wenn Sie es mit ausgedehnten Flächen zu tun haben. Schablonenmalerei ist eine alte Kunst und um 1775 in den Vereinigten Staaten besonders gepflegt worden. Damals brachten wandernde Schablonenmaler wie Jo Eaton diese Form der Ausschmückung in die Heimstätten der ersten Siedler. Möbel, Behälter, Wände und Fußböden wurden mit großzügigen Mustern verziert. Lieblingsmotiv jener Zeit war die Ananas, ein Symbol der Gastfreundschaft. Diese Kunst verlor mehr und mehr an Beliebtheit, als mit der industriellen Revolution Tapeten auf den Markt kamen, die sich die breite Masse leisten konnte. Heute ist die Schablonenmalerei wieder im Kommen. Als schmückendes Beiwerk hat sie niemals – vor allem, wenn die Arbeit gut gemacht war – ihren liebenswerten Stil eingebüßt. Schablonenmalereien auf Fußböden müssen mit mehreren Klarlackschichten überzogen werden, sehen aber – auch wenn sie sich allmählich abnützen – immer noch gut aus. Bemalen Sie eine häßliche Ecke mit Schablonenblumen oder lassen Sie sich etwas Lustiges einfallen wie eine Herde flügelschlagender Enten auf einer Wand. Sie können auch zur Abwechslung einmal mit Hilfe dieser Kunst einen blauen Himmel mit Silbersternen über den Schlafraum unterm Dach oder über das Kinderzimmer breiten – was zählt, ist hier einzig und allein Ihre Phantasie.

Gardinen lassen sich kunstvoll raffen oder auf Vorhangstangen kräuseln. Man kann damit die Form eines Fensters entweder noch unterstreichen oder die Wirkung von Fenstern und Türen abschwächen. Die Möglichkeiten sind vielfältig – angefangen von der halblangen Gardine im Caféhausstil bis zum dicken, wattierten Türvorhang als Schutz vor Zugluft.

Rollos bieten eine Unzahl von Variationen. Das Raffrollo hat sich wieder seinen festen Platz er-

Oben links: Teller, die zu kostbar für den täglichen Gebrauch sind oder der Zahl nach für einen gedeckten Tisch nicht ausreichen, werden rund um den reich bestückten Kaminsims zur Schau gestellt. Ein einsamer Porzellanhund bewacht die Batterie von Glasflaschen und Zierstücken und um den dickbauchigen braunen Krug ist eine Halskette geschlungen.
Links: Gestärkte, blütenweiße alte Kissenbezüge und Tischdecken aus Leinen, reich mit Spitzen besetzt und mit Spitzeneinsätzen und Handstickerei üppig verziert, passen ebenso gut zum wiederentdeckten Schlafzimmer im alten Stil wie der Morgenrock mit Lochstickerei und viktorianische Baumwollunterhosen. Wer kein Tischtuch wie das hier abgebildete besitzt, nimmt einfach einen zweiten Kissenbezug. Am duftigsten wirkt Spitze auf einer farbigen Unterdecke.
Oben: Denken Sie an den kleinen Laden an der Ecke, wo auf den Regalen jedes bißchen Platz genutzt wird und zeigen Sie Ihre Schätze. Selten gebrauchte Gegenstände hängen ordentlich ausgerichtet rechts im Bild, die ständig benutzten Utensilien auf der linken Seite. Backofenhandschuh und Topflappen sind mit Magneten am Ofenrohr befestigt und sofort zur Hand.

Links: Dunkelgrüne Wände und kunstvoll gearbeitete breite Rahmen für die Gemälde erzeugen die ruhige, gedämpfte Atmosphäre eines Clubs oder einer Bibliothek. Die Glasgefäße folgen der Linie des Lampenschirms.
Unten: Eine ansprechende Art, Schnappschüsse zur Schau zu stellen. Die gestreifte Wand ist ein ungewöhnlicher Hintergrund für die private Schwarz-Weiß-Bildergalerie.
Ganz unten: Eine Gruppe von Behältern in den unterschiedlichsten Strukturen und Formen ist auf dem runden Tisch versammelt. Starten Sie Ihre Sammlung mit einem Gegenstand.
Rechts: Zum Schluß ein Blick auf den runden Tisch. Als Tischtuch dient hier zur Abwechslung einmal eine Chenilledecke. Jedes Ding hat seinen Platz. Ein netter Einfall sind die Affen, die in einer von der Decke herabhängenden Schüssel sitzen. Alles sind Souvenirs aus der Vergangenheit.

obert. Im Aussehen ist es ausgesprochen feminin, es läßt sich gut mit Spitze und Perlen, Rüschen und Fältchen verarbeiten und bringt ein wenig von der Pracht längst vergangener Zeiten zurück. Verwenden Sie Raffrollos aber immer auf dezente Weise und mit der gewissen notwendigen Zurückhaltung.

Sicherlich macht es viel Freude und lohnt sich, Mühe und Arbeit in die geschmackvolle Gestaltung der persönlichen Umgebung zu investieren. Gleichermaßen schlecht aber ist es, sich zum Sklaven der Perfektion zu machen, zumal man dadurch nur langweilig und verdrießlich wird. Innendekoration muß sich in die normalen Lebensabläufe einfügen und im rechten Gleichgewicht dazu stehen. Zum Teil wird der Ehrgeiz sicher durch die Zeit begrenzt, die Ihnen für Ihre Verbesserungen zur Verfügung steht. Und dann sollten Sie sich an folgenden Grundsatz einer großen Designerin halten: »Wir sollten nicht zulassen, daß unser Heim zum Gefängnis wird.«

Nun denn, unser Heim ist der Ort, an dem wir frei sind, unsere Festung, von der aus wir in die Welt ziehen. Ohne die von uns geschaffene Behaglichkeit in der häuslichen Umgebung kann ein Zuhause zum lieblosen Ort der Gleichgültigkeit werden. Zu dem Haus, an dem man hängt und das mit Liebe zum Detail eingerichtet ist, kehrt man gerne zurück. Dies gilt um so mehr für ein Haus, das von einer individuellen Note geprägt ist, denn es bietet eine der wesentlichsten Voraussetzungen für ein zufriedenes Leben. Und nicht zuletzt ist ein Heim, das mit solcher Liebe gestaltet ist, auch erfüllt von wahrem Leben.

CHRISTYS

Mit einem Klecks Farbe und ein paar Metern Stoff wird aus einem öden Wintergarten aus der Epoche Edwards II. ein hübscher Speiseraum für gemächliche sommerliche Mahlzeiten. Abgesehen davon, daß Sie dabei Geld sparen, bekommt Ihr Heim – wenn Sie es selbst dekorieren und Kissen, Vorhänge und Polster von eigener Hand fertigen – eine individuelle, persönliche Note, die es sonst möglicherweise niemals bekommen würde.

Dekorieren, Kissen und Polster

Kaum ist das Thema »do-it-yourself« auf dem Tisch, schon scheiden sich die Geister. Da sind auf der einen Seite all die, die sich begeistert in solche Arbeiten stürzen und auf der anderen Seite jene, die wünschen, sie hätten niemals etwas davon gehört. Entsetzt denken Sie zurück an jenen unglückseligen Tag, als sich Ölfarbe über den nagelneuen Teppich ergoß.

Niemand wird abstreiten können, daß man heute ungeheuer viel selbst in der Wohnung machen und damit ein kleines Vermögen sparen kann. Außerdem ist es nahezu die einzige Möglichkeit, auf wirtschaftliche Weise das eigene Heim völlig individuell zu gestalten, darin liegt immerhin ein gewisser Reiz. Was vielen Leuten Kummer macht, ist, daß sie selbst nicht so recht wissen, wie weit ihre Do-it-yourself-Fähigkeiten reichen und ob sie überhaupt welche besitzen. Nicht einmal Profis durchlaufen eine akademische Ausbildung, um sich als Tapezierer oder Innendekorateure zu qualifizieren. Solche Fertigkeiten sind nur durch entsprechende Praxis zu erlangen, jeder kann sie sich aneignen. Sie müssen einfach einen Versuch wagen und sich dabei genau an die Anleitungen halten.

Dieser Abschnitt des Buches soll alle diejenigen ermutigen, die zweifeln, ob sie ein Zimmer streichen, oder eine Kissenhülle nähen können. Die Anleitungen sind bewußt sehr einfach gehalten und durch zahlreiche Abbildungen erläutert. Sie finden hier die Beschreibungen für fast alle im vorangegangenen Teil des Buches gezeigten Vorschläge, mit Ausnahme kompliziert verarbeiteter Querbehänge (Schabracken) und Bettbaldachine. Sie wurden bewußt weggelassen, weil sie besser vom Fachmann angefertigt werden sollten.

Für jene, die in der Kunst des Selbermachens wenig erfahren sind, lohnt es sich, ein paar Tips aus dem Erfahrungsschatz alter Hasen zu beachten. Sie legen beispielsweise Wert auf eine Arbeitsweise, zu der auch immer das richtige und gut gepflegte Werkzeug gehört. Der Versuch, Bögen mit einer geraden Schere zu schneiden, bringt nichts wie Ärger. Und ein Leimtopf, der eingetrocknet ist, weil jemand vergessen hat, ihn zu verschließen, fördert den Arbeitseifer keineswegs. Ehe Sie also mit irgendeiner Arbeit im Haus beginnen, sollten Sie sich vergewissern, ob Sie auch alles haben was Sie brauchen. Richten Sie sich Ihr Werkzeug am Boden zurecht und legen Sie es nach Gebrauch gleich wieder dort ab.

Eine angefangene Arbeit jeden Abend wieder wegräumen zu müssen (gerade wenn man todmüde ist), ist etwas, worauf die meisten gerne verzichten würden. Vorteilhaft wäre deshalb ein eigener Raum zum Nähen, Basteln usw. Die beste Möglichkeit, immer alles griffbereit zu haben, ist ein Versteck für Werkzeug und Material, an das niemand herankommt und wo auch niemand herumkramen kann. Wer in aller Welt, außer einem Ausbund an Geduld, verspürt noch Lust, ein Regalbrett oder einen Bilderhaken anzubringen, nachdem er erst einmal eine halbe Stunde nach dem Hammer gesucht hat, den der Jüngste in der Sandkiste vergraben hat?

Wichtig ist es, sich nicht hetzen zu lassen oder in einem wilden Durcheinander zu arbeiten. Der Versuch, eine lose Couchdecke an einem Nachmittag anzufertigen, ist sinnlos. Rom wurde ja auch nicht an einem Tag erbaut. Verschließen Sie Ihre Ohren gegenüber den quengeligen Fragen des Nachwuchses, ob es vielleicht bis Weihnachten dauern wird, bis das Zimmer endlich fertig tapeziert ist. Wer sich übernimmt, weil er sich im Hinblick auf das Tagespensum selbst überschätzt, wird müde und übellaunig und fällt höchstwahrscheinlich gerade deshalb von der Leiter.

Betrachtet man einmal die ständig wachsende Zahl von Leuten, die gerne etwas selbst machen, wird offenkundig, daß die meisten, die sich mit Innendekoration befassen, diese Beschäftigung reizvoll und vergnüglich finden, wenn sie erst einmal damit begonnen haben. Leser, die noch unentschlossen am Rande stehen, sollten daher wissen, daß ihre Chancen auf Erfolg recht vielversprechend sind. Farb- und Musterkombinationen zusammenzustellen und zu überlegen, wie man billigen Möbeln zu einem ansprechenden Aussehen verhelfen kann, kommt dem Nestbauinstinkt, der in fast allen von uns wohnt, entgegen. Mit Sicherheit sieht der Raum, den Sie selbst gestaltet haben, so aus, wie Sie ihn sich vorgestellt haben und trägt Ihren individuellen Stempel – etwas, das sich mit Geld nicht kaufen läßt.

Dekorieren

Wände, Decken und Holz streichen

Die goldene Regel für einen einwandfreien Anstrich – einerlei, was gestrichen werden soll, ist die sorgfältige Vorbereitung der Oberflächen. Wenn die alte Farbschicht nicht gründlich abgewaschen wird, kann es geschehen, daß der Neuanstrich nicht haftet. Dasselbe gilt für abblätternde Farbe oder Firnisanstriche. Nehmen Sie sich Zeit und bereiten Sie alles gründlich vor. Mit entsprechender Sorgfalt wird das Ergebnis dann fachmännisch aussehen.

Decken und Wände

Ein neuer Farbanstrich ist eine der einfachsten und preiswertesten Möglichkeiten, einem Raum neues Ansehen zu verleihen. Mit den neuen tropfarmen Farben und Malerrollen ist das Streichen leichter als je zuvor, der anstrengendste Teil der Arbeit ist eigentlich die Vorbereitung.

Vorbereitung

Zunächst wird der Boden mit Kunststoffolie oder Packpapier abgedeckt. Zeitungspapier eignet sich nicht so gut, weil die Farbe durchsickern kann. Anschließend werden Decke und Wände mit Schwamm und warmem Wasser abgewaschen, wenn sie besonders schmutzig sind, nimmt man Ablaugoder Reinigungsmittel zu Hilfe, das gut abgespült werden muß. Lose Farbe entfernt mant mit dem Spachtel oder mit Sandpapier. Vergipsen Sie Löcher und glätten Sie die Stellen nach dem Trocknen vorsichtig mit Sandpapier. Wände mit altem Ölfarb- oder Firnisanstrich müssen mit Sandpapier aufgerauht werden, damit der neue Anstrich haftet.

So geht man vor

Versuchen Sie, jede Wand und die Decke in jeweils einem Arbeitsgang zu streichen. Selbst nach kurzen Unterbrechungen gibt es häßliche Übergangsstellen.

Zuerst wird die Decke gestrichen, dann, falls vorhanden, die Holzleisten (s. S. 99) und anschließend die Wände. Immer vom Fenster weg in den Raum arbeiten, damit man sieht, was man macht. Die Lampenschirme müssen entfernt werden

(einmal, um sie nicht zu bekleckern, zum andern, um die ganze Fläche, die gestrichen wird, ungehindert zu übersehen). Bauen Sie sich eine Arbeitsplattform aus zwei Holzböcken oder Staffeleien, über die ein Brett gelegt wird (Abb. 1). Darauf steht man sicherer als auf Stühlen, die leicht überkippen.

Rollen: Berufsmaler sehen Rollen zwar manchmal verächtlich an, trotzdem sind sie ideal geeignet zum schnellen Streichen ausgedehnter Flächen, einerlei, ob mit normaler Farbe, Ölfarbe oder Lack gestrichen wird. Allerdings spritzen sie ziemlich. Langflorige Rollen nimmt man für strukturierte, kurzflorige für glatte Oberflächen. Zum Deckenstreichen eignen sie sich besonders gut, weil man sich durch die kurze Arbeitsdauer möglicherweise einen schmerzenden Arm spart.

Beim Deckenstreichen mit der Rolle streicht man erst mit dem Pinsel einen schmalen Rand an sämtlichen Kanten und Ecken entlang. Pinselbreite etwa 2,5 cm (Abb. 2).

Danach streicht man mit der Rolle wechselweise in diagonaler Richtung (Abb. 3) und zum Schluß in geraden Strichen in Richtung Fenster (Abb. 4).

Pinsel: Der Pinsel muß mindestens 10 cm breit sein. Machen Sie lange, etwa 30 cm lange Striche und arbeiten Sie von der dem Fenster gegenüberliegenden Wand aus in Richtung Fenster (Abb. 5).

Deckenkanten brauchen besondere Sorgfalt. Es gibt dazu kleine Streichpolster, mit denen sich die Farbe gleichmäßig und sauber auftragen

läßt (es gibt keine ausgefransten Borsten und daher auch keine unsauberen Linien). Farben auf Latexoder Wasserbasis werden von oben her quer über den Raum in etwa 30 cm langen Strichen aufgetragen (Abb. 6). Auf diese Weise lassen sich herunterfallende Tropfen überpinseln.

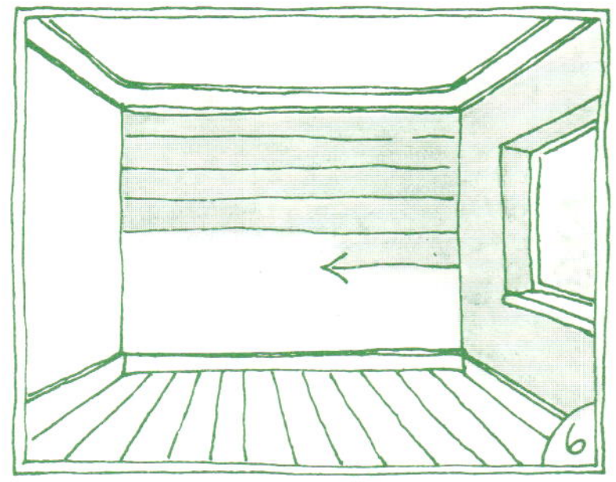

Öl- und Kunstharzfarben sind schwieriger zu verarbeiten und erfordern besondere Sorgfalt. Beim Deckenstreichen macht man jeweils drei parallele Pinselstriche mit Abständen von jeweils ca. 2,5 cm und geht dann in senkrechter Richtung darüber, ohne den Pinsel erneut einzutauchen (Abb. 7).

Wer eine Wand mit solchen Farben streicht, fängt als Rechtshänder in der oberen rechten, als Linkshänder

in der oberen linken Ecke an. Tragen Sie die Farbe wie beschrieben auf und streichen Sie die Wand in 60x60 cm großen Quadraten bis hinunter zur Wischleiste. Dann setzt man oben wieder an und wiederholt das Ganze, bis die Wand fertig ist.

Holz streichen

Holz zu streichen – wie z.B. Fenster, Türen und Möbel – ist nicht schwierig. Allerdings ist das Streichen mit Lack anstrengender als das Tünchen von Decken und Wänden.

Holzfensterrahmen vorbereiten

Auch hier hat die Vorbereitung absoluten Vorrang. Zunächst die Rahmen mit Wasser und Seife oder Reinigungsmittel waschen. Für einen Anstrich mit ölhaltiger oder Kunstharzfarbe die Oberfläche mit Sand- oder Glaspapier abschmirgeln, damit der Neuanstrich haftet. Abblätternde Farbe mit Sandpapier oder einem Farbkratzer entfernen. Dick überpinselte Zierleisten sollten vollständig abgebeizt werden, damit ihre ursprüngliche Form zum Vorschein kommt. Auch schadhafte Anstriche müssen abgebeizt werden. Es gibt verschiedene Abbeizmittel. Am besten sind die, bei denen sich die alte Farbschicht in einem abtragen läßt und die keine Verbrennungen verursachen, wenn sie versehentlich mit der Haut in Berührung kommen. Beim Abbeizen von Zierleisten arbeitet man mit einem Schabeisen, bei glatten Flächen mit Farbkratzer oder Ziehklinge. Anschließend muß man die Rahmen abwaschen und trocknen lassen, ehe man Risse mit Holzfüllmittel verschließt. Nach dem Abtrocknen das Füllmittel gründlich abschmirgeln und blankes Holz vor dem Vorstreichen und Lackieren erst grundieren.

Metallrahmen vorbereiten

Rostige Fensterrahmen muß man mitunter mit einer Drahtbürste abreiben und es empfiehlt sich, die Augen mit einer Schutz- oder Sonnenbrille zu schützen. Nach dem Abschmirgeln sollte man rostige Stellen mit Rostumwandler behandeln. Blankes Metall wird vor dem Neuanstrich mit Rostschutz grundiert. Gestrichene Metallfensterrahmen sind mit Sandpapier aufzurauhen, damit der Neuanstrich haften bleibt.

Flügelfenster streichen

Zunächst streicht man die Teile des Fensters, die man aufmachen kann, damit genügend Zeit zum Trocknen bleibt und die Fenster nicht während einer kalten Nacht offenbleiben müssen. Lackkleckse auf dem Glas verhindert man durch Klebeband auf den Scheiben, das nach dem Trocknen wieder abgezogen wird. Vergewissern Sie sich, daß die Farbe ganz trocken ist, weil sie sich sonst mit dem Klebeband abschälen könnte. Man kann auch mit einem Spezialpinsel arbeiten, dessen Borsten in einem bestimmten Winkel zugeschnitten sind und sich so den Ecken des Fensterrahmens anpassen.
Beim Streichen sollten Sie sich möglichst an die abgebildete Reihenfolge halten, weil sie sinnvoll ist (Abb. 1). So streichen Sie das Fen-

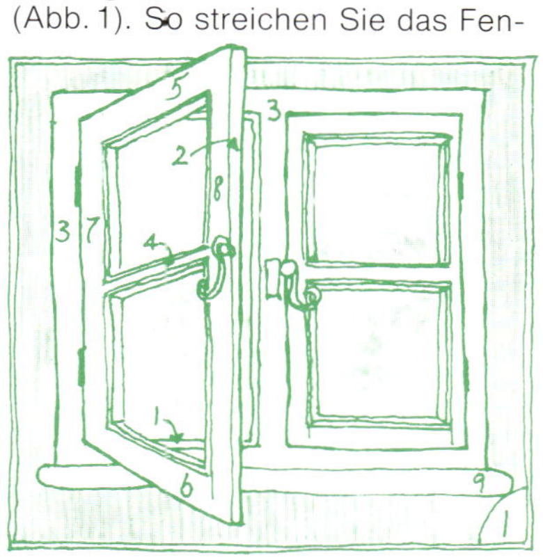

sterbrett zum Schluß, weil man es während der Arbeit allzu leicht berührt, oder sich dagegenlehnt, während die Innenrahmen als erstes trocken sein sollten und deshalb auch zuerst gestrichen werden.

Schiebefenster

Diese Fenster werden genauso wie die anderen vorbereitet. Zuerst läßt man den oberen Rahmen herunter und schiebt den unteren nach oben, um das Mittelteil zu streichen. Dann wird weiter verfahren wir beim Flügelfenster.

Türen

Türen und Türrahmen werden genauso vorbereitet wie Fenster. Wieder gibt es eine durchdachte und erprobte Reihenfolge, in der gestrichen wird (Abb. 2).
Solange die Tür nicht von oben zu sehen ist, braucht man weder die Oberkante der Tür, noch die des Türstocks zu streichen. Ansonsten

muß sie zuvor gründlich gereinigt werden, weil Staub einen noch feuchten Anstrich ruinieren kann. Besondere Sorgfalt ist bei den Scharnieren nötig, damit die Scharnierhülsen nicht verkleben. Türklinken und Schlüsselbleche werden vor dem Streichen abgeschraubt.

Möbel

Für das Streichen von Möbeln gelten dieselben Regeln wie für Türen und Fenster. Zuerst das Holz abwaschen und vorsichtig abschmirgeln. Dann die Griffe und Knöpfe abschrauben. Soll der Anstrich sehr glatt werden, schleift man zwischen den einzelnen Schichten mit sehr feinem Schleifpapier nach.
Ein gut sichtbares Schild »Frisch gestrichen« sollte dafür sorgen, daß Familienmitglieder und andere Leute das makellose Ergebnis Ihrer Bemühungen nicht durch unabsichtliches Berühren der noch nassen Farbe beeinträchtigen.

Tapezieren

Zuerst werden die Wände vorbereitet. Es ist falsch, neue Tapeten über alte zu kleistern. Entfernen Sie also zuerst die alte Tapete und schleifen Sie die Wände mit Sandpapier glatt. Anschließend werden Ritzen und Löcher mit Füllmittel verschmiert und die Stellen nochmals geglättet. Tragen Sie jetzt eine Schicht Kleister auf, die verhindert, daß die Wand den Tapetenleim aufsaugt. Für frisch verputzte Wände ist dies besonders wichtig. Sie sollten sowieso mindestens sechs Monate austrocknen, ehe man sie zum erstenmale tapeziert.

Material

Sie brauchen Tapete, Leim und Pinsel zum Auftragen (es sei denn, Sie verwenden Selbstklebetapeten), Bürste oder Schwamm zum Glätten sowie Schere, Senkblei und einen langen Tisch mit glatter Oberfläche. Ideal wäre ein Tapeziertisch, der besonders schmal ist. Ziehen Sie einen Overall oder einen alten Rock mit großen Taschen an, in denen Sie die Schere und anderes Werkzeug verstauen. Das erspart Ihnen ewiges Hinauf- und Heruntersteigen von der Leiter. Zum Tapezieren der Decke braucht man zwei Staffeleien, ein mindestens 25 cm breites Holzbrett, ein Lineal von etwa 1 m Länge, Schnur, Bleistift oder Kreide und eine lange Papprolle. Wo keine Stufenleiter vorhanden ist, behilft man sich beim Tapezieren der Wände mit einem robusten Stuhl mit Holzsitzfläche. Zu zweit geht das Tapezieren übrigens viel leichter.

Decken

Decken werden vor den Wänden tapeziert. Normalerweise sollte die Tapete parallel zu den Fenstern laufen, damit die Stöße nicht so sichtbar sind. Nachdem aber die meisten Tapeten als 10-m-Rollen verkauft werden, das Durchschnittszimmer jedoch zwischen 3 m und 4,2 m lang ist, ist dieses Vorgehen unwirtschaftlich. Man bekommt bestenfalls 2 Längen heraus und behält Unmengen von Verschnitt übrig. Ob und wie sich die Reste verwenden lassen, hängt vom Raum ab und davon, ob die Wände mit derselben Tapete beklebt werden. Der Fachmann würde sicherlich auf dieser Methode bestehen und vom Fen-

ster ausgehend in den Raum hinein arbeiten (Abb. 1).
Zunächst mißt man die Tapetenbreite und zieht 12 mm zum Überlappen in der Ecke ab. Dann legt man parallel zum Fenster die Holzplanke auf die beiden Staffeleien oder Holzböcke und markiert die Tapetenbreite an der Decke. Spannen Sie eine Schnur zwischen diesen beiden Punkten und setzen Sie entlang dieser Linie ein paar Bleistiftmarkierungen an (Abb. 2).
Die Raumlänge wird ausgemessen und die erforderliche Zahl von Tapetenbahnen zugeschnitten. Die Muster paßt man vor dem Zuschnitt am

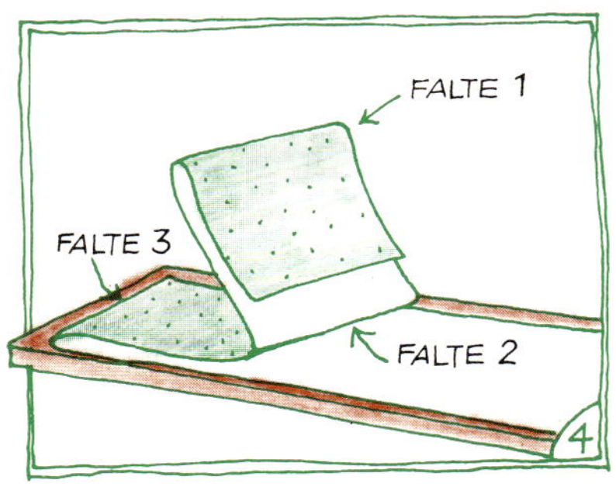

Boden aneinander (Abb. 3). Für etwaige Unebenheiten, die vorerst nicht erkennbar sind, sollte man ca. 5 cm an beiden Enden jeder Bahn zugeben.
Streichen Sie die erste Bahn ein und schlagen Sie sie an einem Ende ca. 30 cm ein. Dann legen Sie eine etwa 60 cm lange Falte und schlagen die erste wieder zurück (Abb. 4).
Die ganze eingestrichene Bahn wird so in einen Zickzackstapel gelegt und die restlichen 30 cm werden in Richtung Stapel eingeschlagen (Abb. 5). Wenn die Tapete auf diese Weise gefaltet wird, kann man bes-

ser mit ihr umgehen. Legen Sie die gefaltete Tapetenbahn auf die Papprolle und halten Sie die Falten gut zwischen Finger und Daumen fest. Man beginnt in einer Ecke, schlägt die letzte Falte auf und preßt sie so an die Decke, daß die Außenkante entlang der Markierung verläuft (Abb. 6). Gehen Sie langsam auf dem Holzbrett weiter, entfalten Sie dabei nach und nach die Tapete und streichen Sie sie mit der Bürste an der Decke glatt (Abb. 7). Die gefaltete Tapete muß dicht unter der Decke gehalten werden.

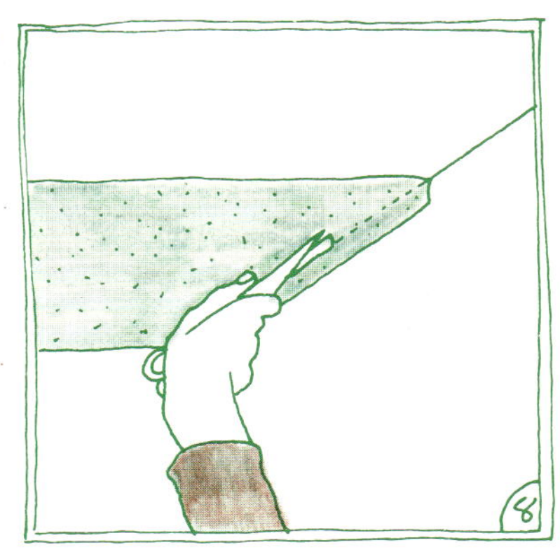

Anschließend drückt man die Tapete entlang den beiden Bahnenenden mit der stumpfen Seite der Schere in den Winkel, zieht sie etwas ab und schneidet sie entlang der eingepreßten Markierungslinie plus 6 mm Zugabe (Abb. 8) ab. Diese Zugabe dient als Übergang zur Wand und ergibt eine saubere Kante mit den senkrechten Tapetenbahnen. Jede folgende Bahn muß genau an die vorangehende anschließen.

Bei Lampenanschlüssen muß man zuerst die Sicherung herausschrauben, dann den Baldachin entfernen, die Kabelverbindung lösen und den Baldachin wieder lose aufsetzen. Mit der Scherenspitze in die Ausbuchtung stoßen und einen Kreuzschnitt von ca. 10 cm Länge machen (Abb. 9). Dann müssen Sie die Tapete an der Decke glattstreichen und um den Baldachin herum anpressen. Wenn es nötig ist, noch mehrere Male einschneiden, den Tapetenüberstand wegziehen und – wie zuvor – die Kante mit der stumpfen Scherenseite markieren und die Tapete abschneiden (Abb. 10).

Wände

Man beginnt neben einem Fenster und arbeitet um den Raum herum bis zur anderen Seite des Fensters. Prüfen Sie mit einem Senkblei, das Sie an die obere Ecke des Fensterrahmens halten, ob der Rahmen exakt senkrecht ist. Wenn nicht, brauchen Sie eine Hilfslinie. Dazu mißt man die Tapetenbreite, zieht 6 mm ab und markiert diese Breite zwischen Rahmenecke und Wand. Nun wird das Senkblei ganz knapp neben den Markierungspunkt gehalten und eine gerade Linie durch diesen Punkt entlang der Senkbleischnur gezogen.

Die Tapete jetzt wie zum Deckentapezieren zuschneiden. Die erste Bahn wird eingestrichen und die beiden Enden eingeschlagen, eines davon etwa halb so weit wie das andere (Abb. 1). Hängen Sie die Tapete über den Arm und kleben Sie sie dem Fensterrahmen entlang an. Dazu hält man die eingestrichene Seite so zur Wand, daß die Außenkante genau an der eingezeichneten Längslinie verläuft und klappt die obere, kleine Falte auf. Pressen Sie die Tapete an, streichen Sie sie nach unten zu glatt und schlagen Sie dann das untere Ende der Bahn auf und glätten Sie es ebenfalls (Abb. 2). Nochmals sollten Sie mit der Bürste über die Tapete fahren und so mögliche Blasen entfernen.

Anschließend machen Sie wieder entlang der Deckenkante eine Markierung mit der Schere, ziehen die Tapete etwas weg und schneiden sie ab. Mit der Bürste drücken Sie nun die Tapete in den Winkel zwischen Fensterrahmen und Wand, markieren erneut mit der Schere, heben dieTapete vorsichtig ab und schneiden den Überstand entlang der Markierungslinie von unten

nach oben ab (Abb. 3). Die Tapetenunterkante wird auf dieselbe Weise markiert und abgeschnitten.

Ecken tapezieren

Versuchen Sie niemals, um Ecken herumzutapezieren, nachdem in neun von zehn Fällen die Wand an dieser Stelle weder ganz senkrecht noch exakt im rechten Winkel ist und sich die Tapete wirft, sobald Sie um das Eck herum sind. Messen Sie stattdessen den Abstand zwischen der letzten aufgeklebten Bahn und der Ecke und zwar oben, in der Mitte und unten (Abb. 4) plus einer Zugabe von 12 mm an der breitesten Stelle.

Schneiden Sie die Tapete so zu, daß sie nur 12 mm in die Ecke hineinreicht. Der Überstand wird von der ersten Bahn der nächsten Wand verdeckt.

Fenster und Türen

Muß um überstehende Fenster- und Türrahmen herumtapeziert werden, geht man im Prinzip so vor wie bei den Lampenanschlüssen. Die Tapete wird mit einer entsprechenden Zugabe zugeschnitten und an den Kanten entlang markiert. Den Überstand schneidet man dann ab. An Tür- und

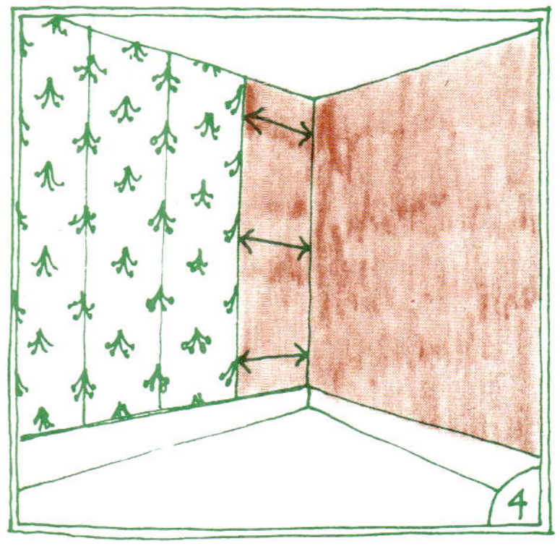

Fensterecken wird die Tapete diagonal eingeschnitten und zwar ca. 6 mm über die Tür- oder Fensterrahmenkante hinaus (Abb. 5).

Dann preßt man die Tapete an die Wand und streicht sie der Kante entlang mit der Bürste glatt (Abb. 6). Anschließend (wie bereits beschrieben) mit der stumpfen Scherenseite markieren, die Tapete wegziehen und abschneiden.

Lichtschalter

Zum Tapezieren an Lichtschaltern schraubt man zunächst die Sicherung heraus und hebt dann die Schalterplatte soweit ab, daß ein kleiner Spalt zur Wand entsteht. Es gibt auch abnehmbare Schalterplatten. Die eingekleisterte Tapete wird über den Schalter gelegt und diagonal eingeschnitten (Abb. 7). Anschließend wird die Tapete markiert, 6 mm neben der Linie abgeschnitten und der Überstand in die Spalte zwischen Schalterplatte und Wand gepreßt (Abb. 8).

Streichen Sie die Tapete rund um den Lichtschalter glatt und entfernen Sie überschüssigen Kleister mit einem Schwamm. Nach dem Trocknen wird die Platte wieder aufgeschraubt.

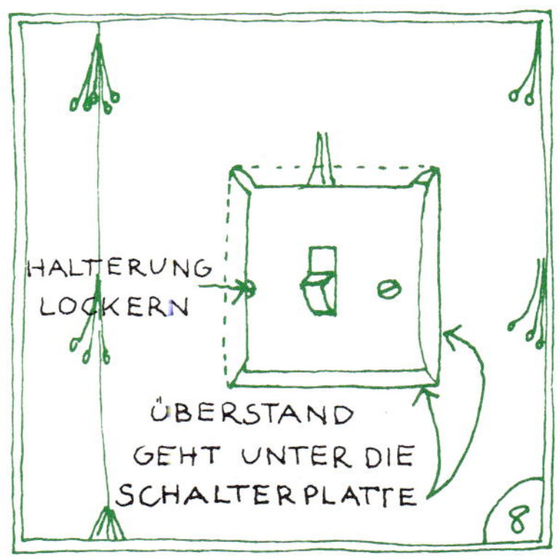

Blasen entfernen

Manchmal ist es schwierig, die vielen Luftblasen unter der Tapete wegzubekommen. Abhilfe läßt sich hier schaffen, indem man das fragliche Stück Tapete löst und etwas Wasser an die Stellen gibt, die nicht haften. Blasen, die nach dem Trocknen noch da sind, lassen sich auf zwei Arten entfernen. Entweder füllt man in die Blasenmitte etwas Leim, läßt ihn einziehen und glättet die Stelle dann mit der Bürste oder man macht mit einem Federmesser einen Kreuzschnitt durch die Blase (Abb. 9), schlägt die Ecken zurück und gibt einen Klecks Kleister darunter. Nach dem Einziehen wird die Stelle mit der Bürste oder einem Roller geglättet. Kanten, die sich ablösen, erhalten auch zusätzlich etwas Leim.

Borten

Zunächst müssen Sie wissen, wie und wo Sie Borten haben wollen. Nachdem in zahlreichen Häusern Fußleisten und Decken nicht immer eben und horizontal verlaufen, ist es ratsamer, Borten ein paar Zentimeter über der Leiste bzw. unter der Decke anzubringen.

Um eine einwandfrei horizontale Linie für die Borte zu bekommen, nimmt man eine Holzleiste, die mit ein paar Stiften lose an der Wand befestigt wird. Prüfen Sie mit der Wasserwaage nach und ziehen Sie eine Bleistiftlinie als Orientierungshilfe für Ihre Tapetenborte.
Die Ecken sollten auf Gehrung geschnitten werden. Wenn Sie beispielsweise eine Borte rund um den Türstock befestigen, kleben Sie sie fest und lassen aber etwa 15 cm lose an den Ecken überstehen (Abb. 1). Nun ziehen Sie mit Lineal

und spitzem Bleistift eine Diagonale über die Markierungslinie. Die Borte entlang dieser Linie abschneiden und festkleben (Abb. 2).

Wände fliesen

Das Geheimnis für einwandfreies Fliesenlegen ist sorgfältige Vorbereitung und eine trockene, ebene Oberfläche. Zeichnen Sie sich in eine Leiste die Fliesenmaße ein und probieren Sie aus, wie die Kacheln am besten um Arbeitsflächen, Fenster usw. herum verlegt werden. In Ecken und an beiden Seiten der Fenster sollten die abschließenden Fliesen gleich groß sein, während an Spülbecken, Arbeitsflächen und in den Fensternischen der Abschluß eine volle Kachelbreite haben sollte. Nachdem Scheuerleisten nie ganz horizontal verlaufen, hier ein fachmännischer Tip: Befestigen Sie eine Holzleiste unten an der Wand. Der Abstand zwischen Leistenoberkante und niedrigstem Punkt der Fußleiste beträgt genau eine Fliesenhöhe. Diese Holzleiste stützt die erste Fliesenreihe ab und stellt sicher, daß alle folgenden Reihen gerade verlaufen. Die exakte horizontale Linie für die Leiste ermittelt man mit der Wasserwaage (Abb. 1). Ohne die Wasser- und Stromleitungen zu

berühren, nagelt man die Leiste mit Mauernägeln fest.
Beim Fliesen einer glatten Wand sollten die Reihen so angelegt sein, daß sie zu beiden Seiten mit gleich-

großen Kacheln abschließen. Deshalb beginnt man die Arbeit in der Mitte. Zunächst wird die Leiste ausgemessen, durch zwei geteilt und so die Wandmitte errechnet, die man unter Zuhilfenahme eines Senkbleis markiert (Abb. 2).
Wenn an einer Seite nur ein schmaler Spalt übrigbleibt, verschiebt man die mittlere Fliese und legt die Reihe so an, daß an beiden Enden ein breiterer Streifen verbleibt. Tragen Sie die Haftmasse oberhalb der Leiste

mit einem Zahnspachtel auf (Abb. 3).
Manche Hersteller liefern den Spachtel, der sehr wichtig ist, zusammen mit der Haftmasse. Für Fliesenarbeiten in Bädern, an Waschbecken und Küchenspülen muß das Einbettmaterial feuchtigkeitsbeständig sein und deshalb sollte man an besonders unebenen Wänden damit keineswegs sparsam umgehen. Normalerweise genügt

eine Schicht von 3 mm; sie wird immer für eine ganze Reihe aufgetragen.
Um eine Fliese am Reihenende abzuschneiden, legt man eine ganze Fliese auf die zuletzt verlegte Kachel und darüber eine zweite, die

über die Spalte geschoben wird. Dann ritzt man die mittlere Fliese entlang der Kante der daraufliegenden ein(Abb. 4) und legt sie, mit der glasierten Seite nach oben, auf ein Zündholz. Das Hölzchen muß genau unter der Markierungslinie lie-

gen. Jetzt kräftig nach unten drükken und die Fliese springt an der vorgeritzten Linie auseinander (Abb. 5).
Eine Rundung auszuschneiden ist nicht so leicht. Zeichnen Sie zunächst die Form auf die Fliesenoberseite auf und ritzen Sie mehrmals mit dem Fliesenschneider daran. Anschließend wird mit der Zange Stück für Stück ausgebrochen (Abb. 6) und rauhe Stellen mit Bimsstein oder einer Feile geglättet.
Legen Sie Reihe für Reihe bis Sie an der Decke angekommen sind. Nach dem Trocknen (normalerweise etwa 14 Stunden) kann die Hilfsleiste entfernt und die letzte Reihe verlegt werden, wobei die Fliesen, wenn es notwendig ist, entsprechend zugeschnitten werden.
Zum Schluß werden die Zwischenräume mit Fugenmasse ausgefugt. Man rührt den Zement nach Herstelleranleitung an und trägt beim Auftragen mit Schwamm oder Spatel Gummihandschuhe. Anschließend werden die Fliesen gesäubert. Sobald die Masse etwas angezogen hat, fährt man mit einem dicken Bleistift zum Beispiel, die Fugen entlang und glättet die Oberfläche.

Bodenbeläge

Für Böden gibt es eine Vielzahl von Belägen: Kunststoff-, Kork- oder Keramikfliesen, Hartfaserplatten, Parkett, Kunststoffbeläge in Bahnen und natürlich Teppichboden. Gut erhaltene Fußbodendielen sehen auch gut aus, wenn sie abgezogen und versiegelt sind und wer bald einen Umzug plant, kauft am besten Brücken, die mitgenommen werden. Wofür Sie sich entscheiden, hängt teilweise vom Budget und teilweise von der Funktion des Raumes ab.

Bodenfliesen verlegen

Zuerst bereitet man die Oberfläche vor. Zementboden ist mitunter uneben und muß sicherlich gereinigt werden. Für Unebenheiten gibt es Spezialfüllmittel, die einfach mit Wasser angerührt und mit einer Kelle aufgetragen werden. Die Masse verläuft und glättet sich von selbst. Holzfußböden brauchen vor dem Verlegen von Kunststoff- oder Korkfliesen eine Hartfaserunterlage (siehe »Hartfaserböden verlegen«). Keramikfliesen können nur auf fester Unterlage aus Beton und Streckmetall verlegt werden. Holzfußböden geben trotz Hartfaserauflage nach und mit der Zeit zerspringen dann die Fliesen.

Das Verlegen planen

Wände stehen niemals exakt im rechten Winkel zueinander. Fußbodenfliesen, gleich welcher Art, werden daher immer von der Zimmermitte aus verlegt. Den Mittelpunkt ermittelt man folgendermaßen: Messen Sie die beiden Schmalseiten des Zimmers und kennzeichnen Sie die beiden Mittelpunkte mit X und Y (Abb. 1). Ziehen Sie dann eine Linie von X nach Y und markieren Sie die Mitte dieser Linie mit M. Die beiden Meßpunkte A und B liegen jeweils 90 cm rechts und links von M. Nun binden Sie an das eine Ende einer 135 cm langen Schnur ein Stück Kreide, an das andere einen Reißnagel. Heften Sie den Reißnagel in Punkt A und ziehen Sie beiderseits der Linie je einen Halbkreis. Dasselbe von Punkt B wiederholen. Die Kreislinien überschneiden sich in den Punkten C und D (Abb. 2). Als nächstes werden C und D miteinander verbunden und die Linie bis zu den Breitseiten des Zimmers durch-

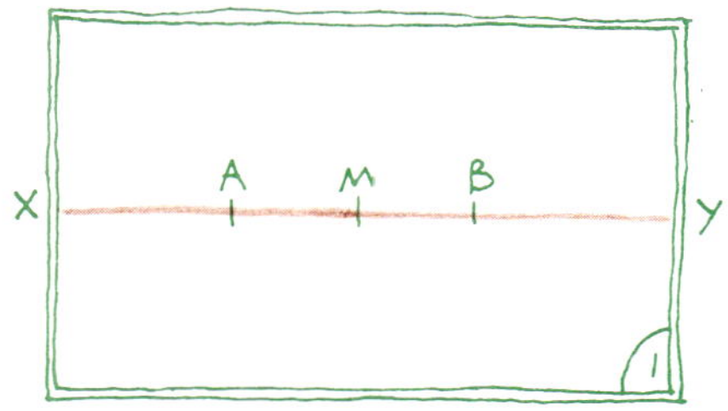

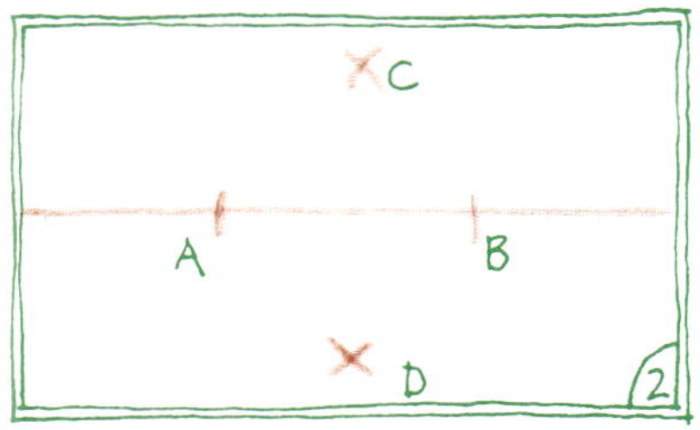

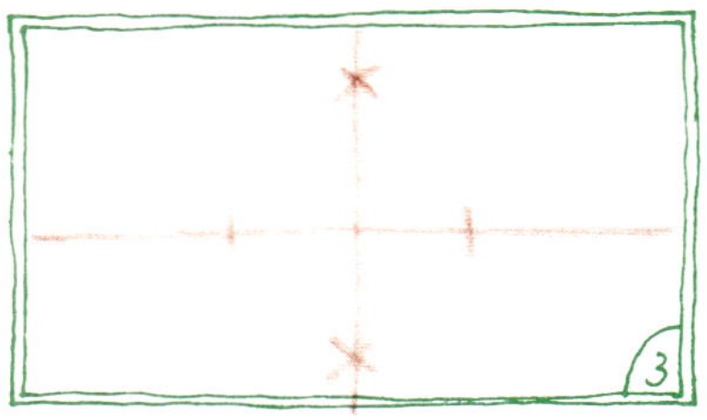

gezogen (Abb. 3). Der Raum ist jetzt in vier gleich große Flächen unterteilt. Möglicherweise brauchen Sie für diese Arbeit, die Ihnen vielleicht unsinnig erscheint, zwei helfende Hände. Es ist aber die einzige Möglichkeit, die Fliesen akkurat zu verlegen.

Kunststoff- oder Korkfliesen verlegen

Die Fliesen sollten in der in Abb. 4 gezeigten Reihenfolge verlegt wer-

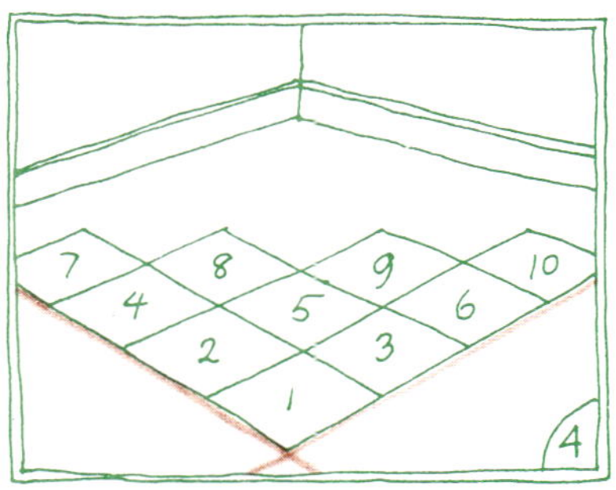

den. Der Kleber wird mit einem Zahnspachtel aufgetragen.
Verlegen Sie die Platten in dieser Weise, bis Sie die Wände erreichen. Um eine Lücke auszufüllen, legt man eine Fliese auf die zuletzt verlegte, und schiebt eine weitere so darüber, daß die Lücke verdeckt ist (Abb. 5). Die mittlere Fliese entlang der Kante der daraufliegenden markieren und abschneiden (siehe »Wände fliesen«, Abb. 5). Den Boden sollte man solange nicht betreten, bis der Kleber getrocknet ist.

Keramikfliesen verlegen

Den Boden wie zuvor beschrieben aufteilen. Die Fliesen werden erst einmal trocken verlegt, ehe man sie einbettet. Wenn an einer Seite ein Spalt bleibt, wird die mittlere Fliese so verschoben, daß an beiden Seiten Platz für gleich große Fliesenab-

schnitte bleibt. In diesem Fall zeichnet man die Lage jeder einzelnen Fliese vor dem eigentlichen Verlegen mit einem Bleistift auf. Im übrigen werden die Keramikfliesen genauso verlegt wie die Wandkacheln.

Hartfaserboden verlegen

Zunächst wird wieder die Oberfläche präpariert und alle Nagelköpfe versenkt (Abb. 1). Anschließend wird der Boden gekehrt und nachgeprüft, ob Dielen erneuert werden müssen.
Hartfaserplatten werden fast immer in Größen von 2,4 mal 1,2 m verkauft. Versuchen Sie, wenn möglich quadratische Platten von 1,2 x 1,2 m zu bekommen oder teilen Sie sie selbst durch. Zunächst wird der Zimmermittelpunkt festgelegt (siehe

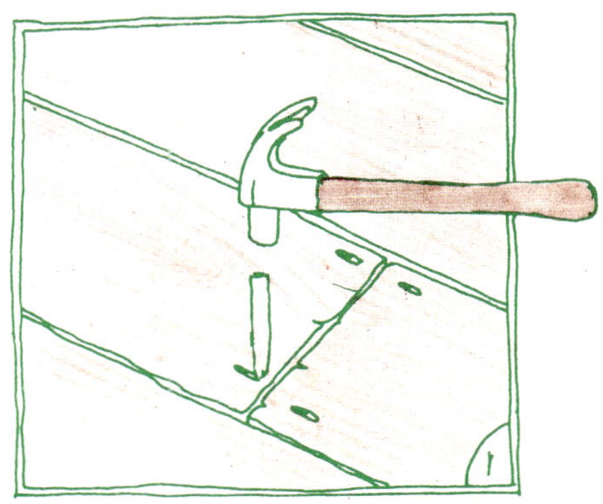

»Bodenfliesen«) und dann durch Diagonallinien die Mitte einer Hartfaserplatte (Abb. 2).
Werden Fliesen auf die Platten gelegt, kommt die rauhe Seite nach oben, sonst die glatte. Bringen Sie die Mittelpunkte von Platte und Zimmer übereinander und legen Sie die restlichen Quadrate im Uhrzeigersinn und versetzt um die erste Platte herum (Abb. 3).
Man fixiert die Platten mit 2,5 cm Nägeln, die 12 mm von der Kante ent-

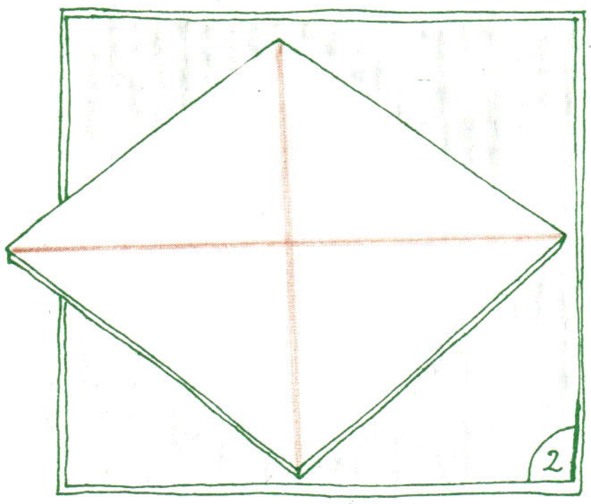

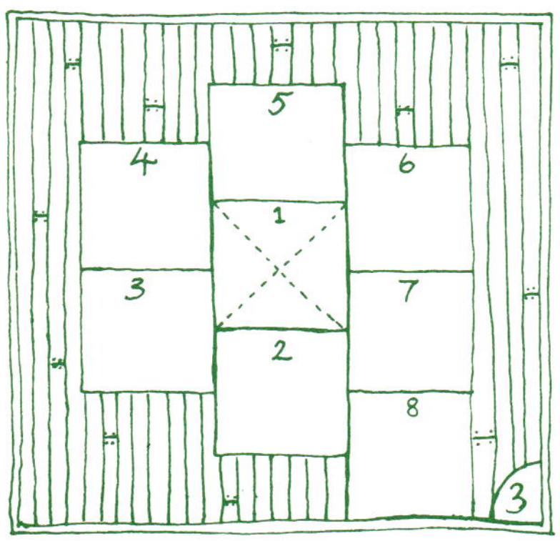

fernt in Abständen von 10 cm eingeschlagen werden. Eine zweite Reihe von Nägeln folgt im Abstand von 15 cm mit einer Entfernung von 15 cm zwischen den Nägeln. Arbeiten Sie von der Mitte nach außen.
Damit die Randstreifen sauber an die Fußleiste anschließen, legt man ein Plattenstück genau passend und parallel auf die festgenagelten Teile und zwar so, daß es gerade die Fußleiste berührt (Abb. 4).
Um den Verlauf der Wischleiste zu markieren, hält man einen Bleistift gegen einen kleinen Holzblock und schiebt das Holz samt Bleistift an der Leiste entlang (Abb. 5).
Die Platte an der Bleistiftlinie abschneiden und gegen die Fußleiste drücken. Anschließend wird die

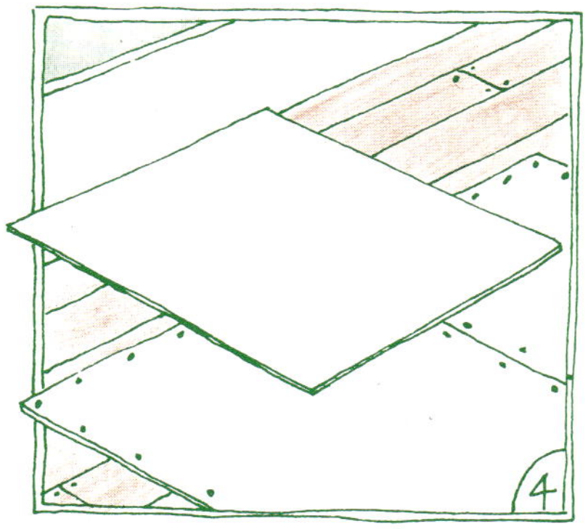

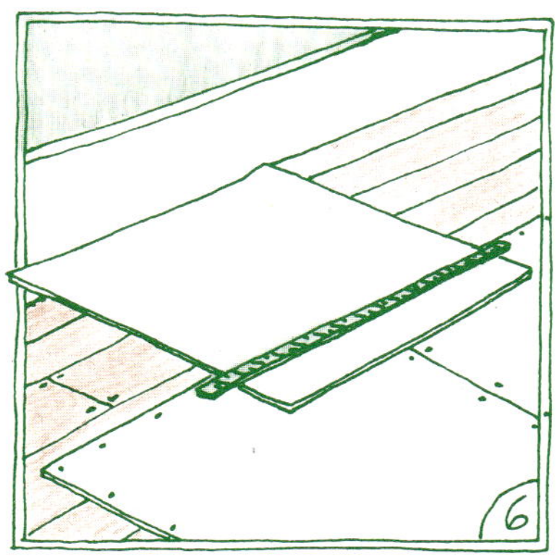

Verbindungskante zu den bereits verlegten Platten mit Bleistift und Lineal markiert. Die Platte an dieser Linie ebenfalls abschneiden und festnageln (Abb. 7).

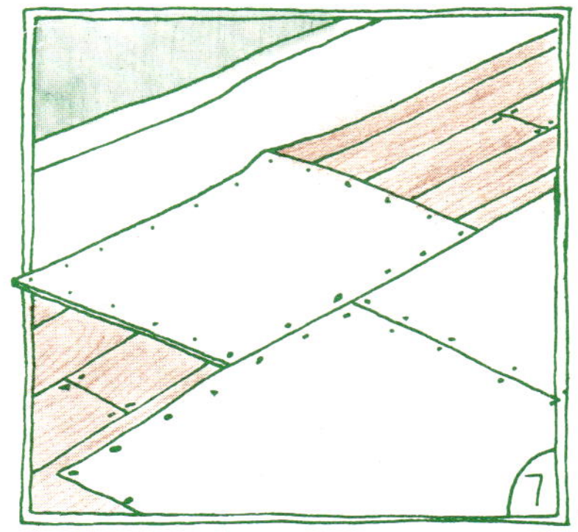

Für unregelmäßige Stellen wie Türstöcke usw. fertigt man eine Papiervorlage an, nach der die Hartfaserplatte zugeschnitten wird.

Parkett legen

Legen Sie erst einen Unterboden aus Hartfaserplatten und verfahren Sie dann so wie unter »Bodenfliesen«, mit folgender Ausnahme: am Rand bleibt ein Dehnungsstreifen von 12 mm Breite. Dieser Spalt wird mit einer 2,5 cm Viertelleiste verdeckt, die an die Fußleiste genagelt wird (Abb. 1).
Nach dem Verlegen werden Unebenheiten an den Stößen abgeschliffen und der Boden wird versiegelt. Für Hochglanzoberflächen mehrere Schichten nacheinander auftragen, die aber jeweils gründlich durchtrocknen müssen.

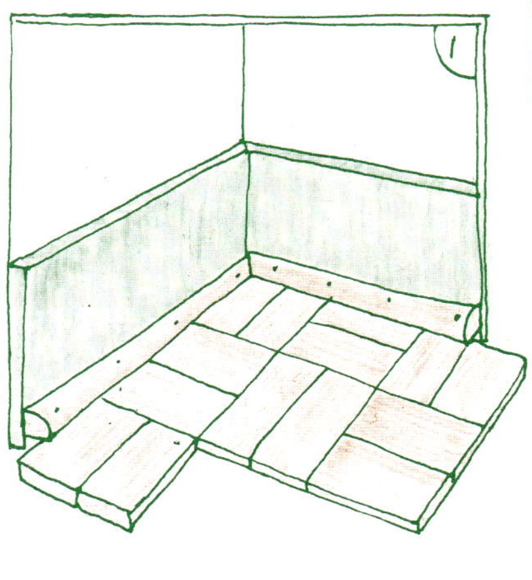

Kunststoffbelag in Bahnen

Diese Böden lassen sich mit am leichtesten verlegen, wenn auch der Umgang mit den großen Rollen manchmal schwierig ist. Wer Wert auf ein erstklassiges Ergebnis legt, sollte Stöße in der Mitte möglichst vermeiden.
Rollen Sie den Belag zunächst auseinander und breiten Sie ihn auf dem Boden aus. Die Kanten müssen an der Wischleiste 2,5 cm überstehen und Stoßkanten müssen sich um 2,5 cm überlappen. Achten Sie dabei auf das Muster (Abb. 1). Vor dem Verlegen sollte der Bodenbelag einige Tage so liegenbleiben. Für Ecken und Kanten, beispielsweise einen Kamin, wird ein Papiermuster angefertigt und auf das Auslegematerial übertragen.

Für Stöße bei ungemustertem Kunststoffbelag legt man ein Stahllineal oder eine Leiste an der Mitte der 2,5 cm breiten Überlappung (Abb. 2) an und schneidet beide Schichten mit einem scharfen Messer durch. Die Teile passen dann genau aneinander, auch wenn die Schnittlinie nicht ganz gerade verläuft. Muster müssen genau aneinanderpassen oder notfalls um eine

ganze Musterbreite überlappt werden.
Den oberen Streifen wegnehmen, dann den Belag etwas anheben und den abgeschnittenen Streifen der unteren Lage entfernen (Abb. 3).
Nun werden beide Teile an den Stößen zurückgeschlagen und Kleber auf den Unterboden aufgetragen. Den Kunststoffbelag fest anpressen und mit Büchern und anderen schweren Gegenständen etwa 12 Stunden lang beschweren.
Schneiden Sie nun den Belag mit Ihrem Messer entlang der Fußleiste ab. Sie müssen dazu das Messer im Winkel zwischen Boden und Leiste langsam und kräftig entlangführen (Abb. 4).

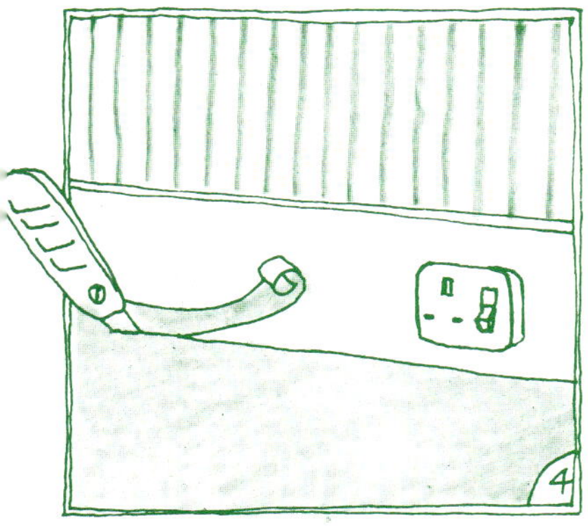

Auch hier die Kanten zurückschlagen und w e zuvor Kleber auftragen. An den Ecken wird der Belag fest in die Winkel gedrückt (Abb. 5) und der 2,5 cm breite Überstand abgeschnitten. Für Innenecken sollten Sie zwei Schnitte machen, die zusammenlaufen und an den Außenecken einmal einschneiden.

Teppichboden verlegen
Teppichboden mit Latexrücken

Für den Amateur sind diese Beläge am leichtesten zu verlegen. Anders als Teppiche mit Webrücken müssen sie weder gedehnt noch an den Kanten verspannt werden. Man verlegt sie wie Kunststoffböden (siehe S. 104), braucht aber an den Stößen keine Überlappung. Die Teile werden einfach mit Teppichklebeband aneinandergefügt. Es gibt auch 2,5 cm breites Webband. Der Latexteppichkleber wird auf die Teppich-

unterkante und das Band aufgetragen und der Teppichboden fest angedrückt. Die Kanten müssen dicht aneinanderstoßen (Abb. 1).

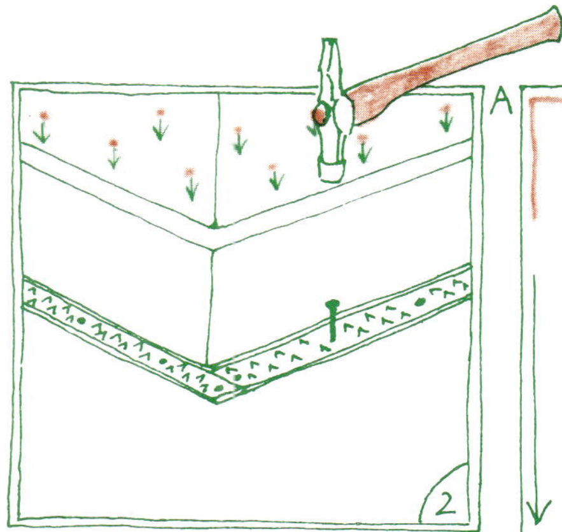

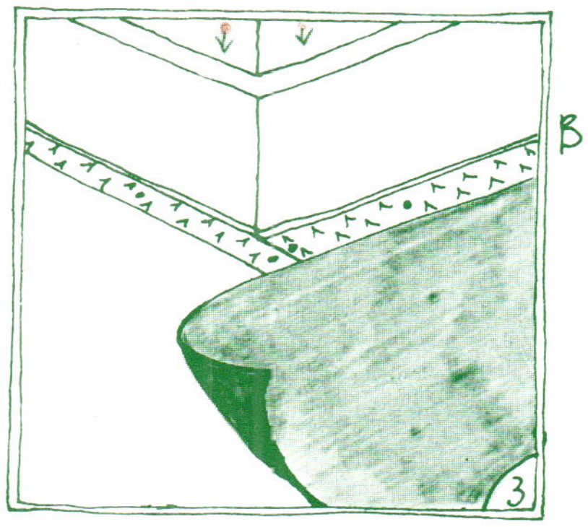

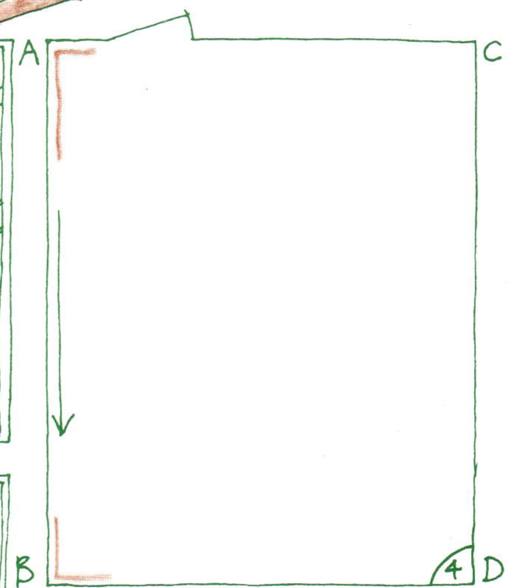

Teppich mit Juterücken

Um solche Teppiche richtig zu verlegen, muß man sich ein Spanneisen ausleihen, mit dessen Hilfe man das Material auf Spannleisten befestigen kann. Dieses Gerät wird vom Fachmann benutzt und man kann es im Heimwerkergeschäft ausleihen.
Zunächst heftet man auf den blanken Boden Filzpappe. Anschließend werden rings um das Zimmer die Spannleisten befestigt, und zwar so, daß ein schmaler Spalt, etwa in halber Teppichstärke, zwischen Wand und Leisten bleibt. Die Häkchen müssen zur Wand weisen (Abb. 2). Die Spannleisten werden aufgenagelt oder bei Steinfußboden mit einem starken Kleber aufgeklebt. Als nächstes folgt eine Filz- oder Schaumstoffunterlage, die bis an die Außenkanten der Spannleisten reicht (Abb. 3).
Wo die Unterlage aneinandergefügt werden muß, verfährt man genauso wie bei Teppichböden mit Latexrükken. Sie muß glatt aufliegen und wird an den Kanten aufgeheftet. Dann wird der Teppich darübergebreitet. Man schneidet ihn in Zimmergröße zu mit einem Zugaberand von 7,5 cm (falls das Material reicht). Normalerweise spannt man nämlich den Teppich zuerst und schneidet ihn erst dann exakt zu. Wenn diese Zugabe fehlt, schadet es auch nichts. Man tut sich zwar bei krummen Wänden etwas schwerer, kann aber mögliche Lücken durch zusätzliches Spannen kaschieren.
Beginnen Sie in einer, möglichst der Tür am nächsten gelegenen Ecke (A

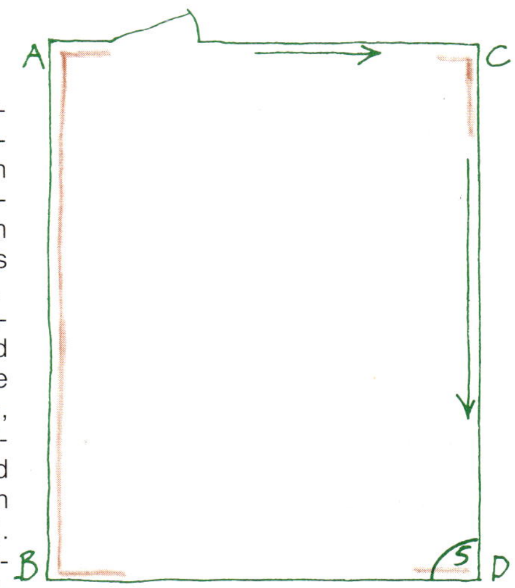

in Abb. 4) und haken Sie den Teppich an beiden Seiten der Ecke auf eine Länge von etwa 30 cm ein. Dann dehnen Sie ihn mit der Hand und hängen ihn genauso in Ecke B fest.
Von der ersten Ecke aus wird der Teppich nun über die ganze Breite AB an den Spannleisten festgehakt. Dann das Material erneut dehnen und nun von A nach C und schließlich von C nach Ecke D einhaken (Abb. 5).

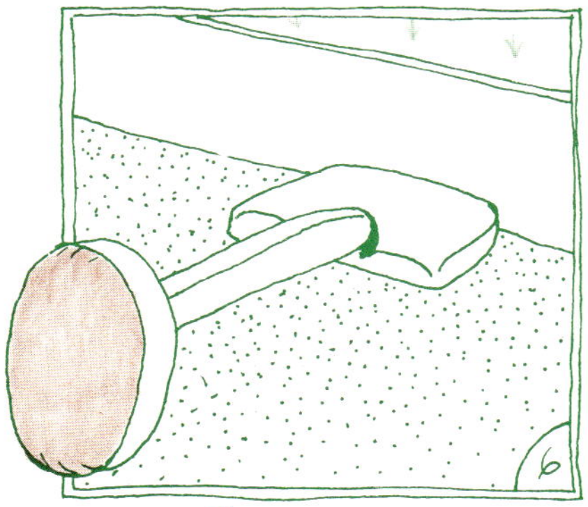

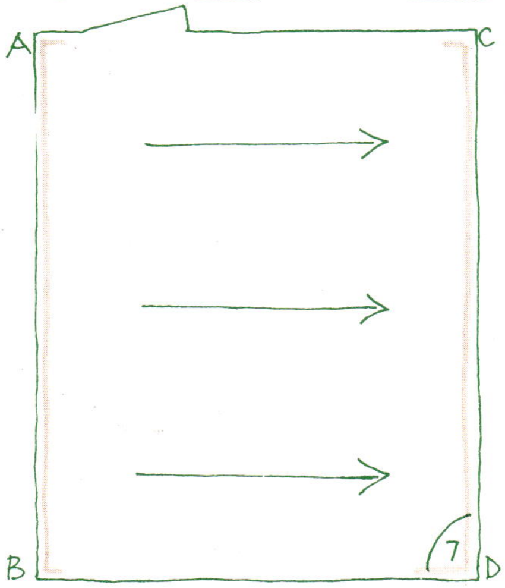

Nun brauchen Sie das Spanneisen. Drücken Sie das gezinkte Ende in den Teppich und stoßen Sie mit dem Knie gegen das gepolsterte andere Ende. Der Teppich wird dadurch so weit gedehnt, daß Sie ihn in die Spannleisten einhängen können (Abb. 6).
Arbeiten Sie quer über den Raum und spannen Sie den Teppich zunächst in Richtung Wand CD und haken Sie ihn über die ganze Breite ein. Anschließend kommen die Wände AC und BD an die Reihe

(Abb. 7). In diesem Stadium stellt sich der Teppich entlang der Fußleiste auf. Man schneidet den Überstand bis auf einen kleinen Rest (etwa 6 mm) mit dem Teppichmesser ab. An Türstöcken und dergleichen müssen Sie besonders aufpassen und sehr vorsichtig schneiden (Abb. 8).
Mit einem Flachmeißel, einer Kelle oder einem Stückchen Holz stopft man nun den Überstand in die Rille zwischen Wand und Spannleisten.

Notfalls kann man mit dem Hammer nachhelfen (Abb. 9). Zum Schluß wird an der Türschwelle eine Metallleiste auf die Teppichkante aufgenagelt.

Einen Boden abziehen

Am besten leiht man sich zum Abziehen eines Bodens eine große Schleifmaschine. Für Ecken und schlecht zugängliche Stellen braucht man eine kleinere Maschine mit rotierendem Schleifblatt, oder eine elektrische Bohrmaschine mit Schleifscheibe.
Überzeugen Sie sich erst davon, daß die Bodendielen fest sitzen und die Nägel versenkt sind, sonst beschädigen Sie möglicherweise die Maschine.
Abziehen verursacht viel Schmutz. Ziehen Sie sich die ältesten Klamotten an und binden Sie einen Schal locker vor Mund und Nase, damit Sie den feinen Holzstaub nicht einatmen. Der Raum wird von außen mit Kunststoffolie abgedichtet, damit sich der Staub nicht im restlichen Haus ausbreiten kann.
Beginnen Sie unter Verwendung

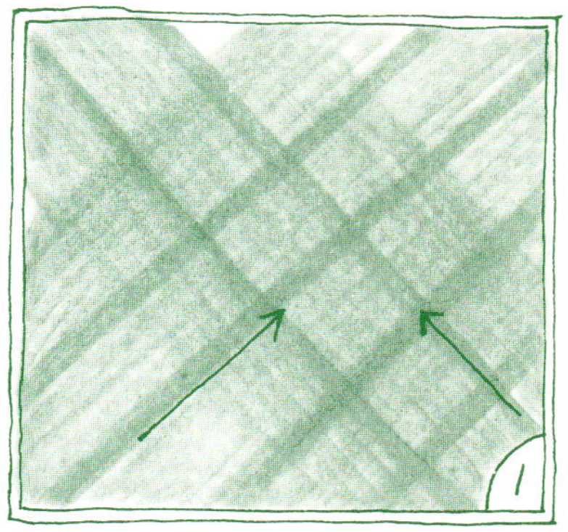

von grobem Schleifpapier in einer Ecke und arbeiten Sie in der Diagonale. Um dieselbe Bahn nochmals abzuschleifen, ziehen Sie die Maschine rückwärts, ohne sie zu drehen oder zu kippen. Überschneiden Sie jeden Streifen, den Sie schleifen, um etwa 7,5 cm mit dem nächsten und wiederholen Sie, wenn es nötig ist, die ganze Prozedur in der anderen Diagonale (Abb. 1).
Nun wechselt man zu mittelgrobem oder feinem Schleifpapier und zieht den Boden erneut ab, diesmal in Richtung der Bodendielen. Auch hier werden die Reihen überschnitten und die ganze Fläche zweimal in entgegengesetzter Richtung abgezogen. An den Kanten der Wischleiste arbeitet man besser mit der kleinen Maschine oder der Schleifscheibe, unzugängliche Stellen müssen notfalls mit der Hand abgeschliffen werden.
Anschließend ist es sinnvoll gründlich Staub zu saugen und den Boden zu wischen. Nach dem er getrocknet ist, wird er versiegelt. Wahrscheinlich muß mehrmals aufgetragen werden. Lassen Sie jede einzelne Schicht gut durchtrocknen, ehe Sie die nächste auftragen.

Textile Wandbespannung

Eine einfache Möglichkeit, zu einer textilen Wandbespannung zu gelangen, ist ein Dekorationssystem zu kaufen. Diese von Fachleuten entwickelten Systeme entsprechen den Anforderungen des Heimwerkermarktes. Zu den meisten dieser Systeme gehören Kunststoff- oder Metalleisten, die senkrecht an die Wand geschraubt werden und zu denen eine Art Spannleiste gehört, in die der Dekorationsstoff an der Webkante eingehakt wird.
Weit billiger ist es, sich einen Rahmen aus 2,5 cm Kantholzleisten, die auf Raumhöhe zugeschnitten sind, selbst zu machen. Sie werden senkrecht an die Wände geschraubt, der Stoff wird daran befestigt und die Nagel- oder Klammerreihen mit Borten abgedeckt.
Zeichnen Sie sich zunächst eine Skizze des Zimmers und tragen Sie die Maße für jede Wand einzeln ein. Berücksichtigen Sie dabei Türen, Fenster, offene Kamine usw. Messen Sie den Abstand zwischen Oberkante der Wischleiste und Decke und zeichnen Sie die senkrechten Leisten ein. Abgetrennte Flächen wie z.B. über der Tür, brauchen einen eigenen Rahmen (Abb. 1). Anschließend den Abstand zwischen den senkrechten Leisten messen und so die Breite der horizontalen Latten ermitteln.
Nun werden die senkrechten Leisten geschnitten und an die Wand geschraubt. Genauso schneidet man die waagrechten Leisten zu, paßt sie zwischen die senkrechten ein und schraubt sie entlang der Fußleiste und unter der Decke fest.

Errechnen Sie jetzt die pro Wand benötigten Stoffbreiten und kalkulieren Sie je Seite 12 mm Zugabe für den Saum sowie 12 mm je Naht mit ein. Muster müssen sorgfältig aneinander gepaßt werden. Großflächige, von der Mitte her ausgerichtete Motive gehören in die Wandmitte.
Die Bahnen entsprechend den zwischen Decke und Fußleiste gemessenen Längen plus 5 cm Zugabe zuschneiden. Das ergibt einen Saum von je 2,5 cm an Ober- und Unterkante. Rechts auf rechts liegend, werden die Bahnen in der richtigen Reihenfolge zusammengenäht.
Die Salkanten abschneiden und die Nähte breitbügeln. Dann an Ober- und Unterkante 2,5 cm einschlagen und so nahe wie möglich an der Außenkante absteppen, an den Seitenkanten einen 12 mm breiten Saum nähen. Sobald alle für eine Wand benötigten Teile zusammengenäht sind, heftet man die Bespannung mit 12 mm Tapezierernägeln an die Leisten. Man beginnt in der linken oberen Ecke und befestigt den Stoff an der Querleiste mit Nagelabständen von ca. 7,5 cm.
Danach das Material in die Länge ziehen, an die untere Querleiste nageln und zum Schluß seitlich an den Senkrechtlatten befestigen. Zum Bespannen kann man auch mit einer Heftmaschine arbeiten. Allerdings sind bei einer späteren Reinigung der Wandbespannung Tapezierernägel leichter zu entfernen, außerdem beschädigen sie den Stoff weniger als die Heftklammern. An der fertigen Bespannung kann man die Nagelreihen mit Borte oder Litze verdecken und zum Aufkleben einen hellen, durchsichtigen Kleber verwenden.

Zeltverkleidung für die Decke

Zunächst zieht man mit Bleistift und Lineal eine fortlaufende Linie rund um die Wände und zwar auf der Höhe von Tür oder Fensteroberkante, je nachdem was höher ist (Abb. 1).

Die Linie an jeder Wand ausmessen und entsprechende Leisten aus 2,5 cm Kantholz zuschneiden. Die Leisten werden, mit der Unterkante an der Bleistiftlinie, rund um das ganze Zimmer befestigt. Messen Sie nun den Abstand zwischen Deckenmitte und Ecke der Leistenunterkanten (von A nach B in Abb. 2).

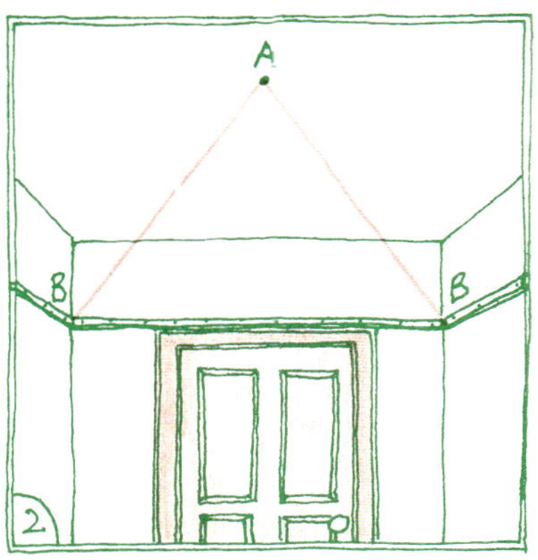

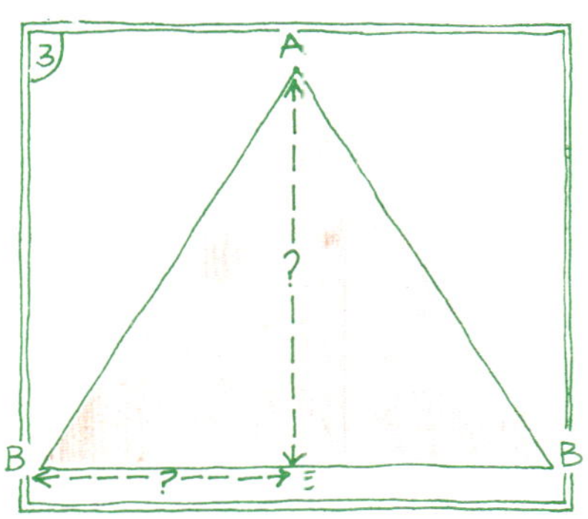

Schneiden Sie nun aus Papier ein gleichschenkliges Dreieck aus, bei dem die Schenkellänge A–B plus 5 cm, die Grundlinie B–B beträgt. Falten Sie das Dreieck entlang der gepunkteten Linie A–E (Abb. 3) und messen Sie die Abstände A–E und B–E aus. Danach wird das Dreieck an der Faltlinie auseinandergeschnitten.
Schneiden Sie nun ein Rechteck mit der Länge A–E und der Breite B–E aus und kleben Sie es entlang den Linien A–E zwischen die beiden Teildreiecke (Abb. 4).

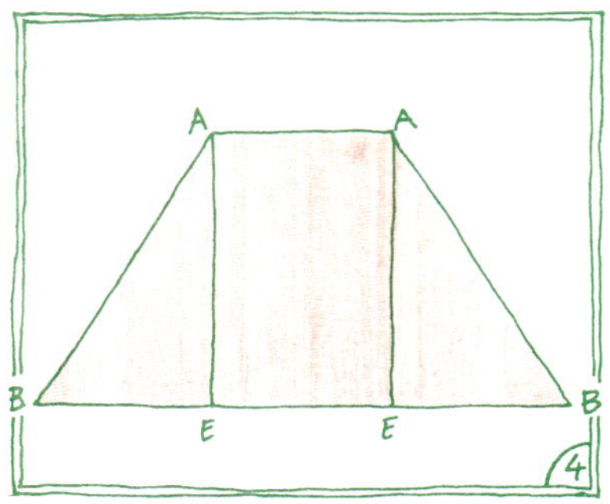

Anhand dieses Schnittmusters können Sie nun den Stoff zuschneiden und vier gleiche Teile wie in Abb. 4 nähen, für jede Seite der Pyramide ein Teil. Wenn Ihr Zimmer nicht exakt quadratisch ist, müssen Sie die Wände nachmessen und die Stoffteile entsprechend anpassen.

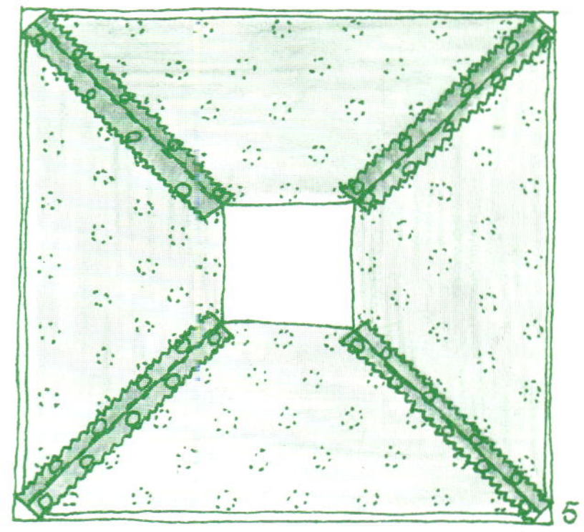

Die vier Teile rechts auf rechts zusammennähen und die Nähte breitbügeln (Abb. 5). An der Innenkante erst 6 mm, dann weitere 12 mm einschlagen, feststecken, heften und so steppen, daß ein durchgehender Zugsaum entsteht. Die Naht an einer Stelle etwas offenlassen und eine Schnur einziehen. An den vier Außenkanten je zwei Reihnähte machen und zwar im Abstand von 6 mm bzw. 12 mm von der ungesäumten Kante. Die Reihnähte auf Leistenlänge zusammenziehen. Jetzt wird ein durchgehender Querbehang mit Zickzack- oder Bogenkante (s. S 153) in einer Gesamtlänge der vier Leisten angefertigt. Jede Wand- bzw. Leistenlänge sollte man auf dem Querbehang markieren. Danach werden die gereihten Außenkanten der Zeltteile und die Oberkante des Querbehanges rechts auf rechts gelegt, festgesteckt, geheftet und zusammenge-

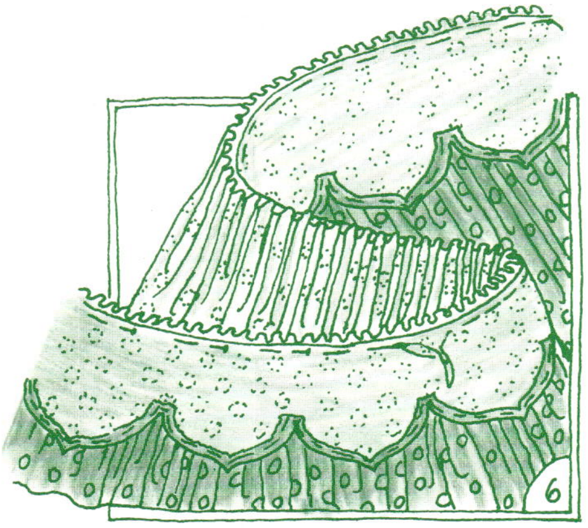

näht (Abb. 6). Nun bohren Sie ein Loch in die Decke, setzen einen Dübel und schrauben einen kräftigen Haken ein (zuvor feststellen, ob ein Deckenbalken vorhanden ist, der

das Gewicht tragen kann). Die Schnur wird in der Zeltmitte zusammengezogen und am Haken festgebunden (Abb. 7).
Der Querbehang wird mit 6 mm Tapezierernägeln an die Oberkanten der Holzleisten genagelt (Abb. 8) und die Nagelreihen mit Borte abgedeckt.

Schablonenmuster

Schablonenmuster kann man auf alle Oberflächen malen. Wände, Möbel und sogar Stoffrollos können sehr dekorativ und originell aussehen. Auf alle Fälle sollte man das Schablonenmuster erst auf einem Papier ausprobieren, die richtigen Farben herausfinden und feststellen, wie oft sich das Motiv im Zimmer oder auf dem Möbelstück wiederholen soll.

Selbstgemachte Schablonenmuster

Entwerfen Sie zunächst ein Muster auf dem Papier (oder kopieren Sie ein entsprechendes Motiv) und übertragen Sie es dann auf dünne Pappe. Die Umrisse müssen sehr sorgfältig mit einem scharfen Skalpell oder Federmesser ausgeschnitten werden. Einfache Muster wirken am besten. Um zu verhindern, daß die verschiedenen Farben ineinanderlaufen, müssen zwischen den einzelnen Ausschnitten knappe, aber nicht zu schmale Abstände sein.

Schablonenmuster auf Wänden

Zunächst fixieren Sie Ihre Schablone mit Klebeband fest an der Wand. Dann zeichnet man die Umrisse entweder mit einem harten Bleistift nach, entfernt die Schablone und malt das Muster mit der Hand aus, oder man sprüht Farbe auf. Zeitraubender ist die erste Methode, aber sie ist leichter zu handhaben und erleichtert das Spiel mit den Farbschattierungen. Die zweite ist nicht so sauber, man muß das Gebiet um die Schablone herum gut abdecken.

Beachten Sie die Herstellerhinweise auf den Sprühdosen, halten Sie sie mindestens 15 cm oder mehr von der Schablone entfernt und sprühen Sie mit leichtem Druck. Auf keinen Fall zu viel Farbe auftragen, sie läuft leicht davon. Notfalls eine zweite Schicht aufsprühen, aber jede Schicht sparsam und gleichmäßig auftragen. Die Schablone erst abnehmen, wenn die Farbe trokken ist.
Bei mehrfarbigen Mustern wird alles mit Karton oder glattem Packpapier abgedeckt, was nicht in einer bestimmten Farbe bemalt werden soll. Wenn Sie beispielsweise die Schablone von Abb. 1 verwenden wollten, müßten Sie Blätter, Stengel und Staubgefäße abdecken, ehe Sie die Farbe für Blumentopf und Blütenblätter auftragen.
Anschließend würden dann die Blütenblätter und der Blumentopf abgedeckt und dann die Farbe für Stengel, Blätter und Staubgefäße aufgemalt.
Je nachdem, wie erfahren Sie sind (oder es noch werden), können Sie auch einzelne Stellen eines Schablonenmusters mit Sprühfarbe nuancieren. Probieren Sie aber erst auf dem Papier aus, welche Farben von den Nuancen her zusammenpassen.

Schablonenmuster auf Weichholz

Das Holz muß sorgfältig abgeschliffen werden und unbehandelt sein. Eine der einfachsten Methoden ist es, die Schablone mit Filzstift zu kolorieren. Probieren Sie aber die Stifte erst auf einem Stück Holz aus, weil manche verlaufen.
Die Schablone (wie beschrieben) gut fixieren, bemalen und nach dem Trocknen abnehmen. Das Muster anschließend mit Klarlack versiegeln. Nach dem Trocknen kann man die Oberfläche abschleifen und eine zweite Schicht auftragen. Für Hochglanz nochmals abschleifen und ein drittesmal lackieren.

Schablonenmuster auf Textilrollos und Stoff

Auch hier kann man gut mit Filzstift arbeiten. Wenn allerdings die Rollos mit dem Schwamm gereinigt werden sollen oder der Stoff gewaschen, dann müssen die Umrisse mit Bleistift aufgezeichnet und die Flächen mit Stoffdruckfarbe ausgefüllt werden. Nach dem Trocknen werden die Farben vorsichtig eingebügelt und so fixiert. Legen Sie vorsichtshalber einen dünnen Stoff zwischen Bügeleisen und Stoffmalerei und halten Sie sich an die Herstellerhinweise. Manche Farben brauchen mehr Hitze als andere.

Fensterdekorationen

Wer selbst näht, kann sich bei der Anfertigung seiner Fensterdekorationen ungeheuer viel Geld sparen. Gerade Anfänger tun sich beim Nähen von Heimtextilien am leichtesten. Heute sind die verschiedenartigsten Vorhangbänder auf dem Markt, am weitesten verbreitet ist aber das Standard-Gardinenband.

Vorhänge und Gardinen

Vorhänge sollten vielfältig sein und den Stil eines Zimmers widerspiegeln. So erinnern beispielsweise halblange Gardinen mit Rüschen an den Cottage-Stil. Prüfen Sie also die vielen Möglichkeiten sorgfältig.

Sich für einen Stil entscheiden

Gardinen und Vorhänge verleihen einem Raum nicht nur ein bestimmtes Aussehen, sondern können auch optische Effekte hervorrufen, durch die z.B. die Größe eines Fensters oder sogar ein ganzes Zimmer völlig verändert aussieht. Hier einige Beispiele.

Ein Fenster breiter erscheinen lassen: Die Vorhangstange über den Fensterrahmen hinausziehen (Abb. 1). Das heißt, die zurückgezogenen Vorhänge geben das Fenster völlig frei und es strömt mehr Licht herein.

Ein Fenster höher erscheinen lassen: Befestigen Sie die Vorhangstange ein Stück (etwa 20 cm) über dem Fensterrahmen und täu-

schen Sie damit eine größere Höhe vor (Abb. 2). Wenn der Zwischenraum zwischen Fensteroberkante und Vorhangstange mit einem Querbehang (Schabracke) verdeckt ist, bleibt dieser Effekt sogar bei aufgezogenen Vorhängen erhalten (Abb. 3).

Architektonische Mängel kaschieren: Bei unterschiedlichen Formen und Größen von Fenstern

und auch Türen auf dieselbe Weise vorgehen (Abb. 4). Wo erforderlich, verschwindet eine ganze Wand hinter den zugezogenen Vorhängen.

Ein Fenster niedriger erscheinen lassen: Mit einer Formschabracke (Abb. 5) oder einem drapierten

Quervolant (Abb. 6) läßt sich eine Fensterfläche verkleinern. Das sieht gediegen aus und je breiter und dekorativer Schabracke oder Volant sind, desto großartiger ist der Effekt.

Ein Fenster schmaler erscheinen lassen: Die Vorhänge mit Schlaufen zurückbinden, sie aber oben in der Mitte zusammenstoßen lassen (Abb. 7).

Ein schmales, hohes Fenster größer erscheinen lassen: Man verbessert die Proportionen durch eine Caféhausgardine auf einer Vorhangstange oder Schiene, die breiter ist als das Fenster (Abb. 8). Man könnte auch eine Caféhausgardine

vom Sims herabhängen lassen und damit die darunterliegende Wand verdecken.

Den Lichteinfall durchs Dachfenster verstärken: Eine rechteckige U-Schiene montieren und die aufgezogenen Gardinen ganz an die Seiten schieben (Abb. 9).

Ein schönes Fenster herausheben: Die Vorhänge dürfen das Fenster nicht verbergen. Wer ein architektonisch schönes Fenster hat, sollte die ungewöhnliche Form unterstreichen. So kann man bei-

spielsweise über einem Rundbogenfenster einen geschweiften Querbehang oder Quervolant anbringen (Abb. 10) oder, (einfacher) eine Vorhangstange anbringen, die breit genug ist, die Vorhänge tagsüber vom Fenster ganz wegzuziehen.

Den Stil der Dekoration bestimmen

Als allg. Regel kann gelten, daß bodenlange Vorhänge elegant und manchmal etwas formal wirken (Abb. 11), während halblange etwas ungezwungener aussehen (Abb. 12).

Oberkanten

Die Wahl der Oberkante hängt vom gewünschten Effekt und vom Geldbeutel ab. Manche Dekorationsarten erfordern mehr Material als andere. Für normales Kräuselband braucht man z.B. die eineinhalbfache Breite der Vorhangleiste, bei Bleistiftfalten rechnet man zweieinviertel Breiten und für Fächerfalten das Zweieinhalbfache (Abb. 13).

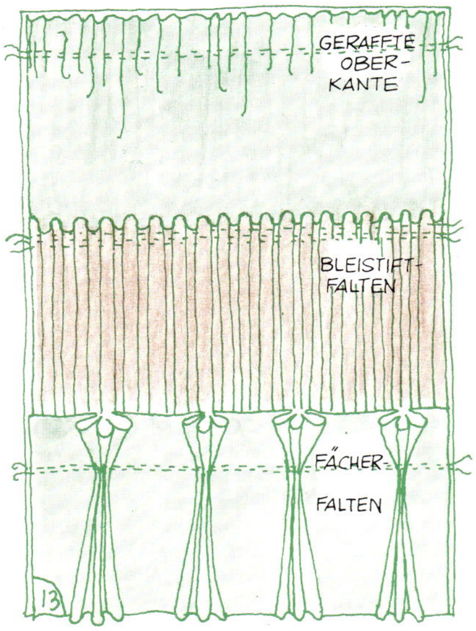

Ausmessen

Zunächst wird die fertige Vorhanglänge gemessen (Abb. 14), plus 22cm für Säume und Oberkante. Diese Zugabe erlaubt einen 7,5cm breiten Doppelsaum und 7cm für eine normale gekräuselte Oberkante. Messen Sie anschließend die Breite der Gardinenleiste (nicht des Fensters) aus und rechnen Sie je 5cm pro seitlichen Saum sowie weitere 15cm dazu, wenn die Vorhänge in der Mitte übereinandergehen sollen. Diese Maße werden nun mit der Weite der jeweiligen Vorhangart multipliziert (siehe »Oberkanten«). Nun teilt man diese Breite durch die Breite des gewählten Materials (normalerweise 122 cm), und rundet auf die nächste Zahl auf. Damit hat man die erforderliche Anzahl der Stoffbahnen.

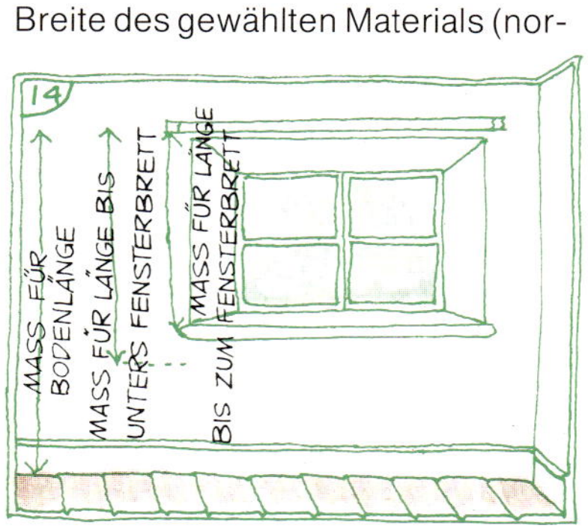

Der gesamte Stoffbedarf wird schließlich durch Multiplikation der Vorhanglänge plus Zugaben mit der Anzahl der Stoffbahnen ermittelt. Bei nicht gekrumpftem Material sollte man außerdem 2,5 cm pro Meter dazurechnen. Bei Rapportmustern kalkuliert man pro Bahn einen zusätzlichen Rapport ein.

Stoff zuschneiden

Der Stoff wird auf einem sauberen Boden oder einem großen Tisch ausgebreitet. Wichtig ist, gerade und im rechten Winkel zur Salkante zuzuschneiden, weil sonst der Vorhang nicht gerade hängt. Um eine gerade Linie zu erhalten, ziehen Sie entweder einen Faden heraus oder markieren mit Hilfe von Winkel und Bleistift eine gerade Linie.

Die Länge der ersten Bahn wird an den Salkanten ausgemessen und mit einer Stecknadel angezeichnet. Jetzt den Stoff an der gesteckten Linie falten und an der Umbruchkante entlang abschneiden.

Bei großgemusterten Stoffen muß die Länge so berechnet werden, daß die Saumkante unterhalb eines kompletten Musters verläuft und es nicht zerschneidet. An der Oberkante fällt ein unterbrochenes Muster weit weniger auf, weil es dort in den Falten verschwindet (Abb. 15).

Alle erforderlichen Bahnen werden nun zugeschnitten, wobei darauf zu achten ist, daß bei gemustertem Stoff jede Länge mit demselben Rapport beginnt. Für halbe Breiten wird die abgeschnittene Bahn der Länge nach gefaltet und an der Umbruchlinie entlang auseinandergeschnitten.

Bei stark schimmernden oder hochflorigen Stoffen kennzeichnet man die Oberkante jeder abgeschnittenen Länge, damit alle Bahnen in dieselbe Richtung verlaufen. Diese Stoffe ändern je nach Lichteinfall ihren Farbton. Besonders bei Flortextilien ist es wichtig, wie sie hängen. Nach oben gehender Strich läßt das Material dunkler und kräftiger erscheinen, fängt aber auch mehr Staub.

Ungefütterte Vorhänge

Vorhänge fallen schöner, wenn sie gefüttert sind, es sei denn, das Material ist sehr dünn. Manchmal ist es aber besser, sie nicht abzufüttern. Die Methode, nach der sie genäht werden, kann als Grundtechnik für die Anfertigung sämtlicher Vorhänge gelten.

Wo es nötig ist, Muster aneinanderpassen (siehe S. 150) und die halben und ganzen Bahnen mit einer einfachen, 12 mm breiten Naht (siehe S. 148f.) verbinden. Die Webkanten werden abgeschnitten, weil sie dichter gewebt sind als der übrige Stoff und die Nähte dadurch wellig werden. Man kann sie aber auch in Abständen von 15 cm einkerben. Die Nähte breitbügeln.

An den Seiten 5 cm einschlagen und umbügeln. Einen 2,5 cm breiten Doppelsaum stecken und bis 6,5 cm unterhalb der Oberkante und 15 cm oberhalb der Unterkante heften. An der Unterkante 15 cm einschlagen und umbügeln.

An jeder Ecke eine Kantenschräge (Gehrung) einbügeln (siehe S. 151) und die Saumzugabe so umbügeln, daß ein 7,5 cm breiter doppelter Saum entsteht.

Die seitlichen Säume können gesteppt werden, schöner sieht es aber aus, wenn man sie mit einem lockeren Hohlstich mit der Hand näht (Abb. 1). Gehrungsnaht und Saum entweder mit Hohlstich oder Hexenstich (Abb. 2) nähen.

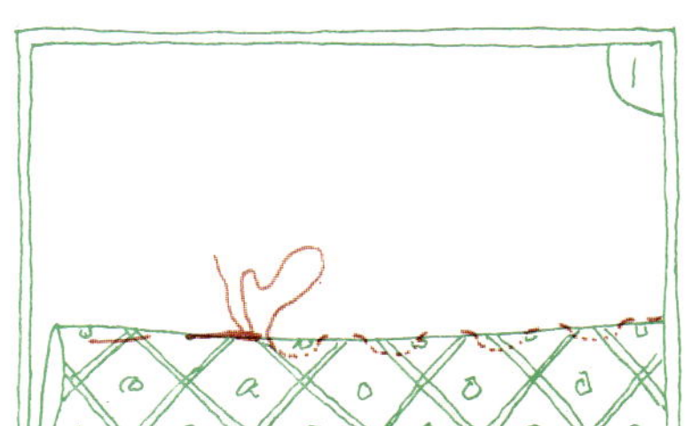

Zum Beschweren des Vorhangs zieht man vor dem Festnähen entweder ein Bleiband in den Saum, oder man näht Einzelgewichte an die Ecken (Abb. 3).

An der Oberkante 6,5 cm einschlagen und umbügeln und 4 cm von der Umbruchlinie entfernt einen Heftfaden durchziehen.

Gardinenband

Das Band wird auf Vorhangbreite plus 5 cm zum Einschlagen geschnitten. An beiden Enden sollte man die Raffschnüre etwa 2.5 cm herausziehen und verknoten, sie an einem Bandende auf der Rückseite fest verknoten und am anderen Ende auf der Bandvorderseite nur lose.

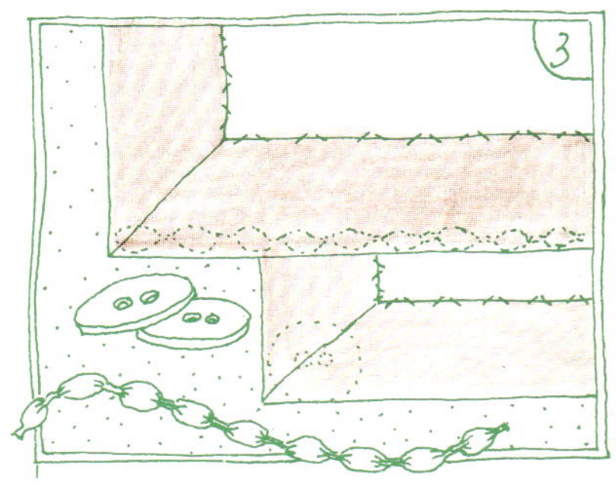

Der lockere Knoten kommt an die Außenkante des Vorhanges. Nun wird das Band an beiden Enden 2,5cm eingeschlagen und auf der linken Seite des Vorhangs entlang der Heftlinie festgesteckt und aufgeheftet. Danach kann man das Band aufsteppen, wobei man bei der Ober- und Unterkante in dieselbe Richtung näht. Die Raffschnur auf Gardinenleistenbreite zusammenziehen und die Krause gleichmäßig verteilen. Wieder einen Knoten machen und die losen Enden der Raffschnur zu einer Schlinge binden.

Bänder für Bleistift- und Fächerfalten

Sie werden wie das normale Gardinenband, aber fast am obersten

Rand des Vorhanges aufgenäht (Abb. 4). Zur symmetrischen Anordnung der Falten, zieht man das Band vor dem Annähen zusammen und markiert die Stellen, an denen die Falten gelegt werden. Falten niemals an die Außenkanten legen, sondern an dieser Stelle einen ein-

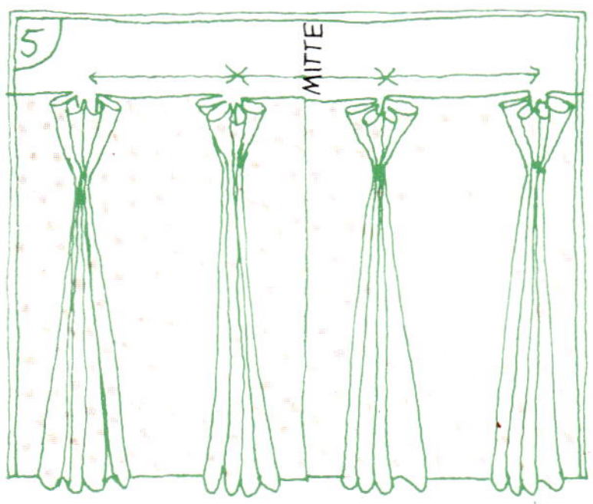

zelnen Haken vorsehen. Wenn die Vorhänge in der Mitte übereinandergehen, müssen die Falten so gelegt werden, daß die Abstände gleich sind, wenn die Vorhänge zugezogen sind (Abb. 5). Wenn die Falten markiert sind, kann man das Band glätten und auf den Vorhang aufnähen.

Gefütterte Vorhänge

Vorhänge sollten grundsätzlich gefüttert werden, es sei denn, man möchte das Licht durchscheinen sehen. Mit einem Futter werden die Außenseiten der Vorhänge vor Schmutz und Ausbleichen geschützt, sie isolieren gut und fallen auch viel schöner.

Loses Futter

Das ist eine der schnellsten und einfachsten Methoden zum Abfüttern von Vorhängen. Zunächst berechnet man die fertige Vorhanggröße und schneidet dann das Futter mit diesen Maßen zu. Der Vorhang sollte mit sämtlichen Zugaben 12 cm breiter und 22,5 cm länger als das Futter sein.

Zunächst verbindet man die Vorhangbahnen, dann die Futterbahnen miteinander. Futter- und Vorhangstoff rechts auf rechts legen, die Kanten liegen dabei aufeinander, das Futter mit der Oberkante 7,5 cm unterhalb der Vorhangoberkante. Die Seitenkanten zusammenheften und mit einer 12 mm breiten Naht von der Futteroberkante bis 15 cm oberhalb der Futterunterkante steppen (Abb. 1). Die Web-

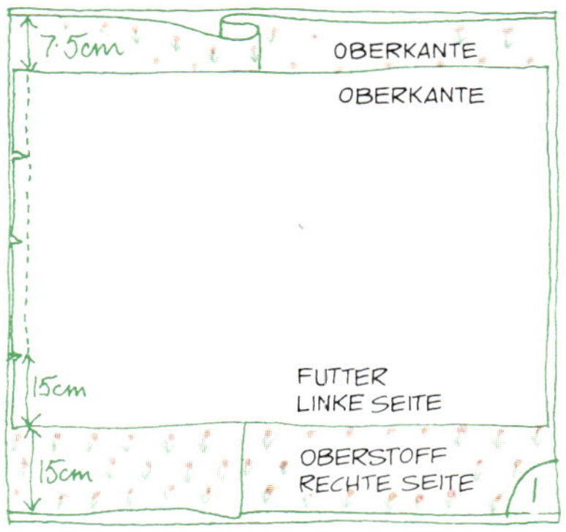

kanten abschneiden oder einkerben.

Unterkante des Futters 5 cm einschlagen, umbügeln und einen 2,5 cm breiten Doppelsaum steppen. Dann den Vorhangstoff 15 cm einschlagen, umbügeln und nach dem Einbügeln der Schrägkanten einen 7,5 cm breiten Doppelsaum heften. Das Futter ist 5 cm kürzer als der Vorhang (Abb. 2). Futter und Vorhang nach rechts drehen, Mitte

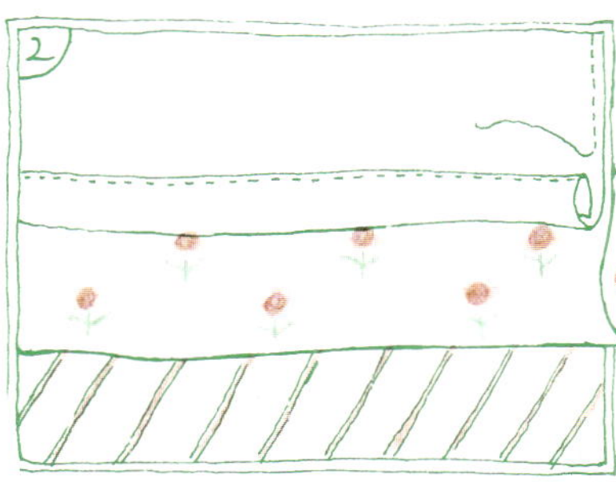

auf Mitte legen, so daß dabei ein schmaler Streifen des Vorhangs auf die Innenseite eingeschlagen wird (Abb. 3). Mit Hohl- oder Staffierstich (siehe S. 148) die restlichen Seitenkanten des Futters am Vorhang festnähen. Schrägkanten (siehe S. 151)

und Vorhangsaum nähen und Heftfäden herausziehen.

Nun 7,5 cm an der Vorhangoberkante einschlagen, umbügeln und die Schrägkanten einbügeln und alles über dem Futter festheften. Stecken und heften Sie das Gardinenband an und machen Sie den Vorhang wie einen ungefütterten fertig. Den eventuellen Überstand an der Oberkante abschneiden.

Aufgenähtes Futter

Diese Methode wird vom Fachman bevorzugt, weil damit der Vorhang am besten fällt. Wie bei lose gefütterten Vorhänger sollte auch hier der Vorhangstoff 12 cm breiter und 22,5 cm länger als der fertige Vorhang zugeschnitten sein. Das Futter ist rundherum 4 cm kleiner. Fügen Sie die Vorhang- und dann die Futterbahnen wie üblich zusammen.

Den Vorhangstoff an den Seitenkanten je 6,5 cm, an der Unterkante 15 cm einschlagen und umbügeln. Schrägkanten einbügeln (siehe S. 151f.). Seitensäume, Schrägkanten und Saum mit Hohlstich befestigen (für den Saum evtl. auch Hexenstich).

Breiten Sie den Vorhangstoff mit der rechten Seite nach unten auf eine große, saubere Unterlage und zeichnen Sie mit Schneiderkreide und Lineal im Abstand von 30 cm (bei sehr breiten Vorhängen 39 cm) senkrechte Linien ein.

Das Futter jetzt 2 cm unterhalb der Vorhangoberkante links auf links auf den Vorhang legen und bis zum ersten Kreidestrich zurückschlagen. Heften Sie, 18 cm unterhalb der Vorhangoberkante beginnend, das Futter mit 10 bis 13 cm langen Festonstichen (siehe S. 148) auf den Vorhang (Abb. 4), und zwar bis zur Saumoberkante. Dann kann man das Futter glattstreichen, zurückschlagen bis zum zweiten Kreidestrich und genauso anheften (Abb.

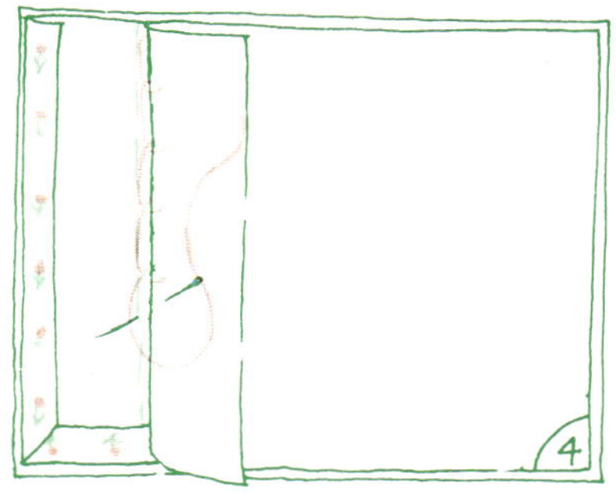

5). Auf diese Weise wird das gesamte Futter auf den Vorhang aufgenäht. Die Seitenkanten des Futters 2 cm und die Unterkante 4 cm einschlagen, umbügeln und mit Hohlstich am Vorhang festnähen.

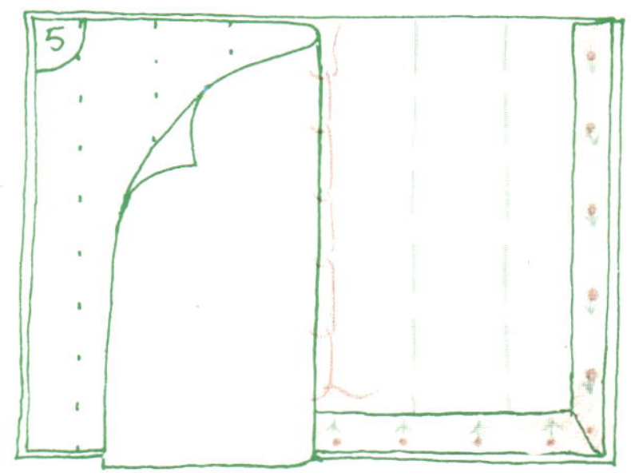

Die Oberkante des Vorhangs 7,5 cm, die des Futters 7 cm einschlagen und umbügeln und alle Ecken auf Gehrung nähen. Dann wird das Futter mit Hohlstich befestigt (Abb. 6) und das Gardinenband aufgenäht.

Zwischenfutter

Vorhänge mit Zwischenfutter sind der Inbegriff von Luxus. Durch das weiche Futtermaterial, einen speziellen Flanell, werden sie dick und halten die Kälte ab.
Die Futterbreiten werden mit den Kanten übereinandergelegt und mit zwei parallelen Nähten verbunden (Abb. 7). Das Zwischenfutter ist genauso groß wie der Vorhangstoff ohne Zugaben.
Legen Sie das Zwischenfutter auf die linke Seite des Vorhangstoffes

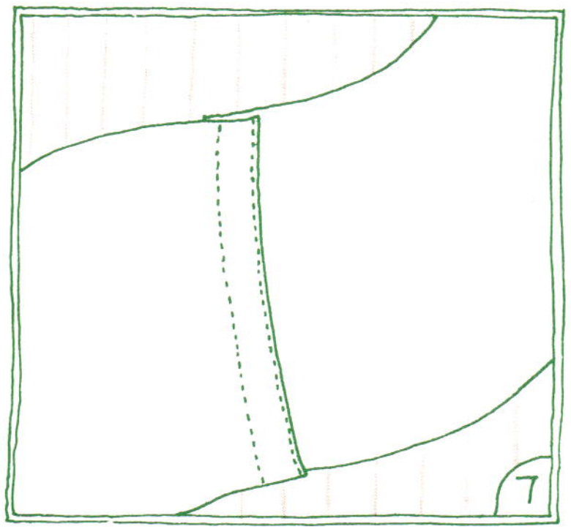

und zwar im Abstand von 7,5 cm von der Oberkante und 6,5 cm von der Seitenkante (Abb. 8). Das Zwischenfutter genauso festnähen wie das aufgenähte Futter.
Die Seitenkanten des Vorhangs über das Zwischenfutter schlagen und anbügeln, auch den unteren Vorhangsaum entlang der Futterkante umschlagen und anbügeln, dabei die Schrägkanten (siehe S. 151f.) nicht vergessen. Die Seitenkanten, der Saum und die Schrägkanten werden wie bei ungefütterten Vorhängen mit Hohlstich festgenäht.

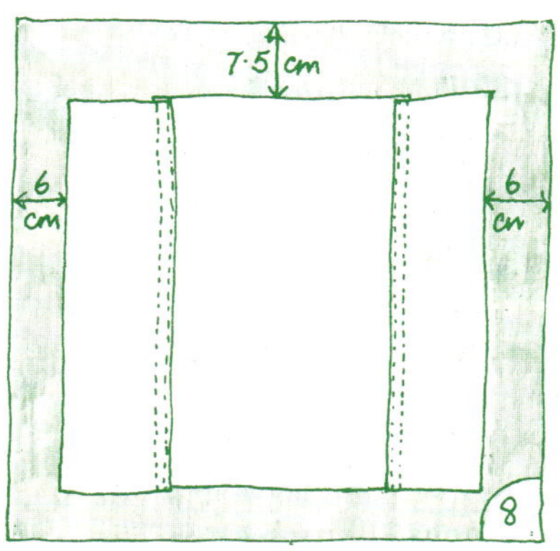

Heften Sie anschließend das normale Futter wie das aufgenähte Futter auf das Zwischenfutter.
Wärmefutter haben meistens eine schaumstoffkaschierte Rückseite. Sie werden wie normales Futter aufgenäht und das Zwischenfutter erübrigt sich.

Abnehmbares Futter

Dieses Futter läßt sich zum Waschen abnehmen, verbessert aber nicht den Fall des Vorhangs.
Nähen Sie Vorhang und Futter wie ungefütterte Vorhänge. Der Vorhang bekommt ein normales Gardinenband, während das Futter ein Spezialband für abnehmbare Futtervorhänge braucht. Schieben Sie die Futteroberkante zwischen die beiden Bandseiten (Abb. 9) und steppen Sie sie fest. Sie muß nicht eingeschlagen werden. Die fertige Länge von der Unterkante des Futterbandes messen.
Ziehen Sie Vorhang und Futter auf die erforderliche Weite zusammen und führen Sie die Haken zuerst durch die Löcher des Futterbandes und dann durch die Ösen des Gardinenbandes.

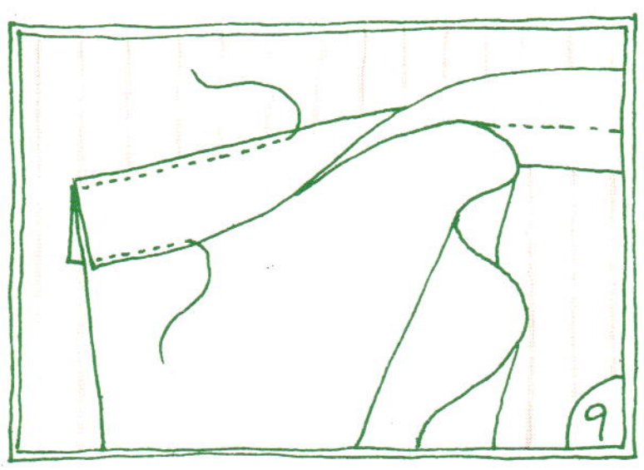

Vorhänge ohne Gardinenband

Trotz aller Raffinesse, die sich mit fertigen Bändern erreichen läßt, sind altmodische Oberkanten ohne Bänder in ihrer Schlichtheit und ihrem hübschen Aussehen bestechend. Manchmal passen sie auch besser zum gewählten Dekorationsstil.

Angenähte Ringe

Die einfachste Methode ist der direkt an die Oberkante angenähte Holz- oder Messingring (Abb. 1).

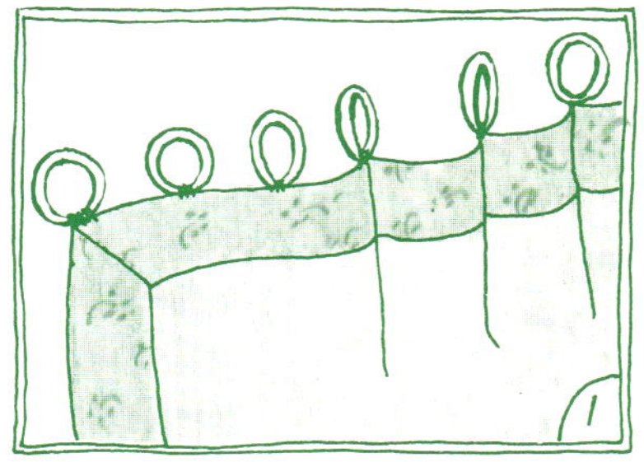

Machen Sie anstelle des Gardinenbandes an der Vorhangoberkante einen sauberen Saum und nähen Sie die Ringe in Abständen von ca. 10 cm fest an. Danach wird alles über eine Holzstange oder Metallschiene geschoben.

Klemmringe

Manche Zubehörhersteller bieten als Alternative zum Vorhangring den Klemmring an. Der Clip sitzt an einem Ring, der dann über die Vorhangstange geschoben wird.
Fertigen Sie den Vorhang wie für angenähte Ringe an und klippen Sie alle 10 cm einen Klemmring an (Abb. 2).

Zugsaum

Diese Methode eignet sich ideal für Tüllgardinen und alle Gardinen, die nicht auf- und zugezogen werden. Der Vorhangweite sind allerdings Grenzen gesetzt. Eineinhalb Breiten sind das Maximum, es sei denn, das Material ist sehr dünn. Man kann die Gardinen mit Schlaufen zurückbinden (Abb. 3) oder sie (wie in Abb. 4 an einem Dachfenster gezeigt), oben und unten spannen und mit einer Schleife offenhalten. Durch den Zugsaum an der Vorhangoberkante wird eine Holzstange, Metallschiene oder ein Federdraht geschoben (Abb. 5). Das Köpfchen ist gerüscht.

Die Stoffbreiten wie üblich zusammenfügen und seitliche Säume und den unteren Saum nähen.
An der Oberkante 10 cm einschlagen und umbügeln. Machen Sie einen 5 cm breiten Doppelsaum und nähen Sie dabei knapp an der Unterkante entlang. Dann folgt eine zweite Naht im Abstand von etwa 2,5 cm (Abb. 6).
Die Vorhangstange wird zwischen

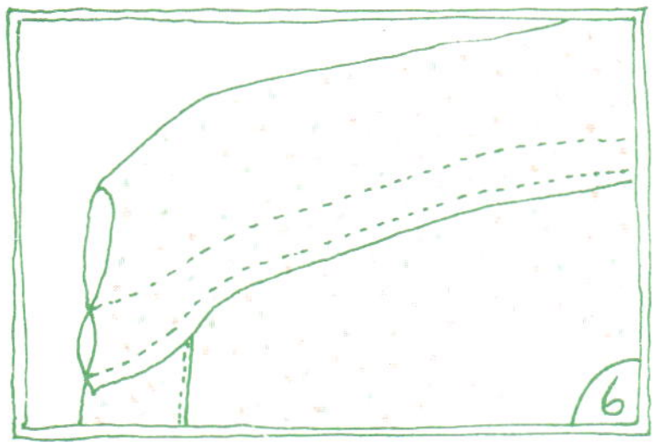

den beiden Nähten durchgeschoben. Bei dickeren Stangen muß man entsprechend größere Zugaben und auch das Köpfchen höher machen.

Bogenkante

Das ist eine dekorative Variante der Oberkante mit Ringen. Eine der zahlreichen Versionen ist die einfache Bogenkante an einer glatten Caféhausgardine (Abb. 7), die genauso breit ist wie die Vorhangstange.

Die Gardine wie üblich nähen, dabei aber nur die seitlichen Säume; die Ober- und Unterkante offen lassen. An der Oberkante 6 mm Nahtzugabe zurechnen.

Errechnen Sie nun die Bogenzahl. Allgemein kalkuliert man 8 cm für die Bogenbreite und 2 cm für den

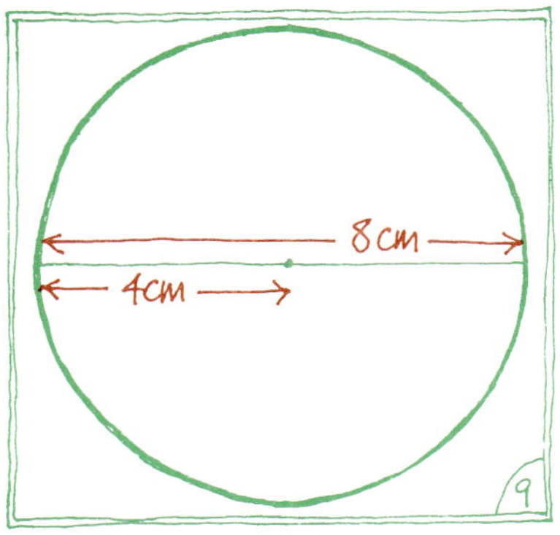

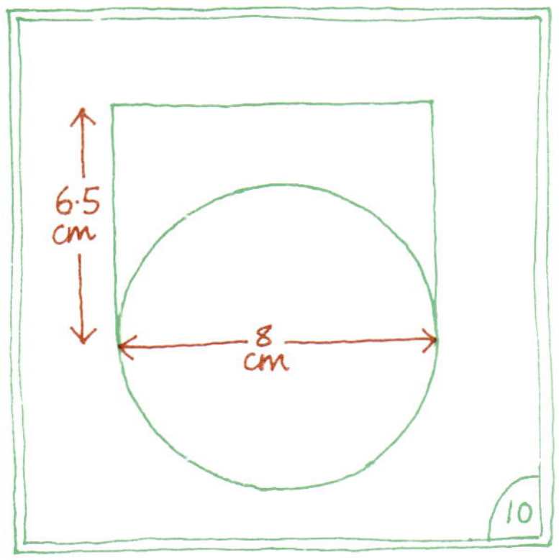

Zwischenraum ein. Die Stoffbreite zwischen den Außenkanten wird gleichmäßig aufgeteilt (Abb. 8).

Für den Bogen wird eine Pappschablone angefertigt. Zeichnen Sie dazu mit Hilfe eines Zirkels einen Kreis mit einem Radius von 4 cm (Abb. 9) und tragen Sie den Durchmesser horizontal ein. Jetzt zeichnen Sie mit einem Winkel ein Rechteck, dessen Grundlinie der Kreisdurchmesser ist und dessen Seiten 6,5 cm hoch sind (Abb. 10). Die Schablone ausschneiden (Abb. 11). Zeichnen Sie die Bögen in Abständen von 2 cm mit Bleistift oder Schneiderkreide auf der linken Stoffseite ein, die verbleibenden Außenkanten müssen gleich breit sein.

Nun wird ein 15 cm breiter Belagsstreifen in Vorhangbreite plus 12 mm Zugabe geschneidert. An den Schmalseiten je 6 mm einschlagen, umbügeln und heften und dann den ganzen Streifen rechts auf rechts auf den Vorhang heften. An der Belagsunterkante 6 mm einschlagen, umbügeln und heften.

Die Bogenkonturen durchheften, wobei die Oberkanten der Zwischenräume in gerader Linie verlaufen. Die Nahtbreite ist 6 mm. Steppen Sie jetzt entlang der Heftlinie und schneiden Sie die Bögen mit ei-

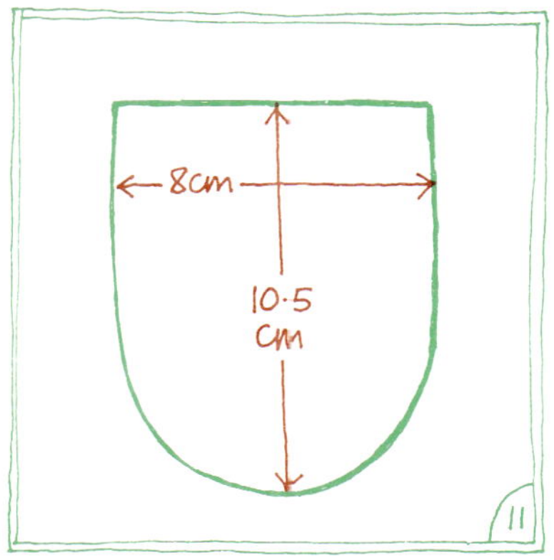

nem Überstand von 6 mm aus. Die Rundungen einkerben und die Ecken zurückschneiden (siehe S. 149). Das Ganze auf die rechte Seite drehen, bügeln und Seiten- und Unterkanten des Belags mit Hohlstich festnähen. An jeden Bogenzwischenraum einen Ring nähen (Abb. 12).

Schieben Sie die Vorhangstange durch die Ringe, hängen Sie den Vorhang auf und legen Sie die Saumhöhe fest. Den Saum stecken, heften und mit Hohlstich hochnähen. Zum Schluß bügeln.

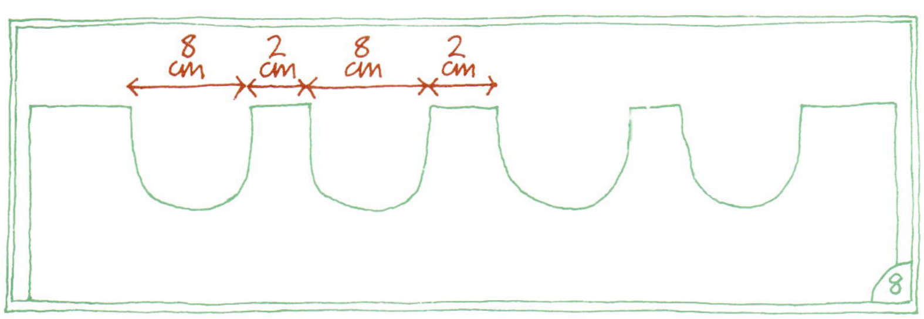

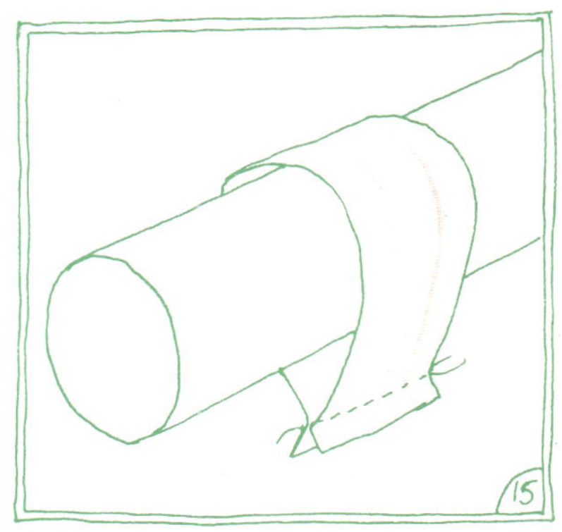

Schlaufenkante

Sie eignet sich nur für Gardinen, die nicht aufgezogen werden, besonders für Caféhausgardinen und ist leichter anzufertigen wie die Bogenkante. Außerdem eignet sich die Schlaufenkante für Wandbehänge, Rückenkissen und Kopfstützen auf Stangen (Abb. 13 und 14).

Die Schlaufenlänge setzt sich aus Stangendicke plus 5 cm Spiel plus 2,5 cm Nahtzugabe zusammen (Abb. 15). Normalerweise ist die fertige Schlaufe ca. 7,5 cm breit. Die Außenschlaufen sind etwa 2,5 cm von der Gardinenaußenkante entfernt, die restlichen werden gleichmäßig verteilt. Viel hängt auch von

der Stärke der Vorhangstange und dem Gewicht des Materials ab. Breite Schlaufen sitzen weiter auseinander, schmale enger beisammen.
Nähen Sie die Gardine und lassen Sie Ober- und Unterkante offen. An der Oberkante muß man 12 mm zum Einschlagen zugeben. Dann wird die Schlaufenzahl ausgerechnet. Schneiden Sie aus demselben oder einem andersfarbigen Stoff Streifen in der erforderlichen Länge und doppelten Breite plus 2,5 cm Nahtzugabe. Die Streifen längsseits falten und mit einer 12 mm breiten Naht zusammennähen, die Enden bleiben offen. Dann alles auf die rechte Seite drehen und so falten, daß die Naht auf der Rückseite des Streifens liegt und bügeln (Abb. 16).
Die Schlaufen in der Mitte falten und in die richtigen Abstände auf die rechte Seite des Vorhangs stecken, die offenen Enden liegen aneinander. 12 mm von der Kante weg die Schlaufen anheften. Schneiden Sie

einen 8 cm breiten Belagsstreifen in Vorhangbreite plus 12 mm Zugabe, dessen Schmalseiten 6 mm eingeschlagen, gebügelt und geheftet werden. Belag und Vorhang rechts auf rechts zusammenheften und Unterkante des Belags 6 mm einschlagen, umbügeln und heften (Abb. 17). An der Oberkante eine 12 mm breite Naht steppen, alles umdrehen und bügeln.
Seitliche und untere Kante des Belags mit Hohlstich festnähen (siehe S. 148). Schieben Sie die Vorhangstange durch die Schlaufen, hängen Sie die Gardine auf und legen Sie die Saumhöhe fest. Dann den Saum stecken, heften, mit Hohlstich hochnähen und bügeln.

Duschvorhänge

Duschvorhänge sind leicht anzufertigen. Die hübschen PVC-Drucke können sehr originell aussehen.
PVC franst nicht aus und braucht daher nur einfache Säume. Schlagen Sie die Oberkante einmal ein und setzen Sie eine Reihe Ösen darauf. Geräte zum Ösenschlagen gibt es heute in fast allen Kurzwarengeschäften und die speziellen Duschvorhangringe lassen sich ohne weiteres durch die Ösen schieben (Abb. 18).
Kleine Stiche perforieren das PVC und lassen es schließlich reißen, das Nähen sollte man daher auf ein Minimum begrenzen. Wenn, dann machen Sie große Stiche und tropfen etwas Öl auf eine sehr spitze Nadel, damit sich das PVC leichter

durchstechen läßt. Etwas Talkumpuder zwischen den Lagen verhindert, daß das Material zusammenklebt. Am besten vermeiden Sie das Nähen ganz und arbeiten mit einem guten Kunststoffkleber. Anstelle von Heftfaden und Nadeln benützt man Scotchtape, Isolierband und Büroklammern.
Die fertige Länge des Vorhangs rechnet man von der Unterkante der Duschschiene bis zum Boden; dazu kommen 2,5 cm für den unteren und 5 cm für den oberen Saum. Die fertige Weite beträgt die eineinhalbfache Breite der Duschschiene. Für die seitlichen Säume sind je 2,5 cm hinzuzurechnen.
Verbinden Sie die Bahnen mit einer französischen Naht (siehe S. 149). Die Seitenkanten und den unteren Saum einschlagen, nähen und die Ecken auf Gehrung zusammenfügen (siehe S. 151). Die Oberkante des Vorhangs umschlagen, mit Klebstreifen fixieren und die Ösen in Abständen von etwa 15 cm schlagen. Dann werden die Ringe eingesetzt.
Man kann auch einen Duschvorhang aus ganz gewöhnlichem Stoff machen und dazu einen Futtervorhang aus durchsichtigem PVC, die beide in denselben Ringen hängen.

Vorhangschlaufen

Mit Halteschlaufen sehen die meisten Vorhänge und Gardinen hübscher aus. Außerdem sind sie praktisch, weil sie die bauschigen Vorhänge zurückhalten und damit mehr Licht ins Zimmer strömt. Ob an hohen, schlanken Fenstern oder an kleinen – Vorhangschlaufen halten die Gardinen in weichen, schwungvollen Falten zusammen. Besonders eignen sie sich zum Zurückbinden der dekorativen Draperien an einem Himmelbett oder von anderen Bettbehängen.

Die Form wählen

Am einfachsten sind schlichte Schlaufen aus demselben Stoff wie die Vorhänge. Lebhafter sehen sie mit andersfarbiger Einfassung aus oder, bei einfarbigem Stoff, mit einer

geblümten Kante. Sehr feminin wirken Schlaufen mit Rüschen oder Schleifen und besonders effektvoll sehen sie mit Bogenkanten aus (Abb. 1–4).

Ausmessen

Für die fertige Länge der Schlaufe hält man den Vorhang mit einem Maßband zusammen und drapiert ihn so, wie man ihn haben möchte. Gleichzeitig markiert man die Stelle für den Wandhaken, wobei über die Schlaufenenden hinaus 2 cm für Haken und Ringe einkalkuliert werden. Markieren Sie den Punkt mit Bleistift durch ein Schraubenloch oder zeichnen Sie die Umrisse der Halterung nach (Abb. 5).

Gerade Schlaufen

Für jede Schlaufe schneiden Sie zwei 12,5 cm breite Streifen in der erforderlichen Länge plus 2,5 cm Nahtzugabe zu. Außerdem eine 10 cm breite Einlage aus Buckram oder starker Vlieseline in fertiger Schlaufenlänge zuschneiden. Die Einlage auf die linke Seite eines der beiden Stoffstreifen so aufstecken, daß ringsum 12 mm Stoffzugabe übersteht und mit Saumstich (siehe S. 148) aufnähen (Abb. 6). Stecken Sie nun den zweiten Streifen rechts auf rechts auf den versteiften Teil und heften Sie die beiden Teile zusammen. Mit einer 12 mm breiten Naht absteppen und auf einer Langseite ca. 10 cm offen lassen (Abb. 7). Die Ecken zurückschneiden, auf die rechte Seite drehen, die Öffnung mit Hohlstich (siehe S. 148) verschließen und bügeln. An die Enden je einen kleinen Messingring nähen (Abb. 8).

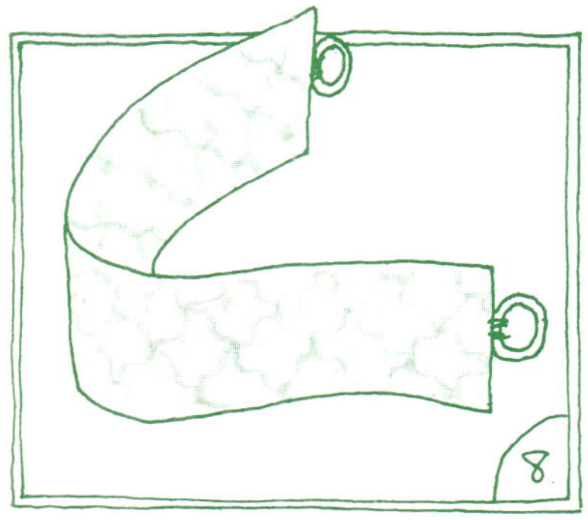

Formschlaufen

Hierfür braucht man ein Schnittmuster. Probieren Sie verschiedene Formen aus, schneiden Sie sie aus und stecken Sie sie um den Vorhang.
Nehmen Sie ein rechteckiges Stück Packpapier, das etwas länger als die fertige Schlaufe und 23 cm breit ist, falten Sie es und zeichnen Sie die Schlaufenform auf.
Dann werden zwei Stoffstreifen in Papiergröße zugeschnitten. Stoff und Schnittmuster falten und das Muster am Umbruch auf einer Stofflage aufstecken (Abb. 9). Den Stoff mit einer Nahtzugabe von 12 mm zuschneiden und mit dem zweiten Streifen ebenso verfahren.
Nähen Sie die Schlaufe wie beschrieben fertig, schneiden Sie die Ecken zurück und kerben Sie die Rundungen ein (siehe S. 149).

Schlaufen mit Schleifen

Zuerst eine gerade Schlaufe (wie beschrieben) anfertigen.
Für das Schnittmuster der Schleife ein 61 cm x 18 cm großes Stück Packpapier falten und die in Abb. 10 gezeigte Form aufzeichnen. Entlang der Bleistiftlinie ausschneiden.
Schneiden Sie nun zwei 23 cm breite und 64 cm lange Streifen zu, falten Sie sie in der Mitte und stecken Sie auf eine Lage das gefaltete Schnittmuster an der Umbruchkante auf (Abb. 11). Den Stoffstreifen mit einer Nahtzugabe von 12 mm zuschneiden und mit dem zweiten Streifen ebenso verfahren.
Die Schleifenteile wie eine gerade Schlaufe nähen, aber als Einlage nur dünne Vlieseline nehmen. Statt des Schlitzes an einer der Langseiten bleiben die beiden Schmalseiten offen. Falls die Schleife zu lang ist, kann man das Teil wieder umdrehen und in der Mitte, wo die Naht nicht sichtbar ist, ein Stück herausnehmen. Binden Sie die Schleife und sehen Sie, ob Sie mit dem Ergebnis zufrieden sind. Wenn ja, die Schmalseiten 12 mm einschlagen und mit Hohlstich verschließen. Die Schleife wird an der Rückseite an die Vorhangschlaufe genäht.

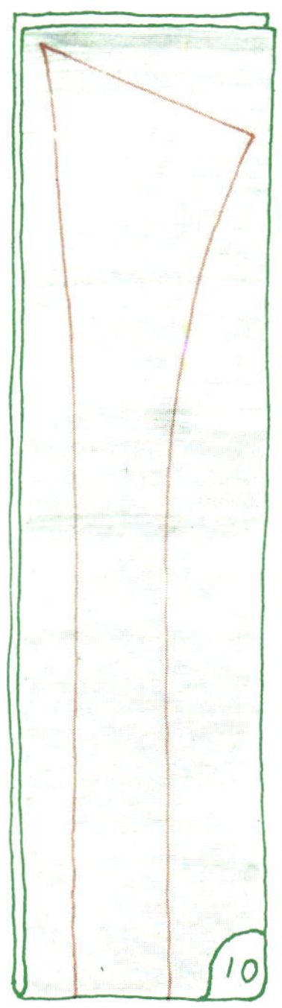

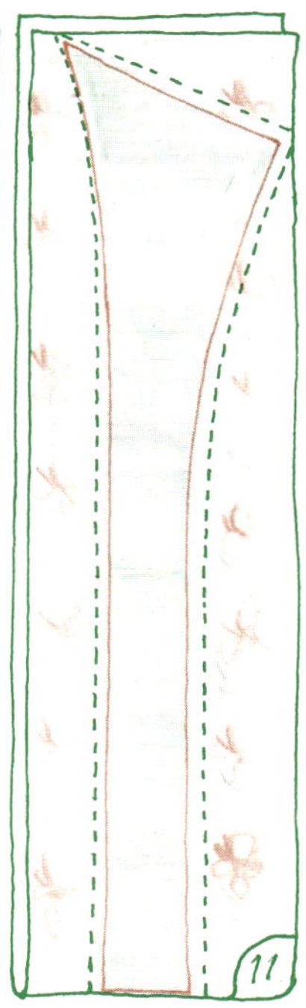

Querbehänge (Schabracken) und Quervolants

Allgemein gesprochen, versteht man unter einer Schabracke einmal einen glatten und zum anderen unter einem Quervolant einen gerafften Querbehang. Sie bedecken die Vorhangoberkante und verbergen damit die Gardinenleiste oder haben einen rein dekorativen Effekt. Auch die Proportionen eines Fensters kann man mit dieser Art Behang verändern (siehe S. 109).

Die Form wählen

Unterschiedliche Formen sind gleichbedeutend mit unterschiedlichen Stilen. So sieht beispielsweise ein gesmokter oder gerüschter Volant etwas bäuerlich aus, während ein glatter oder in Falten gelegter Behang klassisch-streng wirkt. Ornamentale Formen, ob glatt oder drapiert, sehen besonders effektvoll aus.

Länge und Form eines Querbehangs hängen von Größe und Form des Fensters und vom Charakter des Raumes ab. Im Schnitt liegen die Längen zwischen 15 cm und 30 cm. Denken Sie daran, daß der Querbehang hoch genug angebracht wird, damit er kein Licht wegnimmt, andererseits aber so lang sein muß, daß die Gardinenstange auch noch verdeckt ist, wenn man von unten nach oben sieht.

Die einfachste Form ist eine gerade Kastenform (Abb. 1), die aber mit angekraustem oder gefaltetem Volant weicher und ansprechender aussieht (Abb. 2). Die Strenge einer kastenförmigen Schabracke läßt sich aber durch Stufen oder abgerundete Ecken mildern (Abb. 3 und 4). Beide Versionen kann man auch an den Kanten einfassen.

Andere klassische Formen der Schabracke haben geschweifte, bogenförmige oder krenelierte Kanten (Abb. 5–7). An großen, schönen Fenstern kann man den Behang auch seitlich nach unten ziehen und in langen, dekorativen Ecken auslaufen lassen (Abb. 8).

Weit weniger formal und viel weicher wirkt der einfache, geraffte Volant mit eingefaßter Rüschenkante, oder mit beidem (Abb. 9). Andere Varianten haben Bogen- oder Zickzackkanten (Abb. 10 und 11) oder rahmen das Fenster ein (Abb. 12). In extravaganten, verspielten, femininen Räumen sieht man manchmal Querbehänge, die eher wie Raffrollos aussehen und oft auch Rüschen haben (Abb. 13). Mit Vorhangband

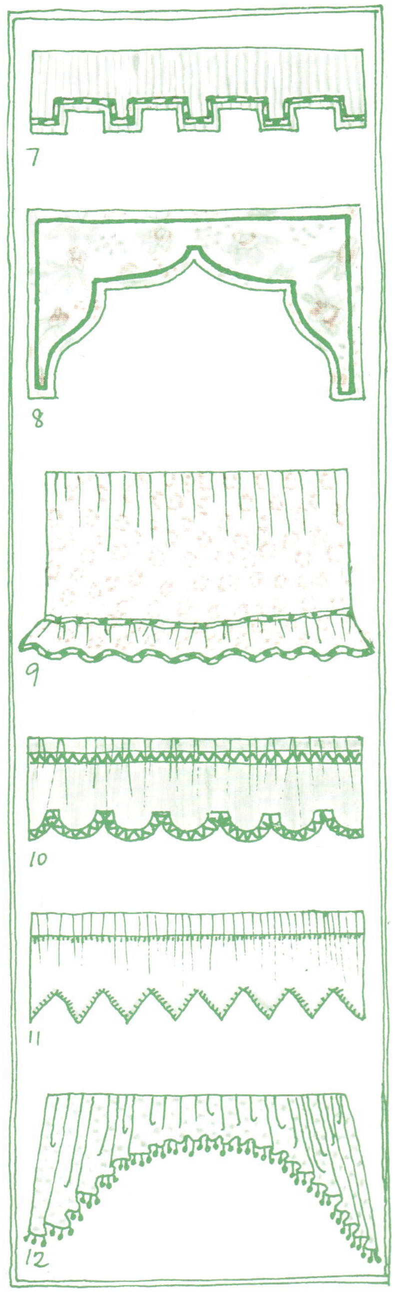

angefertigte Volants bereichern die Palette noch. Das Band macht die Sache zwar teurer, aber auch wesentlich einfacher. Diese Volants werden genauso wie gefütterte oder ungefütterte Vorhänge angefertigt. Einer der ansprechendsten ist der Volant mit Fächerfalten (Abb. 14).

Schabrackenhalterung

Sie gleicht einer Art Regalbrett. Sie brauchen dazu eine 12 mm starke, 10 cm tiefe Sperrholz- oder Hartfaserplatte in Gardinenleistenbreite plus 5 cm für einen seitlichen Spielraum von 2,5 cm. Die Platte wird mit einem Winkeleisen über dem Fenster an die Wand geschraubt und zwar in Höhe der Schabrackenoberkante (Abb. 15). Bei der Montage des Bretts in einer Fensternische, werden die Winkeleisen an der oberen Innenkante des Fensterstocks (Laibung) angeschraubt (Abb. 16). Die Platte wird auf die exakte Breite des Fensterstockinnenmaßes zugeschnitten und im rechten Winkel dazu über die Front angeschraubt

(Abb. 17). Sie hängt dann senkrecht und schließt bündig mit der Wand ab.

Ausmessen

Zur Ermittlung der fertigen Schabracken- bzw. Volantlänge, Breite und Tiefe der Halterung, bei bündig angeschraubten Platten, nur die Breite messen.

Schabracken oder Volants befestigen

Die einfachste Befestigungsmethode besteht darin, Schabracke oder Volant mit 12 mm Tapezierernägeln an die Brettkante zu nageln und über die Nagelreihe eine Borte mit geeignetem Textilkleber zu kleben. Man kann aber auch Klettband verwenden. Ein Streifen wird zu diesem Zweck auf die Brettkante geklebt, der zweite auf die Rückseite des Behangs aufgenäht.

Bei der dritten Methode näht man an die Rückseite der Außenkanten kleine Messingringe befestigt Nägel oder Schrauben an den Plattenaußenkanten und hängt die Schabracke oder den Volant so ein, daß der Behang straff um das Brett herum gespannt ist (Abb. 18).

Glatte Schabracke

Nehmen Sie ein Stück Packpapier, das etwas größer ist als die Schabracke, falten Sie es in der Mitte und zeichnen Sie die von Ihnen gewünschte Form auf. Retouren (der Abstand von der Wand bis zur Brettvorderkante) werden, soweit vorhanden, gestrichelt markiert (Abb. 1). Das Muster ausschneiden, auseinanderfalten und Maße und Form an der Halterung ausprobieren.

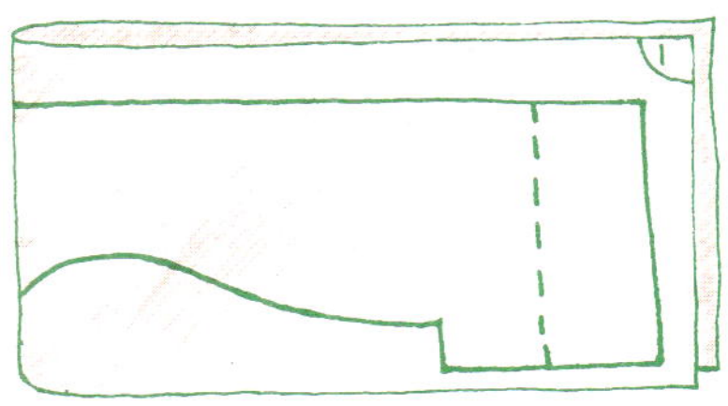

Den Stoff wie für Vorhangschlaufen mit einer Nahtzugabe von 12 mm zuschneiden. Genauso wird der Futterstoff und das Zwischenfutter zugeschnitten. Dann eine Einlage aus Buckram oder starker Vlieseline, aber ohne Nahtzugabe, schneiden.

Das Zwischenfutter mit Festonstich (siehe S. 148) auf die linke Seite des Vorhangstoffes aufnähen. Die beiden Lagen glattstreichen, die Buckrameinlage auflegen und sie entlang den Kanten anheften. Nun kerben Sie die Nahtzugabe an den Rundungen ein, schlagen den Vorhangstoff ein und heften ihn auf der Einlage fest (Abb. 2).

Gewünschte Fransen, Falten, Rüschen und Schnurpaspeln (siehe »Grundtechniken«) werden jetzt, bevor der versteifte Stoff abgefüttert wird, angenäht.

Die 12 mm breite Nahtzugabe am Futterstoff einschlagen, einkerben, wenn nötig umbügeln. Das Futter links auf links auf den Behang legen und mit Hohlstich (siehe S. 148) aufnähen (Abb. 3).

Einfacher Raffvolant

Schneiden Sie zwei Stoffstreifen in doppelter fertiger Länge und erforderlicher Breite (Höhe) plus 12 mm Nahtzugabe zu. Normalerweise ist ein Volant etwa 23 cm breit (hoch). Für zusätzlichen »Stand« ist ein gleichgroßes Zwischenfutter zuzu-

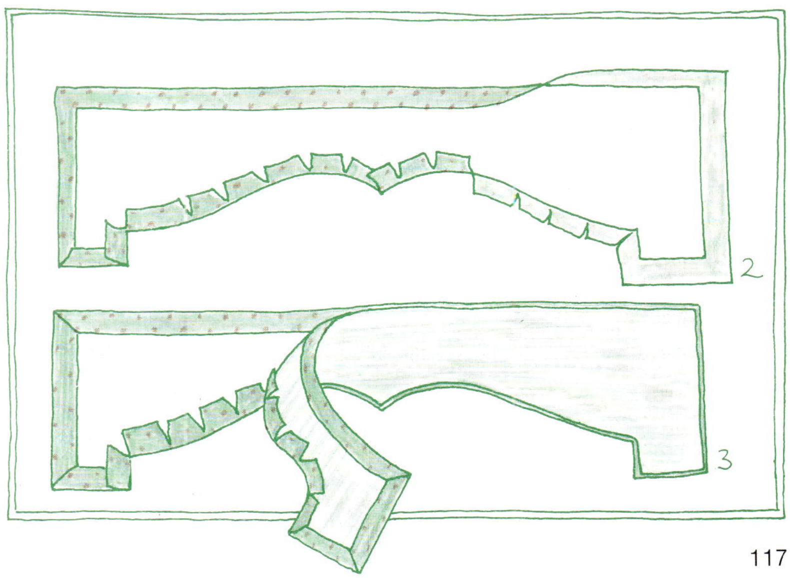

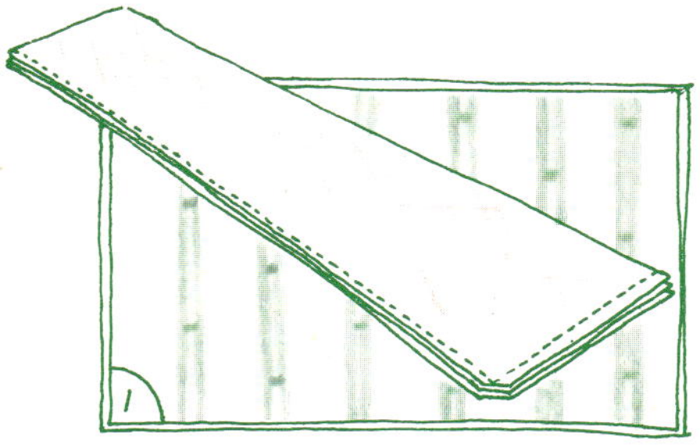

schneiden. Breiten Sie beide Bahnen rechts auf rechts aus, legen Sie, falls vorhanden, das Zwischenfutter auf und steppen Sie es an drei Seiten mit einer 12 mm breiten Naht ab; eine Längsseite bleibt offen (Abb. 1). Die Ecken schräg zurückschneiden, umdrehen und bügeln.
Nun an der offenen Oberkante 12 mm vom Rand entfernt eine Reihnaht machen und eine zweite im Abstand von 3 mm daneben auf der Nahtzugabe. Schneiden Sie einen 2,5 cm breiten Schrägstreifen in fertiger Volantlänge plus 12 mm zum Einschlagen und nähen Sie ihn an beiden Seiten entlang der unteren Reihnaht fest.

Geraffter Volant mit Formkante

Zunächst müssen Sie sich für die Bogen- bzw. Zackenbreite entscheiden. Die Volantlänge muß sich durch diese Zahl teilen lassen. So kommen z.B. bei einer Breite von 10 cm 18 Bögen oder Zacken auf einen 90 cm langen Volant, weil die

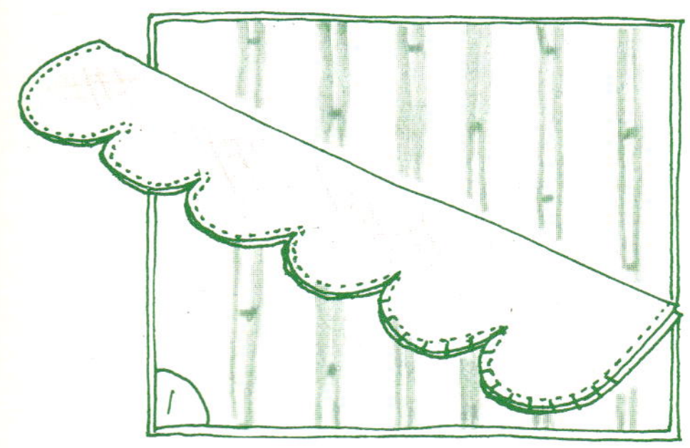

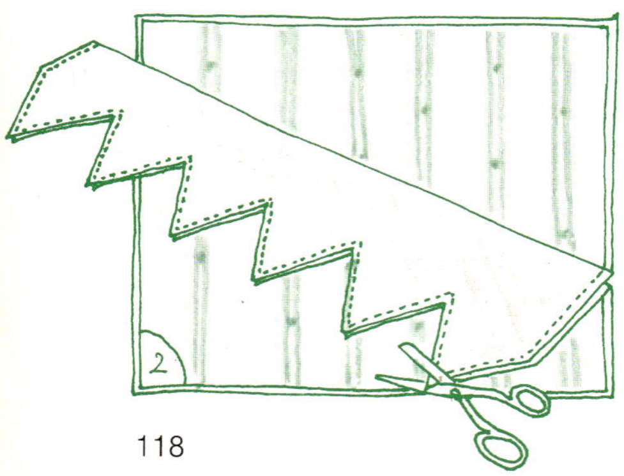

Stoffbahn doppelt so lang ist wie der fertige Volant. Für die Abschlußkante eine Papiervorlage ausschneiden.
Schneiden Sie den Stoff unter Verwendung des Schnittmusters zu und nähen Sie den Behang genauso wie einen einfachen Raffvolant. Nicht vergessen, die Ecken zurückzuschneiden und die Rundungen einzukerben (siehe S. 149 und Abb. 1 und 2).

Gebogter Raffvolant

Machen Sie zunächst einen Papierschnitt wie für die glatte Schabrakke, aber in doppelter fertiger Länge. Das Schnittmuster in der Mitte falten und an der Bruchkante die schmalste Stelle des Volants (Fenstermitte) und an der Außenkante die breiteste Stelle markieren. Die beiden Punkte mit einer flachen, gleichmäßigen Kurve verbinden (Abb. 1). Die Maße

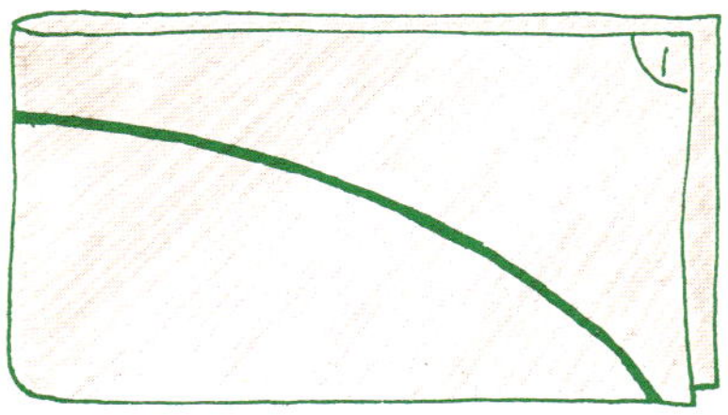

hängen letztlich vom Fenster und der gewünschten Wirkung ab, aber als allgemeiner Anhaltspunkt können folgende Maße gelten: bei einer steilen Rundung mißt die schmalste Stelle ca. 15 cm und die breiteste etwa 46 cm, bei einem flacheren Bogen bewegen sich die Maße zwischen 20 cm und 30 cm.
Schneiden Sie das Muster aus und legen Sie es in Falten, damit Sie eine ungefähre Vorstellung vom fertigen Volant bekommen. Halten Sie es ans Fenster, um zu sehen, ob Ihnen das Ganze gefällt, ehe Sie die Schere zur Hand nehmen.
Den Volant dann genauso wie die einfache Form nähen.

Rollos

Wo sich am Fenster eine Arbeitsfläche befindet, Schreibtisch, Spülbecken oder Arbeitstisch zum Beispiel und Vorhänge zuviel Licht wegnehmen oder ganz einfach nur im Wege sein würden, sind Rollos die ideale Fensterdekoration. Besonders üppig sehen sie natürlich in Verbindung mit festmontierten Gardinen aus, die entweder herunterhängen oder mit Schlaufen zurückgebunden sind.

Springrollos

Die einfachste Form des Rollos ist das Springrollo, das sich hochgezogen um eine Holzrolle an der Fensteroberkante wickelt, heruntergezogen glatt vor dem Fenster hängt. Am leichtesten verarbeitet sich PVC oder spezielles Rollomaterial wie Markisenstoff, der ziemlich steif ist, nicht ausfranst, abwaschbar ist und nicht verschießt. Man kann aber auch normalen Stoff verwenden, der versteift wird. Heute sind Versteifungsmittel in flüssiger und Sprayform auf dem Markt, in die der Stoff entweder eingetaucht wird, oder die aufgesprüht oder aufgepinselt werden. Auf alle Fälle sollten Sie erst eine Probe mit einem kleinen Stoffstück machen. Viele Stoffe laufen beim Versteifen ein, man sollte daher erst nach der Prozedur zuschneiden.
Bei extra breiten Fenstern müssen Stoffbahnen unter Umständen miteinander verbunden werden. Der Symmetrie wegen sollte man die Zugabe teilen und zu beiden Seiten anfügen. Entweder legt man das gesteifte Material 12 mm übereinander und verklebt es, oder man näht die Teile mit einer einfachen Naht (siehe S. 149) zusammen und bügelt die Nahtzugabe mit aufbügelbarem Nahtband auf dem Stoff fest. Nachdem dies vor dem Versteifen geschehen muß, sollte man genügend Zugabe für das Einlaufen einkalkulieren. Mit einem Streifen in voller Breite, der probehalber versteift wird, läßt sich die Zugabe errechnen.

Zubehör für Springrollos

Dazu gehört eine Holzrolle, die an einer Seite einen eckigen Stift und an der anderen einen runden hat. Er sitzt auf einer Kappe, die nach dem Zuschneiden der Rolle auf das Ende geschlagen wird (Abb. 1). Selbstverständlich kann man auch eine alte Garnitur verwenden. Bei manchen Bausätzen ist die Heftlinie für die Stoffkante bereits markiert. Wenn nicht, dann zeichnen Sie sie selbst ein und zwar gerade und im rechten Winkel zur Rollenkante. Außerdem gehören zum Zubehör auch zwei Halterungen (Abb. 2) zum Aufhängen des Rollos. Eine davon hat einen Schlitz für den Kantstift, an dieser Seite läuft der Federmechanismus. Die zweite Halterung hat ein Loch für den Rundstift. Normalerweise sitzt der Kantstift an der linken Seite, so wird der Stoff von hin-

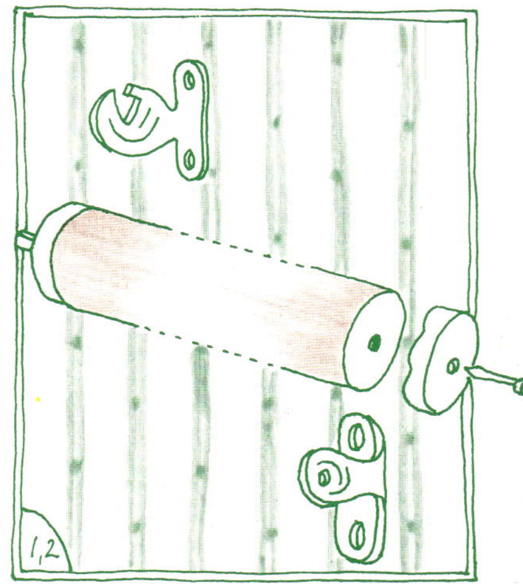

ten auf die Rolle gewickelt, das Muster ist auch von links zu sehen. Bei Material, das nicht beidseitig gemustert ist, dreht man die Rolle einfach um, so daß der Stoff sich von vorne her aufwickelt und auch auf der Rolle von der rechten Seite zu sehen ist. Das Rollo hängt dann vor der Rolle am Fenster.
Meistens gehört zum Zubehör auch eine Spannlatte, die an der Rollounterkante eingeschoben wird, ein Schnurhalter mit Schnur, der an der Latte befestigt wird, sowie ein eichelförmiger Anhänger oder Zugring für das Schnurende.

Oben: Einfaches Springrollo aus Stoff an einem schlichten Fenster.

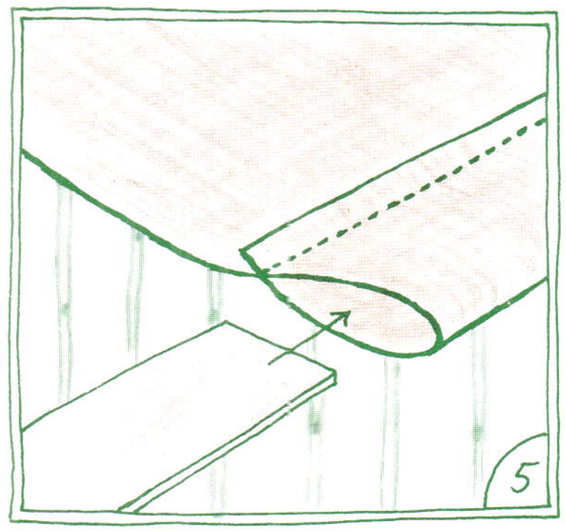

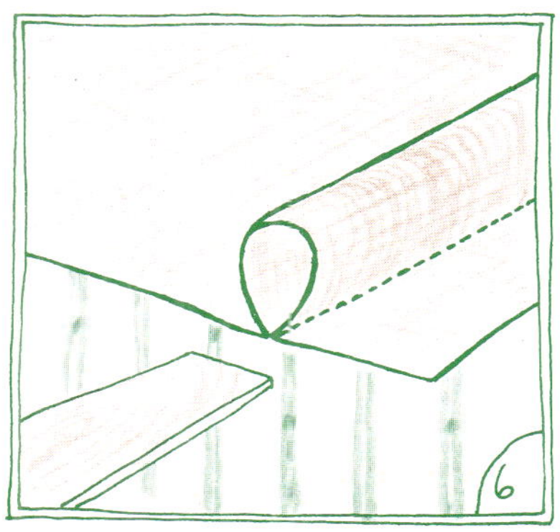

Ausmessen

Zum akkuraten Ausmessen einen hölzernen Zollstock oder ein Metallmeterband benützen.

Messen Sie die Fensterhöhe plus 30 cm für das Lattenfutteral und die Rollenabdeckung (bei heruntergezogenem Rollo). Bei Anbringung in der Fensternische nimmt man das Innenmaß minus der Breite für die Halterungen. Das ergibt die Breite für Rolle und Stoff. Wenn das Rollo außerhalb des Fensterrahmens oder der Nische montiert wird, rechnet man 2,5 cm je Seite sowie 5 cm in der Höhe dazu, damit kein Licht an den Rändern eindringt.

Kaum ein Bausatz entspricht den benötigten Maßen. In diesem Fall kauft man das nächstgrößere Maß und montiert erst die Halterungen an die Wand, um so die richtige Rollenbreite zu ermitteln, ehe sie zugeschnitten wird.

Stoff zuschneiden

Damit das Rollo korrekt hängt und sich leicht hochziehen läßt, muß das Material gerade und im rechten Winkel zugeschnitten werden. Nehmen Sie eine Holzleiste zu Hilfe.

Nach dem Versteifen franst der Stoff nicht mehr aus und kann so in den exakten Maßen geschnitten werden. Wenn Sie keine ungesäumten Kanten mögen, dann schlagen Sie vor dem Versteifen seitlich einen schmalen Saum ein und fixieren ihn an den Kanten mit aufbügelbarem Nahtband.

Das Rollo anfertigen

Nach dem Zuschneiden des Stoffes, vorausgesetzt es werden keine Zierkanten angebracht, wird die Spannlatte an der Rollounterkante befestigt, also entweder angeklebt oder in ein Futteral geschoben.

Zum Ankleben bestreicht man eine Lattenseite mit Kleber, legt sie auf die linke Stoffseite und richtet sie entlang der Kante aus (Abb. 3). Dann wird die zweite Seite bestrichen, die Latte samt Stoff umgekippt und beschwert, bis der Klebstoff trocken ist (Abb. 4).

Für das Futteral schlägt man den Stoff einmal ein und steppt in Lattenbreite knapp an der Kante ab (Abb. 5). Bei einer Zierkante näht man etwa 7,5 bis 15 cm über der Unterkante eine Stufe (Abb. 6) und bei einem Rapportmuster einen Streifen auf die Rückseite.

Zum Befestigen an der Rolle wird der Stoff erst entlang der Markierungslinie mit Klebstreifen fixiert (Abb. 7) und dann mit 6 mm Klammern im Abstand von 5 cm festgeheftet. Wenn der Kantstift links und die Rolle sichtbar ist, wird der Stoff mit der linken Seite nach oben befestigt, sitzt der Stift rechts und die Rolle ist nicht zu sehen, dann kommt die rechte Stoffseite nach oben.

Den Schnurhalter von hinten in die Mitte der Spannlatte schrauben.

Zierkanten

Die einfachsten Zierkanten an einem Rollo sind Fransen oder Bänder unterhalb der Spannlatte. Man kann aber auch der Rollokante eine besondere Kontur geben und sie mit Fransen, Spitzen oder Rüschen verzieren oder mit Schrägstreifen einfassen (siehe »Grundtechniken«). Verschiedene Vorschläge sind in Abb. 8 (S. 120) zu sehen.

Zum Befestigen von Fransen oder Band legt man das Rollo mit der linken Seite nach oben und fixiert den Zierat mit Klebeband – gesteiftes Material läßt sich schlecht mit Stecknadeln verarbeiten. Die Verzierung annähen und das Band abziehen.

Für eine Formkante brauchen Sie einen Papierschnitt. Falten Sie das Papier und zeichnen Sie die Form

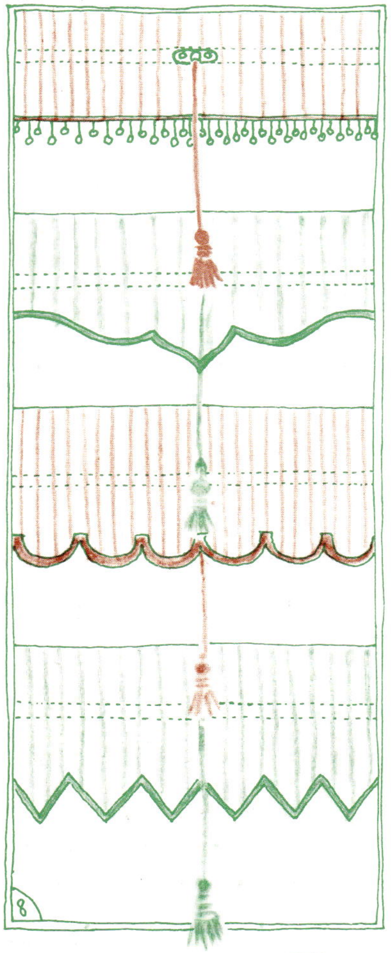

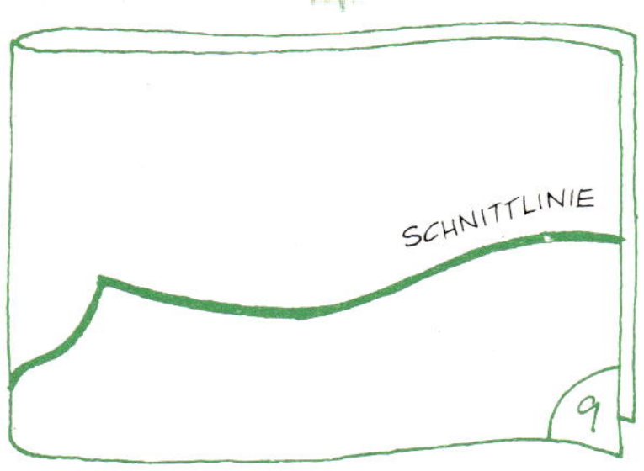

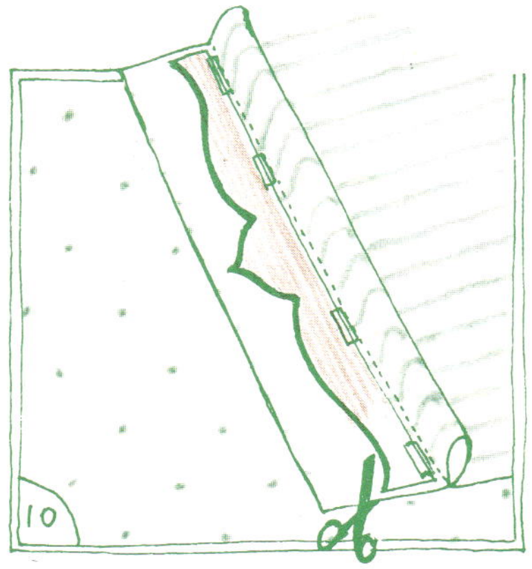

auf (Abb. 9). Das Papier falten Sie dann und kleben es mit Klebstreifen an der Rollokante fest. Die Konturen nachziehen und entlang der Bleistiftlinie sauber ausschneiden (Abb. 10).
Für eine Zickzack- oder Bogenkante die Breite der Bogen und Zacken errechnen. Dann das Papier entsprechend der Bogen- oder Zackenzahl falten, die Form aufzeichnen und ausschneiden (Abb. 11). Falten Sie das Papier auseinander, fixieren Sie es mit Klebeband an der Kante, zeichnen sie die Konturen nach und schneiden Sie sie sauber aus.
Für Kantenzierat aus nicht gesteiftem Material braucht man einen Belag. Steppen Sie ihn an dem unteren Rand der Zierkante an, kerben Sie Rundungen ein und schneiden Sie die Ecken zurück (siehe S. 149), drehen Sie die rechten Seiten nach außen und schließen Sie die seitlichen Nähte mit Hohlstich (siehe S. 148). Wenn man den Belag an der Oberkante etwas länger schneidet, kann man mit einer Doppelnaht gleichzeitig ein Futteral für die Spannlatte nähen.
Sämtliche Einfassungen und Rüschen (siehe »Grundtechniken«), Fransen und Spitzen erst festkleben und dann annähen.

Faltrollos

Sie zählen zu den beliebtesten Rollos aus weichem Material, sehen streng geschnitten sehr elegant aus und legen sich beim Hochziehen in horizontale Falten.

Ausmessen

An Material brauchen Sie folgendes: Stoff und Futter in Fenstergröße plus 2,5 cm Saumzugabe für die Seiten und 15 cm Zugabe für die Säume oben und unten, kleine Messing- oder Plastikringe, die in senkrechten Reihen in Abständen von 15cm auf der Rückseite des Rollos aufgenäht werden, der waagrechte Reihenabstand beträgt 30cm (S.121, Abb.1). Außerdem brauchen Sie: Band zum Unterlegen der Ringe; Nylonschnur, die durch die senkrechten Ringreihen gezogen wird und zweimal die Rollolänge hat, plus die Länge zwischen dem jeweils obersten Ring und rechter Seitenkante des Rollos; eine Ösenschraube für jede Ringreihe und eine weitere für alle Schnüre; eine Holzlatte, 2,5cm stark, 5cm tief und auf Rollobreite zugeschnitten; ein Winkeleisen zum Befestigen dieser Leiste über dem Fenster, sowie eine schmale Latte zum Beschweren der

Unten: Akkurat genähtes Faltrollo.

Unterkante und eine Klampe zum Festhalten der Schnüre bei hochgezogenem Rollo (Abb. 2).

Anfertigung des Rollos

Schneiden Sie Stoff und Futter in derselben Größe zu, d.h. fertige Breite plus seitliche Nahtzugaben und fertige Länge plus 15 cm. Rechts auf rechts legen, stecken, heften und an den beiden Seiten und an der Unterkante mit einer 12 mm breiten Naht zusammensteppen. Die Ecken zurückschneiden, auf die rechte Seite drehen und bügeln.

Legen Sie das Rollo glatt mit der Futterseite nach oben und zeichnen

Sie mit Bleistift und Holzlatte zwei parallele Linien über die Rollobreite für das Lattenfutteral ein, die erste 15 cm von der Unterkante entfernt, die nächste breit genug für die Latte (Abb. 3). Anschließend zeichnen Sie senkrechte Doppellinien für die Bänder ein und zwar die beiden äußeren 12 mm vom Seitenrand entfernt und die anderen in gleichmäßigen Abständen dazwischen, die aber nicht breiter als 30 cm sein dürfen. Diese Linien reichen von der Lattenoberkante bis 14 cm unterhalb der Rollooberkante (Abb. 3). Die Bänder auf die Doppellinien heften, dabei die Enden einschlagen und an beiden Kanten aufsteppen,

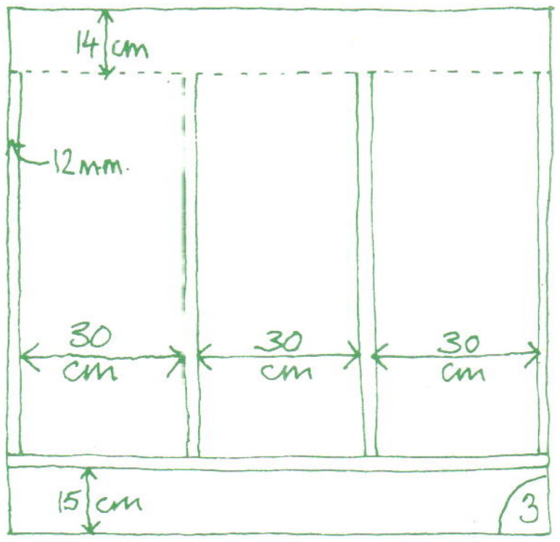

dabei wird durch Futter und Oberstoff durchgenäht.

Die Oberkanten des Rollos 12 mm einschlagen und mit Hohlstich verschließen. Nähen Sie die Ringe in Abständen von 15 cm mit der Hand an die Bänder und zwar horizontal immer auf gleicher Höhe.

Nun steppt man die Nähte für das Lattenfutteral und schiebt die Latte ein. Die Ösenschrauben werden von unten so in die Kopfleiste geschraubt, daß sie exakt über den Ringreihen sitzen, die große Ösenschraube für alle Schnüre wird in die rechte Leistenecke geschraubt.

Mit 12 mm Tapezierernägeln dann das Rollo mit der Oberkante auf die Kopfleiste nageln (Abb. 4).

Schneiden Sie nun für jede senkrechte Ringreihe eine Schnur in der unter »Ausmessen« beschriebenen Länge und breiten Sie das Rollo mit der Futterseite nach oben aus. An jeden unteren Ring eine Schnur knoten, durch die Ringe die Ösenschraube und quer durch die Nachbarösen auf eine Seite fädeln (Abb. 5). Wenn alle Schnüre durch die Sammelöse gezogen sind, macht man im Abstand von 2,5 cm einen einfachen Knoten (Abb. 6)

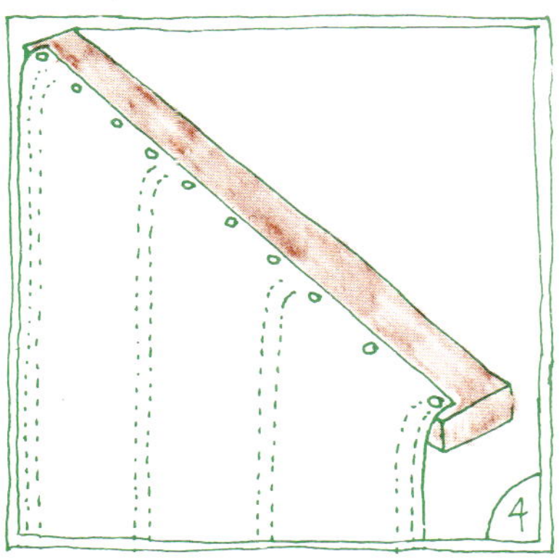

und einen zweiten am Ende des Rollos, die Enden werden abgeschnitten.

Die Kopfleiste anschließend mit den Winkeleisen über dem Fenster befestigen oder direkt in die Fensterlaibung schrauben. Die Klampe wird auf Höhe der Fensterunterkante an die Wand geschraubt.

Beim Hochziehen legt sich der Stoff nach vorne in waagrechte Falten (Abb. 7). Lassen Sie das Rollo ein bis zwei Tage hochgezogen, damit sich die Falten richtig eindrücken können.

Raffrollos

Im Prinzip funktionieren sie wie die Faltrollos, nur sind sie gewöhnlich nicht gefüttert, sie haben eine gekrauste oder gefaltete Oberkante und keine Lattenversteifung am unteren Rand. Beim Hochziehen fällt der Stoff in weichen »Wolken«, die gewöhnlich in eine Rüsche übergehen.

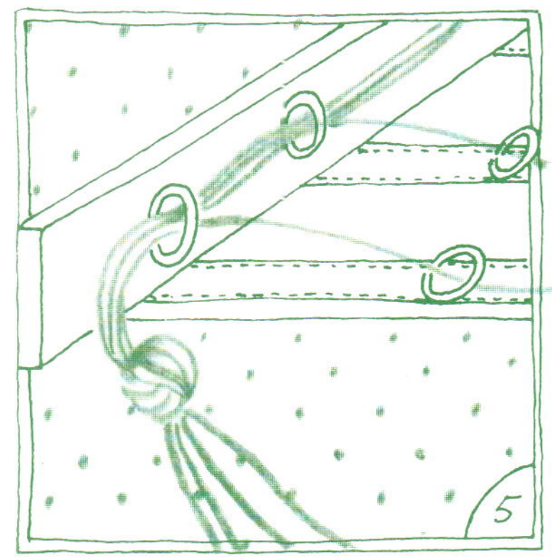

Abmessen

Sie benötigen folgendes Material: Stoff in doppelter Fensterbreite plus 5 cm Zugabe für die seitlichen Säume, 4 cm länger als die Fensterhöhe ist. Falls eine Rüsche angesetzt wird, die entsprechende Länge ab-

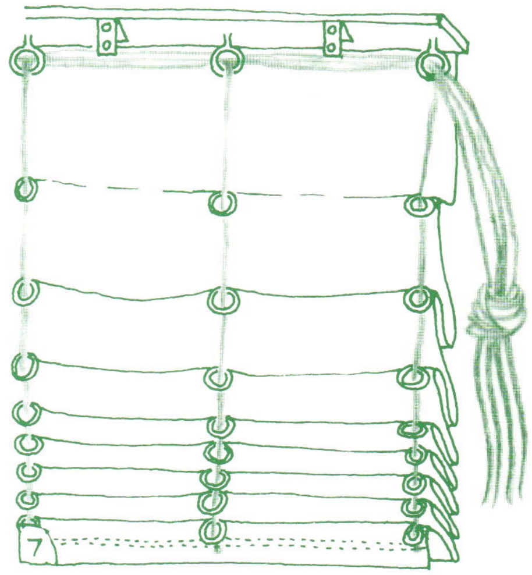

ziehen. Kleine Messing- oder Plastikringe, die in Abständen von 20 cm in senkrechten Reihen auf der Rückseite des Rollos aufgenäht werden; der Abstand zwischen den Reihen ist etwa doppelt so breit wie eine fertige »Wolke« (s.u. Abb. 1). Dazu kommen Bänder zum Unterlegen der Ringe, Nylonschnur, die durch die senkrechten Ringreihen gezogen wird (je Länge zweimal die Rollolänge plus die Länge zwischen dem jeweils obersten Ring und rechter Seitenkante des Rollos), eine Ösenschraube für jede Ringreihe sowie eine weitere für alle Schnüre zusammen, Gardinenband in zugeschnittener Stoffbreite, eine Vorhangschiene in Rollobreite, eine Holzleiste, 2,5 cm dick, 5 cm tief und auf Rollobreite zugeschnitten, Winkeleisen zum Montieren dieser Leiste über dem Fenster sowie eine Klampe zum Festhalten der Schnüre bei hochgezogenem Rollo.

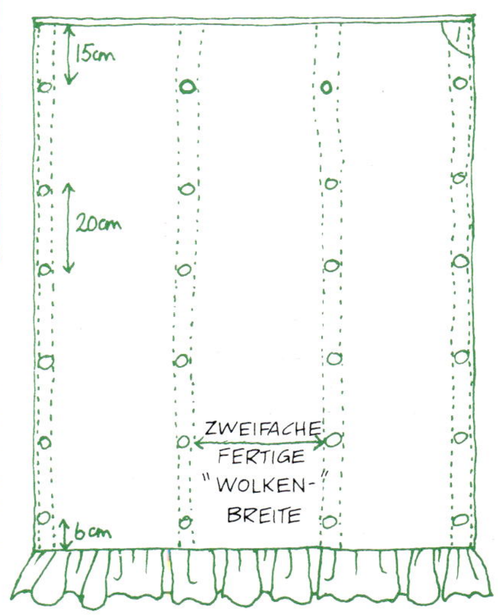

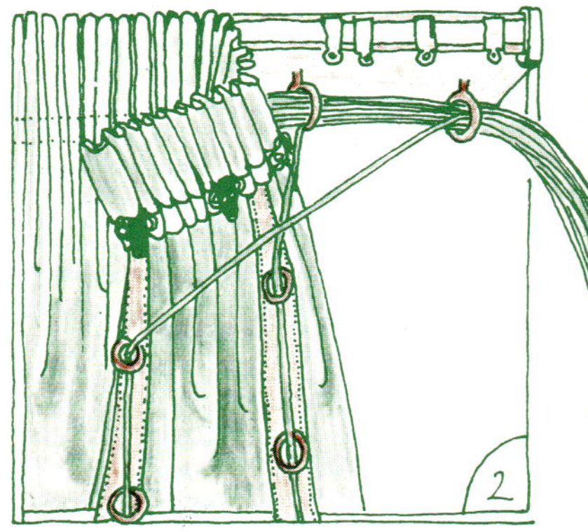

Oben: Raffrollos lassen die Linien eines Fensters weicher erscheinen.

Anfertigung des Rollos

Schneiden Sie den Stoff zu und verbinden Sie die Bahnen mit französischen Nähten (siehe S. 149), damit Sie ein Stück in doppelter Fensterbreite haben. An Seiten und Unterkante 2,5 cm breite Säume steppen und die Rüsche, falls vorgesehen, annähen (siehe S. 153). An der Oberkante 12 mm einschlagen und heften.

Breiten Sie das Rollo mit der linken Seite nach oben aus und markieren Sie mit Stecknadeln oder Heftgarn senkrechte Doppellinien für die Bänder. Die beiden Außenbänder verlaufen etwa 6 mm von der Seitenkante entfernt und die restlichen werden gleichmäßig in Abständen verteilt, die doppelt so breit sind wie die fertige »Wolke«. Die Streifen verlaufen von oben nach unten und beziehen eine vorgesehene Rüsche nicht ein.

Die Bänder nun auf die Doppellinien aufheften, dabei das untere Ende einschlagen. Anschließend werden sie an beiden Kanten aufgesteppt, wobei man das obere Bandende nicht einschlägt, weil es vom Gardinenband verdeckt wird. Mit Hohlstich (siehe S. 148) die unteren Bandenden festnähen.

Nähen Sie die Ringe in Abständen von 20 cm von Hand an, den obersten ca. 15 cm unterhalb der Rollooberkante und den untersten etwa 6,5 cm vom unteren Rand entfernt (Rüsche nicht eingerechnet). Die Ringe müssen waagrecht in gleicher Höhe sein.

Nun steppt man das Gardinenband 6 mm von der Oberkante entfernt auf die linke Seite des Rollos und zieht es auf Kopfleistenbreite zusammen.

Die Ösenschrauben wie beim Faltrollo eindrehen und dann die Vorhangschiene an die Stirnseite der Kopfleiste montieren. Die Schnüre ebenfalls wie beim Faltrollo durch Ringe und Ösen ziehen und das Rollo mit gewöhnlichen Haken an der Gardinenleiste aufziehen (Abb. 2). Man kann aber auch Krampen (U-Haken) in die Kopfleiste schlagen und die Haken dort einhängen. Kopfleiste und Klampe wie beim Faltrollo anschrauben.

Beim Hochziehen schiebt sich das Rollo dann in »Wolken« zusammen (Abb. 3).

Betten und Bettwäsche

Betten und Bettwäsche

Im Schlafzimmer gibt es vieles, was aus Stoff genäht oder damit bezogen ist. Kaum ein Raum im Haus bietet ein größeres Betätigungsfeld für die eifrige Hobby-Schneiderin. Mit etwas Phantasie, viel Arbeit und Mühe und noch mehr Zeitaufwand kann sich jeder heute ein Schlafzimmer einrichten, in dem alles zusammenpaßt und für das man beim Innendekorateur ein Vermögen hinblättern müßte. Hier ein paar Vorschläge für die wichtigsten Dinge. Auf S. 109 finden Sie Arbeitsanleitungen für Vorhänge und Gardinen und auf den Seiten 137 ff. für Schonbezüge und eine Toilettentisch-Verkleidung.

Tagesdecken

Der Blickfang im Schlafzimmer ist gewöhnlich das Bett, vielleicht weil es so groß ist und sich hier die meisten Farben und Muster zeigen. Seine Aufmachung, ob angepaßte Tagesdecke, Baldachin oder Rüschen und sonstiger Zierrat, ist ausschlaggebend für Stil und Stimmung des Raumes.

Eine Machart wählen

Die einfachste Form der Tagesdecke ist die Überwurfdecke, die entweder bis zum Boden oder bis knapp über die Oberkante eines Volants (Staubbehangs) reicht (Abb. 1). Die Ecken sind gerade oder abgerundet und die Seitenteile glatt, eingefaßt oder gerüscht. Wattiertes Steppmaterial ist sehr praktisch, weil es knitterarm ist, üppig aussieht und warm wie eine zusätzliche Decke.

Ideal für ein Wohnschlafzimmer ist die angepaßte Tagesdecke in Matratzengröße mit Seitenteil, das entweder glatt ist und an den Ecken Falten mit Faltenböden hat, in Kellerfalten gelegt oder gerüscht ist (Abb. 2–4).

Volants (Staubbehänge) verdecken den Bettunterbau und sind entweder ein Teil für sich oder mit einer Tagesdecke verbunden. Sie sind entweder glatt mit aufspringenden Falten an den Ecken, gerüscht oder in Kellerfalten gelegt (Abb. 5–7). Einerlei für welche Machart man sich entscheidet, die Hauptnähte kann man immer paspelieren (siehe S. 150), entweder mit demselben oder kontrastierendem Stoff, einfarbig oder gemustert.

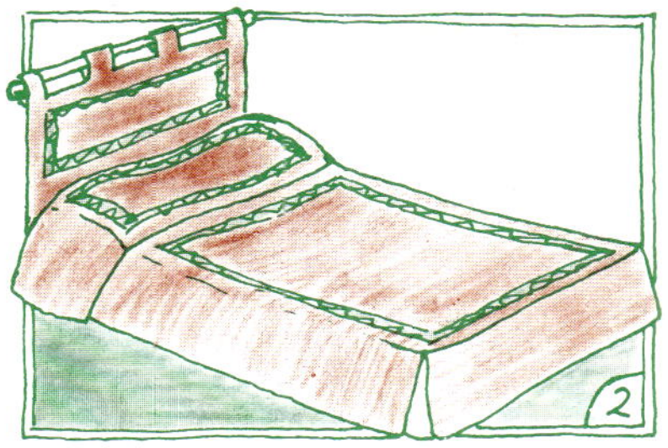

Ungefütterte Überwurfdecke

Von Stil und Machart her ist sie die einfachste Tagesdecke und was den Materialverbrauch angeht auch die wirtschaftlichste.

Ausmessen

Gemessen wird immer mit sämtlichen Decken und Kissen auf dem Bett und 2,5 cm über Bodenhöhe. Zunächst mißt man die Länge plus 15 cm Zugabe als Einschlag an den Kissen (Abb. 1). Weitere 15 cm zugeben, wenn die Decke auch unter die Kissenvorderkanten geschoben werden soll. Die Breite wird, wie hier gezeigt, von Boden zu Boden gemessen oder von weiter oben, falls ein Behang vorgesehen ist. Wird mehr als eine Bahn benötigt, kommen noch 5 cm Nahtzugabe hinzu. Selbst wenn nur zwei Breiten gebraucht werden, sollte man eine längsseits teilen und zu beiden Seiten des Mittelstücks anfügen (Abb. 2). Schließlich kommen noch ringsherum 5 cm als Saumzugabe dazu. Bei Mustern kalkuliert man je Bahn eine Rapporthöhe zum Anpassen ein.

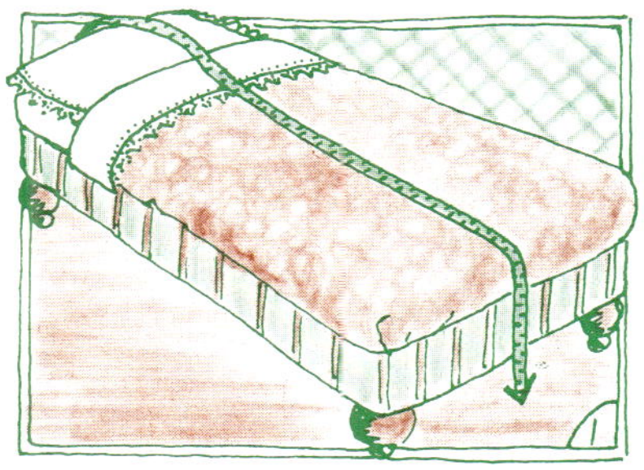

Zuschneiden

Schneiden Sie jede Bahn in der korrekten Länge und vom selben Musterabschnitt ausgehend zu. Bei nur zwei Breiten falten Sie eine längsseits und schneiden Sie sie an der Umbruchlinie auseinander.

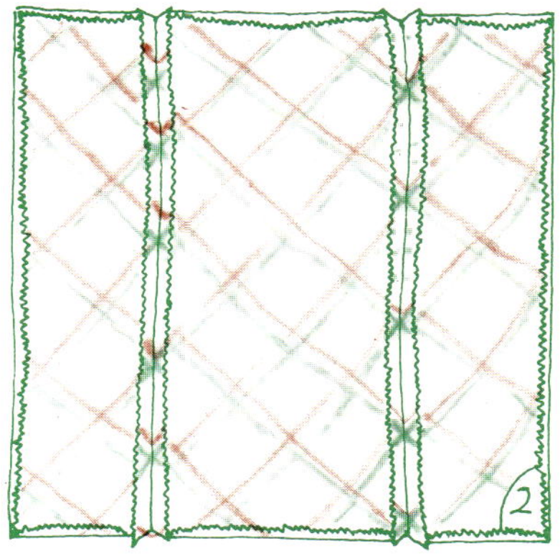

Anfertigung

Die Bahnen werden mit einfacher, 2,5 cm breiter Naht verbunden, wo es nötig ist wird das Muster aneinandergepaßt (siehe S. 150). Die Salkanten werden abgeschnitten, weil sie fester gewebt sind als das übrige Material und die Nähe dadurch beulen, man kann sie auch alle 15 cm einschneiden.

Bügeln Sie die Nähte auseinander und versäubern Sie alle ungesäumten Kanten mit Zickzackstich. Schlagen Sie dann rundherum 5 cm ein, bügeln Sie um und nähen Sie die beiden oberen Ecken auf Gehrung zusammen (siehe S. 151). Dann einen 2,5 cm breiten Doppelsaum machen und mit Hohlstich annähen (siehe S. 148).

Ehe Sie den Saum nach innen schlagen, werden die unteren Ecken abgerundet. Breiten Sie die Decke mit der linken Seite nach oben aus und markieren Sie mit Schneiderkreide und einer Untertasse oder einem Teller als Schablone eine Rundung (Abb. 1). Entlang der Kreidelinie abschneiden.

Wer eine steilere Rundung wünscht, mißt von der Matratzenoberkante aus die Höhe des Behangs (bis 2,5 cm über dem Fußboden) und

Oben: Die Überwurfdecke aus Steppstoff vervollständigt das Gesamtbild dieses Schlafzimmers.

Oben: Die angepaßte Tagesdecke mit gekraustem Volant verleiht diesem kleinen Raum einen Hauch von Akkuratesse.

zeichnet mit Schneiderkreide ein Quadrat in die Ecken ein, dessen Seitenlänge der Behanghöhe entspricht (Abb. 2).

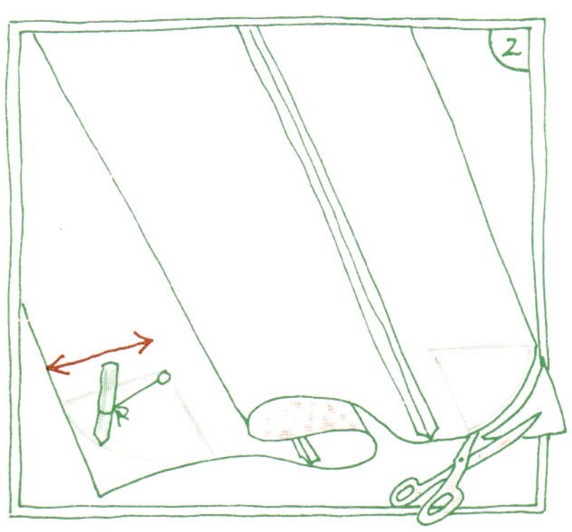

Dann bindet man ein Stück Kreide an ein gleichlanges Stück Schnur, steckt dieses an der Innenecke des Quadrates mit einem Reißnagel fest und zieht (wie gezeigt) einen Viertelkreis. Entlang der Kreidelinie abschneiden.
Rundherum 2,5 cm einschlagen und umbügeln. An den abgerundeten Ecken dicht an der Bruchkante steppen und die Nahtzugabe so einkerben, daß sich der Stoff flachlegt (Abb. 3). Weitere 2,5 cm rundherum

einschlagen, einen Doppelsaum machen und mit Hohlstich annähen.

Gefütterte Überwurfdecke

Abgefüttert sieht eine Überwurfdekke adretter aus und wenn das Futter wattiert ist, gibt sie noch zusätzliche Wärme.

Beim Zuschneiden werden ringsherum nur 2,5 cm zugegeben. Die Bahnen genauso zusammenfügen und die Ecken ebenso verarbeiten wie bei der ungefütterten Decke. Fertigen Sie das Futter in derselben Weise und in gleicher Größe an. Tagesdecke und Futter werden rechts auf rechts gelegt und mit einer

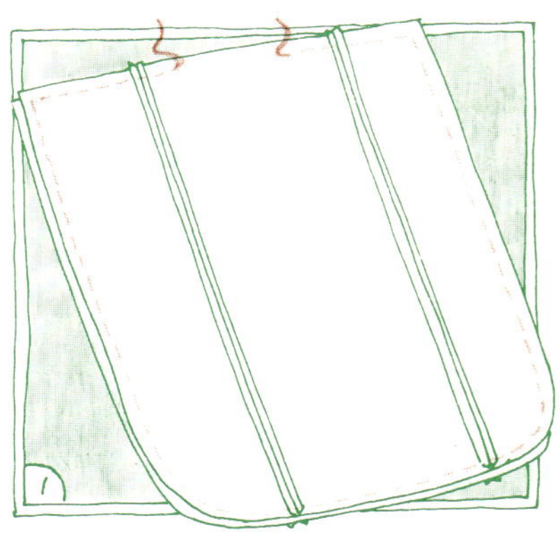

2,5 cm breiten Naht ringsherum zusammengenäht bis auf eine Öffnung von ca. 60 cm an der Oberkante (Abb. 1).
Gerade Ecken schräg zurückschneiden und abgerundete Ecken einkerben, dann die Decke auf die rechte Seite drehen und bügeln. Schließen Sie die Öffnung mit Hohlstich (siehe S. 148).

Angepaßte Tagesdecke mit Rüschenvolant

Diese Decke ist die einfachste (gefütterte oder nichtgefütterte) Form von angepaßten Tagesdecken.

Oberteil

Das Bett nur bis zu den Matratzenkanten ausmessen (Abb. 1, unten), den Einschlag an den Kissen sowie

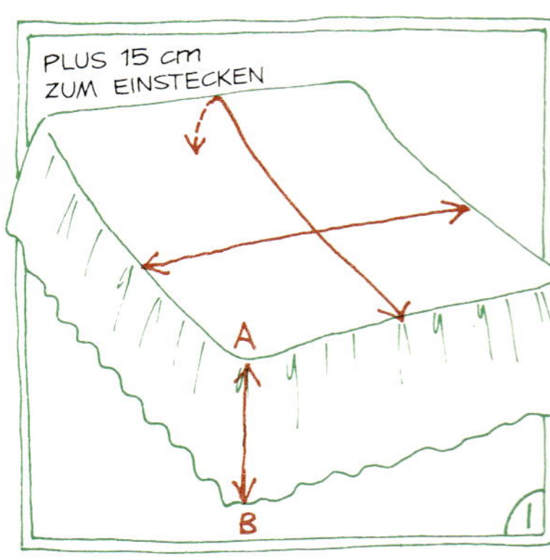

12 mm Nahtzugabe ringsum plus weitere 12 mm an der Oberkante hinzurechnen. Die Bahnen werden bei der ungefütterten Überwurfdekke zusammengenäht. Runden Sie die Ecken immer mit einer Untertasse ab. Matratzen sind niemals ganz rechtwinklig und die Decken fallen an den Ecken immer in einer Art Rundung, so daß eine auf den Winkel genau verarbeitete Tagesdecke niemals exakt passen würde.

Behang

Für die Behanghöhe von der Matratzenkante bis 2,5 cm über dem Fußboden messen (A–B in Abb. 1) sowie 5 cm für den unteren Saum und 12 mm für die Oberkantennaht zugeben. Den Stoff in dieser Breite zuschneiden. Die Gesamtlänge des Behangs errechnet sich aus zweimal der fertigen Länge plus einmal der fertigen Breite des Oberteils x 1.5 plus 5 cm Nahtzugabe.
Die gesamten Teile mit 2,5 cm breiten, einfachen Nähten zu einem einzigen Stück zusammenfügen und die ungesäumten Kanten mit Zickzackstich versäubern.
Machen Sie nun 12 mm von der Behangoberkante entfernt zwei Reihnähte. Breiten Sie das Mittelteil der Tagesdecke aus und ziehen Sie den Volant so weit zusammen, daß er um die beiden Längsseiten und die Schmalseite herum paßt, dabei die Krause gleichmäßig verteilen. Den Volant rechts auf rechts auf das Oberteil legen, feststecken und heften. Beide Teile entlang den Reihnähten zusammensteppen und die ungesäumten Kanten zusammen mit Zickzacknaht versäubern.
Den unteren Volantrand 5 cm einschlagen und einen 2,5 cm breiten Doppelsaum machen. Die obere Schmalseite der Decke 2,5 cm einschlagen und über die ganze Breite einen 12 mm breiten doppelten Saum machen (Abb. 2).

Beim Einschlagen unter die Kissen den Volant ein Stück einfalten (Abb. 3).

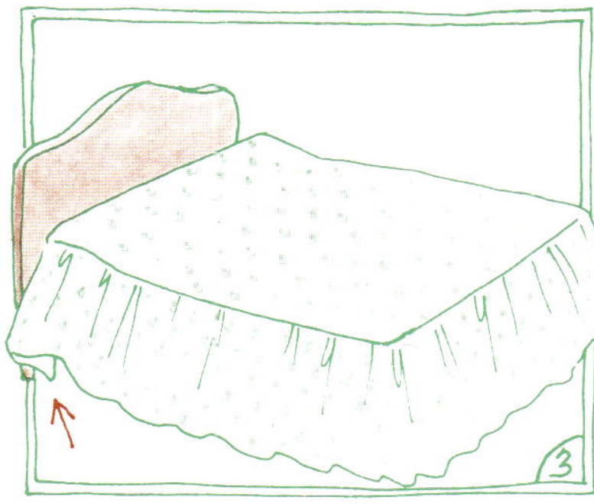

Diese Tagesdecke abzufüttern, macht man nur ein Futter für das Mittelteil und näht es nach dem Anfügen des Volants mit Hohlstichen an, oder man näht ein Oberteilfutter und einen doppellagigen Volant (siehe S. 153). Auch in diesem Fall sollten Sie das Futter erst nach dem Volant aufnähen.

Angepaßte Tagesdecke mit Kellerfaltenbehang

Diese Decke sieht mehr »maßgeschneidert« aus. In einem Wohnschlafzimmer gleicht das Bett damit eher einem Sofa, vor allem wenn man tagsüber noch Kasten- und Polsterkissen (siehe S. 135f. auflegt.
Nähen Sie das Oberteil wie bei einer Tagesdecke mit Rüschenvolant. Vor dem Abrunden der unteren Ecken faltet man sie diagonal und zeichnet die Mitte mit Schneiderkreide an. Die Volanthöhe wird genauso ausgemessen wie beim Rüschenvolant. Um die Länge zu ermitteln, mißt man die beiden Längsseiten und die Schmalseite des Mittelteils und zwar 12 mm vom Rand entfernt und multipliziert dann mit Drei. Die Stoffstreifen wie beim Rüschenvolant zuschneiden und zusammenfügen und anschließend in Falten legen (siehe S. 153f.).
10 cm sind eine schöne Faltenbreite, die zu fast allen Bettgrößen paßt. Für ein 180 cm langes Bett ergeben sich also 18 Falten pro Längsseite. Prüfen Sie aber, ehe Sie die Falten legen, die Bettabmessungen nach, für den Fall, daß sie nicht den Standardmaßen entsprechen. Abrunden der Ecken verkürzt beispielsweise das Rundummaß um fast 5 cm. Beim Ausmessen dienen die markierten Diagonalen als Ecken.
Das Oberteil flach ausbreiten, den Behang rechts auf rechts darauflegen, feststecken und ansteppen. Die Decke wie diejenige mit Rüschenvolant fertignähen. Abgefüttert wird (wenn überhaupt) nur das Mittelteil. Wird ein Behangfutter gewünscht, dann heftet man beim Zuschneiden Futter und Oberstoff aufeinander und verarbeitet beides wie eine Lage.

Angepaßte Tagesdecke mit glattem Behang und Eckfalten

Sie ist die eleganteste unter den angepaßten Tagesdecken und verwandelt ein Wohnschlafzimmer tagsüber eher in einen Wohnraum. Der glatte Behang erfordert Eckfalten. Fertigen Sie ein Mittelteil wie beschrieben an und falten Sie die Ecken, wie bei der Decke mit Kellerfaltenbehang, vor dem Abrunden diagonal und zeichnen Sie die Mitte an.
Nun werden zwei Seitenteile und ein Fußteil in den Abmessungen des Mittelteiles zugeschnitten (Abb. 1, unten) mit Faltenzugaben von je 15 cm pro Seitenteil und 30 cm am Fußteil. Die Behanghöhe wie beim Rüschenvolant errechnen plus 6,5 cm für Saum- und Nahtzugabe.
Schneiden Sie zwei 30 cm lange Stoffstreifen in Behanghöhe für die Faltenböden zu und nähen Sie sie rechts auf rechts liegend mit 12 mm breiten Nähten jeweils zwischen Seiten- und Fußteil (Abb. 2).

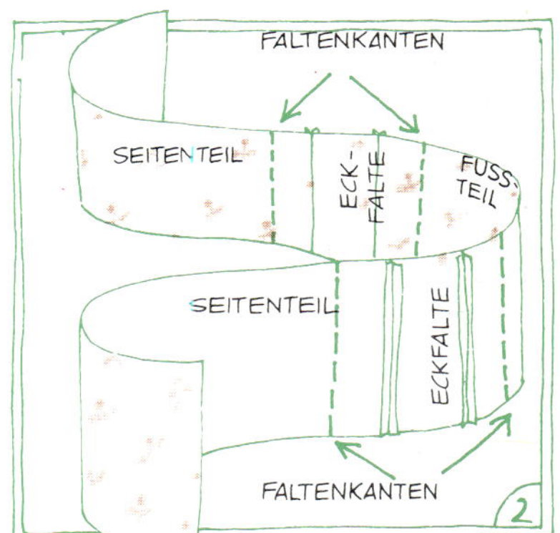

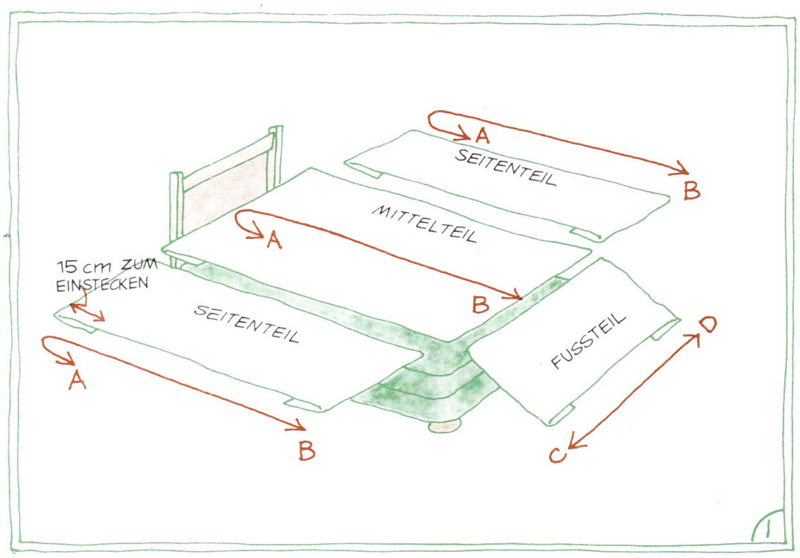

Nun werden mit Stecknadeln oder Schneiderkreide jeweils 14 cm zu beiden Seiten jedes Faltenbodens Linien angezeichnet. Seitenteile und Fußteil des Behanges an diesen Linien entlang falten und die Falten über den Faltenböden zusammenlaufen lassen (Abb. 3). Rechts auf rechts liegend und die Falten exakt an den Ecken placiert, steppt man Behang und Mittelteil zusammen und näht die Decke wie beschrieben fertig.
Gefüttert wird (wenn überhaupt) nur

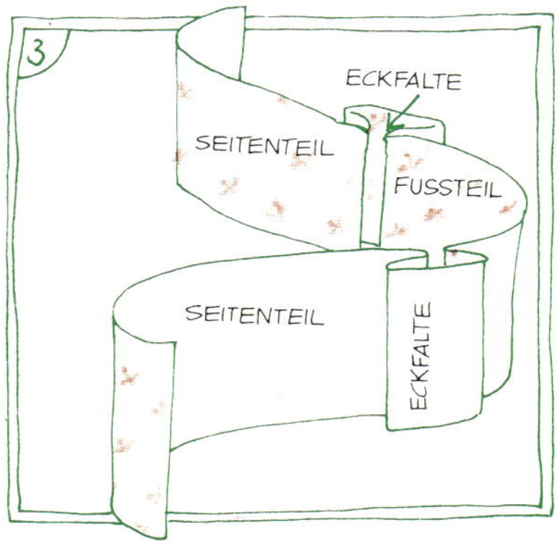

das Oberteil. Wer ein Behangfutter wünscht, heftet Futter und Oberstoff beim Zuschneiden aufeinander und verarbeitet beides zusammen in einer Lage.

Maßgefertigte Tagesdecke

Sie besteht aus einem auf Matratzenform genähten Oberteil mit angesetztem Volant. Fertigen Sie wie beschrieben ein Mittelteil an und vergessen Sie nicht, vor dem Abrunden der Ecken die Diagonalen einzuzeichnen.

Schneiden Sie drei Stoffstreifen in den Abmessungen des Mittelteiles und in Matratzenhöhe zu plus einer Rundumsaumzugabe von 12 mm (Abb. 1). Die Streifen mit 12 mm breiten Nähten in der richtigen Reihenfolge zusammenfügen und rechts auf rechts liegend mit einer ebenfalls 12 mm breiten Naht auf das Oberteil aufsteppen. Die Säume müssen genau an den Ecken sitzen. Danach die Nahtecken einkerben (Abb. 2).
Zur Ermittlung der Behanghöhe von der Matratzenunterkante bis 2,5 cm über dem Fußboden messen und 5 cm für den Saum sowie 12 mm für die obere Naht zurechnen. Für den Behang kann man jede der beschriebenen Macharten wählen. Er wird wie bei den anderen angepaßten Tagesdecken an die Unterkante des kastenförmigen Mittelteiles angefügt.

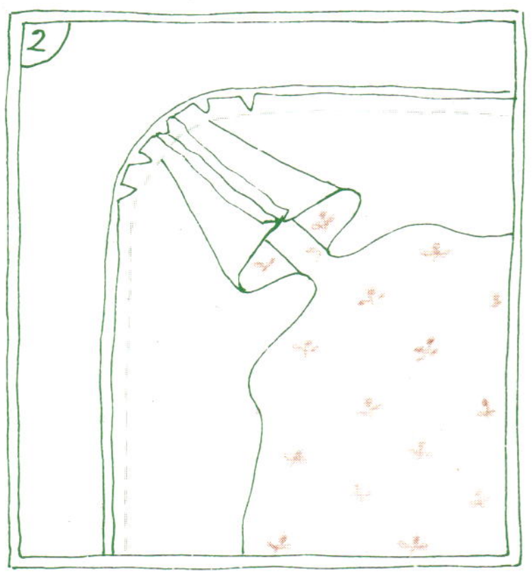

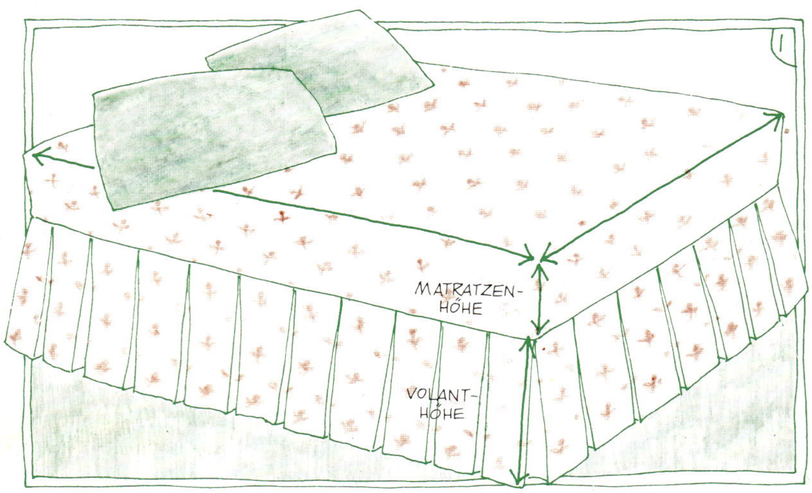

Volants (Staubbehänge)

Ein einzelner Volant (Staubbehang), der den Bettunterbau ständig verdeckt, sitzt unter der Matratze und reicht unmittelbar bis zum Fußboden.

Die Machart wählen

Staubbehänge sind entweder gerüscht, in Kellerfalten gelegt oder glatte Behänge mit Eckfalten. Für den Teil, der niemals zu sehen ist, der unter der Matratze liegt, können Sie ein preiswertes Futtermaterial verwenden. Wenn das Bett Spannbettuch und Daunendecke hat, ist ein gerüschter Staubbehang in der Art einer Tagesdecke sehr praktisch. Das Mittelteil braucht einen etwa 15 cm breiten Besatz aus demselben Stoff wie der Volant (Abb. 1). Sonst eignet sich besser eine Machart mit maßgefertigtem Oberteil (schraffiertes Feld in Abb. 2), damit der Behang beim Bettenmachen nicht mit Leintuch und Decke zusammengeschoben und unter die Matratze gestopft wird.

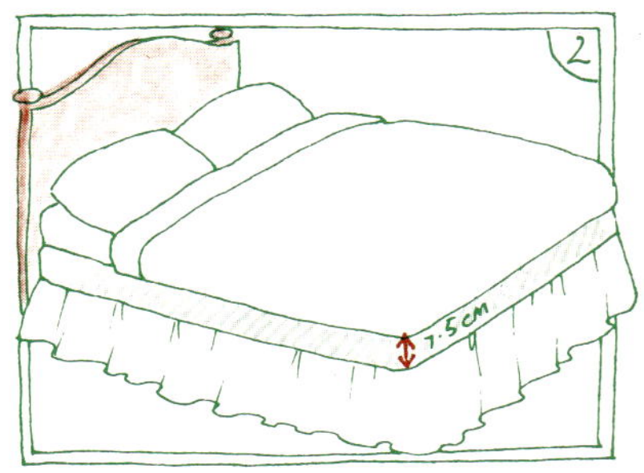

Unten: Ein schlichter Volant.

Einfacher Staubbehang

Messen Sie die genaue Länge und Breite der Matratze aus. Nach Abzug von jeweils 30 cm ergibt sich die fertige Größe des Mittelteiles. Schneiden Sie das Futtermaterial in dieser Größe zu, plus 12 mm Nahtzugabe ringsherum.
Jetzt zwei 18 cm breite Streifen des Volantstoffes in Matratzenlänge plus 2,5 cm Nahtzugabe zuschneiden, ebenfalls zwei 18 cm breite Streifen in Matratzenbreite mit derselben Nahtzugabe. Die Streifenenden im 45°-Winkel zuschneiden und die Ecken wie auf Abb. 1 gezeigt, auf Gehrung zusammennähen. Fügen Sie die Ecken, rechts auf rechts liegend, mit12 mm breiten Nähten so zusammen, daß sie ein Rechteck bilden. Die Nähte breitbügeln.

Nun die Innenränder des Rechteckes 6 mm nach innen schlagen und heften. Breiten Sie das Mittelteil mit der rechten Seite nach oben aus, legen Sie das Rechteck, ebenfalls mit der rechten Seite nach oben, so darauf, daß sich die Ränder um 12 mm überlappen und steppen Sie es auf das Mittelteil. An der Kopfkante 12 mm einschlagen und einen 6 mm breiten Doppelsaum machen.
Nähen Sie anschließend den Staubbehang wie eine angepaßte Tagesdecke mit Rüschenvolant fertig (siehe S. 124 f.).

Angepaßter Staubbehang

Im Prinzip wird er genauso angefertigt wie der einfache Staubbehang, nur näht man, wie bei der maßgefertigten Tagesdecke, ein kastenförmiges Oberteil (siehe S. 126).

Kopfteile

Kein Bett ist wirklich komplett ohne Kopfteil. Es sollte nicht nur gut aussehen und farblich zu Bett und Zimmer passen, sondern auch bequem zum Anlehnen sein und verhindern, daß die Kissen nach hinten auf den Boden rutschen.

Eine Form wählen

Die Auswahl an Formen ist vielfältig. Wofür Sie sich entscheiden, hängt vom Stil Ihres Zimmers ab und von Ihrem Mut, sich an eine mehr oder weniger komplizierte Form heranzuwagen. Falls es an Phantasie fehlt, können Sie eine Form kopieren, vielleicht den oberen Teil eines Fensters, eines Spiegels oder auch die Konturen eines Musters in Ihrem Dekorationsstoff.

Das Kopfteil anfertigen

Sie benötigen ein 2,5 cm starkes Stück Sperrholz in Bettbreite und der Höhe von etwa 92 cm. Man beläßt das Brett entweder in Rechtecksform oder rundet die Ecken ab (Abb. 1, unten). Zeichnen Sie sich vor dem Absägen die Rundung mit

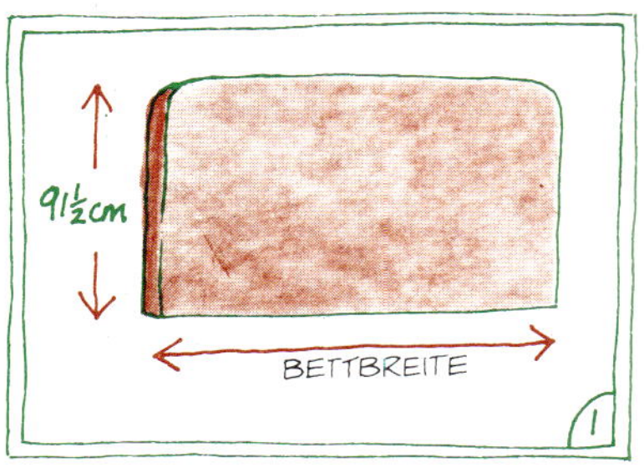

einer Untertasse oder einem Teller auf. Für ornamentalere Formen (Abb. 2a–c) braucht man eine Papiervorlage. Schneiden Sie sich dazu das Papier in Brettgröße zurecht, falten Sie es und zeichnen Sie die gewünschte Form auf. Ausschneiden, das Papier auseinanderfalten und auf das Brett heften. Nun die Konturen mit dem Bleistift nachziehen und aussägen.
Das Kopfteil polstert man mit einer 2,5 cm bis 5 cm dicken Lage Schaumstoff. Schneiden Sie den Schaumstoff in derselben Form zu und kleben Sie ihn auf die Vorderseite des Brettes.
Das Kopfteil mit 7,5x2,5 cm starken Holzleisten ans Bett montieren. Machen Sie in die Unterkanten der Holzleisten eine Nut und schieben Sie sie über die Schrauben an der Rückwand des Bettkastens (Abb. 3).

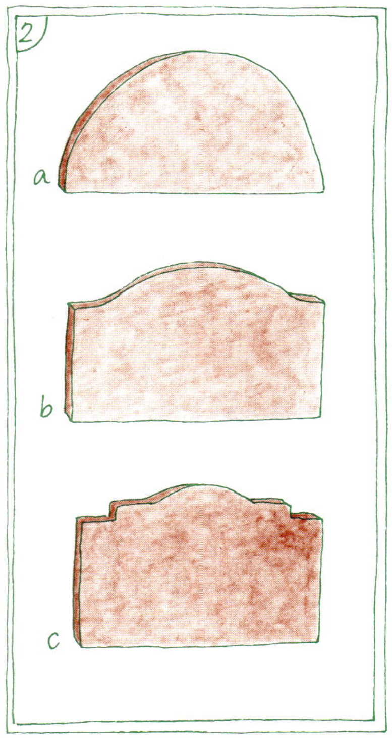

Glatter Bezug

Der Bezug wird fast wie eine Kopfkissenhülle genäht und hat an der Unterkante eine Öffnung. Steppstoff und paspelierte Nähte (siehe S. 150) sehen am besten aus.

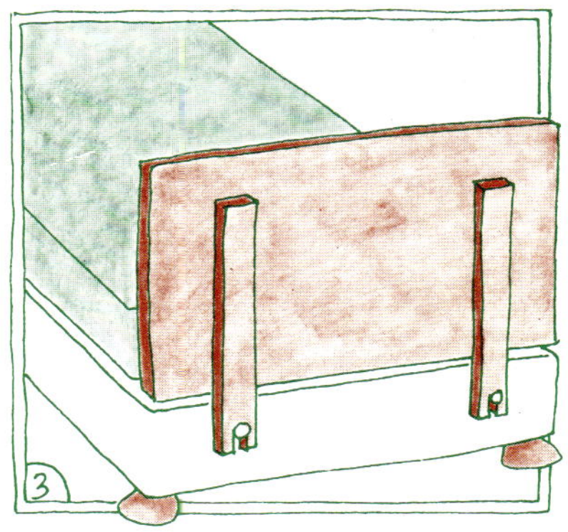

Schneiden Sie ein Stück Dekorationsstoff in den Abmessungen des Kopfteils zu, plus 12 mm Nahtzugabe ringsherum, den Futterstoff für die Rückseite genauso.
Nun einen Streifen Dekorations- oder andersfarbigen Stoff zuschneiden, der um das Kopfteil herumreicht (ohne Unterkante, Abb. 1) plus

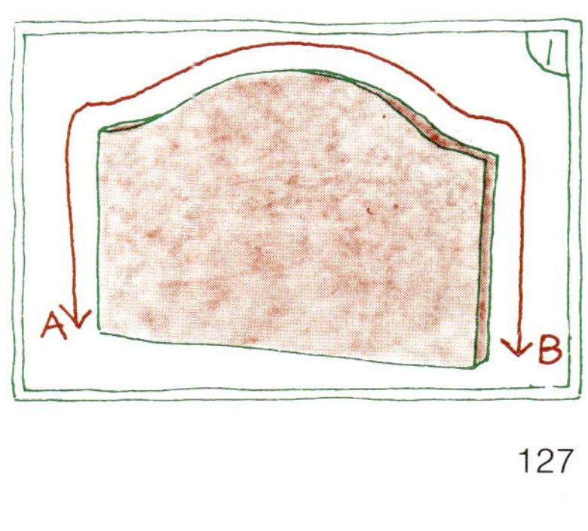

2,5 cm Nahtzugabe. Die Breite richtet sich nach der Brettstärke plus 2,5 cm Nahtzugabe.
Streifen und Vorderteil rechts auf rechts legen, an den seitlichen Kanten und am oberen Rand zusammensteppen und dabei die Paspel, falls erwünscht, zwischenfassen. Die Naht ist 12 mm breit. Die Rundungen einkerben und Ecken zurückschneiden (Abb. 2); Nahtzugaben ebenfalls auf 6 mm zurückschneiden.

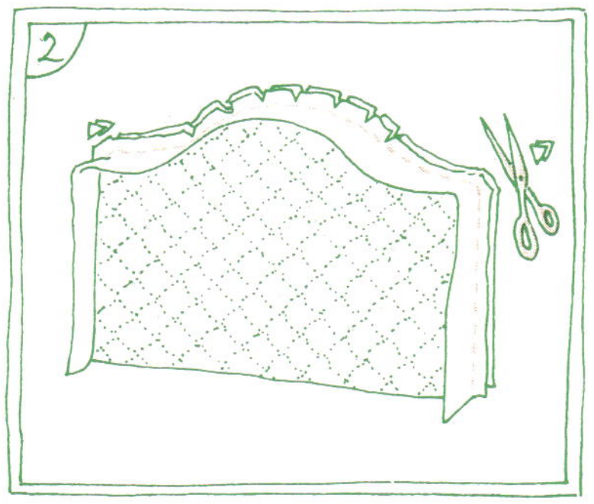

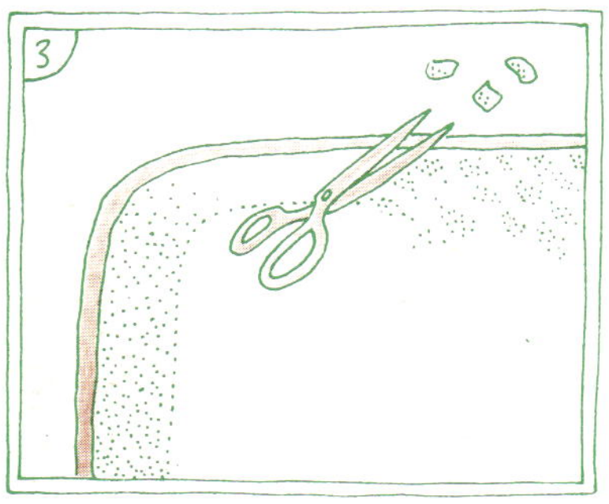

Dieser Zwischenstreifen wird nun auf dieselbe Weise mit dem rückwärtigen Teil des Bezuges verbunden. Man kann ihn auch weglassen und stattdessen den Schaumstoff an der Vorderkante entlang mit der Schere abschrägen (Abb. 3). Die beiden Teile des Bezugs können direkt zusammengenäht werden.
Entlang der offenen Kante 12 mm einschlagen und einen 6 mm breiten doppelten Saum machen. Den Bezug umdrehen und über das Kopfteil ziehen.

Bezug mit Polsterknöpfen

Ein 5 cm bis 7,5 cm dickes Stück Schaumstoff in Form des Kopfteiles zurechtschneiden. Die Stärke des Schaumstoffs mit der Breite des Zwischenstreifens zusammenrechnen. Zeichnen Sie nun die Stellen für die Knöpfe auf dem Dekorationsstoff ein (Abb. 1) und nähen Sie den Zwischenstreifen (wie beschrieben), an den vorderen Teil des Bezuges.
Den Schaumstoff auf der linken Seite des Dekorationsstoffes zurechtlegen und die Knöpfe annähen. Stechen Sie dabei durch Stoff und Schaumstoff und ziehen Sie den Faden so fest an, daß kleine Vertiefungen entstehen.
Den Futterteil des Bezuges an den Zwischenstreifen anfügen und den Bezug wie beschrieben fertignähen.

Bettbehänge

Es gibt buchstäblich Dutzende von Möglichkeiten, ein Bett zu dekorieren. Entscheidend für Ihre Wahl sind Aufbau und Stil des Bettes und die Stoffmenge, die Ihr Budget erlaubt. Auch wenn Sie kein traditionelles Pfostenbett besitzen, können Sie mit Kranz- und Giebelbehängen einen ähnlichen Effekt erzielen.

Die Form wählen

Für die Dekoration eines Himmelbettes bieten sich drei Möglichkeiten an und Sie können sich für jede Kombination entscheiden. Da gibt es einmal die Vorhänge, die an jedem der vier Pfosten herabhängen, dann Volants, die zwischen den Pfosten an den Oberkanten angebracht sind und schließlich den Baldachin, der sich wie ein »Dach« (Himmel) über das Bett spannt (siehe Foto gegenüber).
Die meisten Himmelbetten sind aus Holz oder Messing. Manche haben Stangen zwischen den Pfosten, andere werden komplett mit Vorhangringen angeboten, wieder andere

Ein ganz normales Bett kann ebenso großartig aussehen wie ein Pfostenbett, wenn es von üppigen Dekorationen eingerahmt ist, die entweder von einer geraden Stange, oder einer kranzförmigen Halterung herabfallen. Das Bett muß also direkt unter einem Deckenbalken stehen. Das Material kann gerade herabfallen oder zusammengehalten werden; wenn es an einer Stange befestigt ist, läßt es sich auch raffen. Vorhangschlaufen halten die Draperien an beiden Seiten des Bettes zusammen.

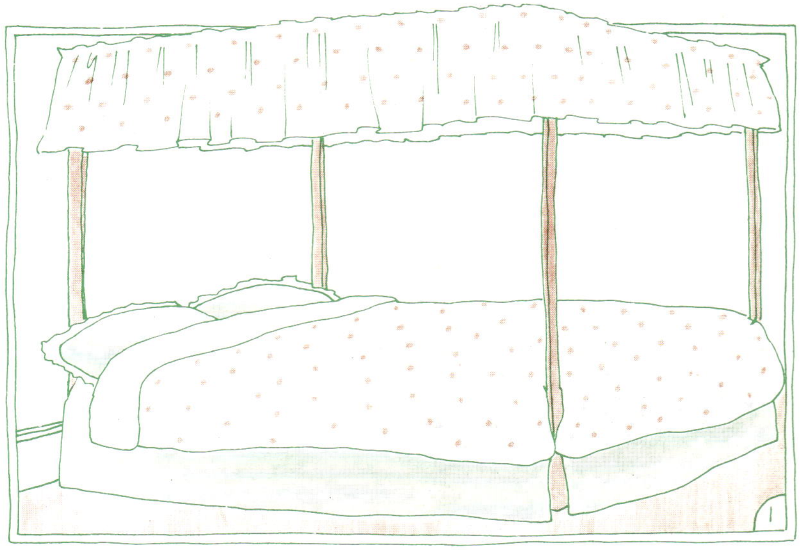

haben eine eingebaute oder versteckte Gardinenleiste.
Bei Betten mit Stangen (Abb. 1) lassen sich Behänge mit Zugsaum oder Gardinenringen aufmachen. Wenn das Bett einen Holzrahmen hat und kein wertvolles Familienerbstück ist, kann man auch an der Oberkante des Rahmens Ösenschrauben in 7,5 cm breiten Abständen einschrauben (Abb. 2) und einen gerüschten Baldachin und/oder einen Volant befestigen.

Volants

Für die Anfertigung von Volants gibt es zwei Möglichkeiten: entweder eine Oberkante mit Zugsaum, wenn sich die Stangen zwischen den Pfosten herausnehmen lassen, oder ein Kantenabschluß mit Gardinenband. Beide Arten sollten abgefüttert werden, weil sie von beiden Seiten zu sehen sind. Sie können also mit demselben Stoff, oder mit andersfarbigem Material abfüttern. Die Unterkanten kann man mit allen möglichen Garnierungen besetzen, angefangen bei der einfarbigen Paspel bis zu Doppelrüschen mit Lochstickerei.

Volant mit Zugsaum

Damit der Volant füllig wird, rechnet man eineinhalb bis zwei Stangenbreiten. Entscheiden Sie sich für eine Länge (30 cm ist in etwa Normalmaß) und rechnen Sie 2,5 cm für den Einschlag an der Oberkante und die Stangendicke dazu. Schneiden Sie vier Stoffstreifen in dieser Breite zu, zwei für die Längsseiten und zwei für die Schmalseiten.
Vier entsprechende Streifen zum Abfüttern schneiden. Alle vier Volants werden auf dieselbe Weise angefertigt. Das Futter rechts auf rechts auf den Oberstoff heften und mit einer 2,5 cm breiten Naht an den Seitenkanten und der unteren Kante zusammensteppen. Die Ecken zurückschneiden (Abb. 1). Nach rechts drehen und bügeln. An der Oberkante 2,5 cm zur gefütterten Seite hin einschlagen und umbügeln, einen zweiten Einschlag in halber Stangendicke machen und heften. Knapp an der Unterkante des Zugsaumes absteppen (Abb. 2). Nur die Stange durchschieben und die Krause gleichmäßig verteilen (Abb. 3). Man kann aber auch für die Oberkante 5 cm zugeben, dann 12 mm einschlagen und Futter und Oberstoff mit Hohlstich gegeneinandernähen. Anschließend zwei Nähte für den Zugsaum steppen, die erste 4 cm unterhalb der Oberkante und damit ein Köpfchen machen (Abb. 4).

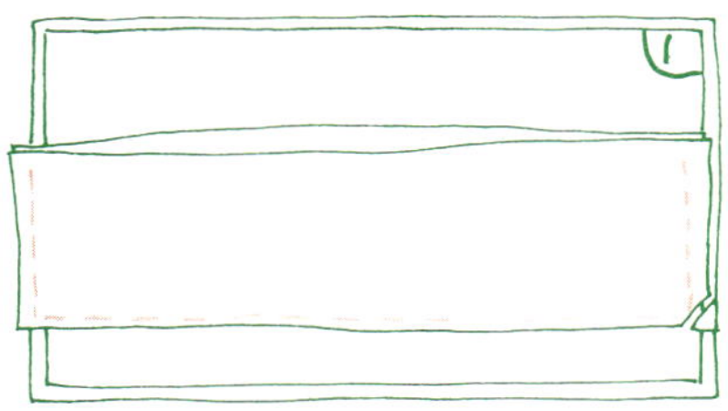

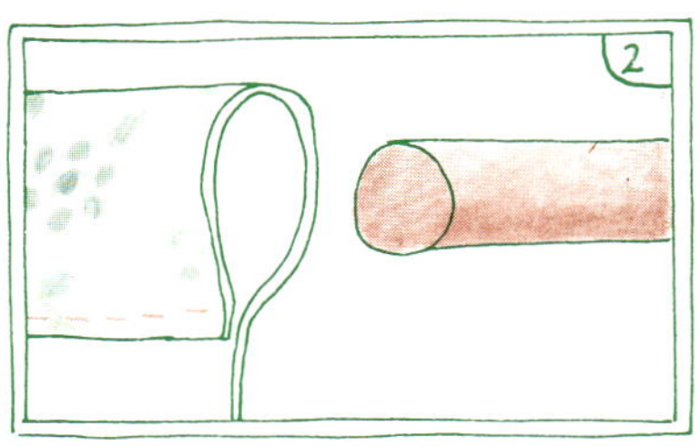

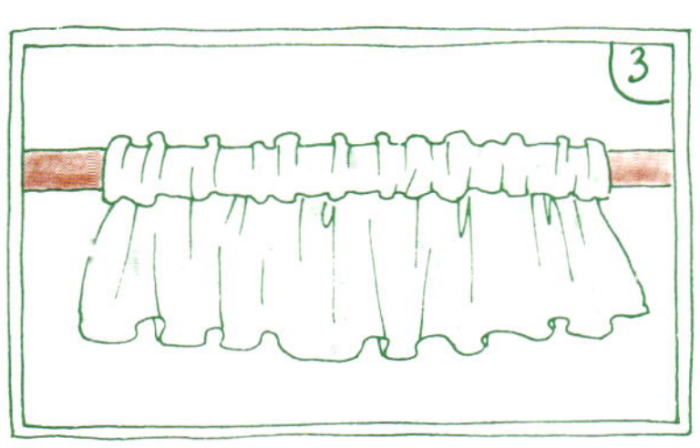

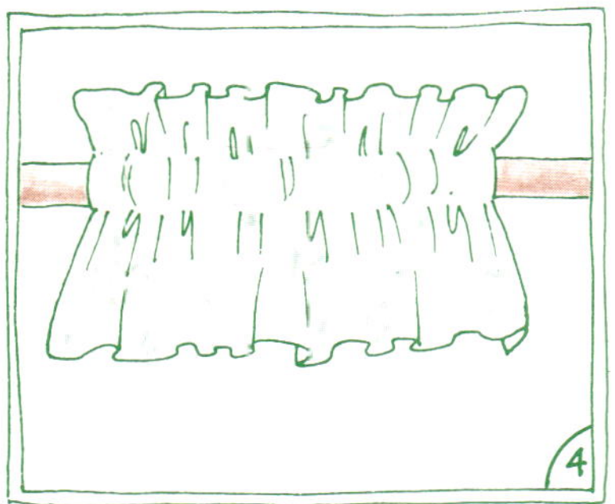

Volant mit Gardinenband

Diese Variante sieht besonders hübsch mit eingefaßten Kanten aus, man braucht daher keine Nahtzugaben.
Messen Sie die Volantlänge wie beschrieben aus, entscheiden Sie sich für die Höhe und rechnen Sie 7,5 cm für die Rüsche an der Oberkante dazu. Wenn der Volant nicht eingefaßt werden soll, müssen 2,5 cm für den unteren Saum und 12 mm für den Einschlag an der Oberkante zugegeben werden.
Vier Stoffstreifen in den erforderlichen Abmessungen zuschneiden, genauso vier Futterstreifen und die vier Volants.
Das Futter rechts auf rechts liegend mit einer 12 mm breiten Naht nur an den Seitenkanten auf den Oberstoff steppen (Abb. 5, S. 130). Beim nicht eingefaßten Volant auch die Unterkante nähen. Alles auf die rechte Seite drehen und bügeln.
Nun einen 5 cm breiten, selbstgemachten (siehe S. 152f.) oder gekauften Schrägstreifen in kontrastierender Farbe der Länge nach falten, knapp nach innen kippen und auf die ungesäumten Ober- und Unterkanten des Volants aufheften

Unten: Pfostenbett mit Bettbehängen.

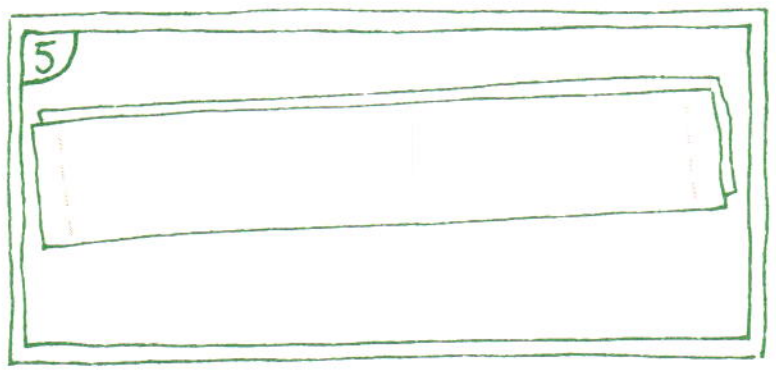

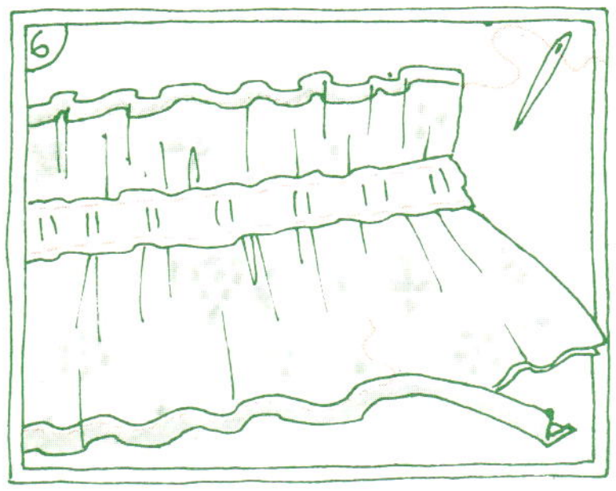

(Abb. 6). Knapp an den Kanten steppen und die Enden mit Hohlstich vernähen. Am Volant ohne Einfassung die Oberkanten 12 mm nach innen schlagen und mit Hohlstich gegennähen.
Das Gardinenband wie bei Vorhängen zurichten (siehe S. 110) und im Abstand von 7,5 cm zur Oberkante auf die abgefütterte Seite aufsteppen. Die Zugschnüre auf Stangenlänge zusammenziehen. Mit Gardinenhaken den Volant an Gardinenringen oder Ösenschrauben (die in die Rahmenoberkante geschraubt sind) aufmachen.

Baldachine

Das »Dach« über einem Pfostenbett läßt sich leicht anfertigen. Es wird ähnlich genäht wie eine Tagesdecke mit Rüschenvolant (Abb. 1). Der Baldachin liegt mit den Kanten auf den horizontalen Stangen auf, der Volant ist fest mit ihm verbunden.

Glatter Baldachin

Fertigen Sie vier Volants in der Art wie diejenigen mit Zugsaum an, las-

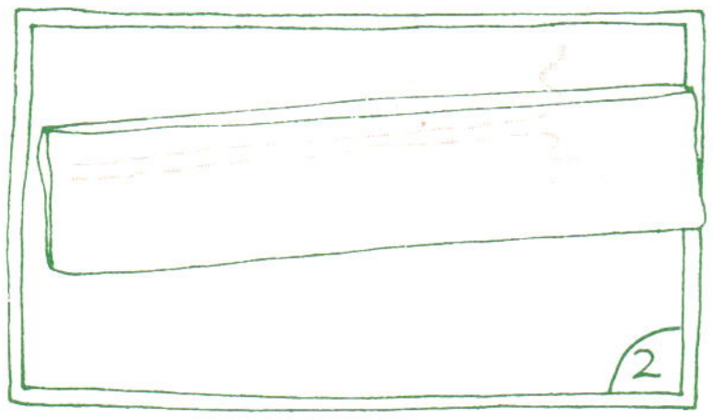

sen Sie aber den Zugsaum weg. Machen Sie zwei Reihnähte durch beide Stofflagen an der Volantoberkante, die untere 2,5 cm von der ungesäumten Kante entfernt (Abb. 2). Nun schneiden Sie zwei Stoffstücke in fertiger Baldachingröße zu, mit einer Rundumnahtzugabe von 2,5 cm. Die obere Stofflage des Baldachins kann auch aus Futterstoff gefertigt werden, wenn die Bettpfosten ein Durchhängen verhindern.
Die Unterseite des Baldachins ausbreiten und die Volants auf die entsprechende Größe zusammenziehen, die Volantenden müssen aber noch innerhalb der Nahtzugabe für den Baldachin liegen (Abb. 3). Die Krause gleichmäßig verteilen und den Volant an den Baldachin heften, die abgefütterte Seite des Volants liegt dabei auf der rechten Seite des Baldachins. Mit einer 2,5 cm breiten Naht zusammennähen und die Naht zum Baldachin bügeln.

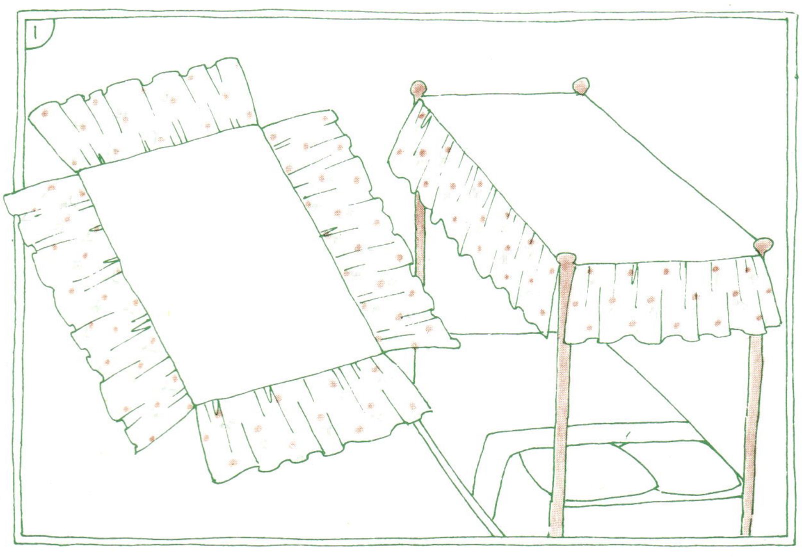

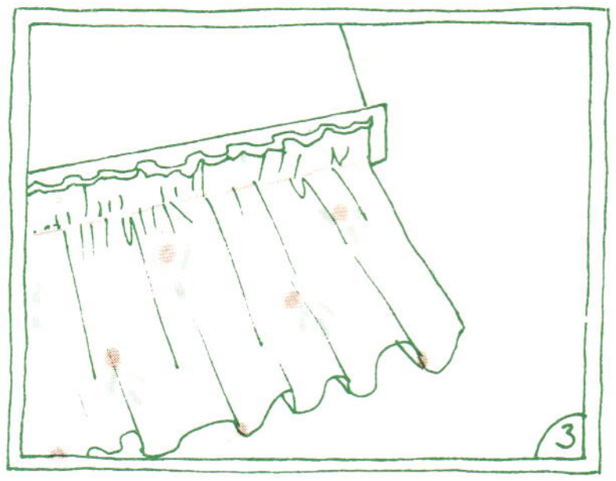

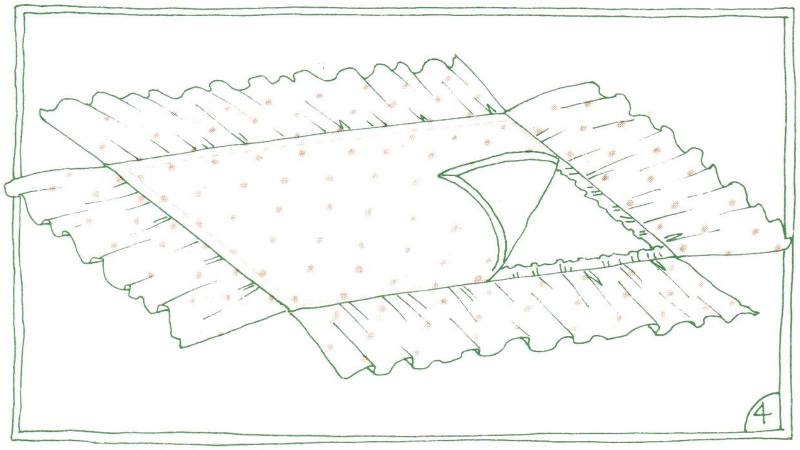

Die Oberseite des Baldachins ausbreiten, rundherum 2,5 cm einschlagen und umbügeln. Die Ecken dabei auf Gehrung einbügeln (siehe S. 151) und das Ganze heften.
Nun die beiden Baldachinteile links auf links aufeinanderstecken, dabei die Nahtzugaben zwischenfassen. Ringsherum so knapp wie möglich an der Kante absteppen (Abb. 4).

Geraffter Baldachin

Er wird genauso genäht wie der glatte Baldachin. Nur wird die Unterseite auf das Eineinhalbfache der fertigen Länge zugeschnitten und – vor dem Anfügen an den Volant – an beiden Seitenkanten eingereiht (Abb. 5).

Geraffter Baldachin mit Gardinenband

Wenn Sie Ösenschrauben in die Rahmenoberkante eindrehen können, läßt sich mit dieser Machart ein geraffter Baldachin schneller nähen. Schneiden Sie zwei Stoffbahnen in eineinhalbfacher fertiger Baldachinlänge und einfacher fertiger Breite zu. Rechts auf rechts legen, mit einer 2,5 cm breiten Naht ringsherum zusammennähen und dabei an einer der Schmalkanten eine 60 cm breite Öffnung lassen (Abb. 6). Die Ecken zurückschneiden und auf die rechte Seite drehen. Entlang der Öffnung 2,5 cm nach innen schlagen, mit Hohlstich verschließen und bügeln.
Das Gardinenband wie bei Vorhängen zurichten (siehe S. 110) und auf der Unterseite des Baldachins so knapp wie möglich an den Längskanten entlang aufnähen. Die Schnüre auf richtige Länge zusammenziehen und die Krause gleichmäßig verteilen.

In Abständen von 7,5 cm Vorhanghaken am Band befestigen und in die Ösenschrauben einhängen.
Um die Haken zu verbergen, einen Volant mit Köpfchen nähen.

Bettvorhänge (Draperien)

Draperien fürs Bett werden ganz genauso gemacht wie lose gefütterte Vorhänge (siehe S. 111), nur ist das Futter ebenso breit wie der Oberstoff, damit sie von der Innenseite her genauso gut aussehen wie von außen. Auf diese Weise lassen sich den Kanten entlang auch leicht Rüschen anfügen.

Bei Bettvorhängen mit Rüschen an Seiten- und Unterkante geht man so vor, als würde man eine riesige Kissenhülle mit Rüschen (siehe S. 133) auf drei Seiten nähen, der einzige Unterschied liegt darin, daß man

keinen Einschlupf braucht. Rüschen können an den Seitenkanten zwischengefaßt werden (Abb. 1).

An der Oberkante von Futter- und Dekorationsstoff 2,5 cm zugeben und einschlagen, ehe die beiden La-

gen zusammengenäht werden. Das ergibt eine saubere Kante zusammen mit der Rüsche, wenn der Vorhang auf die rechte Seite gedreht wird (Abb. 2). Nähen Sie die Kanten mit Hohlstich zusammen und steppen Sie das Gardinenband auf der linken Seite 6 mm vom oberen Rand entfernt an.

Vorhangschlaufen

Die Halteschlaufen für Bettvorhänge werden genauso genäht wie diejenigen für normale Vorhänge (siehe S. 114).

Draperien mit Giebelstange und Kranzhalterung

Diese Art Vorhänge gibt es in verschiedenen Varianten. Sie werden immer in der Mitte über dem Kopf-

ende des Bettes aufgemacht. Die einfachste Methode ist, die Vorhänge über eine an Vorhangstangenhalterungen befestigte Stange zu hängen. Die Halterungen selbst sind in einem Deckenbalken verankert (Abb. 1, oben). Die Vorhänge werden mit Schlaufen zu beiden Seiten des Bettes locker zurückgehalten. Man kann aber auch eine Halterung an der Wand hinter dem Bett anbringen und die Stange darin verankern (Abb. 2, oben). Manche altmodischen Messingbetten sind für solche Draperien eingerichtet. Sie haben am Kopfteil eine freitragende Stange, von der die Vorhän-

Oben: Bettdraperien mit Kranzbehang.

ge aus einer Höhe von 112–152 cm herabfallen und zu beiden Seiten des Bettes festgebunden werden.

Bettvorhänge mit Giebelstange

Messen Sie von der Stange bis zum Boden (Abb. 3, A–B), geben Sie mindestens 30 cm zu, um die Vorhänge mit Schlaufen locker zurückbinden zu können und rechnen Sie weitere 2,5 cm für den Saum und 12 mm für die Oberkante hinzu. Zur Berechnung der erforderlichen Stoffmenge werden diese Abmessungen verdoppelt und mit der Zahl der benötigten Bahnen multipliziert. Die Stange sollte etwa 60 cm lang sein und eine 120 cm breite Stoffbahn müßte genügen.

Schneiden Sie den Stoff in zwei gleichlange Stücke oder in vier, falls Sie wegen der üppigeren Fülle zwei Bahnen je Seite verarbeiten. In diesem Fall werden je zwei Bahnen

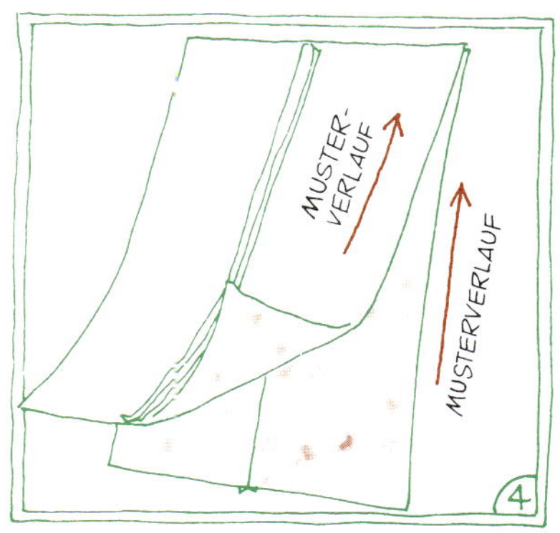

rechts auf rechts der Länge nach mit einer 12 mm breiten Naht verbunden. Wo nötig, Muster aneinanderpassen (siehe S. 150). Die Webkanten wie bei Vorhängen abschneiden oder einkerben (siehe S. 110) und die Nähte breitbügeln.

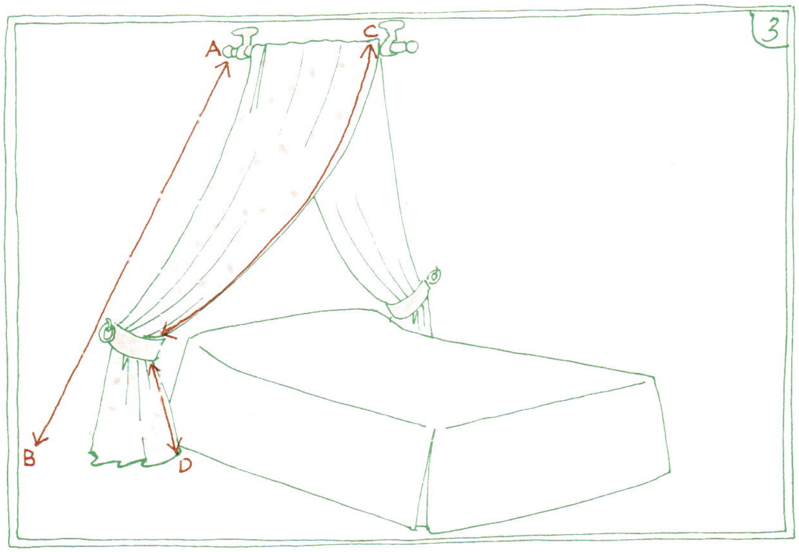

Legen Sie die beiden Teile rechts auf rechts und steppen Sie sie am oberen Rand mit einer 12 mm breiten Naht zusammen (Abb. 4, S. 131 unten). Bei einem Muster, das in eine Richtung läuft, darauf achten, daß es auf beiden Seiten zur oberen Mittelnaht ausgerichtet ist.

Das Futter in gleicher Weise anfertigen

Nun die Futterbahnen rechts auf rechts auf den Oberstoff legen und an den Seitenkanten 12 mm breit absteppen. Nach rechts drehen und bügeln. An den unteren Kanten 2,5 cm einschlagen und Futter und Dekorationsstoff mit Hohlstich gegeneinandernähen.

Richten Sie normales Gardinenband zu wie für Vorhänge (siehe S. 110) und steppen Sie es auf der linken Seite der Vorhänge auf die Mittelnaht auf. Die Schnüre auf Stangenlänge zusammenziehen.

Der Vorhang wird nun so über die Stange gehängt, daß das Band auf der Giebelstange liegt. Für die Schlaufen beiderseits des Bettes in Höhe der oberen Matratze Messinghaken in die Wand schrauben.

Die Vorhänge sehen noch gefälliger aus, wenn sie an den Kanten mit Rüschen oder Fransen besetzt werden.

Geraffte Bettvorhänge

Man näht sie genauso wie die soeben beschriebenen Vorhänge, steppt aber auf der Innenseite zwei oder mehr Reihen Gardinenband in Abständen auf. Durch Zusammenziehen werden die Bahnen gerafft (Abb. 5). Die vorderen unteren Ecken sollten abgerundet werden.

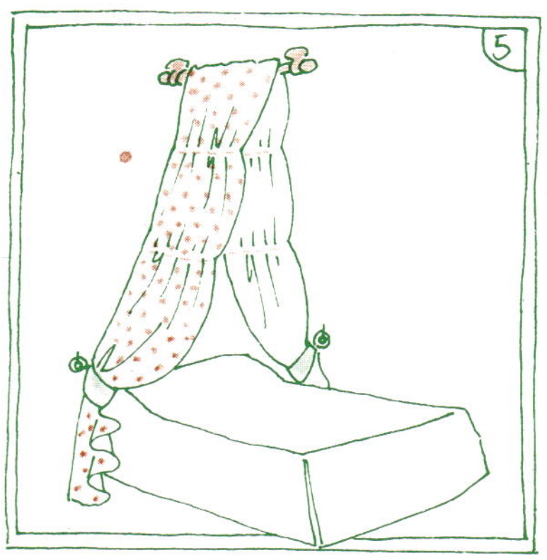

Bettvorhänge mit Kranzhalterung

Die Vorhänge fallen von einer speziellen, halbkreisförmigen Halterung herab, die in einer Höhe von 120 bis 150 cm über der Bettmitte an die Wand montiert ist (Abb. 6). Zu dieser Dekoration gehört ein dritter Vorhang, der an der Wand herunterhängt. Nachdem die Halterung mit Vorhangschiene ausgestattet ist (Abb. 7), kann man die Draperien wie normale Vorhänge nähen und das übliche Gardinenband verarbeiten (siehe S. 110).

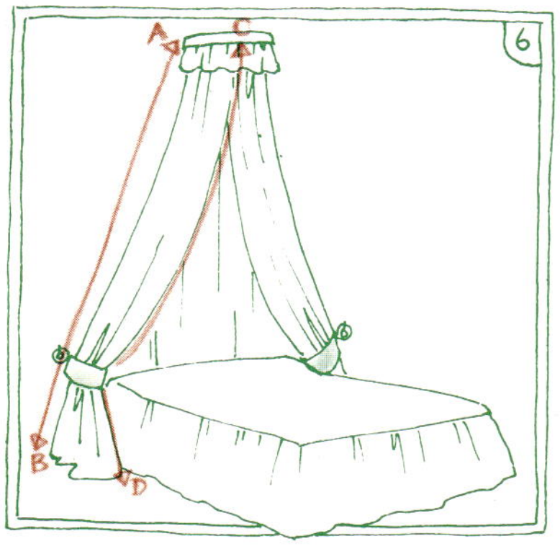

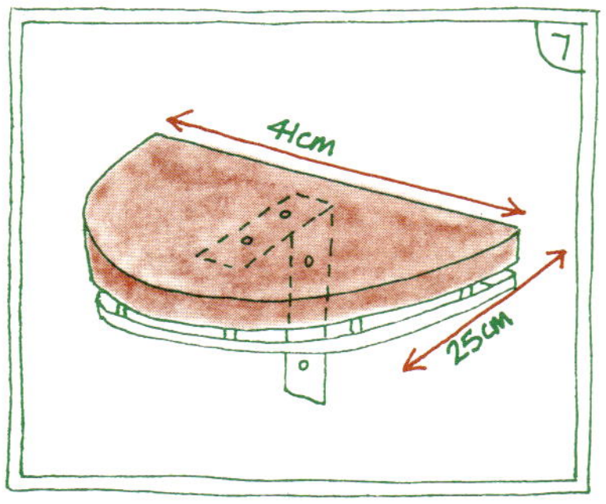

Die hier abgebildete Halterung ist eine 2,5 cm dicke Preßspanplatte. Sie ist 41 cm breit, 25 cm tief und mit Winkeleisen an die Wand montiert. Den oberen Abschluß bildet ein Volant, hinter dem sich die Vorhangschiene verbirgt.

Für den Wandvorhang rechnet man beim Einzelbett zwei, beim Doppelbett drei Bahnen und für die seitlichen Vorhänge je nach gewünschter Fülle ein bis eineinhalb Breiten. Befestigen Sie die Kranzhalterung an der Wand und messen Sie die Vorhanglänge wie bei den Draperien mit Giebelstange von der Schiene bis zum Boden (Abb. 6). Wenn die Vorhänge Bodenlänge haben sollen (Abb. 8), dann mißt man anstelle von A–B die Länge C–D, weil die Vorhänge sonst in Stufenfalten fallen (Abb. 9). Geben Sie 2,5 cm für den Einschlag an der Oberkante und weitere 5 cm für den Saum zu.

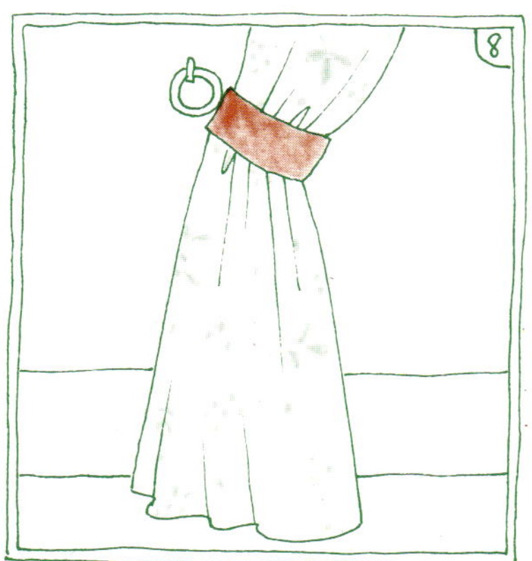

Wand- und Seitendraperien werden wie ein einziger, riesiger Vorhang mit losem Futter gearbeitet (siehe S. 111). Lassen Sie den Saum aber, wenn Sie Bodenlänge wünschen, vorerst offen.

Anschließend die Halteschlaufen nähen (siehe S. 114). Hängen Sie Haken in das Gardinenband ein, ziehen Sie die Schnüre auf den Umfang der Kranzhalterung zusammen und machen Sie die Vorhänge auf. Anschließend Haken für die Schlaufenringe in die Wand schrauben.

An den Nähten zwischen den seitlichen Vorhängen und dem Wandvorhang markiert man nun die Stellen für die Schlaufen. Die Vorhänge wieder herunternehmen und die Naht an den Markierungen auf eine Länge von 15 cm öffnen. Futter- und Vorhangstoff zu beiden Seiten des Schlitzes mit Hohlstich gegennähen (Abb. 10), die Vorhänge wieder aufhängen und die Schlaufen durchziehen.

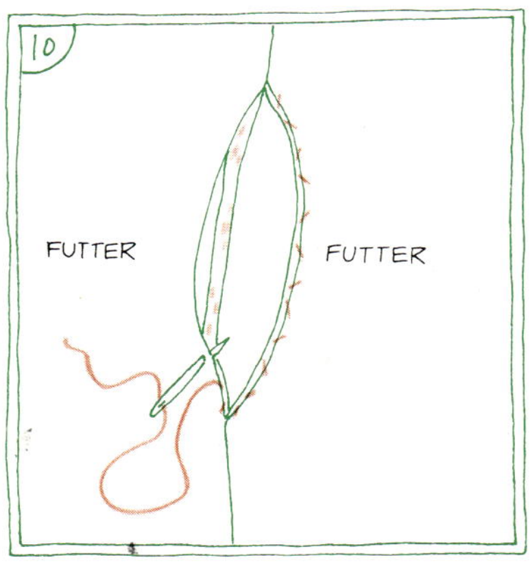

Bei bodenlangen Vorhängen wird der Saum an der Stoßlinie mit Stecknadeln abgesteckt (Abb. 11).

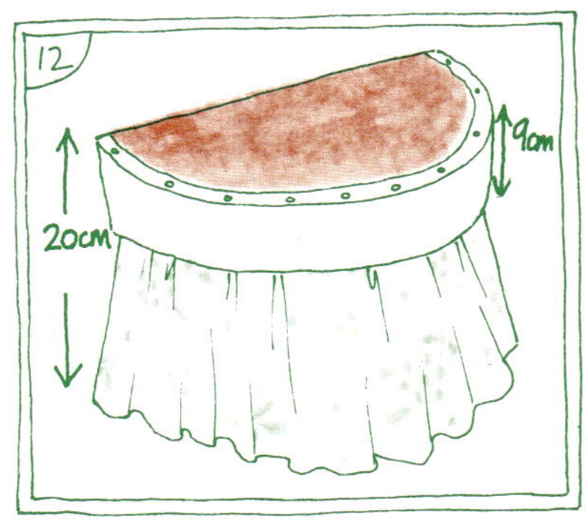

Nehmen Sie die Draperien nochmals von der Schiene und schneiden Sie sie 5 cm unterhalb der Stecknadelmarkierung ab. Den Stoff entlang der Markierungslinie einschlagen, umbügeln und einen 2,5 cm breiten Doppelsaum machen.

Als oberen Abschluß einen Querbehang um die Kranzhalterung nähen. Er besteht aus einem glatten, etwa 9 cm breiten Streifen mit einem ca. 20 cm breiten Rüschenvolant (Abb. 12).

Bettwäsche

Wer seine Leintücher, Kissen- und Deckenbezüge selbst näht, kann sie farblich ebenfalls auf das Schlafzimmer abstimmen. Wäschestoffe in Extrabreiten erleichtern dabei die Arbeit. Schon ein kleiner Besatz aus Vorhang- oder Tagesdeckenstoff an einem bereits vorhandenen Leintuch tut seine Wirkung.

Glatte Kissenbezüge

Die einfachste Methode ist es, den Kissenbezug im Ganzen aus einem extrabreiten Wäschestoff zuzuschneiden. Ansonsten macht man ihn, wie den Bezug mit Rüschen, aus zwei oder drei Teilen.
Messen Sie Breite und Länge des Kissens aus. Schneiden Sie ein Stück Stoff in doppelter Länge zu plus 23 cm Zugabe für Saum und Kuverteinschlag, und in einfacher Breite mit 5 cm Nahtzugabe. Eine Schmalseite sollte Salkante sein.
An der Seite ohne Salkante 6,5 cm umbügeln (Abb. 1, A–B), diesen Einschlag nochmals 6 mm umkippen und einen Doppelsaum machen; dabei knapp an der Kante entlangsteppen.

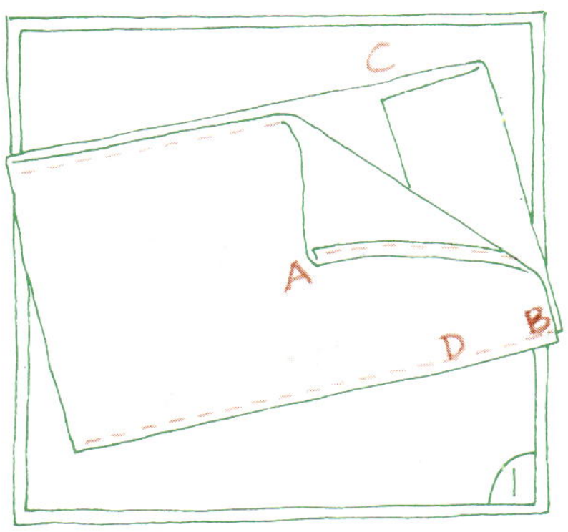

Links auf links liegend, die Salkantenseite 15 cm zu einer Tasche nach innen einschlagen (C–D). Den Stoff nun, immer noch links auf links, zur Hälfte zusammenlegen und 6 mm breit an den Seiten zusammennähen; die Naht auf 3 mm zurückschneiden. Die linke Seite nach außen kehren und bügeln. Nun wieder 6 mm breit an den Seiten entlangsteppen (französische Naht). Dann nach rechts drehen und bügeln.

Kissenbezug mit Rüschen

Zwei Stücke Stoff in Länge und Breite des Kissens mit einer Rundumnahtzugabe von 2,5 cm zuschneiden. Für den Kuverteinschlag ein zusätzliches, 20 cm langes Stück in derselben Breite zuschneiden.
Nähen Sie eine Rüsche (siehe S. 153), deren Länge dem Umfang des Kissenbezuges entspricht und stekken und heften Sie sie, rechts auf rechts, auf die Oberseite des Bezuges auf.
Den Kuverteinschlag (Tasche) an einer Längsseite 12 mm umbügeln und einen 6 mm breiten Doppelsaum steppen. Die Tasche rechts auf rechts auf die Oberseite legen (die Rüsche befindet sich dazwischen, Abb. 1) und von E nach F steppen. Nach rechts drehen und bügeln.

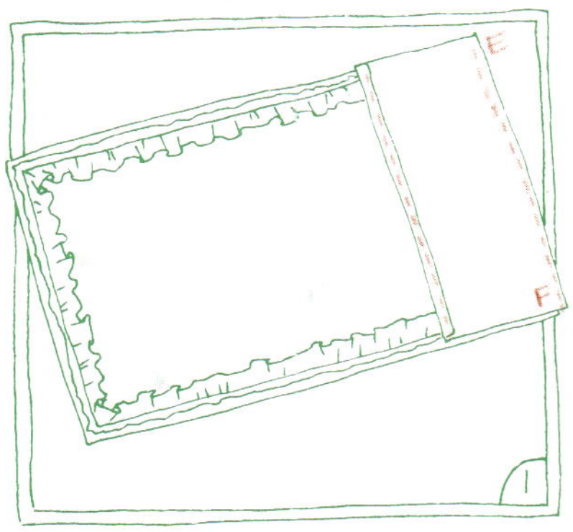

Die zweite Seite des Bezugs an einer Schmalseite 12 mm umbügeln und einen 6 mm breiten Doppelsaum steppen.
Beide Teile rechts auf rechts liegend an drei Seiten 12 mm breit absteppen (Abb. 2), dabei die Rüsche nach innen gekehrt lassen. Die Ecken zurückschneiden und die ungesäumten Kanten mit Zickzackstich versäubern. Auf die rechte Seite drehen und bügeln.

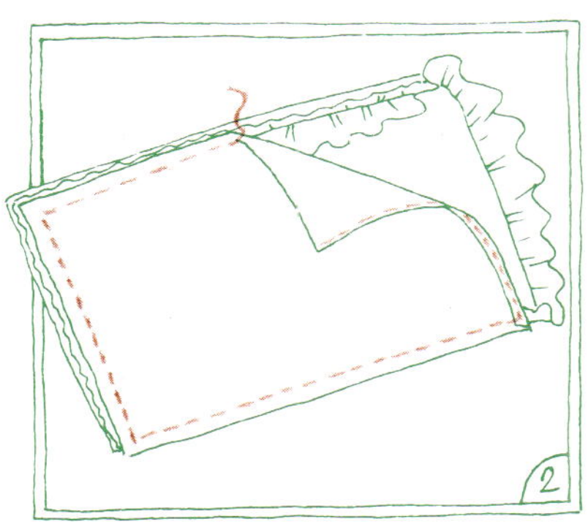

Doppelseitig gemusterte Bettwäsche.

Deckenbezug

Messen Sie Länge und Breite der Decke und geben Sie auf allen Seiten 12 mm für die Nähte zu. Zwei Stücke nach diesen Abmessungen zuschneiden.
Links auf links liegend, drei Seiten mit einer 6 mm breiten Naht zusammennähen und eine Schmalseite offen lassen (Abb. 1). Die Nahtzugabe auf 3 mm zurückschneiden. Die linke Seite nach außen drehen, bügeln und erneut 6 mm breit absteppen (französische Naht). An der offenen Seite 12 mm nach links umbügeln und einen 6 mm breiten Saum absteppen. Den Bezug auf die rechte Seite drehen und alle Nähte bügeln.
An der Innenseite der Öffnung Druckknöpfe im Abstand von 15 cm annähen.

Kissen und Polster

Neue Bezüge für Kissen, Couchen und Sessel bringen neues Leben in ein Zimmer, aber sie anzufertigen kostet viel Zeit. Trotzdem ist dies kein Grund, die Arbeit als zu kompliziert abzulehnen. Ein Kleid zu nähen wird allgemein als viel schwieriger eingeschätzt. Die Freude, die man spürt, wenn man sieht, wie sich ein abgenutzter Lieblingssessel zu seinem Vorteil verändert, lohnt jede Mühe. Überdies ist es viel billiger, als all dies außer Haus machen zu lassen.

Kissen

Kissen sind ebenso dekorativ wie praktisch. Sie können dazu beitragen, Kontraste und Muster in ein Zimmer zu bringen oder eine eher langweilige Umgebung mit frischen Farben zu beleben. Selbst wenn Bett oder Stuhl nicht unbedingt Kissen brauchen – ein Kissenberg verbreitet fast immer einen angenehmen Hauch von Luxus.
Alle in diesem Abschnitt beschriebenen Kissenhüllen können mit glatten oder paspelierten Nähten, oder mit Rüschen angefertigt werden (siehe S. 150 und 153).

Viereckige Kissenhülle

Ohne Reißverschlußöffnung: Messen Sie Länge und Breite der Kissenform so wie in Abb. 1 gezeigt und niemals an den Seitenkanten, manche Kissen sehen quadratisch aus und sind in Wirklichkeit rechteckig. 12 mm an allen Seiten zugeben und zwei Stoffstücke nach diesen Maßen zuschneiden. Wenn mehrere Kissenhüllen aus einem großen Stück Stoff gemacht werden, empfiehlt sich ein Schnittmuster, um das Material so gut wie möglich auszunützen.
Rechts auf rechts liegend, werden beide Teile mit einer 12 mm breiten Naht zusammengenäht, an einer Seite wird eine Öffnung gelassen (Abb. 2). Die Ecken zurückschneiden, nach rechts drehen und bügeln.
Das Kissen hineinstopfen und die Ecken richtig ausfüllen. An der Öffnung 12 mm einschlagen und mit ziemlich großen Hohlstichen (siehe S. 148), die sich leicht wieder auftrennen lassen, zunähen (Abb. 3).
Mit Reißverschlußöffnung: Das Kissen ausmessen und den Stoff zuschneiden wie für die Hülle ohne Öffnung.
Rechts auf rechts liegend, nur eine Naht heften und steppen, dabei in der Mitte eine Öffnung für den Reißverschluß lassen (Abb. 4). Bei einem quadratischen Kissen mit 30 cm Seitenlänge dürfte ein 20 cm langer Reißverschluß ausreichen.

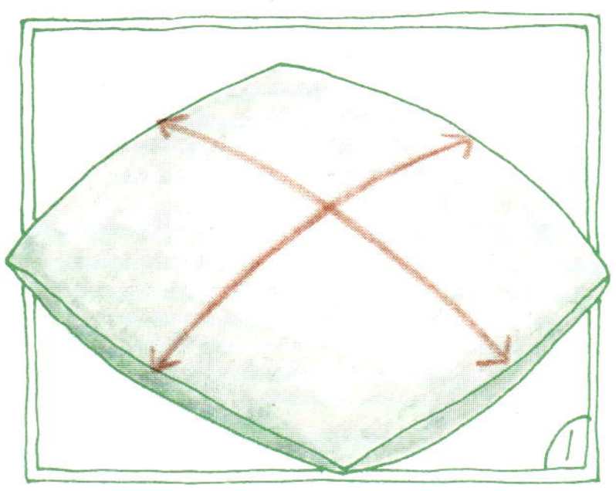

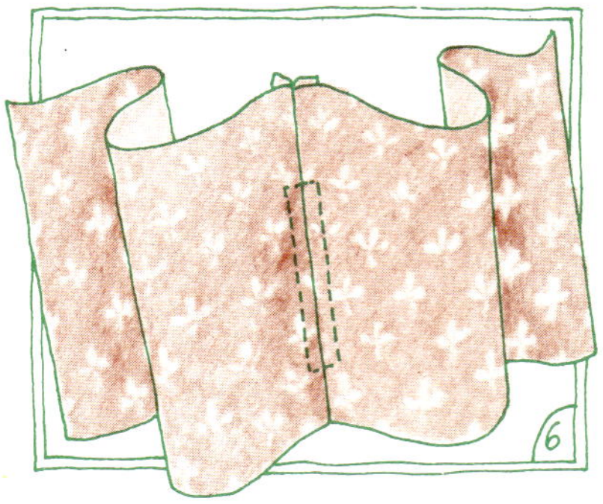

Die beiden Stücke mit der linken Seite nach oben ausbreiten, die Naht breitbügeln und die Nahtzugabe anheften (Abb. 5).
Heften Sie den Reißverschluß in die Öffnung und steppen Sie ihn ringsherum mit der Maschine fest (Abb. 6).
Den Reißverschluß dann öffnen und Ober- und Unterseite der Kissenhülle an den restlichen Seiten zusammennähen. Die Ecken zurückschneiden, auf die rechte Seite drehen und bügeln.

Runde Kissenhülle

Ohne Reißverschlußöffnung: Messen Sie den Durchmesser des Kissens und geben sie 2,5 cm als Nahtzugabe zu. Schneiden Sie nun ein etwas größeres Quadrat aus Packpapier zu und falten Sie es zweimal (Abb. 1, S. 135).
Dann bindet man einen Bleistift an ein Stück Schnur und sticht einen Reißnagel durch die Schnur. Der Abstand zwischen Bleistift und Reißnagel entspricht dem Kissenra-

Unten: Kissen, die miteinander harmonieren.

dius plus 12 mm. Man stößt den Reißnagel auf einer festen Unterlage in die gefaltete Ecke des Papiers und zieht bei straff gezogener Schnur einen Viertelkreis (Abb. 2). An der Bleistiftlinie ausschneiden, das Papier auseinanderfalten und mit diesem Schnittmuster zwei Stoffstücke zuschneiden; ein großflächiges Motiv dabei in die Mitte schieben.
Die Teile rechts auf rechts liegend zusammennähen und etwa ein Drittel der Naht offenlassen (Abb. 3).

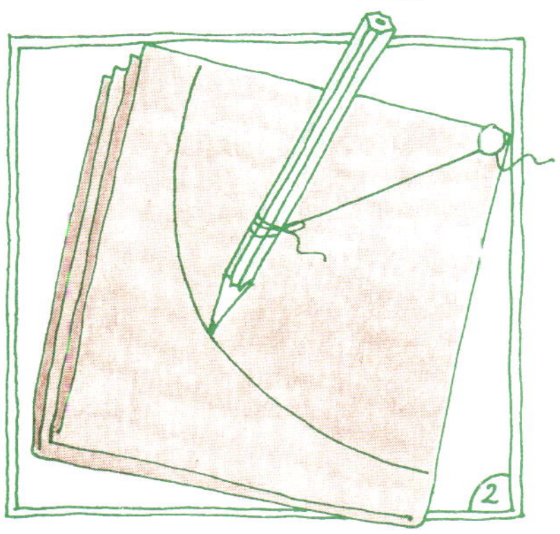

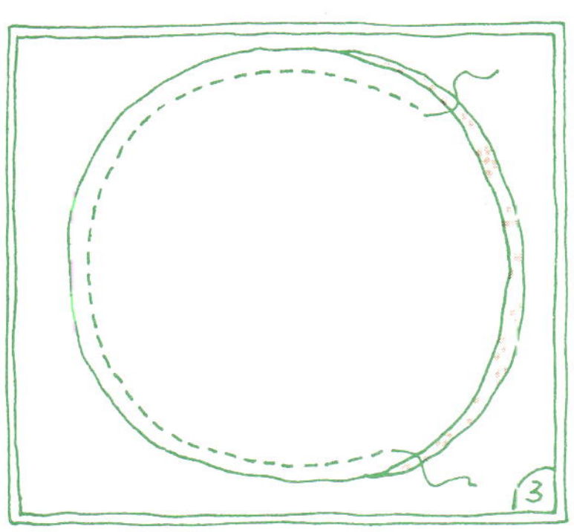

Kerben Sie die Nahtzugabe ringsherum ein, schlagen Sie sie zu beiden Seiten der Öffnung ein und heften Sie sie fest. Auf die rechte Seite drehen und bügeln.
Das Kissen hineinstopfen und die Öffnung wie beim viereckigen Kissen mit Hohlstich verschließen.

Mit Reißverschlußöffnung: Bei einem runden Kissen wird die Reißverschlußöffnung am saubersten, wenn man sie auf der Rückseite der Kissenhülle macht. Nach dem Zuschneiden der Vorderseite legt man das Schnittmuster hin und zeichnet etwa ein Drittel unter der Kreislinie einen Strich (Abb. 4). Schneiden Sie das Schnittmuster entlang der Bleistiftlinie auseinander und legen Sie beide Teile mit einem Zwischenraum von 2,5 cm auf den Stoff. Entlang der Mitte dieses Zwischenraumes eine Linie auf dem Stoff ziehen (Abb. 5), um das Schnittmuster herum- und an der angezeichneten Linie auseinanderschneiden.

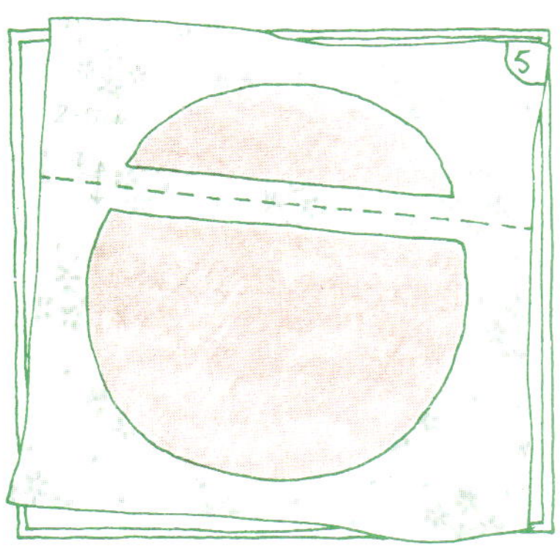

Die beiden Teile mit einer 12 mm breiten Naht und rechts auf rechts liegend zusammenheften und von beiden Enden her ein Stück steppen. Den Schlitz für den Reißverschluß offenlassen. Die Naht breitbügeln und die Nahtzugabe wie bei der viereckigen Kissenhülle umheften.
Heften Sie den Reißverschluß ein und steppen Sie ihn fest.
Dann den Reißverschluß öffnen und die beiden Teile rechts auf rechts liegend rundherum mit einer 12 mm breiten Naht zusammennähen. Die Nahtzugaben einkerben, die Hülle auf die rechte Seite drehen und bügeln.

Kissenrolle

Die Kissenrolle ist lang, schmal und sieht aus wie eine Wurst. Normalerweise liegt sie an Sofaenden oder unter den Kissen am Kopfende eines Bettes. Auch auf der Chaiselongue stützt man gerne den Rücken dagegen ab.
Messen Sie die Länge A–B und den Umfang C–D der Rolle (Abb. 1, unten) und schneiden Sie ein entsprechend großes Stück Stoff mit einer Rundumnahtzugabe von 12 mm zu. Dann messen Sie den Durchmesser der Rolle (Abb. 1, E–F). Fertigen Sie ein Schnittmuster wie bei der runden Kissenhülle an und schneiden Sie zwei Teile mit den entsprechenden Nahtzugaben zu. Das Rollenteil rechts auf rechts der Länge nach zusammenlegen, heften und mit einer Nahtbreite von 12 mm von den beiden Enden her je 10 cm steppen, die Reißverschlußöffnung wird damit 20 cm kürzer als die Rolle (Abb. 2). Die Naht breitbügeln, die Nahtzugabe 6 mm einschlagen und die Kante absteppen (Abb. 3).

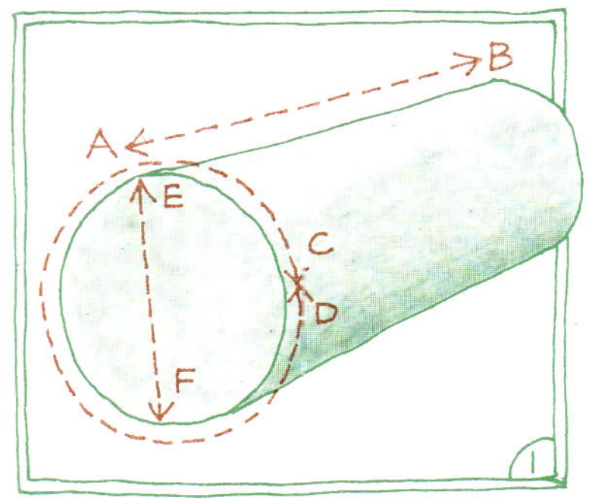

Den Reißverschluß wie beim viereckigen Kissen einnähen.
Nun wird der Reißverschluß geöffnet und die beiden Endteile werden, rechts auf rechts liegend, an das Mittelteil gesteppt. Vor dem Nähen die Nahtzugabe einkerben (Abb. 4). Die Hülle auf die rechte Seite drehen, alle Nähte bügeln und die Rolle hineinstopfen.

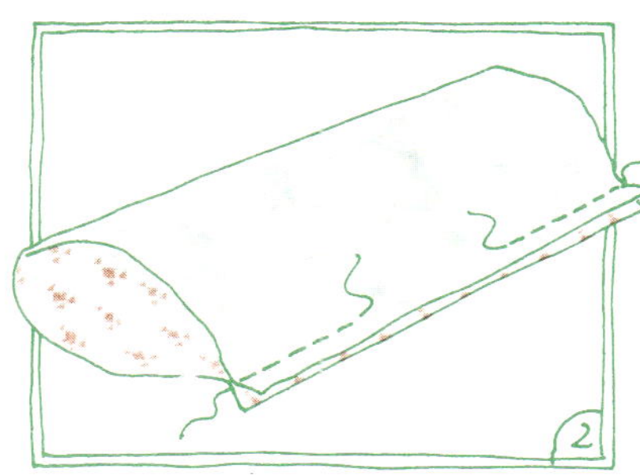

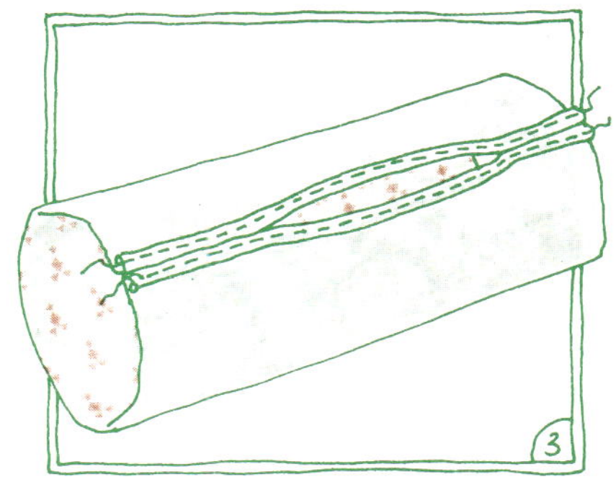

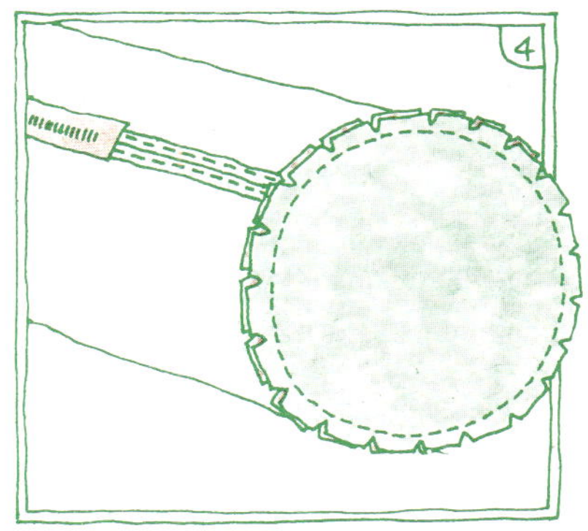

Bezug für Sitzkissen und Rückenpolster

Sitzkissen und Rückenpolster sind auf Sitzfläche und Lehne eines geraden Stuhls zugeschnitten. Die Hüllen werden genauso angefertigt wie die für viereckige und runde Kissen, nur richtet sich der Schnitt nach Sitzfläche und Lehne. Legen Sie ein Pauspapier auf den Stuhl (bzw. über die Lehne) und zeichnen Sie mit einem Filzstift die Konturen nach. Das Schnittmuster 12 mm außerhalb der Umrißlinien ausschneiden. Wenn ein viereckiges Kissen mit Bändern am Stuhl festgebunden werden soll, zeichnet man die Stellen auf dem Schnittmuster an (Abb. 1, S. 136), und zwar zwei Bänder pro Stuhlbein oder Seitenlehne (Abb. 2, S. 136). Bei runden Kissen reicht jeweils ein Doppelband. Übertragen Sie diese Markierungen mit Schneiderkreide auf die zugeschnittenen Stoffteile und nähen Sie die Kissenhülle genauso wie die für viereckige oder runde Kissen ohne Reißverschlußöffnungen. Vor dem Zusammennähen die Bänder zwischenfassen (Abb. 3 und 4, S. 136). Die Bänder sollten ausreichend lang für eine Schleife sein. Für ein Sitzkissen mit Reißverschlußöffnung das Schnittmuster auseinanderschneiden und den Reißverschluß so einnähen wie bei der runden Kissenhülle.

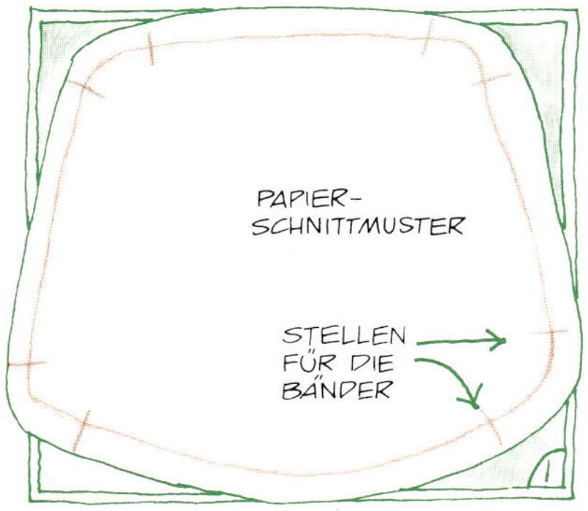

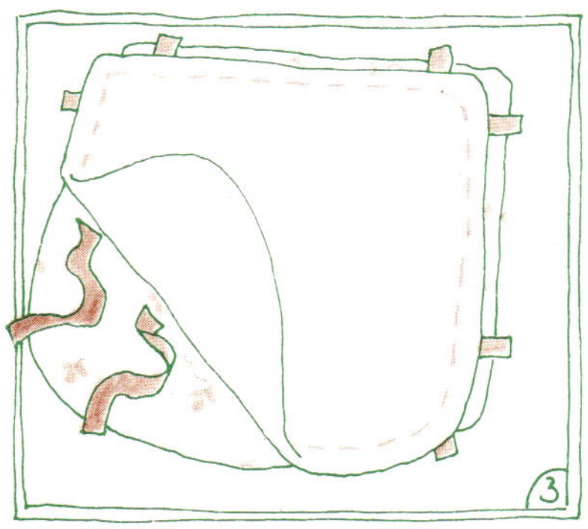

Kissen mit Boden

Kissen mit Boden können viereckig oder rund sein. Der Zwischenstreifen bildet das Seitenteil des Kissens.

Rechteckige Kissen

Messen Sie Länge und Breite der Kissenform, manche quadratisch aussehenden Kissen erweisen sich als rechteckig (Abb. 1, unten). Für die Reißverschlußlänge wird A–B ausgemessen. Er sollte so lang sein, daß er um die Ecken herum 5 cm in die angrenzenden Seiten hineinreicht. Das Reißverschlußteil besteht aus zwei Streifen, die 2,5 cm länger als der Reißverschluß und halb so hoch wie das Kissen plus 2,5 cm Nahtzugabe sind. Der restliche Streifen besteht aus drei, an den Ecken zusammengenähten Teilen mit der in Abb. 2 eingezeichneten Gesamtlänge A–B plus Rundumnahtzugabe von 12 mm. Schneiden Sie die Seitenteile und die Ober- und Unterseite zu. Die beiden letztgenannten haben ringsum eine Nahtzugabe von 12 mm.

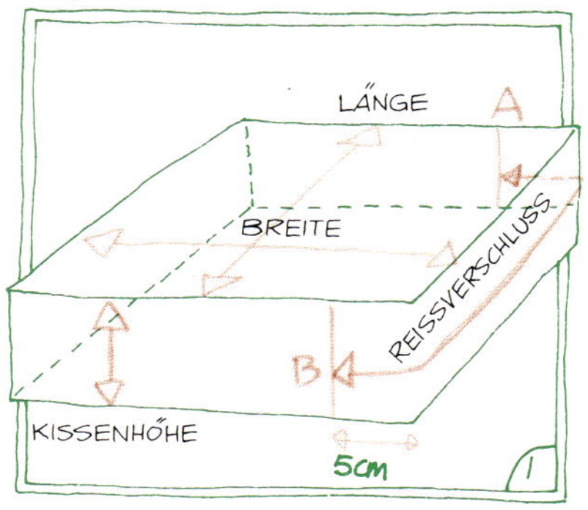

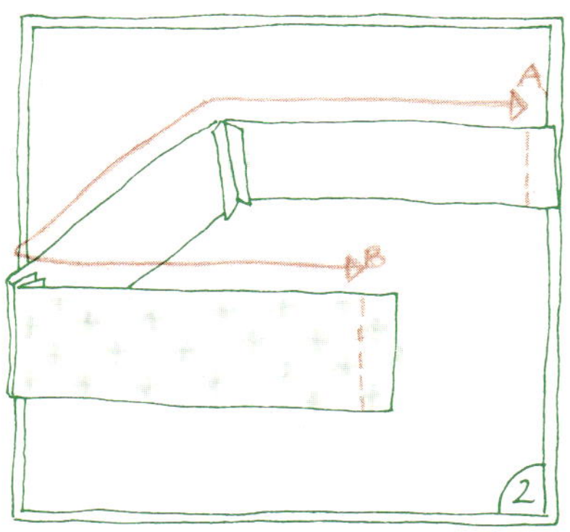

Den Reißverschluß zwischen die beiden schmalen Streifen wie bei der viereckigen Kissenhülle nähen (Abb. 3). Die restlichen drei Seitenteile rechts auf rechts liegend zusammennähen und das Reißverschlußteil auf dieselbe Weise anfügen. Die Nähte breitbügeln.

Wieder rechts auf rechts liegend wird der Mittelstreifen mit einer 12 mm breiten Naht an die Unterseite der Kissenhülle gesteppt (Abb. 4). Die Nahtzugabe des Mittelstreifens an den Ecken einschneiden und die Ecken beider Stofflagen zurückschneiden. Öffnen Sie nun den Reißverschluß und verbinden Sie die Oberseite der Kissenhülle ebenfalls mit dem Mittelstreifen. Das Ganze auf die rechte Seite drehen und bügeln.

Runde Kissen

Für die Ober- und Unterseite der Hülle ein Schnittmuster machen wie für die einfache runde Kissenhülle. Messen Sie Höhe und Umfang des Kissens ab und schneiden Sie einen Stoffstreifen in voller Höhe und halbem Kissenumfang plus 12 mm Nahtzugaben für alle Seiten zu. Dazu kommen dann zwei weitere Streifen von halber Kissenhöhe und halbem Umfang mit Rundumnahtzugaben von 12 mm. Die Reißverschlußlänge sollte ebenfalls dem

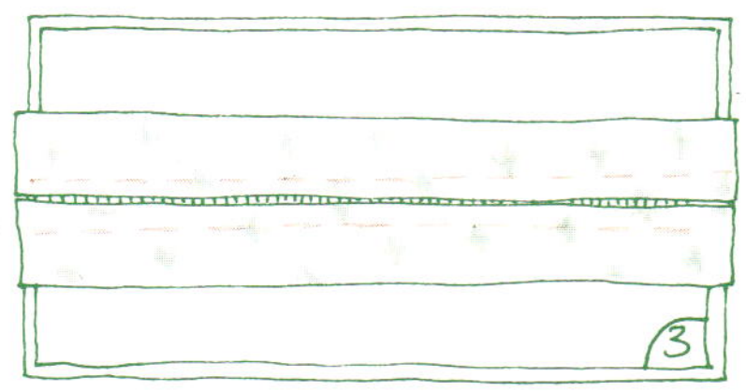

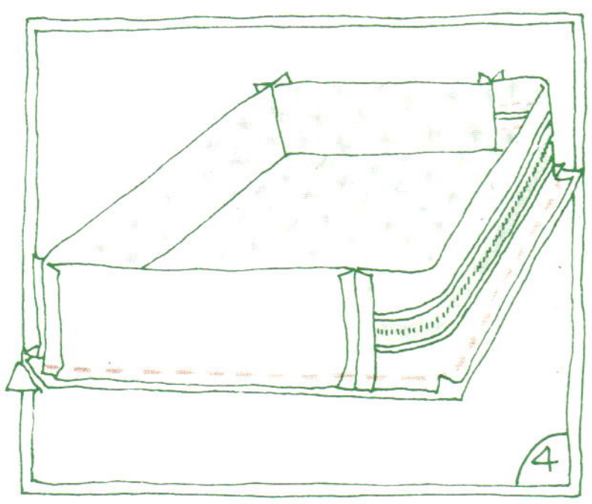

halben Kissenumfang entsprechen. Nähen Sie den Reißverschluß zwischen die schmalen Streifen wie bei der viereckigen Kissenhülle, verbinden Sie dann die beiden Hälften des Seitenteils, rechts auf rechts liegend, mit 12 mm breiten Nähten und bügeln Sie die Nähte auseinander (Abb. 5).

Den Mittelstreifen rechts auf rechts und mit 12 mm breiter Naht auf eines der beiden runden Teile steppen und die Nahtzugabe ringsum einkerben (Abb. 6). Den Reißverschluß öffnen und das zweite Teil genauso anfügen. Die Kissenhülle auf die rechte Seite drehen und bügeln.

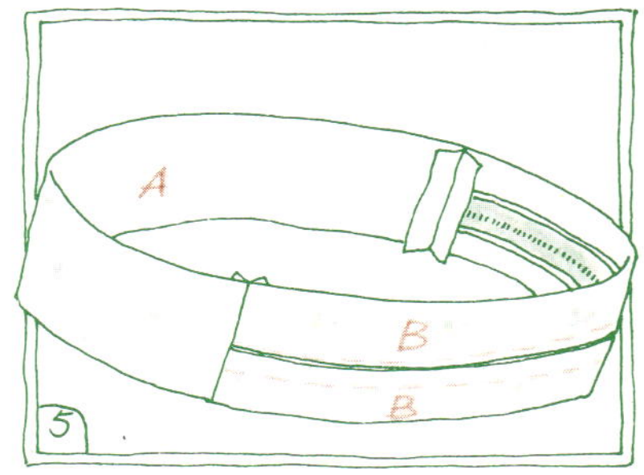

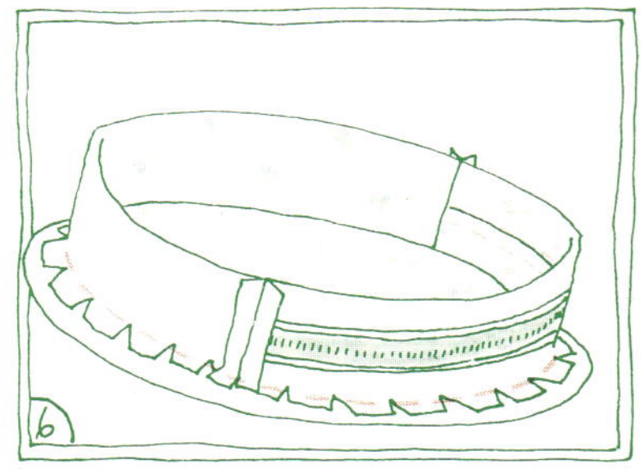

Kissen in Herzform

Nachdem man diese Kissen nicht immer leicht zu kaufen bekommt, müssen Sie nicht nur die Kissenhülle, sondern möglicherweise auch die Kissenform selbst machen.

Schneiden Sie sich ein Stück Papier zurecht, das etwas größer ist als das gewünschte Kissen: 36 x 33 cm dürften gerade richtig sein (Abb. 1). Falten Sie das Papier der Länge nach und zeichnen Sie an der Umbruchlinie ein halbes Herz auf. Entlang der Zeichenlinie ausschneiden und das Schnittmuster auseinanderfalten (Abb. 2).

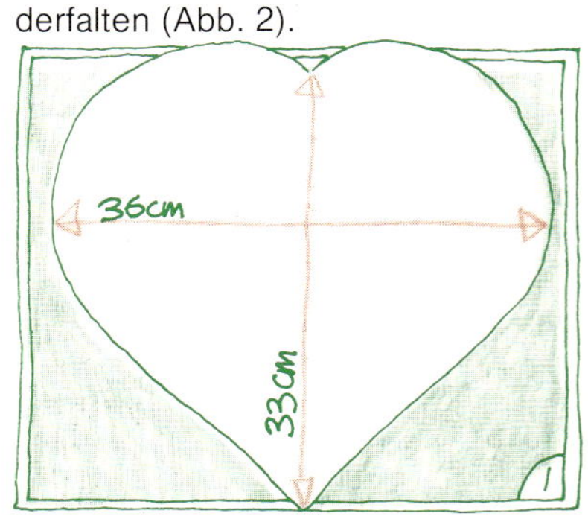

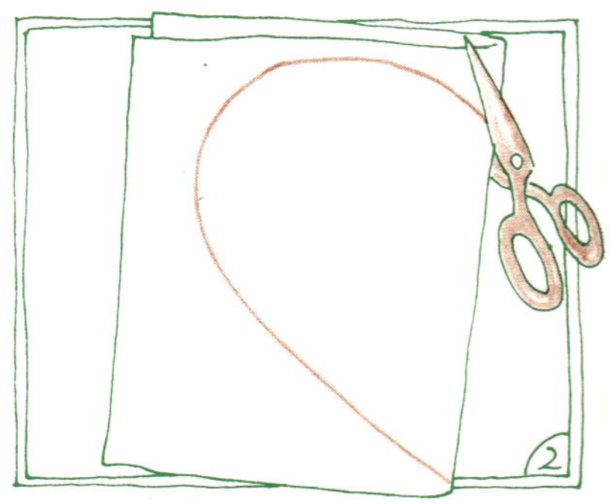

Fertigen Sie die Kissenform nach den Anleitungen für Kissen ohne Reißverschlußöffnung an, stopfen Sie das Füllmaterial hinein und verschließen Sie die Öffnung mit Hohlstichen. Die Kissenhülle wird genauso genäht wie ein runder Bezug mit Reißverschluß. Zu diesem Zweck das Schnittmuster quer

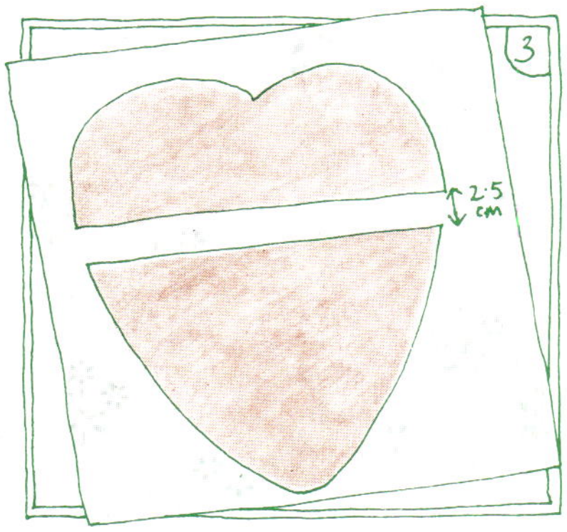

durchschneiden wie auf Abb. 3. Der Reißverschluß sollte über die ganze Breite gehen.

Kissen mit Zierknöpfen

Fertigen Sie eine Kissenhülle ohne Reißverschlußöffnung an und stopfen Sie das Kissen hinein.

Legen Sie das Kissen hin und zeichnen Sie die Stellen für die Knöpfe in regelmäßigem Zickzackmuster mit Stecknadeln an (siehe S. 128, Kopfteil mit Polsterknöpfen). Für jeden Knopf brauchen Sie auf der anderen Seite einen Gegenknopf. Stoffbezogene Knöpfe – möglichst aus Kunststoff, damit man das Kissen waschen kann – sehen am besten aus.

Die Knopfanordnung wird mit einem Pauspapier auf die rückwärtige Seite des Kissens übertragen.

Die Knöpfe an der Vorderseite annähen. Dabei durch das Kissen durchstechen, kräftig anziehen und den Faden so vernähen, daß er nicht zurückrutscht. Danach die Knöpfe auf der Rückseite jeweils über der Einstichstelle annähen und den Faden von der Vorderseite um den Knopf wickeln.

Polsterbezüge (Schlupfbezüge)

Viele Leute, die nichts dabei finden, eine Tagesdecke zu nähen, würden nicht einmal im Traum daran denken, sich an Polsterbezüge zu wagen. Dabei ist die Anfertigung kaum schwieriger als die einer Tagesdekke, sobald man erst einmal weiß, wie man ein passendes Schnittmuster macht. Allerdings ist mehr Zeitaufwand und Arbeit damit verbunden, weil mehr Teile zusammenzunähen sind.

Das Schnittmuster ausknobeln

Messen Sie jedes Teil am Sessel oder an der Couch an der breitesten und längsten Stelle aus (Abb. 1) und schneiden Sie ein entsprechend großes Stück Musselin mit Nahtzugaben und Einschlägen zurecht. Nun jedes Teil aufstecken und die Konturen mit Bleistift oder Filzstift nachzeichnen. Die Teile wieder abnehmen, ringsum 2,5 cm Nahtzugabe und an den Innenseiten von Armlehne, Sitzfläche und Rückenlehne 15 cm Einschlag dazurechnen (Abb. 2).

Für die Unterkanten an Polsterbezügen gibt es verschiedene Macharten. Sie müssen sich vor dem Zuschneiden für eine Form entscheiden. So kann man beispielsweise Beläge an die Unterkanten des Bezugs nähen und sie unter dem Möbelstück festbinden (Abb. 3). Oder man schließt mit einem glatten Behang (Schabracke) mit Eckfalten (Abb. 4), einem angekrausten (Abb. 5) oder einem in Kellerfalten gelegten (Abb. 6) Behang ab.

Für den Zuschnitt der Unterkantenbeläge dreht man das Möbelstück um und mißt den Abstand zwischen den Füßen. Schneiden Sie nun ein entsprechend langes und 20 cm breites Stück Musselin plus 2,5 cm Rundumzugabe zu. Zum Festbinden der Beläge werden acht Bänder benötigt (Abb. 7).

Messen Sie für einen glatten Behang mit Eckfalten die Breite A–B (Abb. 8) aus und schneiden Sie einen entsprechend langen und

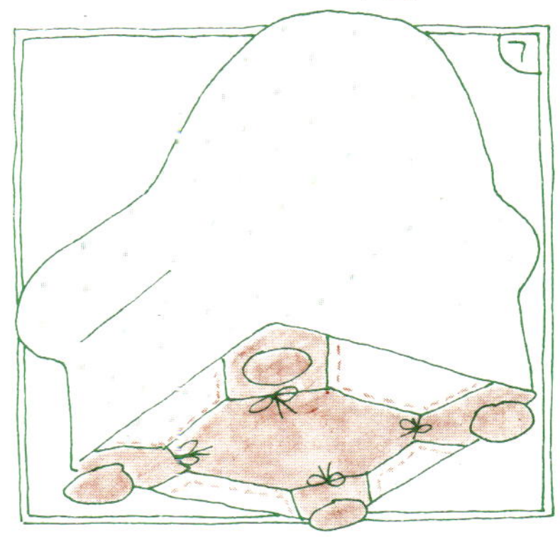

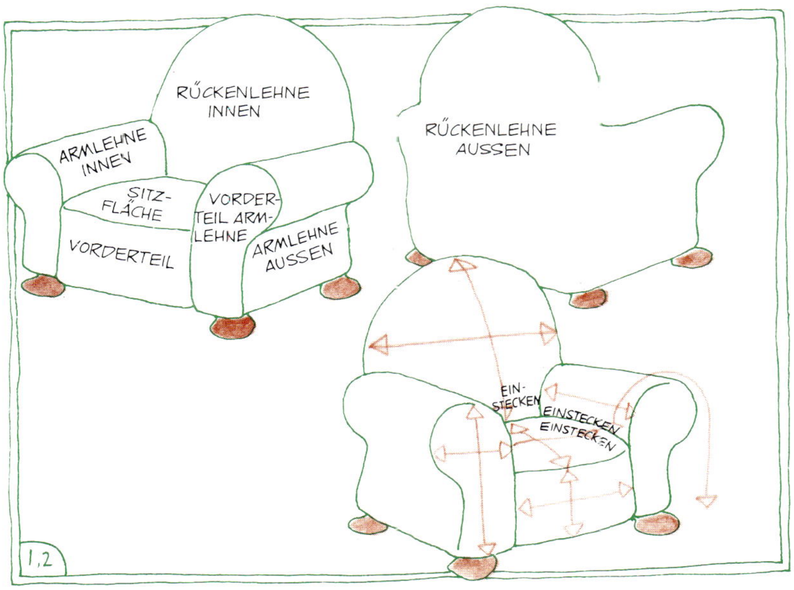

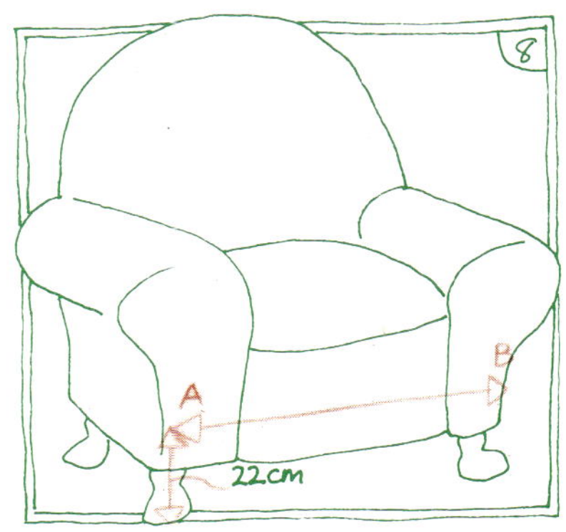

22 cm breiten Streifen Musselin zurecht, dazu kommt ringsum eine Nahtzugabe von 2,5 cm. Genauso nimmt man Maß an den Seitenteilen und der Rückseite des Möbelstücks und schneidet ein passendes Mu-

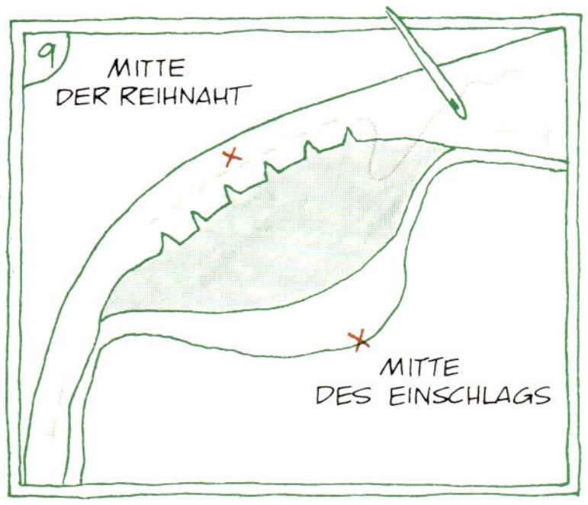

ster zu. Die Vorlage für die Eckfalte sollte 30 x 22 cm messen, plus Nahtzugabe.
Fertigen Sie den Behang nach den Anleitungen auf S. 125 an. Auf den Seiten 124 und 125 finden Sie Beschreibungen für die Anfertigung von gerüschten und in Kellerfalten gelegten Behängen. Für lose Kissen werden ebenfalls Musselinmuster zugeschnitten.
Wenn alle Muster zugeschnitten sind, steckt man die Teile mit der linken Seite nach oben an den Sessel oder die Couch. Anschließend werden sie rechts auf rechts zusammengesteckt und zwar in folgender Reihenfolge: Rückenlehnenaußenseite an Rückenlehneninnenseite, Rückenlehneninnenseite an Sitzfläche, Sitzfläche an Vorderseite, Sitzfläche an Armlehneninnenseite, Armlehneninnenseite an Armlehnenaußenseite und als letztes kommen die Vorderseiten der Armlehnen. An Rundungen wie abgerundeten Arm- oder Rückenlehnen kraust man die Innenseite soweit an, daß sie mit dem angrenzenden Teil zusammenpaßt. Markieren Sie Anfang und Ende der Kräuselnaht sowie die Mitte der Kräuselung und die entsprechende Mitte des glatten Teils. Beim Zusammenstecken der Stoffteile legt man diese Mittenmarkierungen aneinander (Abb. 9). Die Einschlagzugaben einschieben und wo nötig angleichen. Vor dem Auseinandernehmen der Probestücke werden die Schnitteile gekennzeichnet, Fadenlauf (Abb. 10) und linke Seite markiert, sowie auch Oberkante, Unterkante und gesteckte Saumlinie. Außerdem wird vermerkt, mit welchem Teil dieses Stück verbunden wird.

Den Stoffverbrauch errechnen

Zeichnen Sie auf einem sauberen Fußboden die Breite des Möbelbezugstoffes – normalerweise 122 cm – mit einem Stück Kreide auf. Nehmen Sie die Schnitteile auseinander und legen Sie sie, mit der linken Seite nach unten und entsprechend dem Fadenlauf, zwischen den Kreidestrichen auf. Die Schnitteile so hin- und herschieben, daß möglichst wenig Verschnitt bleibt (Abb. 11). Bei großgemustertem Stoff sollten Außen- und Innenseite

der Rückenlehne, die Außenseite der Armlehne, sowie Sitzfläche und Vorderseite auf Mustermitte zusammenlaufen. Die Teile für den Behang nicht vergessen.
Nun werden alle überstehenden Nähte ausgemessen, um die erforderliche Menge Schnurpaspel zu errechnen (Abb. 12). Außerdem muß genügend Stoff für die Paspel

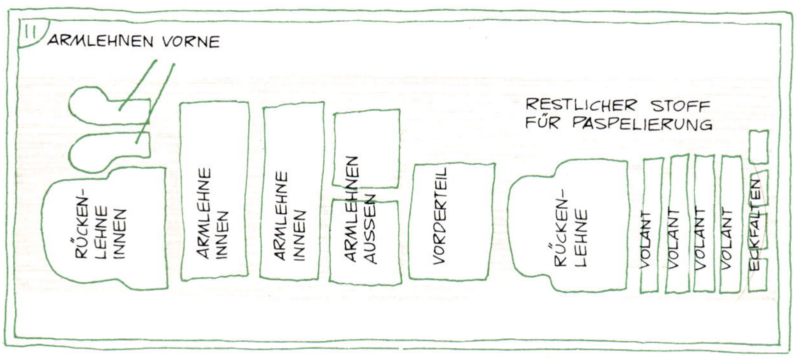

einkalkuliert werden: für eine Couch im Durchschnitt 1 m, für einen Sessel 0,75 m.
Bei kleinen Sofas mögliche Nähte an der Rückenlehneninnenseite, der Sitzfläche und der Vorderseite in die Mitte legen. Bei einer großen Couch macht man sie rechts und links von der Mitte (Abb. 13).

Den Stoff zuschneiden

Den Stoff mit der rechten Seite nach oben ausbreiten und die Schnitteile aufstecken, ebenfalls mit der rechten Seite nach oben. Den Fadenlauf parallel zur Salkante ausrichten, jedes Teil nach dem Zuschneiden mit einem Etikett kennzeichnen und Ober- und Unterkante sowie Fadenlauf markieren.

Den Bezug nähen

Stecken Sie die Teile am Sessel oder an der Couch probeweise zusammen und gehen Sie dabei nach derselben Reihenfolge vor wie bei den Musselinmustern. Zwischen den Markierungen einreihen, die Rundungen aufeinanderpassen und stecken.
Nun wird der Bezug wieder abgenommen, die Nähte geheftet und die Paspeln dabei zwischengefaßt (siehe S. 150). Steppen Sie die Teile zusammen und lassen Sie an einer der rückwärtigen Nähte einen 30 cm bis 46 cm langen Schlitz für den Reiß-

verschluß offen (Abb. 14). Den Reißverschluß einsetzen oder, falls gewünscht, die Kanten an der Öffnung säumen und im Abstand von 10 cm Haken und Ösen annähen.
Alle Rundungsnähte einkerben (Abb. 15), den Bezug auf die rechte Seite wenden und bügeln.

Ein Kleid für den Toilettentisch

Der traditionelle nierenförmige Toilettentisch hat nichts an Reiz verloren und bietet eine weitere Möglichkeit, das Schlafzimmer mit ein paar weichfallenden Stoffbahnen zu verschönern. Mit einem Behang und einem Volant aus hübschem Stoff wird das häßlichste alte Möbel, sogar ein Schreibtisch, zum Schmuckstück. Die nachfolgenden Nähanleitungen lassen sich auch auf eine viereckige Tischplatte anwenden.

Die Verkleidung anfertigen

Zur Ermittlung der benötigten Stoffbahnen mißt man den Umfang der Tischplatte und gibt nochmals die Hälfte dazu. Die Länge reicht von

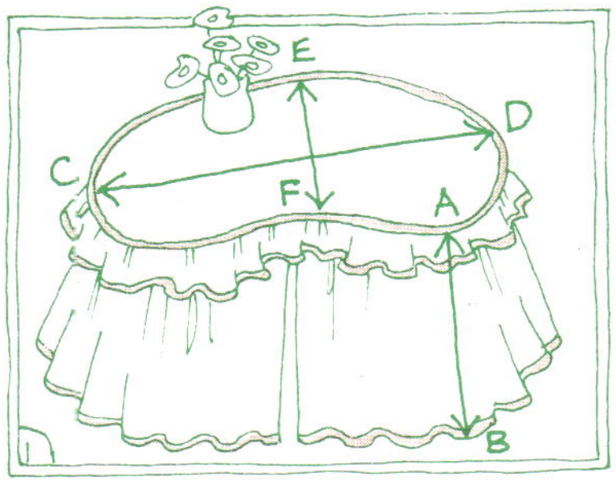

der Vorhangschiene bis knapp über den Boden. Hier sind Behang- und Volantkanten eingefaßt (siehe S. 151 f.) und heben sich attraktiv ab (Abb. 1). Werden sie nicht eingefaßt, ist eine Saumzugabe erforderlich.
Nähen Sie den Behang wie einen Vorhang mit losem Futter (siehe S. 111). Die Kanten treffen vorne in der Mitte zusammen und bleiben offen.
Für die Oberseite zeichnet man die Umrisse der Tischplatte auf Packpapier nach. Den Stoff nach diesem Muster zuschneiden und ringsum 2,5 cm Nahtzugabe dazurechnen.
Man arbeitet dieses Teil wie eine angepaßte Tagesdecke mit Rüschenvolant (siehe S. 142), führt aber den Volant um das ganze Mittelstück herum. Der Volant sollte mindestens 15 cm breit und entweder eingefaßt oder gesäumt sein. Für die Tischplattenverkleidung eignet sich entweder Steppstoff oder man unterlegt den Stoff mit einer formgeschnittenen Kunstfaserwattierung. Die Verbindungsnaht zwischen Oberseite und Volant paspelieren (siehe S. 150) (Abb. 2).

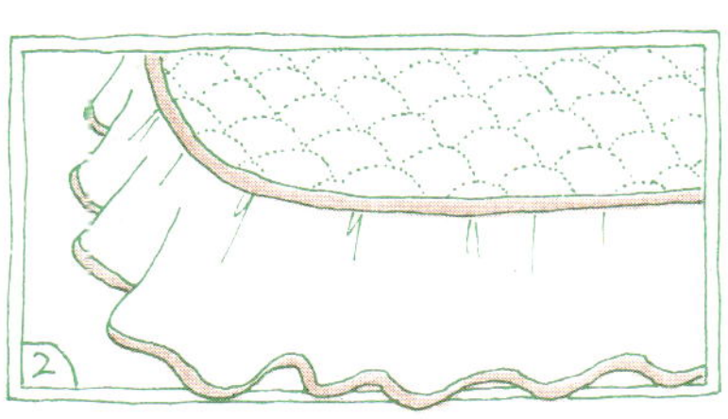

Tischwäsche

Ein hübsches Tischtuch schont nicht nur die Tischplatte, sondern kann auch als heiterer Farbtupfer in Ihrem Zimmer wirken. Je größer der Tisch, desto eindrucksvoller die Wirkung. Wenn Sie Ihre Tischwäsche selbst nähen, können Sie das Material passend zu anderen Textilien im Raum wählen.

Die Machart wählen

Wie immer wird auch hier viel Abwechslung geboten, und wofür Sie sich entscheiden, hängt letztlich von Ihren Vorstellungen ab. Für einen Tisch mit häßlichen Beinen ist ein bodenlanges Tischtuch beispielsweise die beste Lösung. Eine kostbare Tischplatte schützt man vor heißen Tellern und Töpfen, indem man das Tischtuch mit hitzebeständigem Material unterlegt oder Steppstoff verwendet. Wer es extravagant liebt, deckt seinen Tisch mit zwei oder sogar drei Tischtüchern. Spitze auf einfarbigem Stoff, oder viereckige Decken auf bodenlangen sehen besonders ansprechend aus. Die Kanten kann man mit Rüschen oder Borten verzieren, man kann sie einfassen, ausbogen und dergleichen mehr: der Vielfalt sind hier keine Grenzen gesetzt.

Viereckiges Tischtuch

Wenn Sie ein passendes Tischtuch besitzen, brauchen Sie es nur der Länge und Breite nach zu kopieren und Zugaben für Nähte und Säume dazuzurechnen. Sonst messen Sie einfach die Tischplatte aus. Um die richtige Seitenlänge zu ermitteln, setzt man sich einfach an den Tisch, und mißt den Abstand zwischen Tischoberkante und Schoß oder Fußboden. Dieses Maß wird dann verdoppelt und der Länge und Breite des Tisches zugerechnet, plus 2,5 cm ringsum für einen schmalen oder 5 cm für einen breiteren Saum. Wenn der Stoff gestückelt werden

muß, sollte die Naht niemals durch die Tischtuchmitte laufen. Stattdessen teilt man das anzusetzende Stück in zwei Hälften und setzt es zu beiden Seiten mit einer einfachen oder einer Kappnaht (siehe S. 149) an (Abb. 1). Eine flache Naht wird mit Zickzackstich versäubert.
Am saubersten werden die Ecken an einem viereckigen Tischtuch, wenn man sie auf Gehrung zusammennäht (siehe S. 151). Beim schmalen Saum schlägt man zunächst 6 mm, dann 2 cm um, beim breiteren 12 mm und dann 3,75 cm. Nachdem die Ecken schräg zusammengenäht sind, näht man den Saum entweder mit Hohlstich (siehe S. 148) oder Flachstich (Abb. 2) um oder man steppt ihn knapp an der Kante mit der Maschine ab. Sie können die Kanten aber auch mit einer passenden oder abweichenden Farbe einfassen (siehe S. 151 f.).

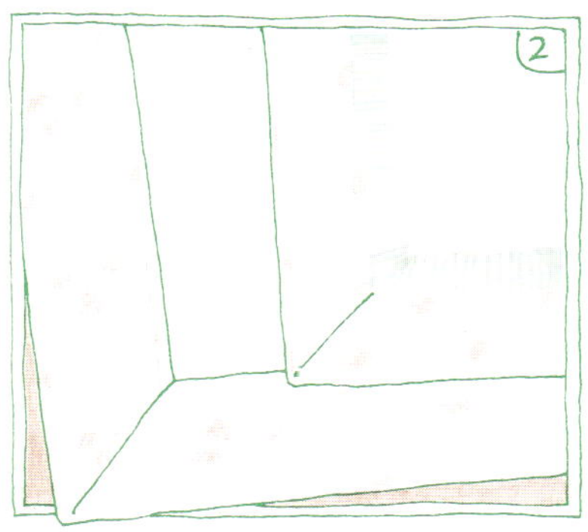

Rundes Tischtuch

Messen Sie den Durchmesser der Tischplatte aus. Für die Seitenlänge setzen Sie sich an den Tisch und messen den Abstand zwischen Tischoberkante und Ihrem Schoß (Abb. 1, unten A–B) oder dem Fußboden (C–D) aus. Dieses Maß wird verdoppelt und dem Durchmesser der Tischplatte zugerechnet. Dazu kommt dann noch eine Saumzugabe von 12 mm für einen einfachen Saum oder von 6 mm für eine Einfassung mit Schrägstreifen.

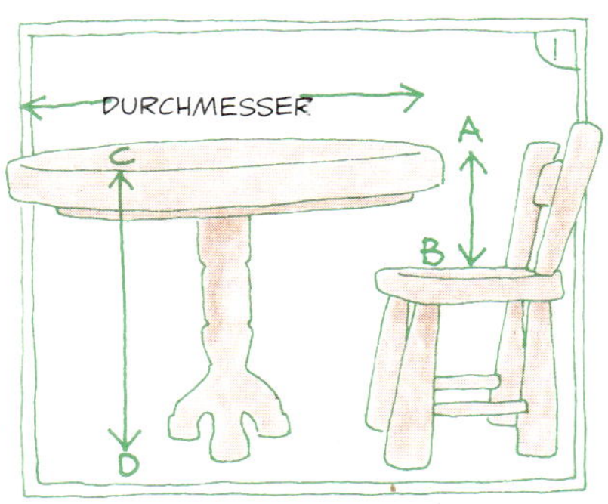

Nähen Sie ein Stoffquadrat zusammen, dessen Seitenlänge dem Durchmesser des Tischtuchs entspricht, plus Saumzugaben. Dafür sorgen, daß keine Nähte durch die Tischtuchmitte laufen, sondern sie besser zu beiden Seiten des Mittelteiles anlegen. Den Stoff durch zweimaliges Falten zu einem Quadrat legen, mit der linken Seite nach oben. Ein Stück Papier in derselben Größe ausschneiden und hinlegen. Nun bindet man ein Stück Schnur an einen Bleistift und stößt einen Reißnagel durch die Schnur. Der Abstand zwischen Reißnagel und Bleistift entspricht dem Radius des Tischtuches plus Nahtzugabe. Den Reißnagel in eine Papierecke stekken und mit straff gespannter Schnur einen Viertelkreis zeichnen (Abb. 2, unten). Entlang der Bleistiftlinie ausschneiden.

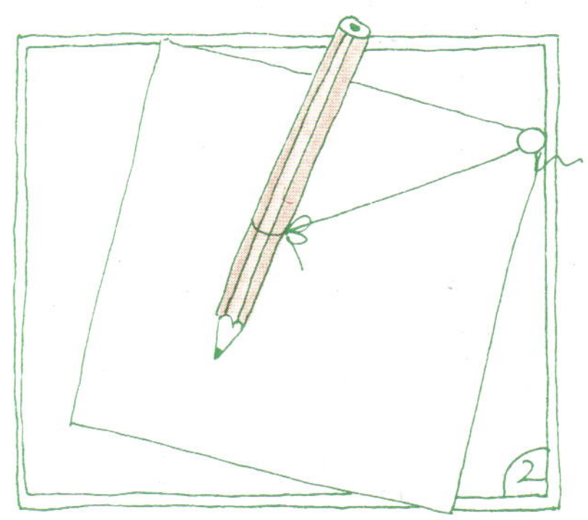

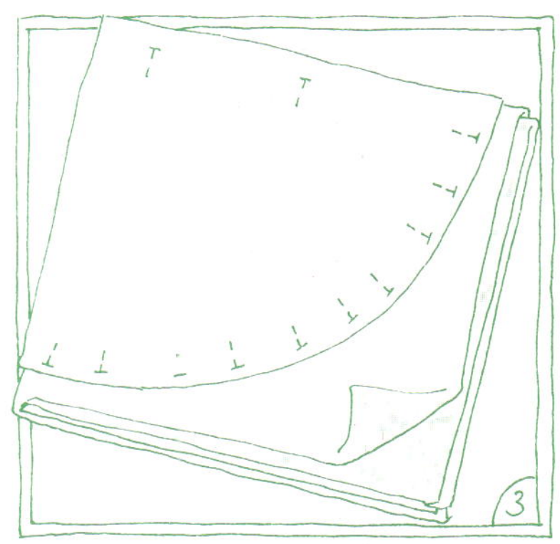

Nun stecken Sie das Schnittmuster auf dem Stoff fest und zwar mit der Ecke auf der gefalteten Stoffecke (Abb. 3). Die Stecknadeln im rechten Winkel zur Kreislinie stecken und entlang dieser Linie den Stoff durch alle vier Lagen gleichzeitig zuschneiden. Das Schnittmuster abnehmen und den Stoff ausbreiten.
Schneiden Sie etwa 6 mm breite Kerben im Abstand von etwa 2,5 cm

rund um das ganze Tischtuch ein (Abb. 4), schlagen Sie 5 mm ein und heften Sie den Einschlag fest. Die Kerben schieben sich so zusammen, daß der Stoff rundherum flach aufliegt (Abb. 5).
Für einen einfachen Saum weitere 6 mm einschlagen und ansteppen.

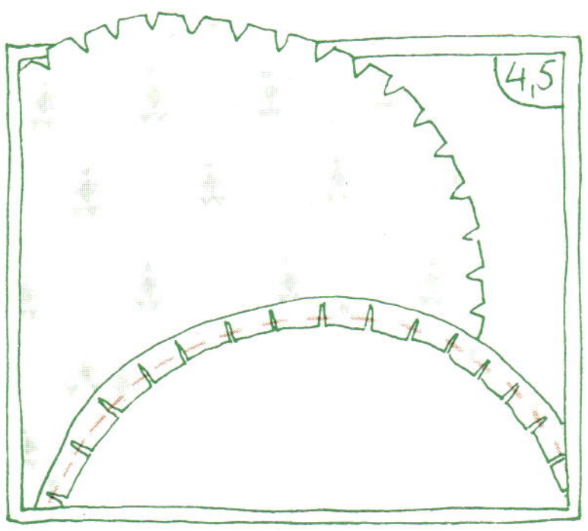

Man kann die Kante aber auch mit Schrägstreifen versäubern.

Tischtuch mit gerüschtem Volant

Dieses Tischtuch hat eine glatte, in Form und Größe der Tischplatte angepaßte Oberseite und einen angesetzten, gerüschten Volant.
Messen Sie bei einem quadratischen oder rechteckigen Tisch Länge und Breite der Tischplatte aus und schneiden Sie ein entsprechend großes Stück Stoff zu mit einer Nahtzugabe von 12 mm ringsum. Für einen runden Tisch zunächst ein Schnittmuster nach den Anleitungen auf S. 136 (runde Kissenhülle) anfertigen und mit 12 mm Zugabe zuschneiden.
Die Länge des Volants entspricht dem Abstand Tischoberkante–Fußboden. Dazu kommen 2,5 cm für einen schmalen, oder 5 cm für einen breiteren Saum. Die Volantbreite beträgt das Eineinhalbfache des Tischumfanges plus 2,5 cm für jede Naht. Schneiden Sie den Volant nach diesen Abmessungen zu und nähen Sie ihn, rechts auf rechts liegend, zu einem geschlossenen Kreis zusammen. Nun den Volant an der Oberkante einreihen und an der Unterkante 2,5 cm oder 5 cm einschlagen und einen 12 mm oder 2,5 cm breiten Doppelsaum nähen. Die angereihte Kante rechts auf rechts mit der Tischtuchoberseite verbinden, die Nahtbreite beträgt 12 mm. Die Krause gleichmäßig verteilen, den Volant an das Oberteil heften und ansteppen. Sorgen Sie dafür, daß er 12 mm über dem Fußboden endet. Besonders hübsch sieht es aus, wenn die Verbindungsnaht zwischen Oberseite und Volant paspeliert ist.

Kantenverzierungen

Rüschenkante

Eine solche Kante wirkt weich und feminin und erweckt den Eindruck einer gewissen Üppigkeit. Durch das zusätzliche Gewicht hängt das Tischtuch auch besser. Fertigen Sie die Rüsche entweder aus demselben Stoff an oder in einer abweichenden Farbe, das wirkt lebendiger. Man kann aber auch die Rüschenkante selbst mit einer anderen Farbe einfassen, die Kombinationsmöglichkeiten sind mannigfaltig.
Um die Rüschenlänge zu berechnen, multipliziert man den Durchmesser mit 3,5 und verdoppelt dann das Ergebnis. So ergibt sich beispielsweise bei einem Durchmesser von 175 cm eine Rüschenlänge von etwa 12 m (175 x 3,5 = 612,5 x 2 = 1225 cm).
Beim viereckigen Tisch mißt man den Umfang und verdoppelt dieses Maß für die Rüschenlänge. Fertigen Sie die Rüschen nach den Anleitungen auf S. 153 an.

Doppelrüsche

Eine Doppelrüsche läßt ein Tischtuch noch duftiger, noch extravaganter aussehen (Abb. 1). Die Nähanleitungen finden Sie auf S. 153.

Rüsche mit Schrägstreifeneinfassung

Diese Machart ist sehr zeitraubend, gibt aber der Rüsche ein adrettes Aussehen und paßt vor allem zu kleingemustertem Stoff (Abb. 2). Beide Rüschenkanten einfassen (siehe S. 151 f.) und als Doppelrüsche nähen.

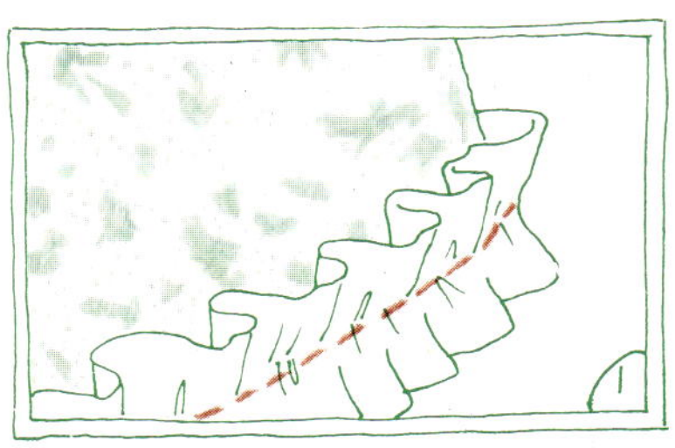

Gebogte Kante

Soll ein rundes Tischtuch eine Bogenkante erhalten, dann wird der Stoff nach dem Zuschneiden nicht

ausgebreitet, sondern der Viertelkreis noch zweimal gefaltet. Legen Sie ein Stück Pauspapier auf dieses Kreissegment (Sechzehntelkreis), zeichnen Sie die Konturen mit Filzstift nach und schneiden Sie das Muster aus. Nun das Papier falten. Punkt A (Abb. 3) etwa 15 cm von der Kreislinie einzeichnen und mit einem Teller oder Zirkel eine flache Kurve von A nach B ziehen. Entlang der Markierungslinie ausschneiden und das Schnittmuster auseinanderfalten.
Die Papiervorlage auf das zugeschnittene Tischtuch stecken, das immer noch zu Sechzehnteln zusammengelegt ist. Die Stecknadeln senkrecht zur Rundung stecken und die Umrisse des Musters mit Blei-

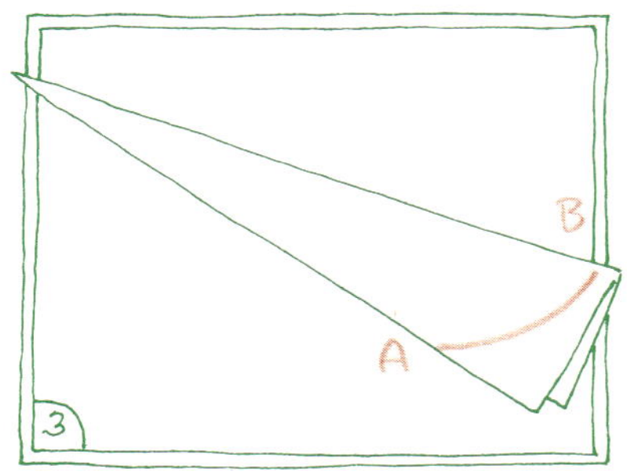

stift oder Schneiderkreide auf dem Stoff nachziehen. Die Lagen innerhalb der Kreislinie locker zusammenheften, damit sie beim Schneiden nicht verrutschen. Bei einem stärkeren Stoff dürfte es kaum möglich sein, sechzehn Lagen gleichzeitig durchzuschneiden. Den Stoff deshalb zu Achtel- oder Viertelkreisen auseinanderfalten und entsprechend mehr Bögen aufzeichnen.
Die Kanten kann man mit Schrägstreifen (siehe S. 152) einfassen. Professioneller aber sieht ein Belag (Formblende) aus. Dazu das Tischtuch zweimal falten (vierteln) und es als Schablone für vier, als Viertelkreise geschnittene Belagstreifen verwenden. Die Streifen sind 20 cm breit und haben an allen geraden Kanten 6 mm Nahtzugabe (Abb. 4).
Die Streifen rechts auf rechts zu einem vollständigen Kreis zusammensteppen. An der Innenkante 6 mm einschlagen und umbügeln. Die Kante einkerben. Den Belag rechts auf rechts auf das Tischtuch heften und die Bögen abrunden. 6 mm von der Kante entfernt annähen, dann die Rundungen einkerben und an den Einschnitten zwischen den Bögen bis knapp an die Naht einschneiden (Abb. 5). Die rechte Seite nach außen drehen und

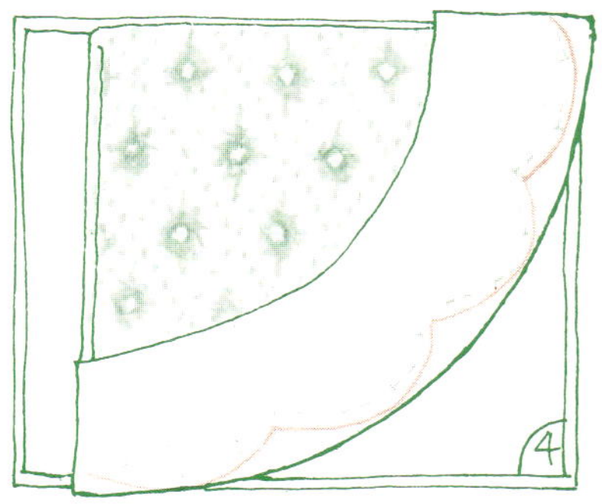

bügeln. Den Belag mit Hohlstich alle 20 cm lose am Tischtuch befestigen.

Applizierte Kante

Diese Methode ist eine der originellsten und ausgefallensten Arten der Kantenverzierung – eine mühsame Angelegenheit, die sich aber lohnt. Schneiden Sie aus einfarbigem Stoff Blumenformen oder aus einem Material mit Blumenmuster einzelne Blüten so aus, daß an den Rändern 3 mm überstehen (Abb. 6, S. 141).
Ordnen Sie die Blüten an der Tischtuchkante so an, daß sie sich teilweise überschneiden und an den Ecken ganze Blütengruppen bilden. Jede Blüte feststecken und ringsherum anheften (Abb. 7, S. 141).
Nun einen Faden in der vorherrschenden Farbe der Blüten nehmen, die Maschine auf Zickzackstich einstellen und sehr vorsichtig jede Blüte um die Ränder herum so annähen, daß die ungesäumten

Ränder vollständig unter dem Zickzackstich verschwinden. Damit die Außenkanten, wo die Blüten über das Tischtuch hinausstehen, sauber aussehen, unterlegt man die Applikation an diesen Stellen mit dünner Vlieseline und faßt die Ränder (Stoff und Vlieseline in einer Lage) mit Zickzackstich ein. Wenn alle Applikationen aufgenäht sind, die Vlieseline knapp an der Nahtkante abschneiden.
Wer keine Maschine mit Zickzackstich hat, kann die Applikationen von Hand mit Knopflochstich aufnähen (Abb. 8). Allerdings ist dies sehr zeitraubend.

Überdecken

Man nennt sie auch manchmal Überwurftischdecken und sie sind gewöhnlich so geschnitten, daß sie

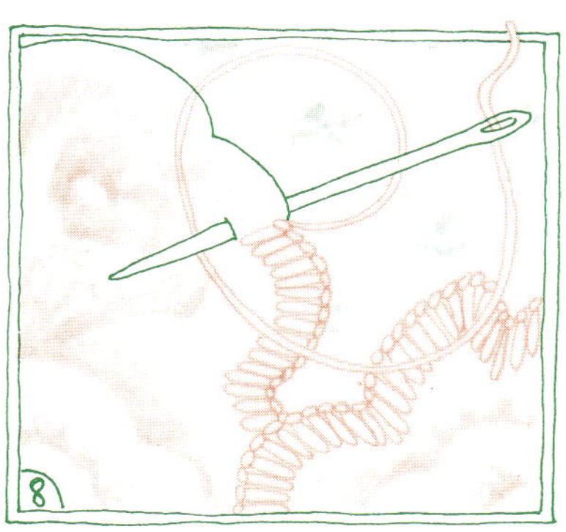

etwa ein Drittel der bodenlangen Unterdecke bedecken. Die Kanten, die weit mehr ins Auge fallen als die der bodenlangen Decke, sind besonders schön ausgearbeitet. Es gibt aber keine festen Regeln und Sie sollten einfach ausprobieren, was Ihnen gefällt. Auch die Formen sind nicht auf konventionelle Vierecke und Kreise beschränkt. Weshalb also nicht einmal eine Sternform ausprobieren?

Überdecke in Sternform

Die Sternmitte bedeckt genau eine runde Tischplatte, und die vier Zacken hängen bis 20 cm über dem Boden herab.
Messen Sie zunächst den Durchmesser der Tischplatte aus und schneiden Sie ein genau passendes Papiermuster aus. Zweimal falten und so die Viertelkreise mit Faltlinien markieren.
Nehmen sie das bodenlange Tischtuch, auf dem die sternförmige Überdecke liegen soll und falten Sie es zweimal, so daß die Kniffe schwach zu erkennen sind. Breiten Sie es aus und markieren Sie die Faltlinien 20 cm vom Saum entfernt mit Stecknadeln (Abb. 1, unten).
Das Papiermuster nun so auf das Tischtuch legen, daß die Knifflinien die vier Kreissegmente der Unterdecke exakt halbieren (Abb. 2). Die Stecknadeln dabei im rechten Winkel zur Kreislinie stecken.
Schneiden Sie ein Stück Papier in der Größe eines Kreissegmentes

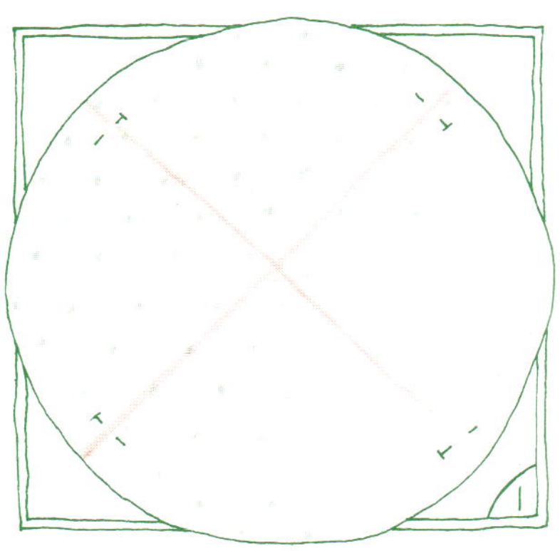

der Unterdecke aus und verkürzen Sie die Rundung um 20 cm. Dieses Stück zwischen das Schnittmuster der Oberdecke und die Unterdecke schieben (Abb. 3) und feststecken. Mit einem Lineal nun eine gerade Linie von jeder Stecknadelmarkierung auf der Unterdecke zur Faltlinie des runden Schnittmusters ziehen (Abb. 3). Man schneidet dann das

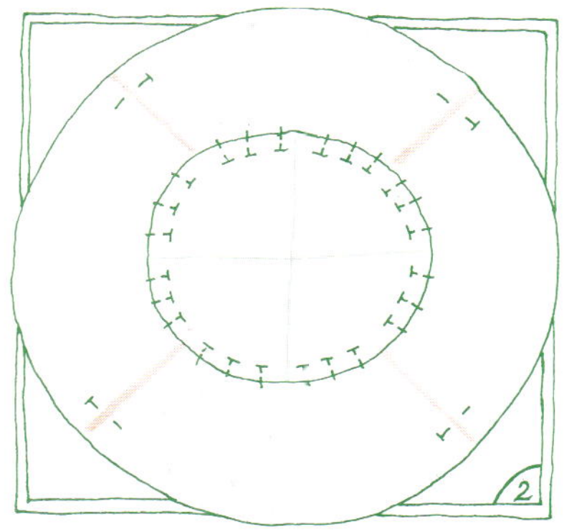

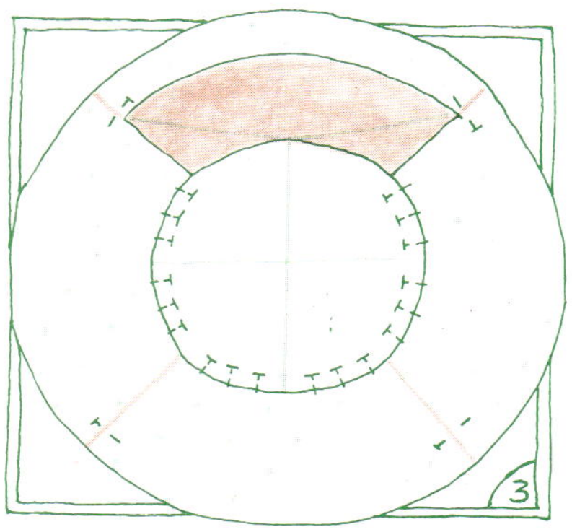

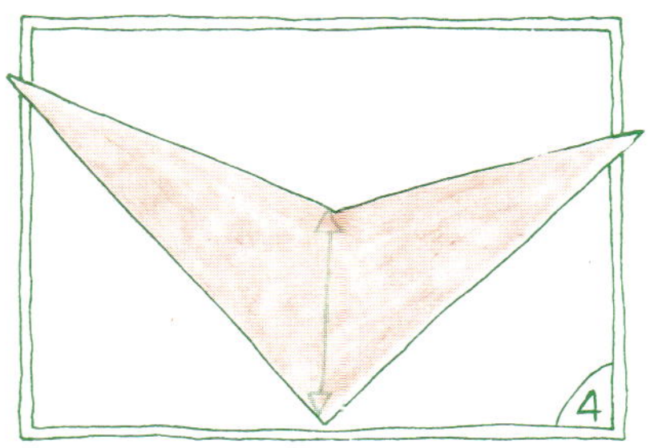

Papier entlang diesen Linien ab und erhält so das Viertel einer Sternform (Abb. 4).
Diese Schablone auf den Stoff für die Überdecke legen und mit einer Nahtzugabe von 12 mm ringsum zuschneiden, dabei auf den Fadenlauf achten. Danach noch drei weitere Stücke in derselben Form zuschneiden.

Rechts auf rechts liegend, werden die Teile zu einem Stern verbunden (Abb. 5). Die Nähte breitbügeln und die Kanten einfassen (siehe S. 152 f.). Vier Schleifen passend zur Einfassung anfertigen und an die Innenkerben des Sterns nähen: sie sitzen exakt an der Tischkante.

Servietten und Sets (Platzdeckchen)

Servietten sind normalerweise quadratisch und haben eine Seitenlänge von 25 cm bis 50 cm, je nachdem. Aus Stoff, der 122 cm breit liegt, läßt sich jede beliebige Größe (mit Saumzugabe) zuschneiden, ohne daß viel Verschnitt bleibt.
Sets hingegen sind meistens rechteckig und 20 x 30 cm groß oder rund mit einem Durchmesser von 20 bis 25 cm. Mitunter sieht man auch größere Maße, beispielsweise 30 x 45 cm oder Durchmesser von 30 bis 38 cm.
Eines der praktischsten Materialien für Sets ist Steppstoff, und wenn er beidseitig verwendbar ist, hat man gleichzeitig auch noch verschiedene Muster. Ein weiterer Vorteil von Steppstoff liegt darin, daß die Kanten nur eingefaßt zu werden brauchen (siehe S. 151 f.).
Schneiden Sie Rechtecke in der Größe von 20 x 30 cm zu. Dieses Maß ist eine gängige Durchschnittsgröße, kann aber ganz nach Wunsch verändert werden. Runden Sie die Ecken vorsichtig ab (Abb. 1).
Mit gekauftem oder selbstgemachtem, etwa 5 cm breitem Einfaßband die Kanten einfassen (siehe S. 151 f.).

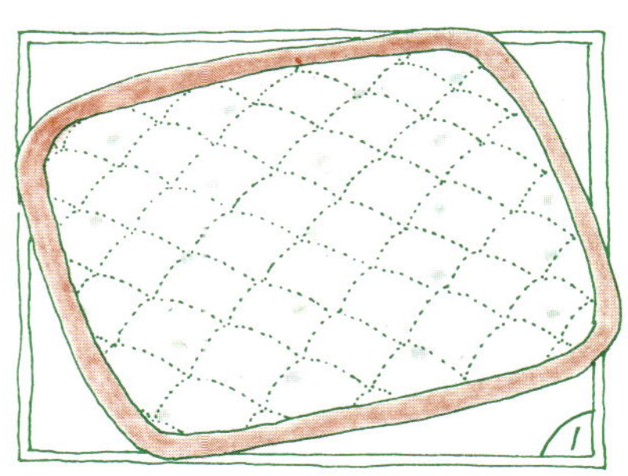

Accessoires

Wenn es ums Selbernähen geht, denken die meisten Leute nur an große Dinge wie Vorhänge oder Polsterbezüge. Es gibt aber eine ganze Menge Kleinigkeiten, die sich sehr gut aus Dekorationsstoff (insbesondere aus Steppstoff) anfertigen lassen und die leicht zu nähen sind, entweder für den eigenen Gebrauch oder als Geschenk. Überdies sind sie, wie alles, was man selbst herstellt, weit billiger als gekaufte Dinge.

Teehaube

Schneiden Sie sich anhand der Skizze in Abb. 1 eine Papiervorlage in gewünschter Größe zurecht. Im Durchschnitt liegen die Maße bei 23 x 30 cm. Messen Sie Ihre Teekanne nach und verändern Sie den Maßstab entsprechend.
Anhand der Vorlage zwei Teile aus doppelseitigem Steppstoff plus

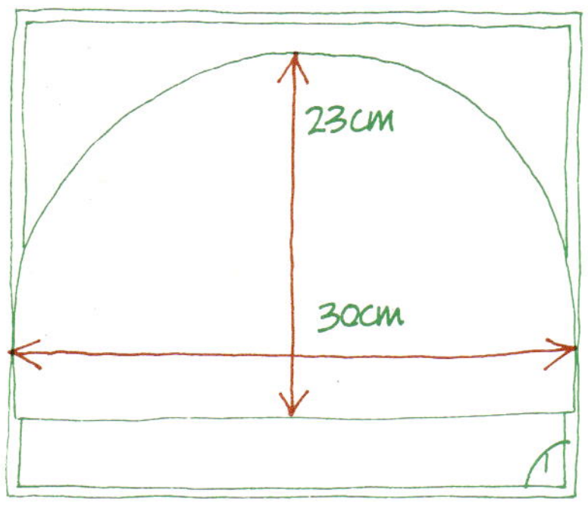

12 mm Zugabe ringsum zuschneiden. Dazu genügend Schnurpaspel (siehe S. 150) in einer Kontrastfarbe für Naht und Unterkante vorbereiten.
Schneiden Sie einen Streifen des Paspelstoffes für eine Schlaufe zurecht. Normalerweise ist sie 6,5 cm breit und 15 cm lang, aber die Größe, insbesondere die Breite, richtet sich nach der Größe der Teehaube. An beiden Längskanten 6 mm nach innen schlagen und umbügeln (Abb. 2) und die Kanten mit Hohlstich zusammennähen (siehe S. 148). Den Streifen in der Mitte falten und zu beiden Seiten der Schnurpaspel an der rechten Seite eines Teehaubenteiles feststecken (Abb. 3).
Rechts auf rechts liegend die Schlaufe, die Paspel und die beiden Hälften der Teehaube mit einer 12 mm breiten Naht zusammennähen (Abb. 4) und die Nahtzugabe einkerben.
Die Teehaube umdrehen und bügeln. Nun die Paspel an der Unterkante entlang feststecken (Abb. 5)

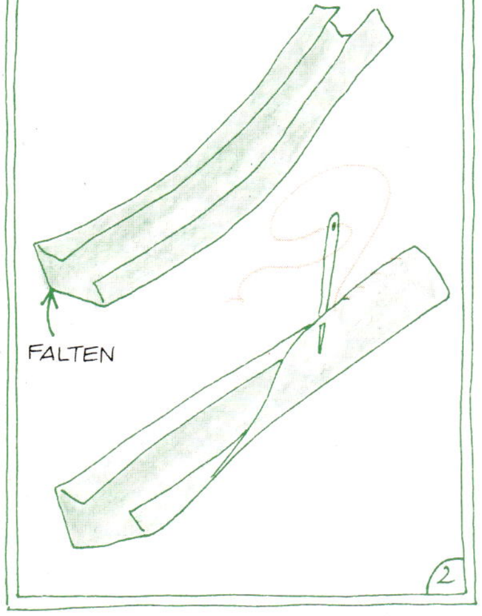

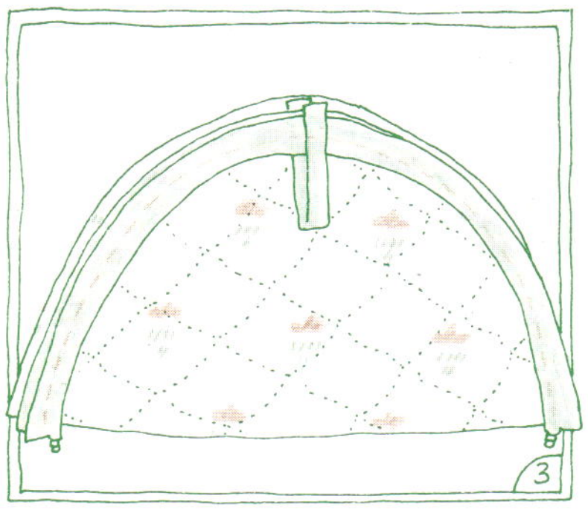

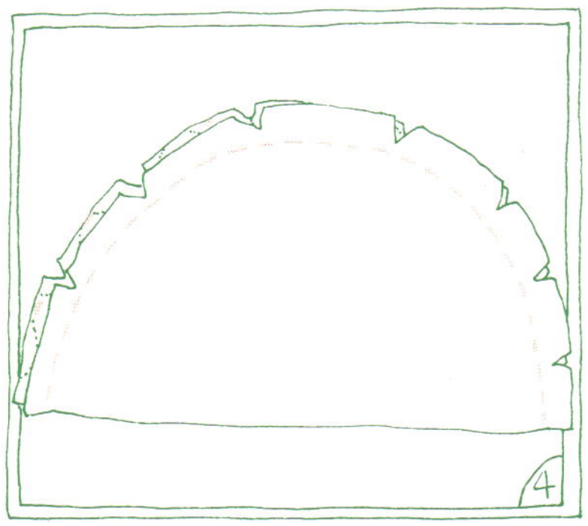

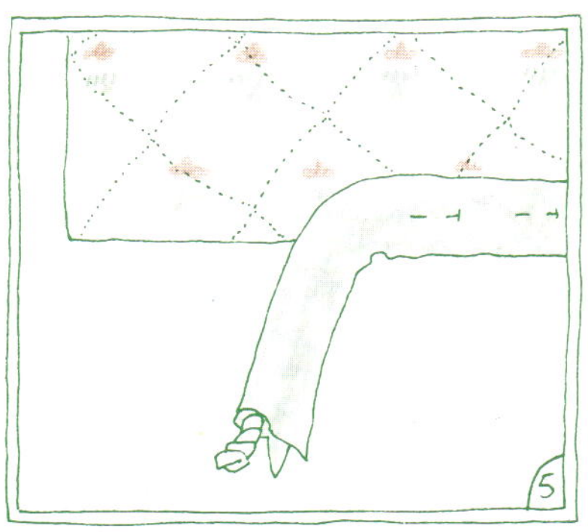

und annähen. Anschließend die ungesäumte Kante der Paspel nach innen drehen und mit Hohlstich annähen und damit die ungesäumte Kante der Teehaube gleichzeitig einfassen (Abb. 6).

Eierwärmer

Der Eierwärmer wird wie die Teehaube gemacht, aber in verkleinertem Maßstab: 11,5 cm x 9 cm. Die Schlaufe läßt man weg.

Untersetzer

Schneiden Sie aus Steppstoff ein Quadrat mit 10 cm Seitenlänge zu, runden Sie die Ecken vorsichtig ab und fassen Sie es ein wie ein Platzdeckchen.

Topflappen

Aus Steppstoff ein kreisrundes Stück von 20 cm Durchmesser oder ein Quadrat mit einer Seitenlänge von 20 cm zuschneiden. Beim quadratischen Topflappen die Ecken vorsichtig abrunden.
Die Topflappen genauso wie Platzdeckchen einfassen, zuvor aber noch eine 7,5 cm lange Schlaufe wie für die Teehaube machen und vor dem Einfassen an den Topflappen nähen (Abb. 1, unten).

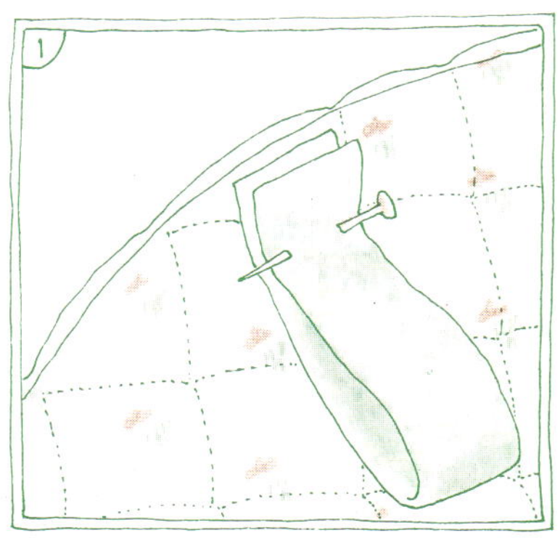

Kaffeewärmer

Der Kaffeewärmer wird auf dieselbe Weise gemacht wie die Teehaube, nur hat er vier Seiten. Schneiden Sie aus Steppstoff zwei Teile für die Vorder- und Rückseite in der erforderlichen Breite und Höhe zu und runden Sie die Oberkante ab (Abb. 1a). Dazu zwei rechteckige Stücke für die Seitenteile zuschneiden (Abb. 1b). Eine Schlaufe wie für die Teehaube nähen und die Enden in die obere Naht der Seitenteile stekken. Die Teile miteinander verbinden, dabei die Rundnähte an Vor-

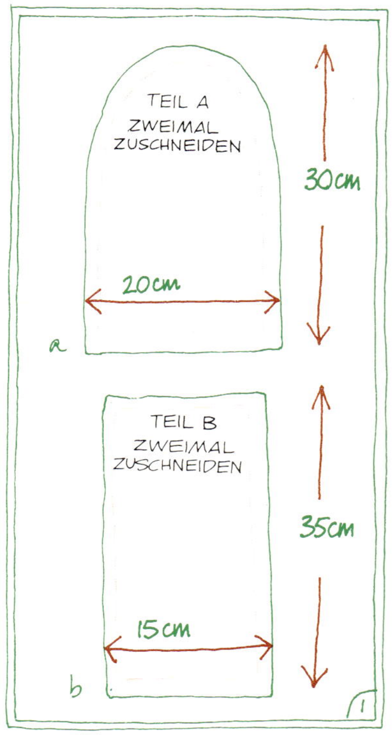

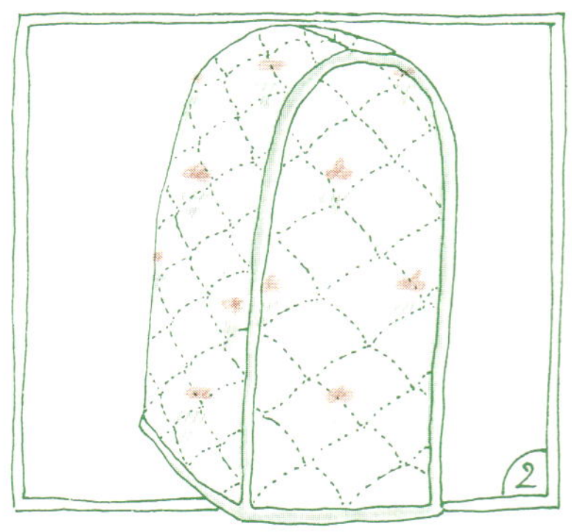

der- und Rückseite sowie die Unterkante paspelieren (Abb. 2).

Toasterhaube

Die Toasterhaube näht man wie den Kaffeewärmer, allerdings nach den Maßen des Toasters, mit durchgehendem Seitenteil und ohne Schlaufe. Die Rundnähte an Vorder- und Rückseite sowie die Unterkante paspelieren (Abb. 1, S. 143 oben).

Tücherbox

Schneiden Sie ein Stück Steppstoff zu, das in Länge und Breite der Kosmetiktücherschachtel entspricht plus Rundumnahtzugabe von 12mm. Nun Umfang und Höhe der

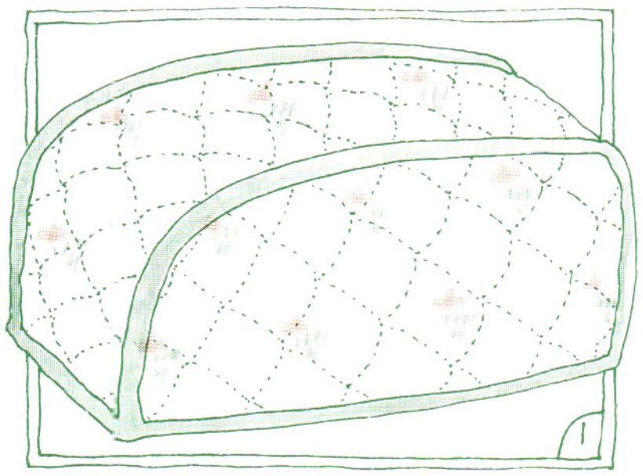

Schachtel ausmessen und mit 12mm Nahtzugabe ringsum einen entsprechenden Streifen schneiden.
Machen Sie zwei Paspelstreifen in Länge des Schachtelumfanges. Mit Hilfe der Oberseite einer leeren Schachtel die Öffnung mit Schneiderkreide oder Bleistift auf dem Stoff anzeichnen (Abb.1, unten). Den Stoff herausschneiden und die Ränder einkerben (Abb.2). Fassen Sie die Öffnung mit Schrägstreifen ein (siehe S.152f.).

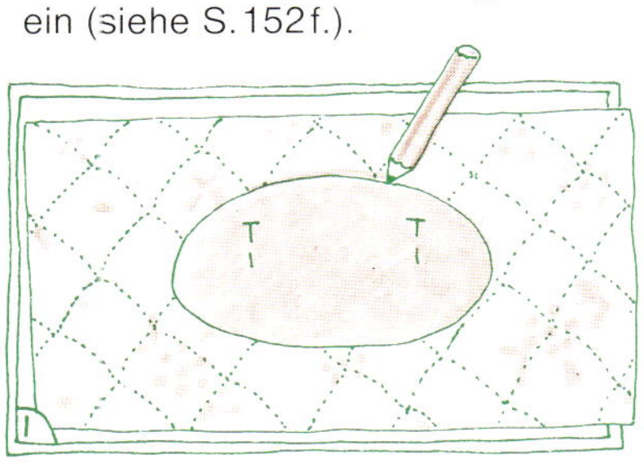

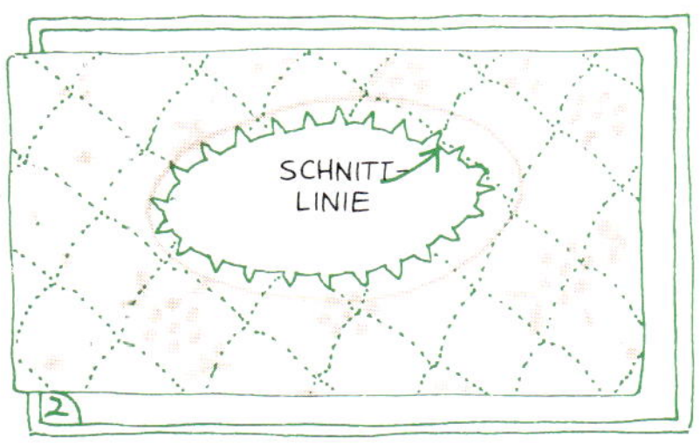

Die Schmalseiten des Mittelstreifens mit einer 12 mm breiten Naht verbinden. Nun die Oberseite und den Streifen rechts auf rechts legen, die Paspel zwischenfassen und die beiden Teile miteinander verbinden. Die Nahtzugabe des Zwischenstreifens an den Ecken fast bis zur Naht einschneiden (Abb. 3) und die Nahtzugabe knapp an der Naht abschneiden.

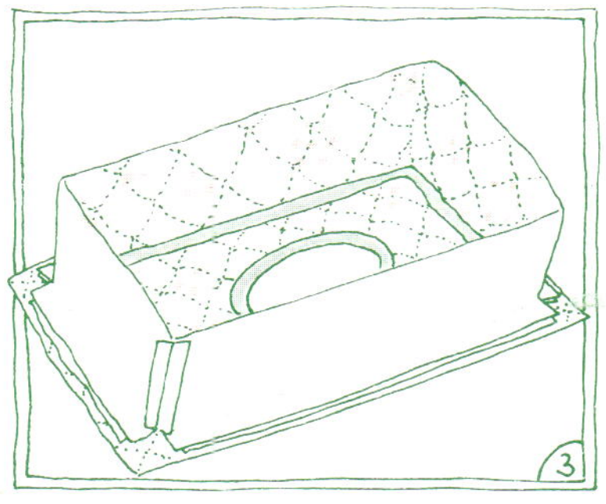

Nach rechts drehen und den Paspelstreifen wie bei der Teehaube an die Unterkante nähen.

Kleiderbügelbezug

Einen Streifen aus Steppstoff zuschneiden, der 14cm breit und 10cm länger als der Kleiderbügel ist (Abb.1, unten).
Den Stoff der Länge nach rechts auf rechts falten und mit einem Eierbecher oder Glas an beiden Enden etwa 6 mm vom Rand entfernt einen Halbkreis anzeichnen (Abb. 2).
Beide Oberkanten 6 mm breit umschlagen, heften und entlang den Halbkreislinien steppen (Abb. 3). Die Nahtzugabe knapp an der Naht abschneiden.

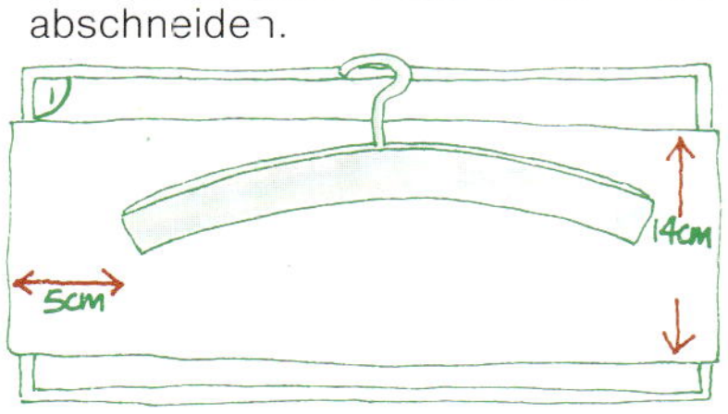

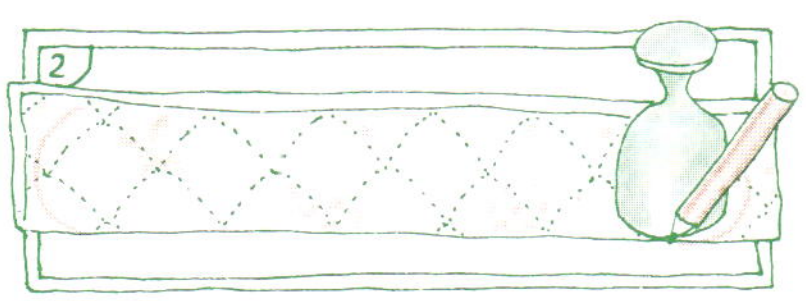

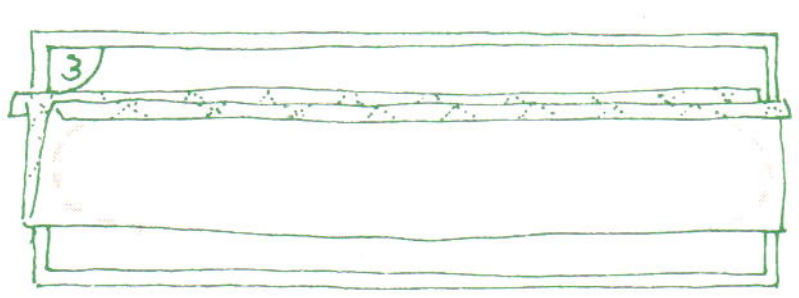

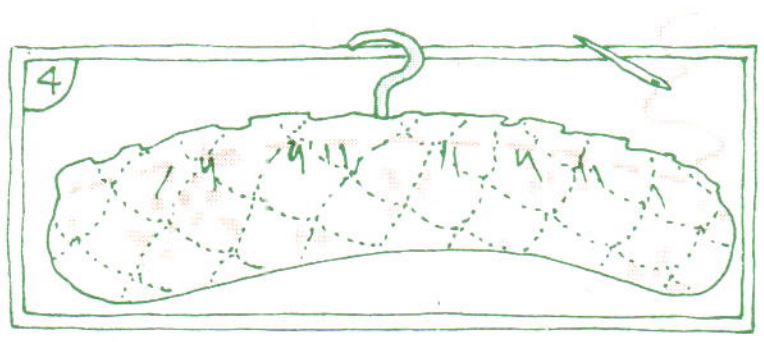

Die rechte Seite nach außen drehen und den Kleiderbügel einschieben. Die Oberkanten mit Vorderstich zusammennähen und dabei den Stoff auf Kleiderbügellänge zusammenziehen (Abb. 4).

Einen Weidenkorb auskleiden

Steppstoff eignet sich ideal zum Auskleiden eines Korbes. Allerdings ist PVC wahrscheinlich praktischer, wenn der Korb für Picknicks und dergleichen verwendet wird. Für einen Korb mit rundem oder abgerundetem Boden braucht man eine Papiervorlage. Schneider Sie sich ein viereckiges Stück Papier zu, das groß genug ist, den Korb von außen zu bedecken, legen Sie es hinein und falten Sie das Papier so zurecht, daß es paßt (Abb.1, unten). Markieren Sie nun nach dieser Vorlage soviele Abnäher in den Stoff, wie nötig sind und geben Sie an der Oberkante 12mm zu.
Man kann auch Pauspapier in den Korb legen und die Teile einzeln nachzeichnen (Abb.1). Der Stoff wird mit einer Nahtzugabe von 12mm ringsum entsprechend zugeschnitten. Bei Körben mit flachem Boden mißt man Länge und Breite des Bodens und Länge und Höhe der Seitenteile aus (Abb 3). Schnei-

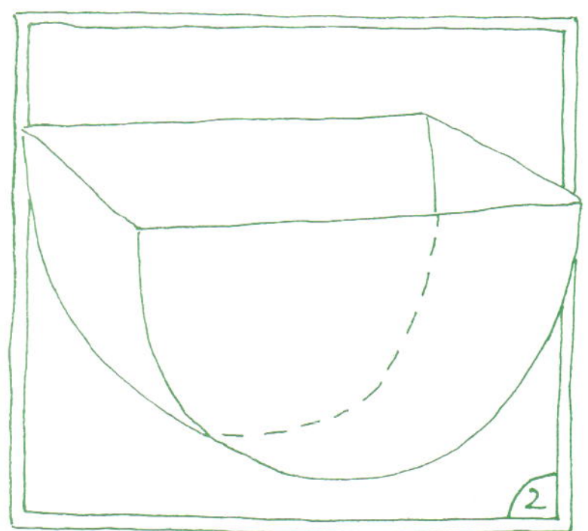

den Sie 5 Teile zu, die alle rundherum eine Nahtzugabe von 12mm haben.
Bei dem Futter für runde Körbe werden die Abnäher entweder genäht oder die Einzelteile mit 12 mm breiten Nähten zusammengefügt und die Rundungen eingekerbt.
Die Seitenteile des viereckigen Korbes näht man der richtigen Reihen-

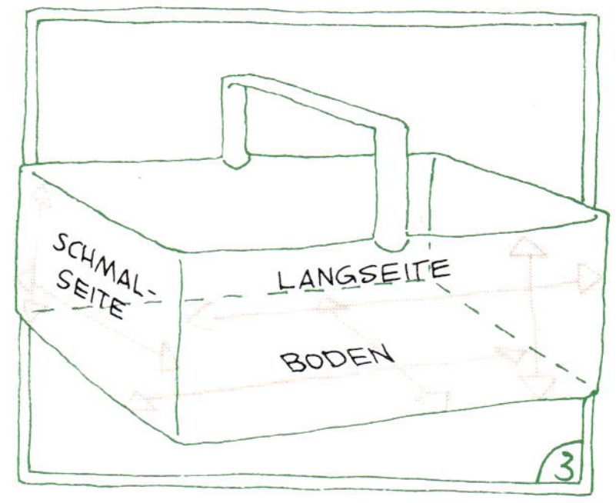

folge nach zusammen. Die Nähte sind 12 mm breit und werden auseinandergebügelt. Nun den Bodenteil mit den Seitenteilen verbinden und dabei die Ecken abrunden. Die Seitenteile an den Ecken einkerben (Abb. 4).
Das Futter mit der rechten Seite nach innen in den Korb einpassen. Markieren Sie mit Stecknadeln oder Schneiderkreide auf beiden Seiten die Henkelbreite (Abb. 5) und machen Sie an der Nahtzugabe die entsprechenden Einschnitte. Zwischen diesen Einschnitten einen 6mm breiten Doppelsaum auf der linken Stoffseite machen und die ungesäumten Kanten mit engem Zick-

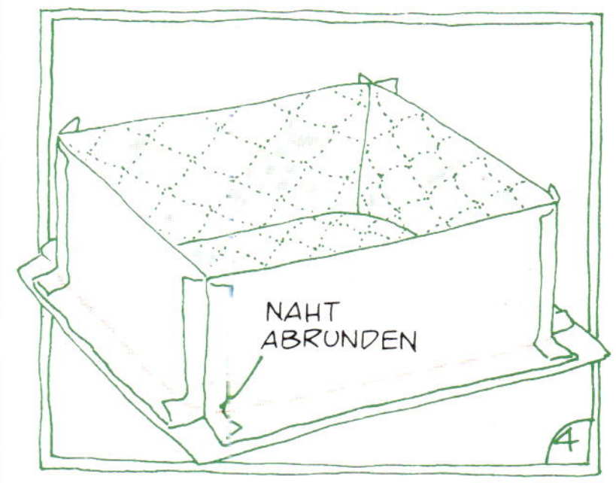

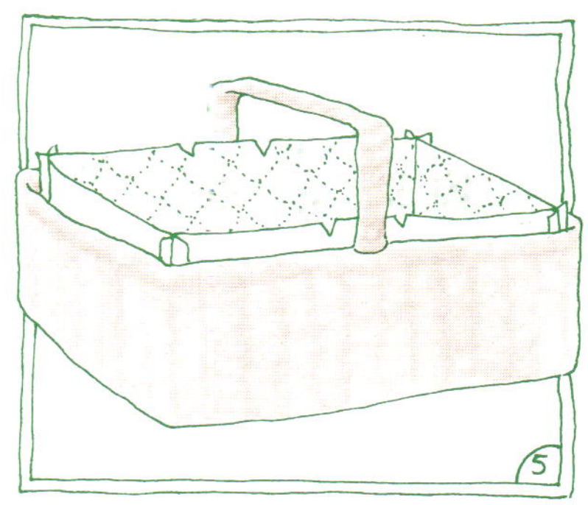

zackstich versäubern (Abb. 6, S.144 oben).
Messen Sie die Oberkante des Korbes von einer Seite des Henkels bis zur anderen aus, also den halben Umfang (Abb. 7, A–B), und nähen

Sie aus der eineinhalbfachen Länge dieser Abmessung zwei Rüschen (siehe S. 153) mit 12 mm Nahtzugabe an der Oberkante. Seiten- und

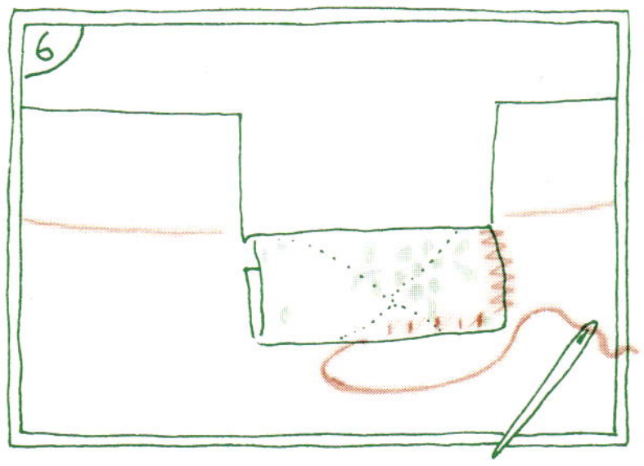

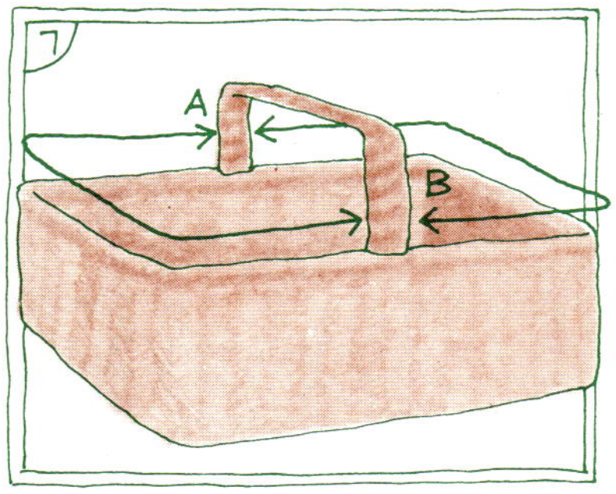

Unterkanten der Rüschen einfassen (siehe S. 151 f.).
Nun vier 20 cm lange Bänder schneiden und sie an die Nahtzugabe des Korbfutters heften, und zwar zu beiden Seiten des gesäumten Einschnittes am Henkel (Abb. 8).
Die Rüschen auf die richtige Länge einkräuseln und rechts auf rechts an die Futteroberkante nähen (Abb. 9), die Bandenden dabei zwischenfassen. Die Naht ist 12 mm breit.
Das Futter in den Korb stecken und die Rüschen nach außen schlagen. Die Bänder um den Korbhenkel binden und so das Futter festhalten.

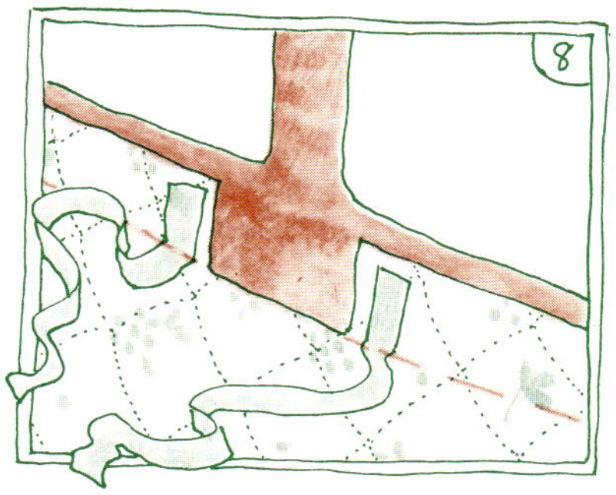

Kinderbettchen mit Stoff ausschlagen

Ein Kinderbettchen, das mit Stoff ausgeschlagen ist, sieht nicht nur hübscher aus, sondern schützt das

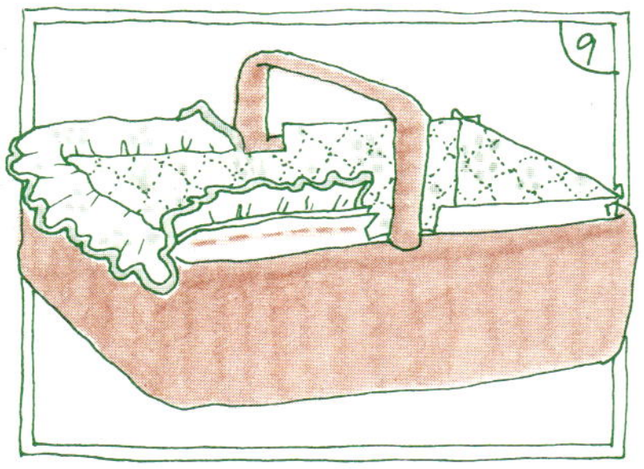

Baby auch vor harten Kanten und Zugluft. Messen Sie Länge und Breite des Matratzenrosts aus. Die Seiten sollten nicht zu hoch sein, weil das Kind sonst nicht heraussehen kann und sich möglicherweise eingesperrt fühlt. Nehmen Sie also Maß von der Matratzenunterkante bis zur der von Ihnen gewünschten Höhe.
Schneiden Sie vier Stücke doppelseitigen Steppstoff zu, zwei Seitenteile und zwei für Kopf- und Fußende, und geben Sie rundherum 12 mm Nahtzugabe zu. Nachdem die Unterseite unter der Matratze liegt, kann sie aus billigerem Futterstoff gemacht werden. Auch hier ringsum 12 mm zugeben.
Rechts auf rechts liegend die beiden Schmalseiten mit einer Längsseite verbinden. Die 12 mm breiten Nähte etwas zurückschneiden und mit 2,5 cm breitem Band einfassen (siehe S. 151 f.). Dann die zweite ungesäumte Seitenkante der Schmalseiten und zum Schluß die Oberkante der ganzen Bettauskleidung einfassen (Abb. 1, unten).
Am zweiten Seitenteil den oberen Rand und die Seitenkanten einfassen.
Fügen Sie nun, links auf links liegend, die Unterseite und das dreiseitige Oberteil mit einer 12 mm breiten Naht zusammen und kerben Sie die Seitenteile wie in Abb. 2 gezeigt ein. Die rechte Seite nach außen drehen und nun das zweite lange Seitenteil, wieder links auf links, an das Unterteil nähen (Abb. 3).
Sechs 40 cm lange Bänder zurechtschneiden und je drei an die beiden Seitenteile nähen – eins an jede Ekke und eines in die Mitte. Sie werden von außen an den Bettsprossen festgebunden (Abb. 4).

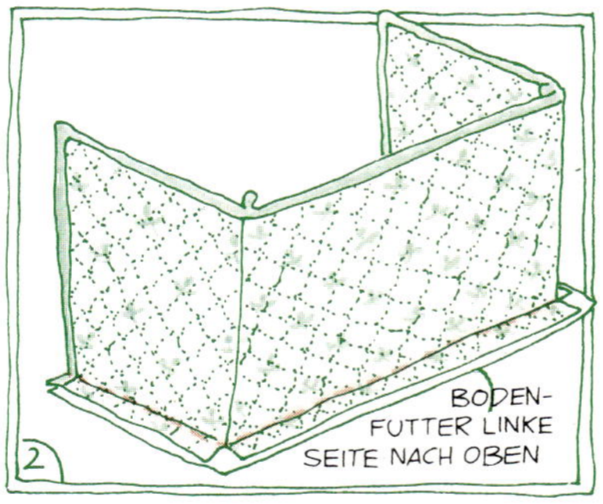

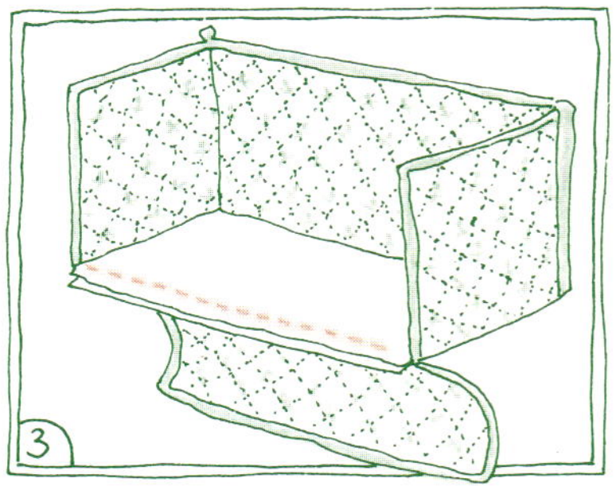

Ein Kinderkörbchen mit Stoff ausschlagen

Messen Sie Innenbreite und -länge des Korbes an der weitesten Stelle aus, rechnen Sie 2,5 cm zu diesen Maßen hinzu und schneiden Sie ein entsprechend großes viereckiges

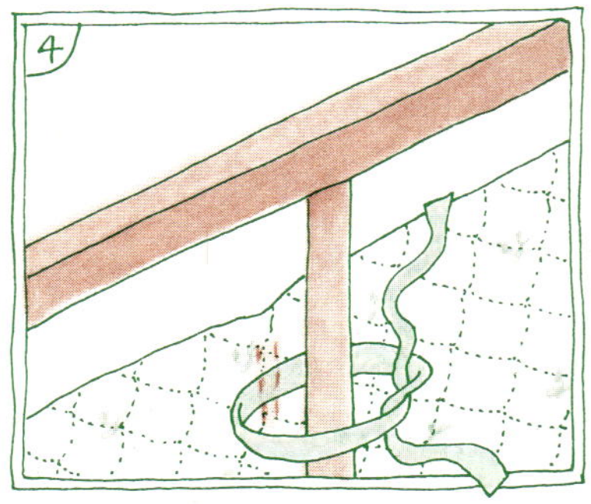

Stück Steppstoff zu. Legen Sie es mit der rechten Seite nach oben in den Korb, drücken Sie es fest in die Unterkanten ein und markieren Sie die exakten Umrisse des Korbbodens mit Stecknadeln. Entlang der Stecknadelmarkierung mit 12 mm Nahtzugabe ausschneiden. Nun den Stoff der Länge nach falten und an beiden Enden die Mitte markieren (Abb. 1, unten).
Nun die Innenhöhe des Korbes messen und zwei Stücke zuschneiden, die doppelt so breit sind wie die Korbhöhe, und deren Länge dem halben Korbumfang entspricht, plus 2,5 cm (Abb. 2, A–B).
Die beiden Teile rechts auf rechts mit einer 12 mm breiten Naht an den Schmalseiten zusammennähen und die Nähte breitbügeln.
An einer Seite dieses Teils die Nahtzugabe einkerben und die gekerbte

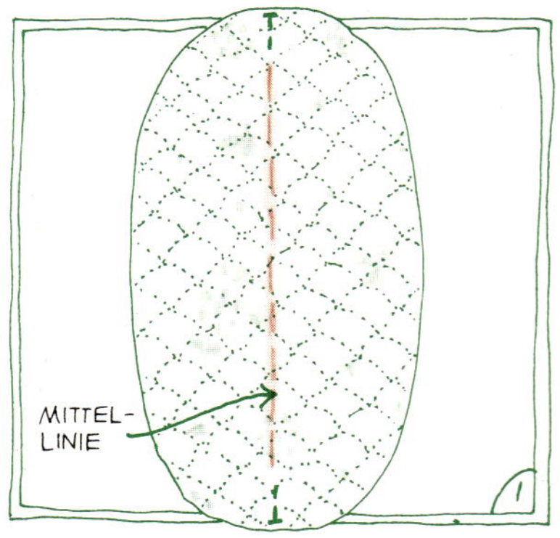

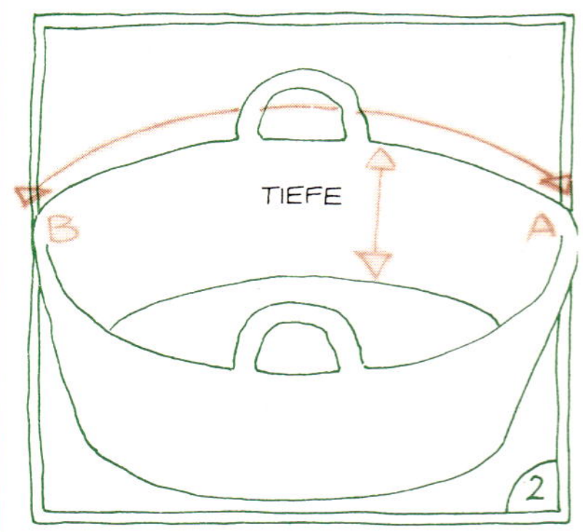

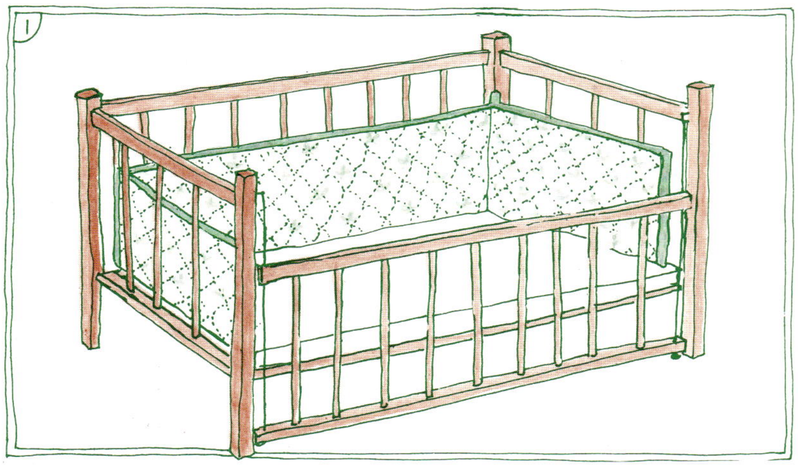

Kante rechts auf rechts mit dem Futterboden verbinden. Dabei die Mittemarkierungen am Futterboden mit den Nähten des Seitenteils in Übereinstimmung bringen (Abb. 3).
Das Futter in den Korb legen und mit Stecknadeln oder Schneiderkreide die Außenseiten der Korbhenkel und den Korbrand markieren (Abb. 4).
Die Auskleidung wieder aus dem Korb nehmen und der Länge nach

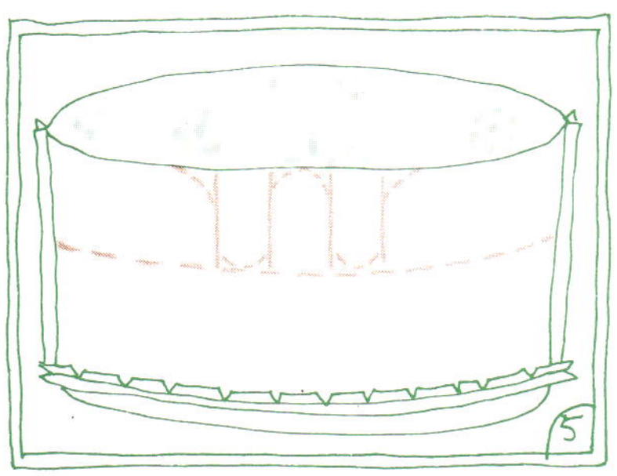

falten. Von den jeweils vier Henkelmarkierungen je einen senkrechten Strich zur Oberkantenlinie des Korbes und zur Außenkante ziehen. Diese Striche durch Kurven miteinander verbinden und die Stoffkante wie in Abb. 5 gezeigt abrunden. Das Futter der Markierung entsprechend einschneiden und die ungesäumten Kanten einfassen (siehe S. 151 f.).
Fertigen Sie eine doppelte Rüsche an (siehe S. 153), passen Sie sie der Futterkante an und nähen Sie sie fest.
Das Futter in den Korb legen, den Überstand über den Rand nach außen schlagen und durch die Henkel ziehen (Abb. 6).

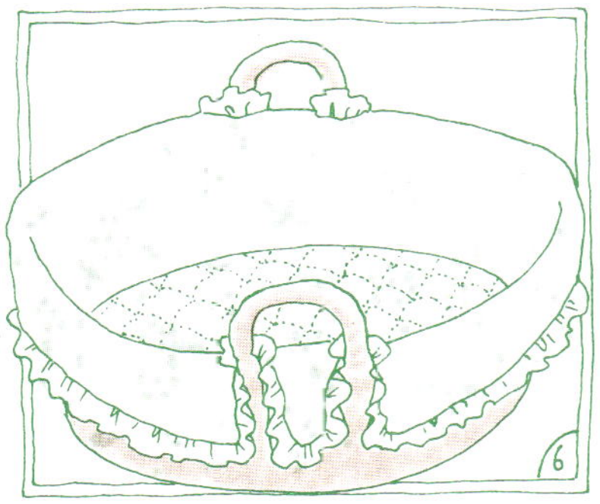

Wandtaschen

Normalerweise verwendet man sie für Schuhe, aber auch andere Kleinigkeiten wie Spielsachen, Schmuck oder Toilettenartikel lassen sich darin unterbringen. PVC eignet sich hier als Material sehr gut, aber letztlich hängt die Stoffwahl davon ab, was man in die Tasche stekken möchte.
Entscheiden Sie sich für eine Größe und rechnen Sie dann 12,5 cm zur Breite und 2,5 cm zur Länge hinzu. Schneiden Sie ein entsprechend großes Stück Stoff zu.
Schlagen Sie ringsherum 12 mm ein und machen Sie auf der linken Stoffseite einen 6 mm breiten doppelten Saum. Man kann die Tasche auch um 12 mm schmaler zuschneiden und die Kanten mit 2,5 cm breitem Band einfassen (siehe S. 151 f).
Den Stoff mit der rechten Seite nach oben ausbreiten und entlang den seitlichen Kanten mit Stecknadeln oder Schneiderkreide eine 5 cm breite Linie markieren. An diesen Linien eine Falte legen, die Falte feststecken und an der Unterkante der Tasche festheften (Abb. 1).

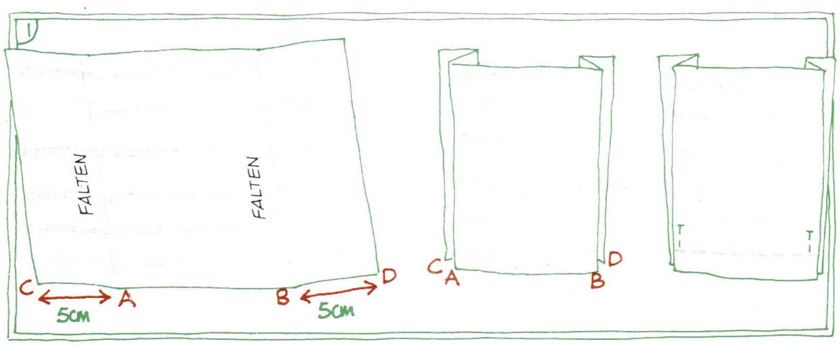

Fertigen Sie so viele Taschen an wie Sie brauchen oder nehmen Sie einen langen Streifen.
Nun ein Stück Stoff für die Rückseite so groß zuschneiden, daß alle Taschen darauf Platz haben. Rechnen Sie an den Seiten 12 mm für eine eingefaßte oder 2,5 cm für eine gesäumte Kante zu. Des weiteren noch eine Zugabe von je 20 cm über der oberen und unter der unteren Taschenreihe sowie an den Seiten einkalkulieren.

Die Kanten versäubern

Stecken Sie die Taschen auf der Rückwand fest und steppen Sie sie so knapp wie möglich an den Kanten auf (Abb. 2).
Zum Aufhängen an der Wand zwei, drei oder vier Schlaufen nähen und

an die Oberkante der Rückwand nähen.

Hängematte

Aus Sicherheitsgründen sollte man für Hängematten nur sehr festen Stoff wie beispielsweise Segeltuch verwenden. Ehe Sie sich an dieses Unternehmen machen, stellen Sie erst einmal fest, ob Ihre Nähmaschine mit so kräftigem Material fertig wird. Kleine Koffernähmaschinen dürften dafür nicht geeignet sein.
Zur größeren Bequemlichkeit könnte man die Innenseite der Hängematte mit Steppstoff abfüttern oder sie nur zur Zierde mit einem hübschen, sommerlichen Druck füttern.
Schneiden Sie ein 120 cm breites und 211 cm langes Stück Segeltuch zu, sowie ein gleichgroßes Stück Steppstoff oder Futterstoff. Legen Sie beide Teile rechts auf rechts und steppen Sie sie mit einer 12 mm breiten Naht an den Schmalseiten zusammen. Nach rechts drehen und bügeln.

An den Längsseiten die ungesäumten Ränder erst 6 mm, dann nochmals 2,5 cm einschlagen und zwar auf die abgefütterte Seite. Das einfarbige Segeltuch sieht dann aus wie eine Borte. Den Einschlag umbügeln, heften und feststeppen (Abb. 1, oben).
Für die Schlingen, durch die später an beiden Enden die Stangen geschoben werden, 22 Segeltuchstreifen in der Größe 4,5 x 14,5 cm zurechtschneiden. Die Streifen der Länge nach falten, an den Kanten 6 mm einschlagen und umbügeln. Steppen Sie alle vier Seiten so knapp wie möglich an der Kante ab. Verteilen Sie die Schlaufen in 10 cm Abständen auf die beiden Hängemattenenden, pro Schmalseite 11 Stück. Jeweils ein Streifenende auf die Hängemattenoberseite, das andere auf die Unterseite nähen und

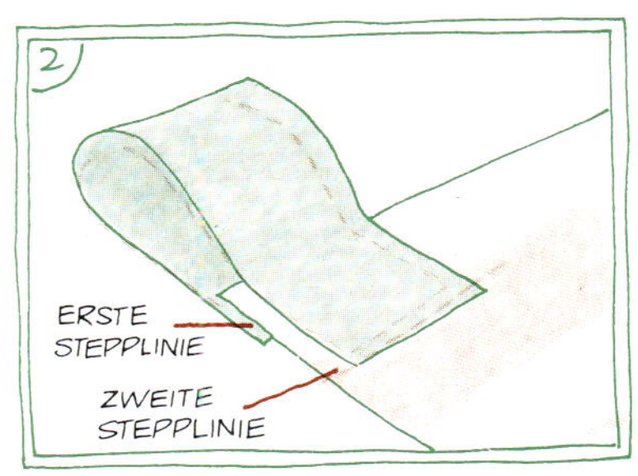

so Schlaufen formen. Wie in Abb. 2 gezeigt, verschiebt man die Strei-

fenenden ein wenig, nachdem es sehr schwierig ist, durch alle sechs Lagen durchzunähen.
Schneiden Sie zwei 5 cm starke Holzstäbe auf 63 cm zu und schieben Sie sie durch die Schlaufenreihen. Ein kräftiges Seil (vorzugsweise aus Nylon) in vier, jeweils 123 cm lange Stücke schneiden und jeweils zwei Abschnitte nach der in Abb. 3 gezeigten Methode an den Stäben verknoten. Zuvor die Seilabschnitte durch einen 8 cm breiten Stahlring schieben. Zum Verknoten das Nylonseil einmal um die Stange wickeln und mit zwei Halbsteken verknoten (Abb. 4, unten). Die Hängematte mit kräftigem Seil und denselben Knoten zwischen zwei Bäume hängen.

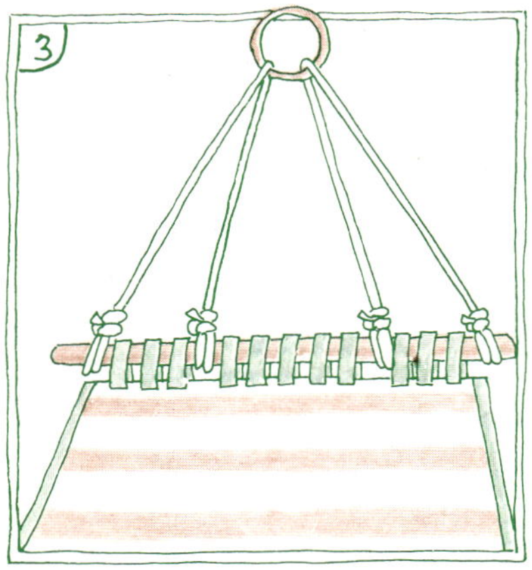

Picknick-Behälter (Mädchen für alles)

Diese sinnreiche Erfindung für Picknicks besteht aus Picknickdecke, Tischtuch, Besteck- und Kissenbehälter in einem und hat Handgriffe zum Tragen.
Sie brauchen dazu 2,25 m PVC in einer Breite von 120 cm; 1,25 m Stoff, ebenfalls 120 cm breit; 8,5 m Schrägstreifen 2,5 cm breit; 2,5 m Schrägstreifen 12 mm breit, passendes Nähgarn, vier quadratische Kissenformen mit einer Seitenlänge von 38 cm, entweder 2 m Kissenbezugstoff oder je 1 m Kissenbezugstoff und 1 m PVC für Kissenhüllen mit wasserundurchlässiger Rückseite. Für die Verarbeitung von PVC siehe »Duschvorhänge«, S. 114.

Behälter

Nach dem Schema in Abb. 1 folgende Teile aus PVC zuschneiden: für die Unterseite ein 119 x 119 cm großes Quadrat, vier Teile A 43 x 43 cm, vier Teile B 33 x 21,5 cm und zwei Teile C 41 x 10 cm.
Jeweils zwei aneinanderstoßende Kanten der Stücke A mit 2,5 cm Schrägstreifen einfassen (siehe S. 152 f.). Zwei Teile B an der Oberkante und der rechten Kante, zwei Teile B an der Unterkante und der linken Kante mit 12 mm breitem Band einfassen.

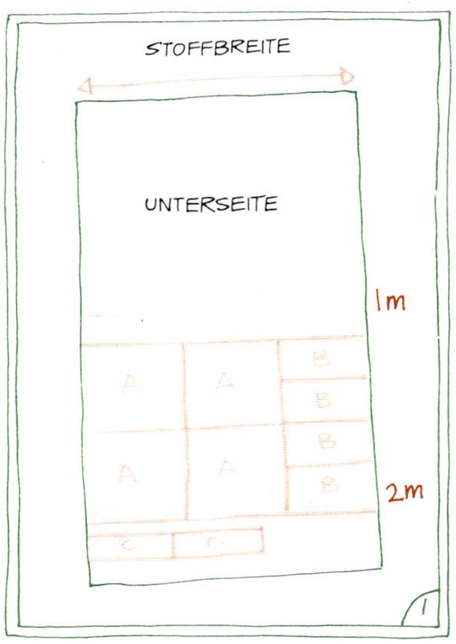

Die Teile A mit der rechten Seite nach oben legen und zwar zwei mit den eingefaßten Kanten rechts und zwei mit den eingefaßten Kanten links. Die Teile B mit der rechten Seite nach oben so auf die Teile A legen, daß die ungefaßten Kanten bündig miteinander liegen (Abb. 2). Jedes Teil B auf seine Unterlage A aufnähen (Abb. 3, gestrichelte Linie)

und die Schlitze für das Besteck in Abständen von 3 cm abnähen.
Die Teile C der Länge nach rechts auf rechts falten und 6 mm entlang der langen Seite absteppen. Nach rechts drehen und dieselbe Kante nochmals 6 mm breit abnähen.
Die Unterseite mit der rechten Seite nach oben ausbreiten und die vier Teile A, wie in Abb. 4 gezeigt, zurechtlegen. Die ungesäumten Kanten liegen bündig aneinander. Die Teile A entsprechend der gestrichelten Linie ansteppen und die Handgriffe mit Band festkleben.
Schneiden Sie nun ein Stück Stoff in der Größe der PVC-Unterseite zu und breiten Sie es, mit der linken Seite nach oben, flach aus. Das PVC-Teil mit der rechten Seite nach oben darauflegen und die Kanten zusammen rundherum mit 2,5 cm breitem Schrägstreifen einfassen. Das Klebeband kann entfernt werden, sobald die Handgriffe durch die Einfassung gehalten werden.

Kissen

Für Kissenhüllen mit Rüschen siehe S. 134 f. Die Kissen passen in die Taschen A. Die Decke mit Taschen zweimal so zusammenfalten, daß die Griffe außen bleiben.

Kissen für den Korbstuhl

Für die Kissenpolsterung eines Korbstuhls hält man sich an die Anleitungen für Sitzkissenhüllen (siehe S. 135). Fertigen Sie getrennte Schnittmuster für Rückenlehne und Sitzfläche an. Das Sitzkissen etwa 15 cm tiefer schneiden als die Sitzfläche, damit es über die Außenkante etwas herabhängt. Weidengeflecht ist ein Erzfeind von Damenstrümpfen und unangenehm für die Beine, wenn man sie dagegenlehnt. Füllen Sie die Kissenhüllen mit Schaumstoffschnipseln oder Federn oder mit beidem und nähen Sie Zierknöpfe an (siehe S. 137).
Die Korbstuhlkissen wie normale Sitzkissen festbinden, die Bänder dazu durch das Weidengeflecht ziehen.

Lampenschirme

Glücklicherweise nehmen immer mehr Stoffhersteller auch passende Lampenschirme mit in ihr Fertigungsprogramm, nachdem Lampenschirme in herkömmlicher Form sehr schwer zu machen sind, es sei denn, Sie haben sehr geschickte Finger. Wenn nicht, dann zeigen wir Ihnen hier zwei ganz einfache Formen, einen Tiffanyschirm und einen Taschentuchschirm, die leicht anzufertigen sind.

Taschentuch-Schirm

Der Taschentuchschirm ist bei weitem der einfachste Lampenschirm zum Selbermachen. Sie brauchen dazu einen Lampenschirmring von 20 cm Durchmesser, der zwischen die beiden Verbindungsstücke der

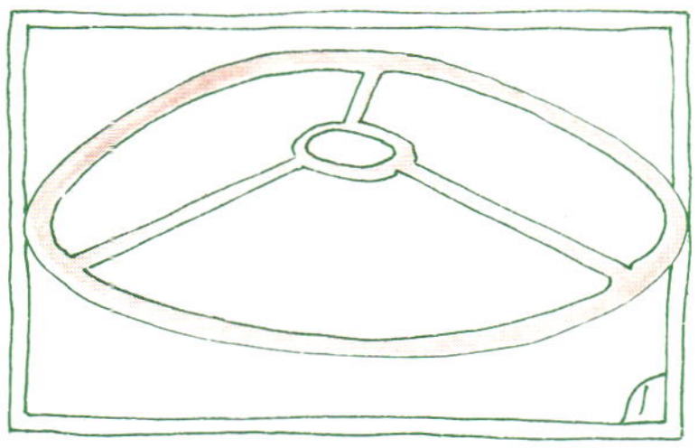

Lampenfassung geschraubt wird (Abb. 1, oben).
Schneiden Sie ein quadratisches Stück Stoff mit einer Seitenlänge von 90 cm zu und nähen Sie rundherum einen schmalen Doppelsaum. Sie können die Kanten auch ausbogen und mit Flachstich (siehe S. 153) einfassen (Abb. 2, oben).
Den Stoff nun zweimal falten und so die Mitte bestimmen und mit Hilfe einer Münze einen 6 mm tiefen Viertelkreis anzeichnen (Abb. 3). Entlang der Markierungslinie ausschneiden, den Stoff auseinanderfalten und probieren, ob das Loch groß genug ist, um die Lampenfas-

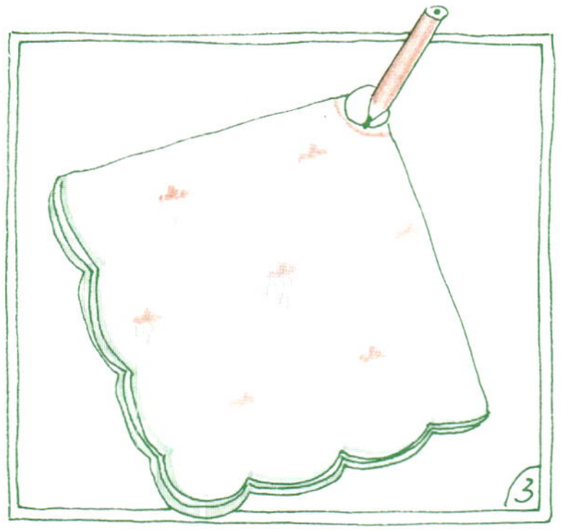

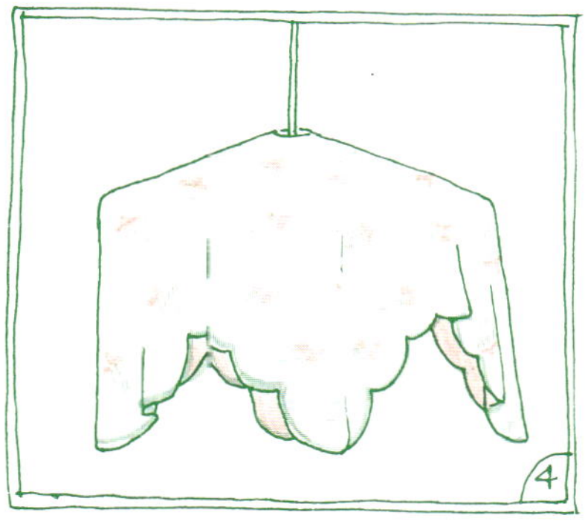

sung durchzustecken. Die Öffnung mit Zickzackstich oder Schrägstreifen einfassen.
Nun die Lampenfassung durchstekken und den Lampenring zwischen die Fassung schrauben.

Tiffanyschirm

Sie brauchen ein Tiffany-Lampengestell, das es in verschiedenen Größen gibt (Abb. 1, unten). Selbstverständlich kann man auch das Gestell einer alten Lampe verwenden. Messen Sie die Höhe des Gestells aus und rechnen Sie 12,5 cm Nahtzugabe mit ein. Nun den Umfang

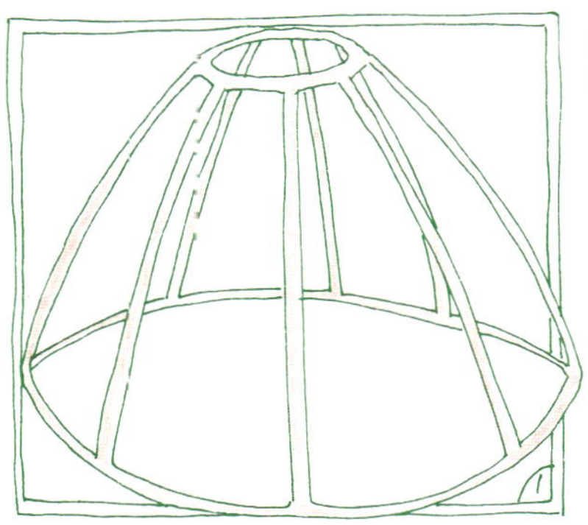

des unteren Randes messen und 2,5 cm zugeben. Schneiden Sie ein Stück Stoff nach diesen Maßen zu, desgleichen den Futterstoff. Legen Sie die Teile links auf links und verarbeiten Sie sie als eine Stofflage.

Die Schmalseiten rechts auf rechts mit einer 6 mm breiten Naht zusammennähen, die Naht breitbügeln und die Kanten mit Zickzackstich versäubern. An der Ober- und Unterkante zuerst 12 mm, dann weitere 2,5 cm einschlagen umbügeln und mit Hohlstich annähen; zum Einzie-

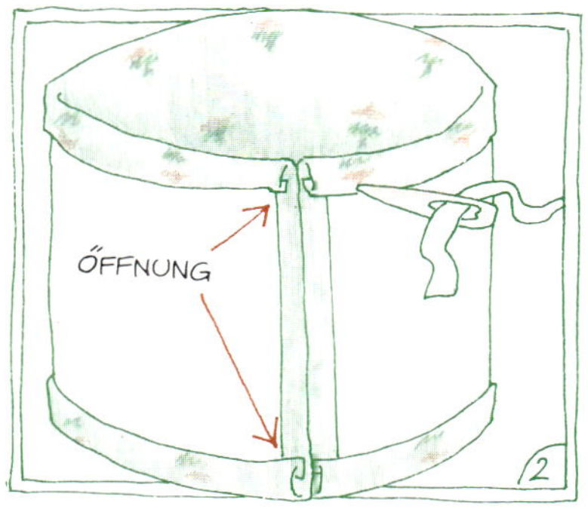

hen des Gummis eine kleine Öffnung lassen (Abb. 2, oben).
Soll der Schirm eine Rüsche erhalten, dann steppt man sie jetzt 2,5 cm über der Hohlstichnaht auf die rechte Stoffseite.
Die Hülle über das Gestell ziehen. 3 mm breiten Gummi in die Säume an Ober- und Unterkante ziehen und so fest zusammenziehen, daß der Stoffbezug fest am Gestell anliegt und die Stoffkanten oben und unten etwa 2,5 cm über den Gestellrand reichen (Abb. 3, unten). Die Gummienden fest miteinander vernähen und die Öffnungen an den Säumen mit Hohlstich verschließen.

Klappstühle neu bespannen

Neue Bespannungen lassen sich leicht anfertigen und verlängern das Leben eines alten Liege- oder Klappstuhls für eine Weile. Kontrollieren Sie, ob das Gestell noch in Ordnung ist und reinigen Sie es gründlich, ehe Sie die Arbeit beginnen.

Liegestühle

Ziehen Sie zunächst die alten Nägel heraus und entfernen Sie die abgenutzte Bespannung. Kaufen Sie neues Segeltuch in derselben Größe. Sie können auch dicht gewebten, schweren Möbelbezugstoff verwenden und die Seitenkanten zur Verstärkung einfassen.
Schlagen Sie an beiden Schmalseiten 2,5 cm ein und heften Sie den Einschlag fest. Den Stoff mit der linken Seite nach oben auf den Boden breiten und dann den Liegestuhlrahmen mit der Vorderseite nach unten darauflegen. Ziehen Sie das Segeltuch über die obere Querlatte des Gestells und schlagen Sie es bis zur Lattenrückseite ein (Abb. 1). In der Lattenmitte einen Nagel einschlagen.

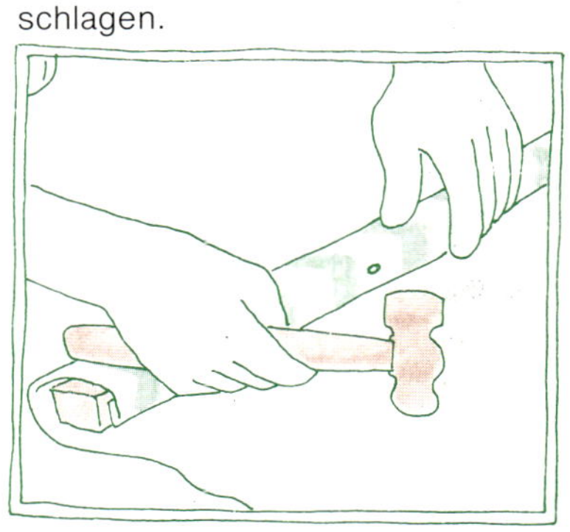

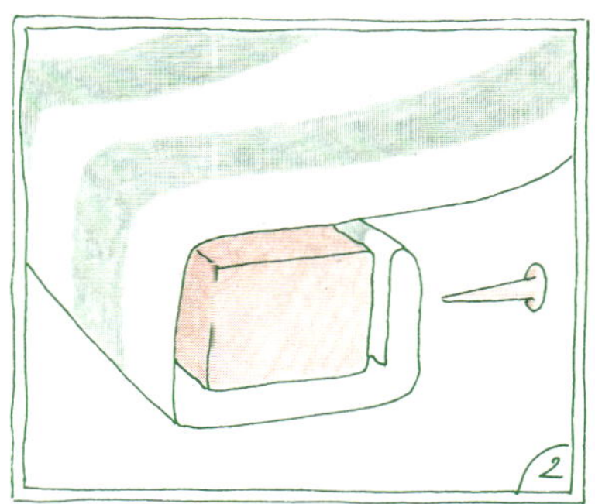

Anschließend über die ganze Stoffbreite sechs weitere Nägel in gleichmäßigen Abständen einschlagen. Die ganze Frozedur an der unteren Querlatte des Gestells wiederholen (Abb. 2).

Grundtechniken

Nachdem die Unterkante der meisten Liegestühle etwas schmaler ist als die Oberkante, müssen Sie die Ecken wahrscheinlich etwas einschlagen. Wenn Sie statt des Segeltuches in Liegestuhlbreite Ihre Bespannung selbst machen, können Sie diese kleine Abweichung bei der Breite gleich berücksichtigen.

Klappstühle

Die alte Bespannung mit einem scharfen Messer an den Stuhlkanten abschneiden (Abb. 1). Schneiden Sie rings um die Nägel den Stoff ab, aber versuchen Sie nicht, die

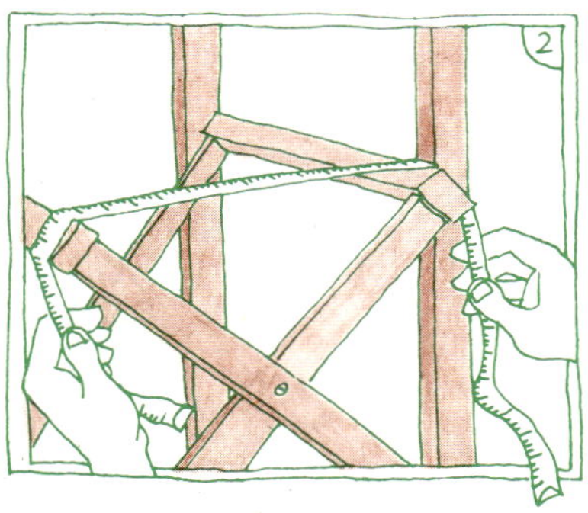

Nägel herauszuziehen, der Rahmen könnte dabei splittern. Schlagen Sie stattdessen die Nagelköpfe vorsichtig ganz ins Holz hinein.
Klappen Sie den Stuhl auf und messen Sie den Abstand von Außenkante zu Außenkante und geben Sie 5 cm zu (Abb. 2, oben).
Nach diesen Maßen eine neue Sitzbespannung zuschneiden. Für die Breite nehmen Sie das alte Segeltuch zur Orientierung. An beiden Seiten den Stoff 2,5 cm einschlagen und mit dem Hammer am Kniff etwas nachhelfen. Das eingeschlagene Ende an eine Außenkante des Sitzgestells anlegen, den Stuhl zusammenklappen und die Bespannung mit sechs Nägeln befestigen. Dasselbe an der zweiten Außenkante wiederholen.

Die alte Rückenlehnenbespannung vom Gestell abstreifen (Abb. 3).
Messen Sie die alte Bespannung samt eingeschlagenen Enden aus und geben Sie 5 cm in der Länge und 4 cm in der Breite zu. Für eine der Längsseiten die Salkante nehmen und 12 mm nach hinten umschlagen. An der zweiten Längsseite zweimal 12 mm einschlagen und die Säume an beiden Seiten steppen. Die beiden Schmalseiten 12 mm einschlagen und dann ein zweitesmal soweit umschlagen, daß die Latten der Rückenlehne hineinpassen. Den Saum absteppen und die Bespannung überziehen (Abb. 4).
Manche Klappstühle, insbesondere in den Vereinigten Staaten, haben stoffbezogene Holzleisten, die in

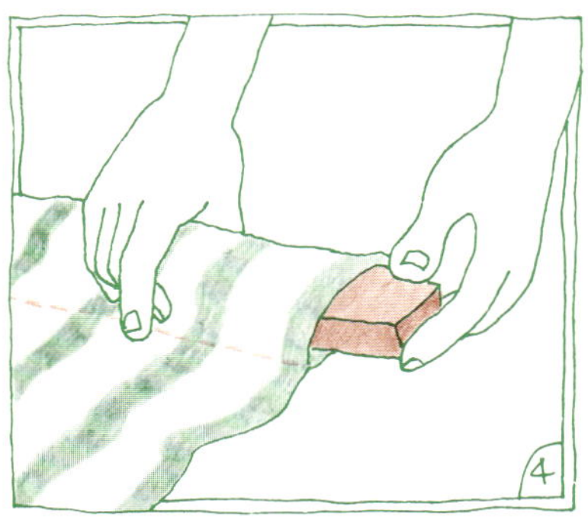

Schlitze im Gestell eingeschoben werden. Bei diesen Stühlen wird die Sitzbespannung auf dieselbe Weise erneuert wie bei der Rückenlehne.

Nähen ist eine Fertigkeit wie jede andere auch – wer erst einmal ein paar Grundtechniken beherrscht, ist auf dem besten Wege zum Erfolg. Nicht zu vergessen natürlich, daß auch hier die Übung den Meister macht. Im folgenden Kapitel zeigen wir Ihnen einige Grundtechniken und einfache Tricks, die Ihnen dabei helfen werden, Ihr Werk ganz fachmännisch aussehen zu lassen.

Stiche

Im allgemeinen reicht es zu wissen, wie man heftet, näht und säumt. Um aber zu einem noch besseren Resultat zu kommen, sollten Sie auch die folgenden Stiche beherrschen.

Hohlstich

Der Hohlstich ist kaum sichtbar. Um eine umgeschlagene Kante auf eine einfache Stofflage zu nähen, führt man die Nadel aus der Bruchkante heraus, nimmt etwa 6 mm von der Ausstichstelle entfernt einen Faden der einfachen Stofflage auf und zieht den Faden durch. Weitere 6 mm entfernt sticht man die Nadel wieder in die Bruchkante, führt sie hohl durch und sticht erneut durch die Bruchkante nach außen. So verfährt man, bis der Saum fertig ist (Abb. 1, unten).
Um zwei gefaltete Kanten miteinander zu verbinden, führt man die Nadel aus einer Bruchkante heraus, sticht sie direkt gegenüber in die andere Bruchkante, führt sie hohl weiter und sticht etwa 6 mm weiter wieder aus (Abb. 2). Die Naht ist praktisch unsichtbar.

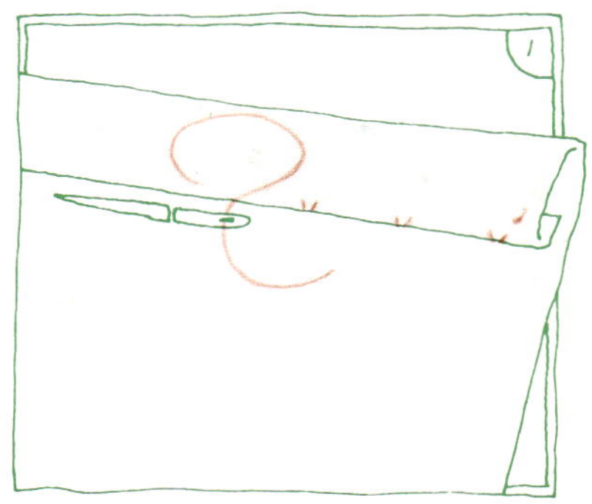

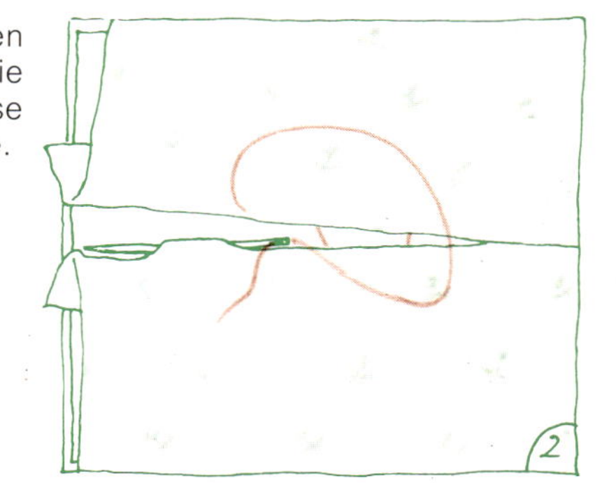

Saumstich

Die klassische Methode, ungesäumte Kanten zu versäubern. Er ist nicht so unauffällig wie der Hohlstich, bei dickeren Stoffen aber vorzuziehen.
Die Nadel aus der Einschlagkante des Saumes ausführen. Etwa 6 mm weiter einen einzelnen Faden der einfachen Stofflage mit der Nadelspitze direkt über dem Saum aufnehmen und den Faden durchziehen. Wieder 6 mm weiter die Nadel von hinten in die Saumkante einführen und den Faden durchziehen. Die Stiche sollen gleichmäßig und nicht zu stramm sein (Abb. 3), weil der Saum sonst beult. Auf der rechten Stoffseite sollte der Saum nicht zu sehen sein. Entlang der Stichkante niemals bügeln.

Festonstich

Der Stich dient dazu, Futter oder Zwischenfutter an Vorhangstoff zu

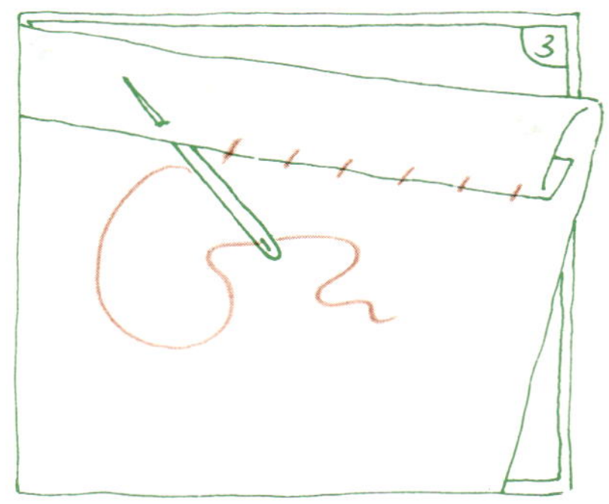

befestigen und Futter an Zwischenfutter zu heften. Er ist eine Art lockerer Knopflochstich. Mit ihm befestigt man zwei Stofflagen so miteinander, daß sie zwar zusammenhängen, trotzdem aber noch etwas Spiel haben und nicht ziehen. Den Faden zwischen den einzelnen Stichen ziemlich locker lassen und die Stiche in Abständen von 5 cm bis 7,5 cm setzen (Abb. 4, S. 149 oben).

Nähte

Wie bei den Stichen, erfüllen auch unterschiedliche Nähte unterschiedliche Zwecke, je nach Material, Lage der Naht und Belastung.

Einfache Naht

Sie ist die einfachste aller Nähte. Man legt zwei Stoffstücke rechts auf

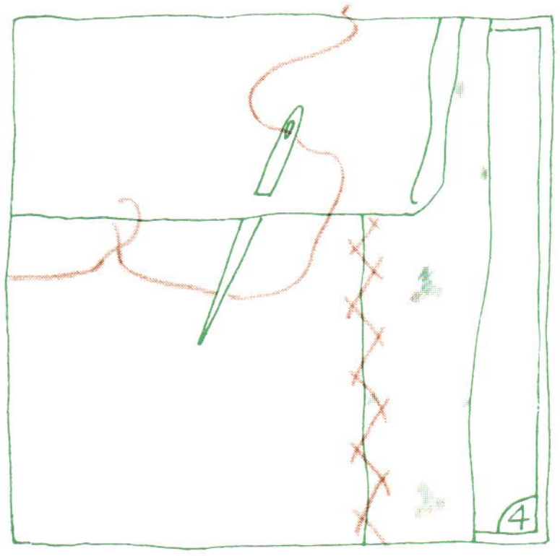

rechts, die Kanten bündig aneinander und heftet sie zusammen. Dann näht man mit der Maschine in gerader Linie parallel zur Kante (Abb. 1). Man bügelt die Naht breit, das heißt, jede Nahtzugabe auf eine Seite (Abb. 2). Die ungesäumten Kanten werden mit Zickzackstich versäubert, damit sie nicht ausfransen. Bei sehr dünnem Material werden die Kanten nochmals untergeschlagen und mit der Maschine abgesteppt.

Kappnaht

Eine extrem belastbare, doppelseitige Naht, die sehr sauber aussieht. Die beiden Stoffstücke rechts auf rechts legen, an der Nahtlinie heften und auf der Heftlinie steppen. Die Naht breitbügeln, dann beide Nahtzugaben auf eine Seite bügeln. Die untere Nahtzugabe auf die Hälfte ihrer Breite zurückschneiden (Abb. 3). Die obere Nahtzugabe über die zurückgeschnittene schlagen und heften (Abb. 4, unten). Knapp an der Kante absteppen und flachbügeln.

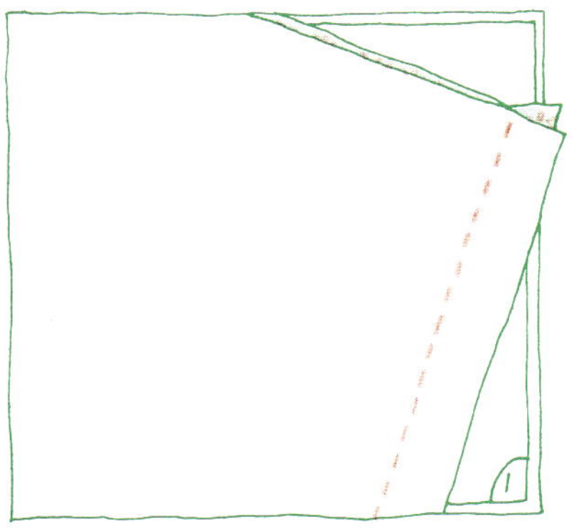

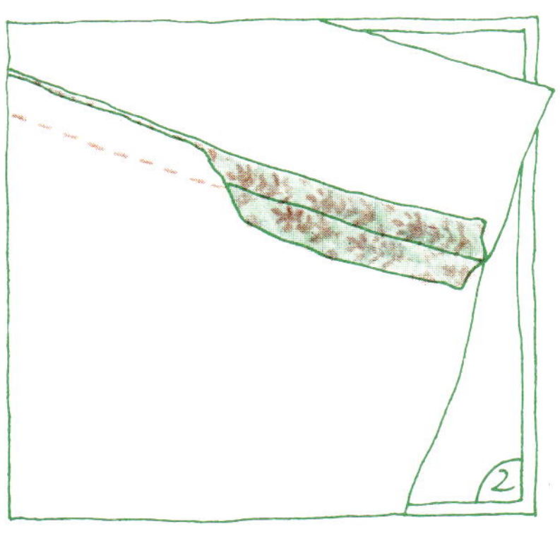

Französische Naht

Auch diese Naht ist sehr belastbar, weil sie die ungesäumten Kanten fest einschließt. Sie sieht nicht so gut aus wie die Kappnaht, bewährt sich aber vor allem bei durchsichtigen Stoffen oder solchen, die leicht ausfransen. Man legt zwei Stoffstücke links auf links mit den ungesäumten Kanten bündig aufeinander, heftet sie 6 mm vom Rand entfernt zusammen und steppt sie entlang der Heftlinie aufeinander. Die Nahtzugabe auf eine Breite von 3 mm zurückschneiden (Abb. 5). Die Naht breitbügeln. Dann die beiden Stoffteile umdrehen, rechts auf rechts legen und 6 mm von der ersten Naht entfernt auf der Heftlinie eine zweite Naht steppen (Abb. 6). Die Naht samt Zugaben auf eine Seite bügeln (Abb. 7).

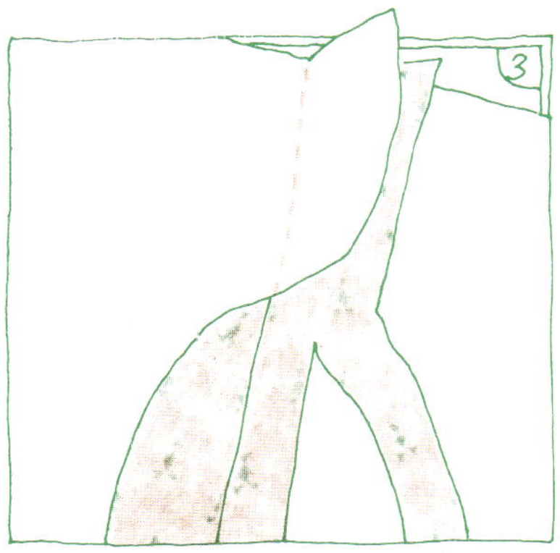

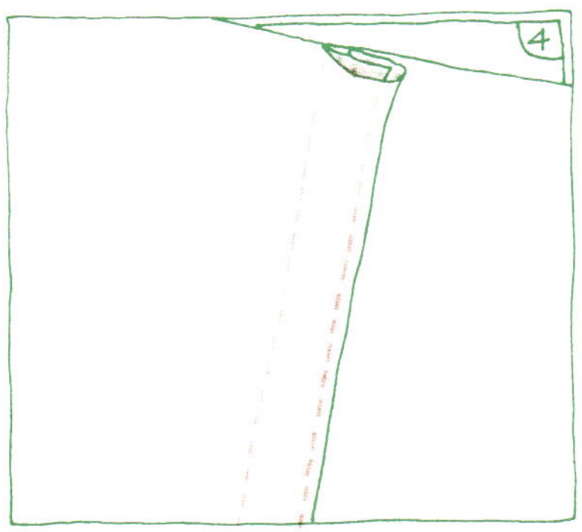

Abgerundete Nähte

Sobald eine abgerundete Naht mit einfachem Flachstich gesteppt ist, sollte die Nahtzugabe bis auf 6 mm zurückgeschnitten werden. An einer Außenrundung wird die Nahtzugabe in gleichmäßigen Abständen eingeschnitten, der Stoff kann sich entsprechend ausdehnen und liegt dann flach. Die Einschnitte so tief wie möglich machen, dabei aber nicht in die Naht einschneiden (Abb. 8).

An der Innenrundung wird die Nahtzugabe eingekerbt, so daß kein Überstand entsteht (Abb. 9). Die Kerben schieben sich zusammen und der Stoff liegt flach.

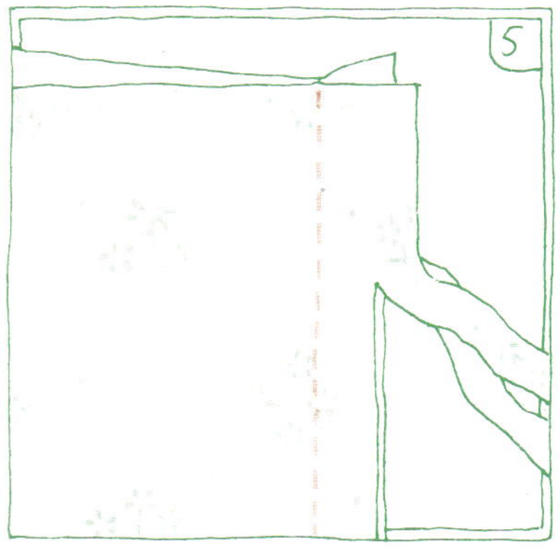

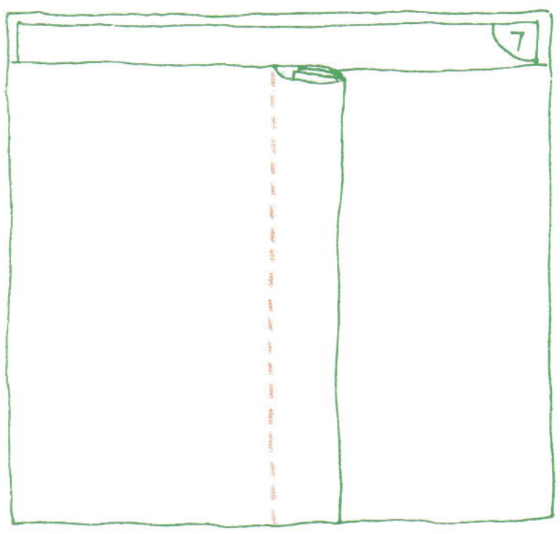

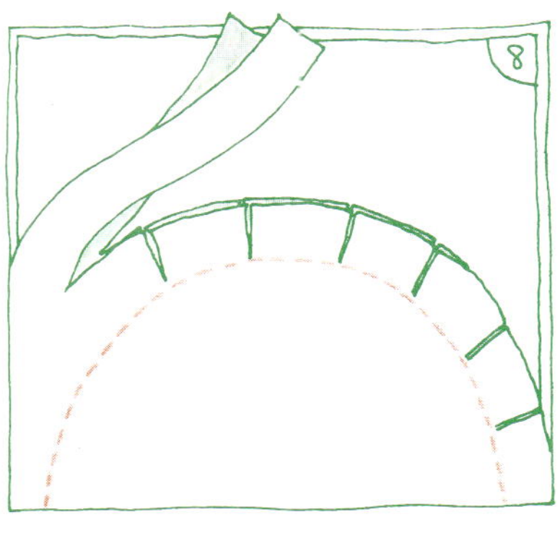

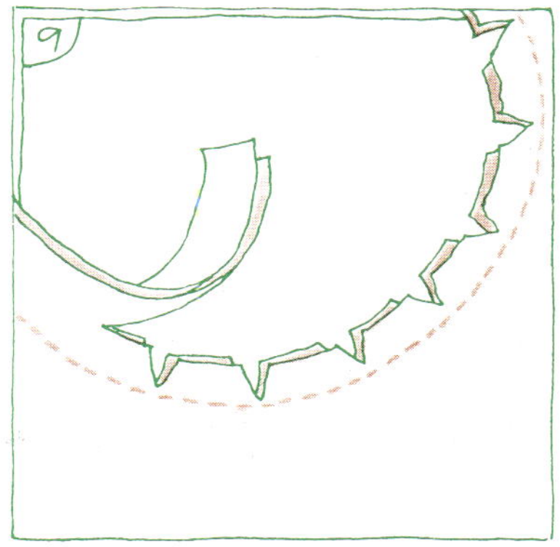

Ecken

Um eine rechtwinklige Ecke zu nähen, steppt man bis in die Ecke, läßt die Nadel im Stoff stecken, hebt das Andruckfüßchen der Maschine an und dreht den Stoff um die Nadel, bis das Füßchen in Richtung der nächsten Naht steht (Abb. 10). Wenn die Naht fertig ist, wird die Ecke, wie auf Abb. 11 gezeigt, zurückgeschnitten, um unnötigen Überstand zu vermeiden.

V-förmige Ecken werden genauso genäht wie rechtwinklige, der Stoff wird an der Ecke gedreht. Sobald die Naht fertig ist, die Ecke diagonal in beide Richtungen zurückschneiden (Abb. 12, gestrichelte Linie).
Beim Anfügen einer Borte an eine Ecke macht man zunächst an der Innenkante eine Verstärkungsnaht knapp innerhalb der Nahtzugabe und schneidet die Ecke bis dicht an die Verstärkungsnaht ein (Abb. 13).

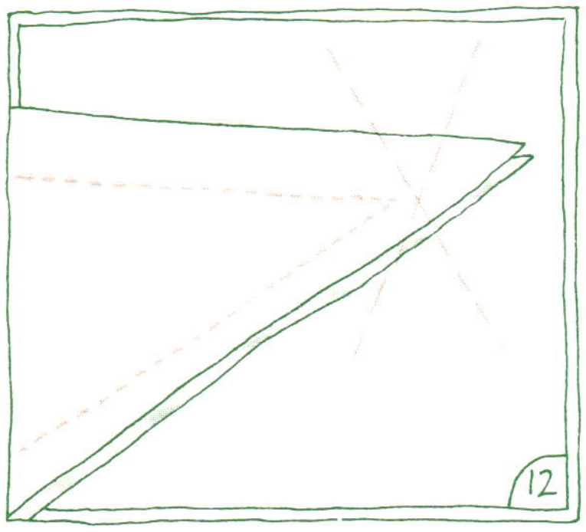

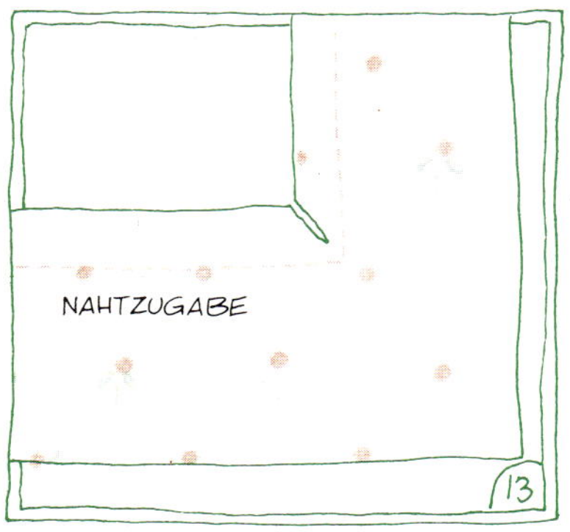

Die Borte kann dann in der üblichen Weise rechts auf rechts angenäht werden. Die Nadel wird wieder bis zur Ecke geführt, das Nähfüßchen angehoben und der Stoff um die Nadel gedreht, bis das Füßchen in Richtung der nächsten Naht steht (siehe Abb. 10, S. 149).

Man kann aber auch – und das ist einfacher – die Nahtzugabe an der Borte ringsherum einschlagen und umbügeln und dann die Borte aufsteppen (Abb. 14).

Muster aneinanderpassen

Es ist sehr wichtig, daß Sie auffällige Muster an geraden Nähten, insbesondere bei Vorhängen, aneinanderpassen. Ein Vorteil dieser zusätzlichen Arbeit liegt darin, daß die Naht, wenn sie gut gemacht ist, letztendlich weit weniger auffällt als bei einfarbigem Material. Schlagen Sie die Nahtzugabe an einem der Stoffteile ein und bügeln Sie sie um. Breiten Sie das zweite Stück mit der rechten Seite nach oben aus, und legen Sie die umgeschlagene Kante, ebenfalls mit der rechten Seite nach oben, so an die Nahtkante des zweiten Stückes, daß das Muster zusammenpaßt. Feststecken und die Stecknadeln dabei im rechten Winkel zur Naht einstecken.
Heften Sie die Stücke zusammen und verknoten Sie dabei das Heftgarn auf der linken Stoffseite am rechten Ende der Naht. Stechen Sie die Nadel knapp an der eingeschlagenen Kante des anderen Stückes auf die Vorderseite des Stoffes und stechen Sie sie exakt auf gleicher Höhe in die eingeschlagene Kante. Führen Sie die Nadel etwa 12 mm lang hohl in der Bruchkante weiter, ehe Sie wieder ausstechen und stechen Sie exakt auf gleicher Höhe wieder in das Stoffteil ohne Bruchkante. Danach einen etwa 12 mm langen Stich machen und die Nadel wieder knapp an der Bruchkante ausstechen (Abb. 15). Verfahren Sie so über die gesamte Nahtlänge und achten Sie immer darauf, daß das Muster genau aneinanderpaßt. Zum Schluß die Heftnaht verstechen.
Legen Sie die Stoffteile mit den rechten Seiten aufeinander und nähen Sie entlang der Heftlinie.

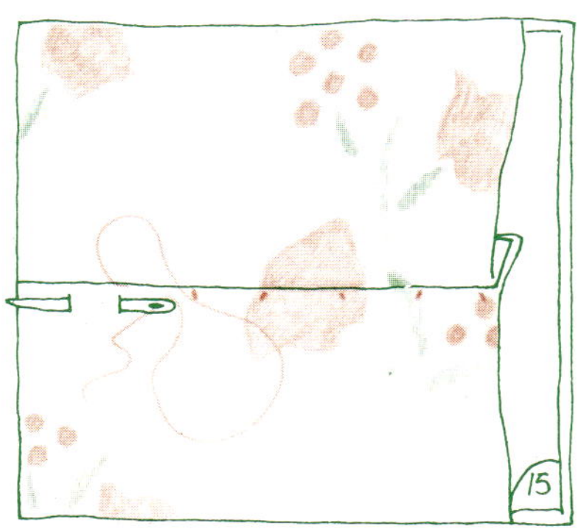

Paspelierte Nähte

Kordel: Einfache Kordel kann direkt auf die rechte Seite einer Naht genäht werden. Nehmen Sie dazu einen Faden, der farblich so gut wie möglich zur Kordel paßt.
Stechen Sie die Nadel durch die Kordel und erfassen Sie sie so an den Fäden, daß das Nähgarn in den Rillen verschwindet. Die Nadel senkrecht in den Stoff stechen. Dann die Nadel mit einem kurzen Stich erneut so durch Naht und Kordel stechen, daß sie zwischen den Rillen auftaucht (Abb. 16).
Schnurpaspel: Einen 2,5 cm oder 5 cm breiten Schrägstreifen, je nach Stärke der Einziehkordel, in erforderlicher Länge zurechtschneiden oder nähen. Die Einziehkordel in derselben Länge abschneiden.
Die Kordel auf die linke Seite des Schrägstreifens legen und den Streifen der Länge nach zur Hälfte zusammenlegen. Dicht an der Kordel heften (Abb. 17). Mit dem Kordel- oder Reißverschlußfuß auf der Heftlinie steppen. Den Streifen auf die Breite der Naht zurückschneiden, an der die Paspel angefügt werden soll.

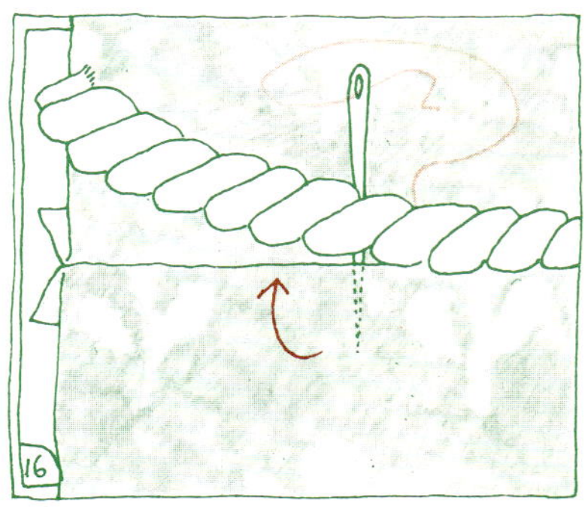

Nehmen Sie die Paspel zwischen die beiden Stoffteile, die rechts auf rechts und mit bündig aufeinanderliegenden Kanten zusammengenäht werden sollen. Entlang der Nahtkante steppen, die so dicht wie möglich an der Paspel verlaufen sollte (Abb. 18).
Bei dickem Material wie beispielsweise Steppstoff, ist es einfacher, die Paspel erst an ein Stoffteil zu nähen, ehe man beide Stücke zusammenfügt.
Die Nahtzugaben immer zurückschneiden, damit die Naht nicht zu dick wird (Abb. 19).

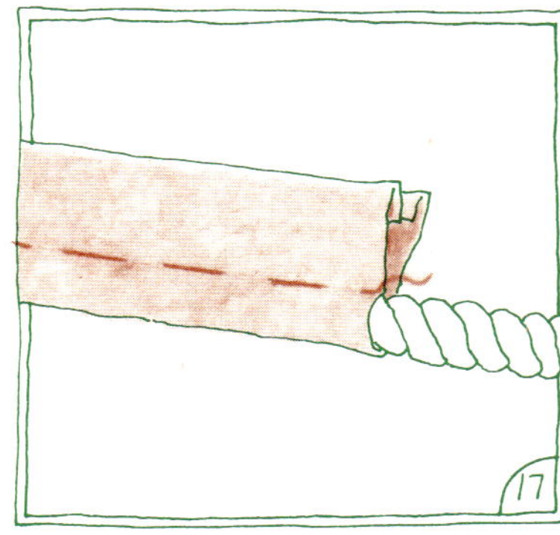

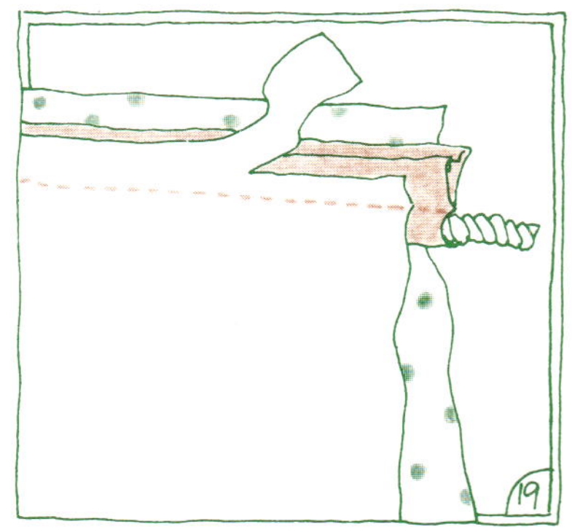

An durchgehenden Nähten muß die Schnurpaspel angestückelt werden. Damit das sauber aussieht, näht man erst einmal die Schrägstreifen zusammen und dreht die Kordel an beiden Enden etwa 2,5 cm auseinander (Abb. 20, S. 151). Die einzelnen Stränge unterschiedlich lang abschneiden und lose miteinander verflechten (Abb. 21, S. 151), ehe sie wie beschrieben in das Schrägband eingenäht wird.
Wird um eine Ecke herum paspeliert, sollte man immer in einer leichten Rundung nähen (Abb. 22, S. 151) und die Nahtzugabe der Schnurpaspel einkerben.
Für die Verwendung von Kordel bei Rippenmuster siehe »Kordelverzierung« (S. 155).

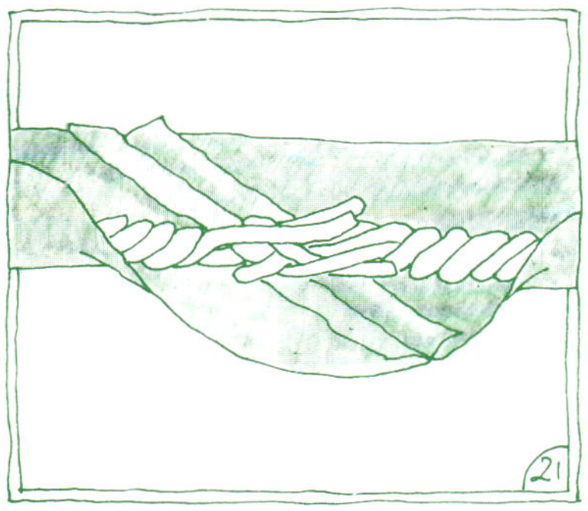

Abgeschrägte Ecken (Gehrung)

Die sauberste Methode der Eckenverarbeitung bei Säumen besteht darin, die Ecken abzuschrägen. Auch Bordüren und Einfassungen sehen besser mit abgeschrägten Ecken aus.

Säume

Mit der linken Seite nach oben, macht man den ersten Einschlag für einen Doppelsaum und bügelt ihn

um. Die Breite dieses Einschlags hängt davon ab, was man näht. Bei Vorhängen mit losem Futter gibt es nur einen Einschlag, doch die Methode bleibt sich gleich.
Anschließend wird an allen Seiten ein zweitesmal eingeschlagen und umgebügelt. Diesen Einschlag nach dem Bügeln aufklappen (Abb. 1). Die Ecke diagonal umkippen wie in Abb. 2 beschrieben und zwischen den Verbindungspunkten der Umbruchkanten abschneiden (Abb. 3). Beide Kanten so falten, daß sie aneinanderpassen und mit Hohlstich verbinden. Man arbeitet immer in Richtung Ecke, sticht dabei die Nadel gerade von einer Seite in die andere und führt sie in der Bruchkante

hohl weiter, ehe man sie wieder aussticht und erneut genau gegenüber in die andere Bruchkante sticht (Abb. 4). Den Faden an der Ecke gut vernähen und darauf achten, daß er nur durch eine Stofflage geht und von außen nicht sichtbar ist.
Bei Vorhängen beispielsweise sind die Gehrungsecken nicht gleich lang (Abb. 5). Wo sie zusammenlaufen, näht man sie mit Hohlstich an-

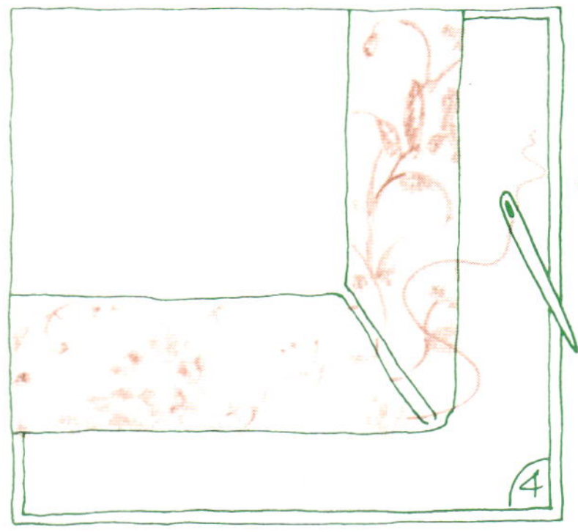

einander; der Rest der längeren Schrägkante wird vom Saum festgehalten.

Besätze und Kanten

Alle Besätze wie Spitze oder Bogenkanten, die an Sofakissen, Kopfkissen, Vorhänge oder Tagesdekken angenäht werden, sitzen besser mit abgeschrägten Ecken.
Nähen Sie den Besatz etwa 7,5 bis 10 cm vor der Ecke an (Abb. 6). Der Besatz muß ein gutes Stück über die Ecke hinausgehen. Mit Schneiderkreide nun eine diagonale Linie über die Besätze ziehen (Abb. 6). 6 mm außerhalb dieser Linie abschneiden. Die beiden Besätze rechts auf rechts entlang der Kreidelinie zusammennähen (Abb. 7), die Naht breitbügeln und die ungesäumten Kanten mit Zickzackstich versäubern (Abb 8). Anschließend die Besätze fertig ansteppen.

Borten und Streifen

Wenn die Ecken einer Borte, die auf den Oberstoff aufgenäht wird, abgeschrägt werden sollen, schlägt man zunächst einmal die Innenkanten des Bordürenstreifens 6 mm ein und bügelt sie um. Dann die Borte bis 15 cm vor der Ecke aufsteppen. Sie sollte an den Ecken reichlich überstehen (Abb. 9, S. 152). Mit

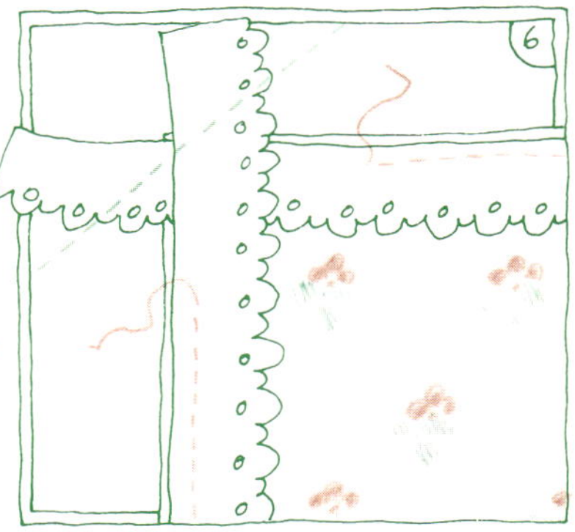

Schneiderkreide eine Diagonallinie einzeichnen und die Borte 6 mm außerhalb dieser Linie abschneiden. Die beiden Bordürenenden nun rechts auf rechts entlang der Kreidelinie zusammennähen (Abb. 10, S. 152) und die Naht breitbügeln. Die Borte an den Ecken anheften und fertig aufsteppen (Abb. 11, S. 152).

Kanten

Abgesehen vom schlichten Saum gibt es verschiedene Möglichkeiten, Kanten auf dekorative Art zu versäubern.

Einfassen

Einfassen ist eine unkomplizierte Art, ungesäumte Kanten zu versäu-

bern und besonders praktisch bei Steppstoff. Abgerundete oder schräge Kanten sollte man immer mit Schrägstreifen (siehe unten) einfassen.

Die meisten fadengeraden Einfassungen haben fertige Kanten. Man faltet das Band oder die Tresse in der Mitte (Abb. 1) und bügelt die Bruchlinie. Die ungesäumte Kante wird in die Bruchlinie geschoben (Abb. 2) und die Einfassung festgesteckt und geheftet.

Die Enden des Einfaßbandes schlägt man ein (Abb. 3) und näht sie hohl zusammen (Abb. 4).

Steppen Sie an der Kante des Einfaßbandes entlang und achten Sie darauf, daß sie auf beiden Seiten gefaßt wird (Abb. 5).

Einfassungen, die aus Stoff zugeschnitten und fadengerade sind, werden wie Schrägstreifen genäht (siehe unten).

Schrägstreifen

Schrägstreifen kann man in vielen Farben und Breiten fertig kaufen. Wer sie selbst anfertigt, hat eine große Auswahl an Farben und Material und damit einen größeren Spielraum.

Legen Sie den Stoff flach hin und schlagen Sie ihn diagonal ein (Abb. 6). Achten Sie darauf, daß die eingeschlagene Ecke exakt im rechten Winkel ist. Die Umbruchlinie im 45°-Winkel zum Fadenlauf ist das, was man als »Schräge« bezeichnet und sich dehnt wie Gummiband, sobald man daran zieht. Die Enden der Umbruchlinie mit Stecknadeln markieren, den Stoff zurückschlagen und die Diagonale mit Lineal und Schneiderkreide einzeichnen.

Ziehen Sie parallel zu dieser ersten weitere Linien auf dem Stoff, und zwar in Abständen, die 12 mm über

der erforderlichen Breite liegen (Abb. 7). Denken Sie auch daran, daß die fertige Breite nach der Verarbeitung halbiert ist. Den Stoff entlang diesen Linien zuschneiden.

Um die einzelnen Streifen miteinander zu verbinden, legt man die Enden zweier Streifen rechts auf rechts und im rechten Winkel zueinander aufeinander (Abb. 8) und näht sie 6 mm von der Kante entfernt zusammen. Die Naht breitbügeln und den Überstand an den Ecken abschneiden (Abb. 9, unten).

Legen Sie den Schrägstreifen mit der linken Seite nach oben, schlagen Sie 6 mm ein und bügeln Sie den Einschlag um (Abb. 10, unten).

Zur Verarbeitung wird der Streifen links auf links in der Mitte gefaltet und über die Kante, die eingefaßt werden soll, gelegt. Die Linie, an der die eingeschlagene Kante entlang-

läuft, mit Stecknadeln markieren (Abb. 11).
Den Schrägstreifen wieder aufklappen, rechts auf rechts auf den Oberstoff legen und die eingeschlagene Oberkante an die mit Stecknadeln markierte Linie anlegen (Abb. 12).
Nun den Schrägstreifen an der Umbruchlinie annähen und darauf achten, daß seine offene Kante in gleichbleibendem Abstand zu der Kante verläuft, die eingefaßt wird.
Kippen Sie den Schrägstreifen dann über die ungesäumte Kante auf die linke Seite des Nähgutes und nähen Sie ihn knapp unterhalb der Maschinennaht hohl an (Abb. 13).

Bogenkante

Wie ein großer Bogen und das entsprechende Schnittmuster dazu angefertigt wird, lesen Sie bitte in den

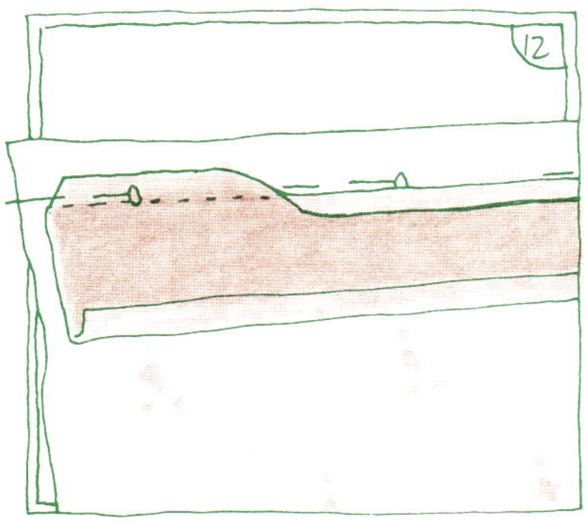

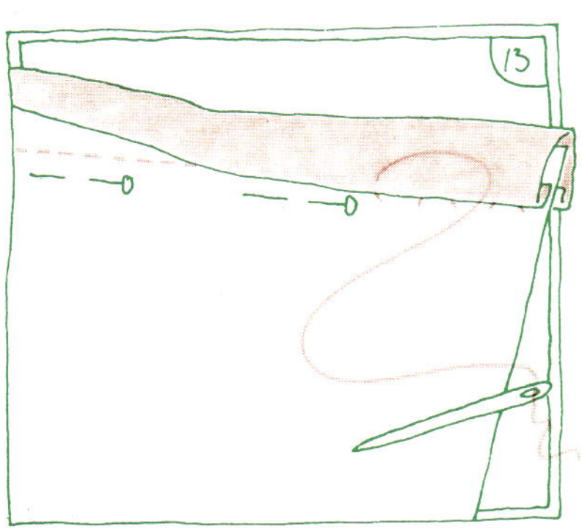

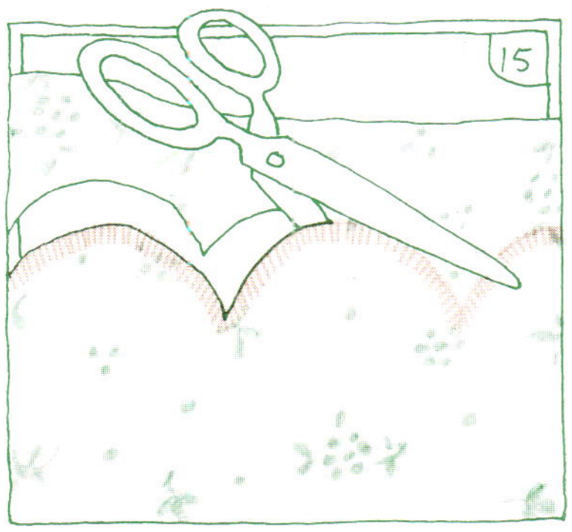

Anleitungen für »Vorhänge mit Bogenkanten« nach (siehe S. 113).
Für einen kleinen, mit Flachstich eingefaßten Bogen, ziehen Sie mit Bleistift oder Schneiderkreide eine Linie parallel zur Stoffkante und zeichnen mit einer großen Münze als Schablone die Rundungen ein. Die Oberkante jedes Bogens liegt an der eingezeichneten Linie (Abb. 14).
Umstechen Sie die Konturen mit Flachstich und schneiden sie dann den Stoff knapp an der Stichkante aus. Achten Sie darauf, daß Sie nirgends einschneiden. Mit einer gebogenen Nagelschere tun Sie sich wahrscheinlich leichter (Abb. 15).

Rüschen

Rüschen sind weich und lassen viele Dinge wie Kissen, Vorhänge und dergleichen üppiger aussehen. Obwohl sie reine Dekoration sind, fallen Vorhänge und Tischtücher durch das zusätzliche Gewicht besser. Sie werden entweder aus demselben Stoff oder einem anderen Material genäht.

Einfache Rüsche

Die einfachste Methode, eine Rüsche anzufertigen, besteht darin, Stoffstreifen an den Schmalseiten zusammenzunähen und daraus lange Bänder zu machen. Sie sollten das Eineinhalb- bis Zweifache der fertigen Länge plus 2,5 cm Saumzugabe, sowie fertige Breite mit einer Saumzugabe von ebenfalls 2,5 cm haben. Bei runden Rüschen werden die Streifenenden zusammengenäht, bei geraden Rüschen schlägt man sie ein und säumt sie mit Hohlstich. Die Unterkante hat einen 6 mm breiten Doppelsaum.
Machen Sie 6 mm bzw. 12 mm vor der Oberkante entfernt zwei Reihnähte, ziehen Sie die Reihfäden zusammen und verteilen Sie die Krause gleichmäßig.
Die Rüsche nun rechts auf rechts auf das Nähgut stecken, die Stecknadeln sind dabei senkrecht zur Nahtlinie ausgerichtet. Entlang dem unteren Reihfaden heften und die Rüsche aufsteppen (Abb. 1). Die ungesäumten Kanten werden zusammen mit Zickzackstich versäu-

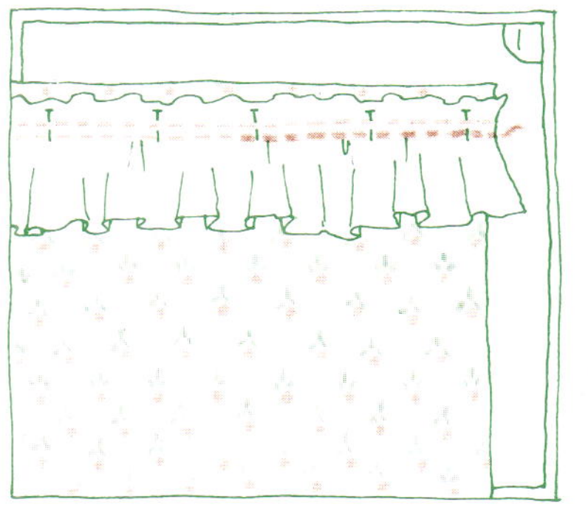

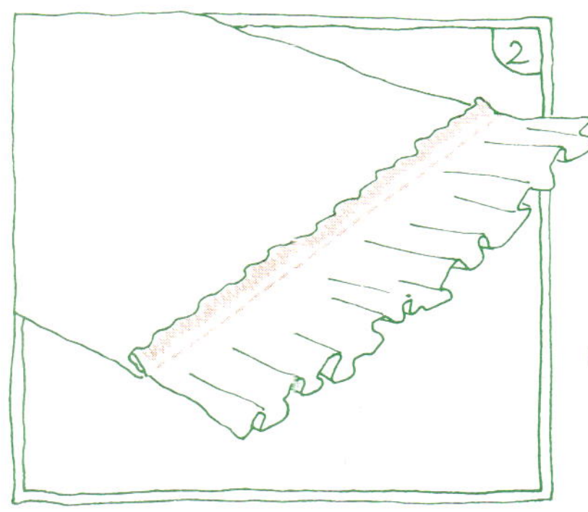

bert und die Naht zum glatten Stoffteil hin gebügelt (Abb. 2). Sie können die Nahtzugabe der Rüsche aber auch auf 6 mm zurückschneiden (Abb. 3) und die nicht gereihte Saumzugabe von oben her als Doppelsaum darübernähen (Abb. 4).

Doppelrüsche

Sie wird genauso wie eine einfache Rüsche angefertigt, hat aber keinen Saum an der Unterkante. Sie ist doppelseitig verwendbar und eignet sich daher unter anderem insbesondere für den Volant am Pfostenbett, der von beiden Seiten sichtbar ist. Nach dem Zuschneiden, diesmal in doppelter fertiger Breite plus 2,5 cm Nahtzugabe, die Schmalseiten zusammennähen oder einsäumen.
Den Streifen der Länge nach in der Mitte falten (Abb. 5) und durch die doppelte Stofflage durchheften.
Die Oberkante versäubert man entweder mit Zickzackstich oder faßt sie wie zuvor beschrieben ein.

Doppelkantenrüsche

Die Doppelkantenrüsche ist in der Mitte gekraust und wird aufgesteppt.
Die Streifen wie bereits beschrieben zuschneiden und der Breite entweder 2,5 cm für einen 6 mm breiten Doppelsaum zugeben oder

in fertiger Breite schneiden und die Kanten einfassen.
Die Streifen mit französischen Nähten verbinden (siehe S. 149) und Ober- und Unterkanten versäubern. In der Rüschenmitte eine Reihnaht machen. Die Rüsche auf die erforderliche Länge zusammenziehen und auf den Stoff aufstecken, beide Teile liegen dabei mit der rechten Seite nach oben. Nun die Rüsche festheften und entlang der Reihnaht aufsteppen (Abb. 6). Man kann die Reihnaht auch oberhalb der Mitte machen, so daß eine größere Rüsche mit Köpfchen entsteht (Abb. 7).
Wer es besonders üppig und duftig liebt, sollte die Streifen in zweieinhalbfacher bis dreifacher Länge der fertigen Rüsche zuschneiden.

Faltenvolant

Fertigen Sie einen Streifen in zweifacher fertiger Volantlänge an – mit

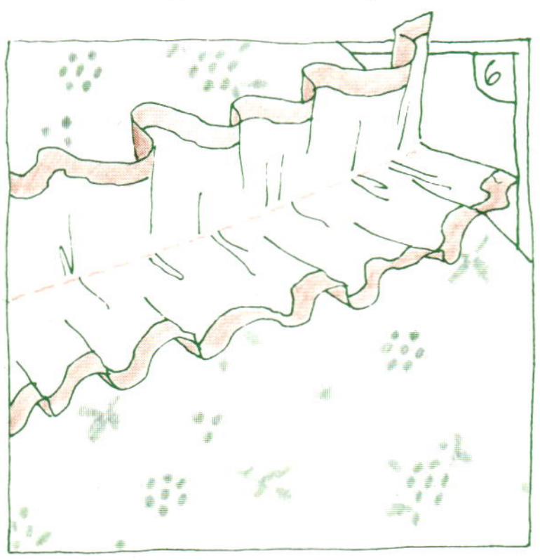

12mm Nahtzugabe je Seite. Die einzelnen Stücke durch eine einfache Naht zusammenfügen und die Naht breitbügeln. Rechnen Sie zur fertigen Höhe 2,5cm für den Saum und 12mm für den Oberkanteneinschlag zu.
An der Unterkante einen 12 mm breiten Doppelsaum machen.

Nun den Streifen mit der linken Seite nach oben ausbreiten und mit Stecknadeln oder Schneiderkreide die Breite jeder Falte markieren (Abb. 8). Falten Sie nun von A nach C, von D nach F usw. Also legen Sie jede folgende Falte auf die jeweils

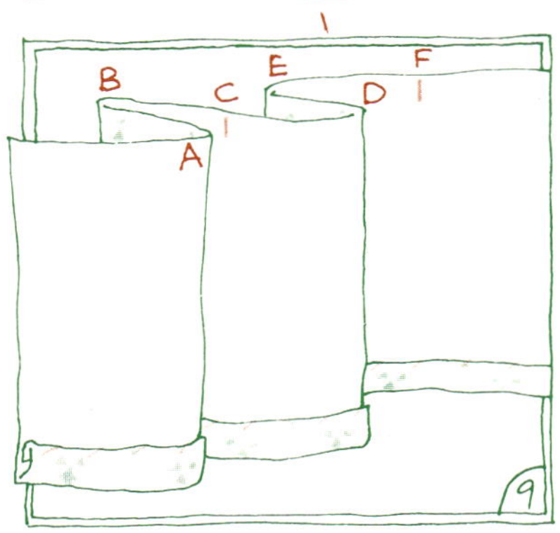

übernächste Bruchlinie (Abb. 9). Die Falten 6 mm von der Oberkante entfernt feststecken und heften, und die Schmalseiten mit einem 6 mm breiten Doppelsaum versäubern.
Den Volant dann rechts auf rechts mit bündig aufeinanderliegenden Schnittkanten auf den Stoff legen und im Abstand von 12 mm von der Oberkante annähen. Die restliche Verarbeitung ist genauso wie bei der einfachen Rüsche.

Kellerfalten

Kellerfalten verwendet man für Volants an den Unterkanten von Polsterbezügen oder Tagesdecken oder bei Querbehängen für Vorhänge.
Multiplizieren Sie die fertige Volantlänge mit drei und rechnen Sie 2,5cm für Einschläge dazu. Die Volant höhe mißt man von der Matratzen- oder Sesselunterkante bis zum Fußboden. Für Saum und Oberkanteneinschlag werden 2,5 cm beziehungsweise 12 mm zugerechnet. Vor dem Einlegen der Falten den Saum umschlagen und umbügeln. Im allgemeinen geht man von einer Faltenbreite von 10 cm aus. Im Endeffekt aber richtet sie sich nach den exakten fertigen Maßen. Die Außenkanten der Endfalten müssen genau an den Sessel- oder Matratzenecken liegen oder mit den Außenkanten des Querbehanges übereinstimmen (Abb. 10). Messen Sie zum Beispiel an einem Sessel jede Seite aus (Abb. 11) und teilen Sie das Maß in gleichgroße Falten auf, die in der Breite möglichst nahe an 10 cm herankommen.
Um die Falten ganz akkurat zu legen, schneidet man sich ein Stück Karton in Höhe und Breite einer fertigen Falte zurecht. Breiten Sie den Stoff mit der linken Seite nach oben aus und zeichnen Sie mit Stecknadeln oder Schneiderkreide mit Hilfe der Pappschablone die Falten an

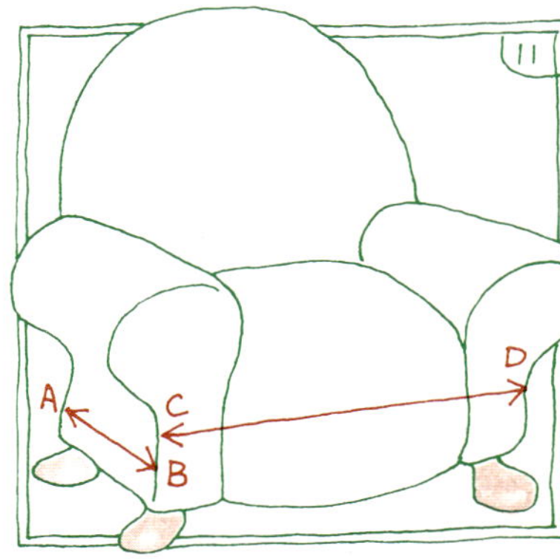

(Abb. 12). Legen Sie nun B nach A, C nach D und so weiter (Abb. 13), bis der ganze Volant in Falten gelegt ist. Achten Sie darauf, Verbindungsnähte möglichst hinter einer Falte zu verstecken. Anschließend die Falten heften und bügeln. Die Seitenkanten einschlagen, hohl annähen und bügeln.

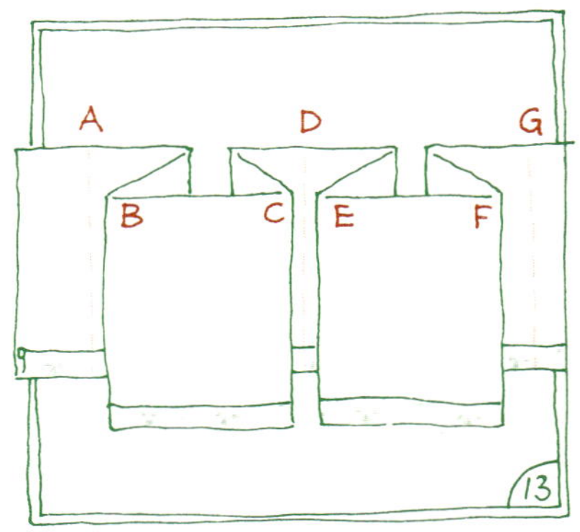

Spezialeffekte

Mit Hilfe dieser Techniken kann man einfachen Stoffen einen Hauch von Extravaganz und Besonderheit verleihen.

Applikationen

Begeisterte Hobbyschneiderinnen haben meistens einen »Restekarton«. Sobald es dann darum geht, ein Kissen oder eine Tagesdecke zu verzieren, greifen sie auf diesen Schatz an Farben und Mustern zurück. Selbstverständlich muß man für ein besonderes Vorhaben möglicherweise neuen Stoff oder spezielle Patchworkflicken kaufen oder ewig nach einem bestimmten Stoffrest suchen.
Zeichnen Sie zunächst den Entwurf und schneiden Sie die verschiedenen Formen aus farbigem Papier aus, etwa rosa Blüten oder grüne Blätter. Stecken Sie sie zusammen, um festzustellen, ob Ihnen der Entwurf gefällt und schieben Sie die Teile so herum, daß sich die von Ihnen gewünschte Wirkung ergibt. Sobald der Entwurf steht, können Sie die Papierteilchen als Schnittmuster verwenden (Abb. 1, S. 155). Stecken Sie jedes Papiermuster auf den Stoff und schneiden Sie es mit einem 3mm breiten Überstand ringsherum aus. Dieselbe Form in

mittelstarker Vlieseline ausschneiden.
Nun jedes Motivteil zusammen mit seiner Vlieseline-Unterlage auf den Trägerstoff stecken und so knapp wie möglich am Rand ringsherum anheften (Abb. 2). Anschließend die Schnittkanten mit Satinstich (enger Zickzackstich) übernähen (Abb. 3). Satinstich verschluckt sehr viel Nähgarn. Sorgen Sie deshalb für ausreichenden Vorrat, ehe Sie beginnen.
Damit die Verzierungen noch plastischer wirken, können die einzelnen Motive mit einer dünnen Lage Kunstwatte unterlegt werden. Dazu schneidet man die Wattierung etwas kleiner aus als das Applikationsmuster und schiebt sie zwischen Vlieseline und Trägerstoff. Das Motiv dann wie beschrieben aufnähen.

Borten und Bordüren

Soll ein Vorhang oder Kissen mit Borte besetzt werden, dann schneidet man einen entsprechend langen und breiten Streifen in Richtung Fadenlauf des Stoffes zu.
Mit der linken Seite nach oben, entlang der Längskanten, 6 mm einschlagen und umbügeln (Abb. 4).
Die Borte mit der rechten Seite nach oben auf die rechte Seite von Vor-

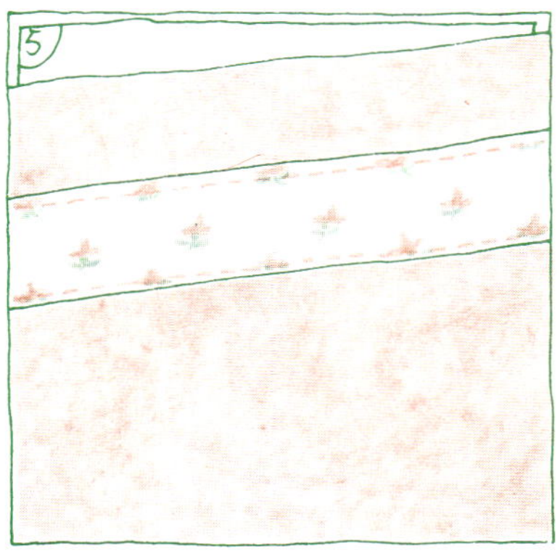

hang oder Kissen stecken und an beiden Kanten anheften (Abb. 5). Anschließend knapp an den Kanten aufsteppen.

Kordelverzierung

Dieser Technik bedient man sich häufig, um Kissenhüllen und Tagesdecken plastischer erscheinen zu lassen. Normalerweise verlaufen die Kordeln in parallelen, gleichmäßig voneinander entfernten Reihen, die immer in Richtung Fadenlauf gehen. Manche Nähmaschinen sind mit einem speziellen Kordelfuß ausgestattet. Wo nicht, kann man den gleichen Effekt mit einer sehr dünnen Kordel erzielen.
Zeichnen Sie mit Schneiderkreide und Lineal auf der Rückseite des

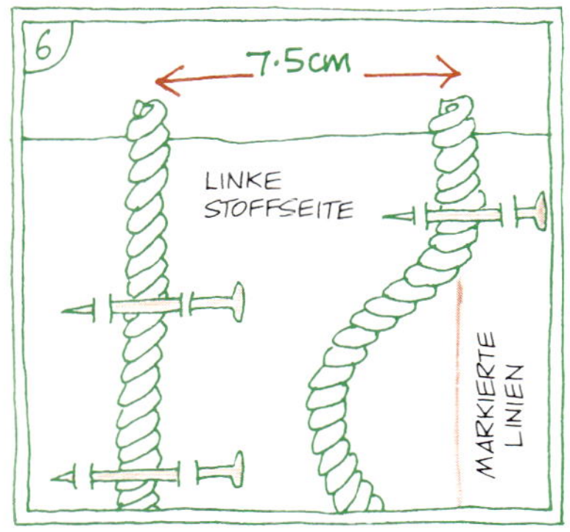

Stoffes die Linien an. Ihr Abstand liegt gewöhnlich bei 7,5 cm. Schneiden Sie für jede Linie ein Stück Kordel zurecht, legen Sie es exakt auf der Linie entlang und stecken Sie es mit Stecknadeln fest; die Nadeln stecken im rechten Winkel zur Kordel (Abb. 6). Nur den Stoff umdrehen und die Kordel nochmals von der rechten Seite her so feststekken, daß die Stecknadeln wieder im rechten Winkel dazu stehen. Die Nadeln auf der linken Seite herausziehen.
Schlagen Sie der Stoff um jede Kordel herum und heften Sie den Stoff, links auf links liegend, knapp an jeder Kordel zusammen (Abb. 7). Mit dem Kordelfuß oder dem Reißverschlußfuß auf den Heftlinien entlangsteppen.

Maschinengenähtes Patchwork

Das Geheimnis einer sauberen maschinengenähten Patchworkarbeit liegt in akkurat geschnittenen Patchworkflicken und strikt eingehaltener Nahtzugabe.
Um beispielsweise das in Abb. 8 gezeigte Muster anzufertigen, zeichnet man die Stücke erst mit Bleistift auf den Stoff auf, ehe sie sorgfältig ausgeschnitten werden. Zeichnen Sie auf der linken Stoffseite die 6 mm breite Nahtzugabe mit einem Lineal ein.
Stecken und heften Sie immer alle Teile zusammen und achten Sie darauf, daß alles richtig zusammenpaßt, ehe Sie die gehefteten Nähte umbügeln. Erst dann nähen Sie die Stücke zusammen. Kontrollieren Sie, ob die Spannung an Ihrer Nähmaschine korrekt eingestellt ist, sonst beulen die Nähte.

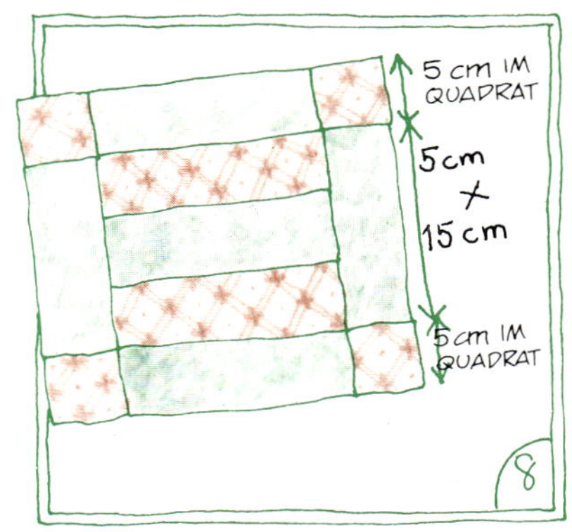

Laura Ashley Shops

Großbritannien

12 New Bond Street
BATH
Tel: 0225 60341

14/16 Priory Queensway
BIRMINGHAM
Tel: 021 233 1499

80 Old Christchurch Road
BOURNEMOUTH
Tel: 0202 27572

104/106 Queen's Road
BRIGHTON
Tel: 0273 27431

14 Trinity Street
CAMBRIDGE
Tel: 0223 51378

5 High Street
CARDIFF
Tel: 0222 40808

la Queen's Circus
Montpellier
CHELTENHAM
Tel: 0242 45500

17/19 Watergate Row
CHESTER
Tel: 0244 316403

66 Purley Way
(Sainsbury's Homebase)
CROYDON
Tel: 01 684 8250

43/45 Lothian Road
EDINBURGH
Tel: 031 229 5135

137 George Street
EDINBURGH
Tel: 031 225 1121

215 Sauchiehall Street
GLASGOW
Tel: 041 333 0850

404 Byres Road
GLASGOW
Tel: 041 339 5911

Old Cloth Hall
North Street
GUILDFORD
Tel: 0483 34152

North Leeds Shopping Centre
(Sainsbury's Homebase)
Kings Lane
LEEDS

30 Great Oak Street
LLANIDLOES
Powys
Tel: 05512 2557

7/8 Harriet Street
LONDON SW1
Tel: 01 235 9797

71/73 Lower Sloane Street
LONDON SW1
Tel: 01 730 1771

75 Lower Sloane Street
LONDON SW1
Tel: 01 730 5255

183 Sloane Street
LONDON SW1
Tel: 01 235 9728

157 Fulham Road
LONDON SW3
Tel: 01 584 6939

35/36 Bow Street
Covent Garden
LONDON WC2
Tel: 01 240 1997

28 King Street
MANCHESTER
Tel: 061 834 7335

8 Nelson Street
NEWCASTLE
Tel: 0632 615 195

3/5 Dove Street
NORWICH
Tel: 0603 26533

58 Bridlesmith Gate
NOTTINGHAM
Tel: 0602 53366

26/27 Little Clarendon Street
OXFORD
Tel: 0865 52477

65 Wyle Cop
SHREWSBURY
Tel: 0743 51467

Unit 5 King Edward Court
WINDSOR
Tel: 07535 59560

Republik Irland

7 Dawson Street
DUBLIN 2
Tel: 001 714 247

USA

Main Level
Lenox Square
3393 Peachtree Road
ATLANTA
Georgia 30326
Tel: 404 231 0685

Pratt Street Pavilion
Harbor Place
BALTIMORE
Maryland 21202
Tel: 302 539 0500

203 Beachwood Place
26300 Cedar Road
BEACHWOOD
Ohio 44122
Tel: 216 831 7620/21

83 Newbury Street
BOSTON
Massachusetts 02116
Tel: 617 536 0505

6–26 Watertower Place
835 N Michigan Avenue
CHICAGO
Illinois 60611
Tel: 312 951 8004

South Coast Plaza
33 Bristol/San Diego Freeway
COSTA MESA
California 92626
Tel: 714 545 9322

The Galleria
FORT LAUDERDALE
Florida

Riverside Square
Rt 4/Hackensack Avenne
HACKENSACK
New Jersey 07601
Tel: 201 488 0130

Macy's
Herald Square
NEW YORK

714 Madison Avenue
NEW YORK
New York 10021
Tel: 212 371 0606

Oakbrooke Mall
OAKBROOKE
Illinois

9 On the Square
Suburban Square
Ardmore
PHILADELPHIA
Pennsylvania 19003
Tel: 215 896 0208

1827 Union Street
SAN FRANCISCO
California 94123
Tel: 415 922 7200

The Mall at Short Hills
SHORT HILLS
New Jersey 07078
Tel: 201 688 5910

3213 M Street N W
Georgetown
WASHINGTON DC
20007
Tel: 202 338 5481

85 Main Street
WESTPORT
Connecticut 06880
Tel: 203 226 7495

Kanada

Laura Ashley Edmonton
P.O. Box 225
West Edmonton Mall
8770 170th Street
EDMONTON
Alberta

2110 Crescent Street
MONTREAL
Tel: 514 284 9225

136 Bank Street
OTTAWA
Tel: 613 238 4882

Les Galeries de la Capitale
5401 Boulevard des Galeries
(Store 213)
QUEBEC G2N IN4
Tel: 418 627 5826

18 Hazelton Avenue
TORONTO
Tel: 416 922 7761

213 Carrall Street
VANCOUVER
Tel: 604 688 8729

Australien

The Gallerie
Gawler Place
ADELAIDE 5000
Tel: 08 223 6548

179 Collins Street
MELBOURNE
Victoria 3000
Tel: 03 63 3506

6 Collins Place
Collins Street
MELBOURNE
Victoria 3000
Tel: 03 63 5548

City Arcade
Hay Street Level
PERTH 6000
Tel: 09 321 2391

74 Castlereagh Street
SYDNEY
New South Wales 2000
Tel: 02 232 2829

Europa

Belgien

Fankrijklei 27
Antwerpen
Tel: 3231 343461

32 rue de Namur
1000 Brüssel
Tel: 02 51 28639

Bundesrepublik Deutschland

Hunsrückstr. 43
4000 Düsseldorf
Tel: 0211 327009

Goethestr. 3
6000 Frankfurt 1
Tel: 0611 288791

Neuer Wall 73/75
2000 Hamburg
Tel: 040 371 173

Sendlinger Str. 37
8000 München 2
Tel: 089 2608224

Dänemark

Gronnegade 10
1107 Kopenhagen
Tel.: (01) 15 20 80

Frankreich

4 Rue Joseph Cabassol
13100 Aix-en-Provence
Tel: 42 27 31 92

2 Place de Palais
33000 Bordeaux
Tel: 56 44 10 30

1 Quai Tilsitt
69002 Lyon
Tel: 78 37 40 11

37 Place Bellecour
69002 Lyon
Tel: 78 37 18 19

94 Rue de Rennes
75006 Paris
Tel: 548 43 89

66 Rue des Saint Pères
75007 Paris
Tel: 544 15 96

22 Rue de Grennelle
75007 Paris
Tel: 544 63 04

34 Rue de Grennelle
75007 Paris
Tel: 548 84 48

95 Avenue Raymond Poincaré
75016 Paris
Tel: 704 41 73

4 Rue de Faisan
67000 Straßburg
Tel: 88 35 23 26

50 Rue Boulbonne
31000 Toulouse
Tel: 61 21 38 85

Italien

4 Via Brera
20121 Mailand
Tel: 02 808 477

Niederlande

Singel 439/441
1012 WP
Amsterdam
Tel: 020 228087

Bakkerstraat 17
6811 EG
Arnheim
Tel: 085 430250

Markt 21
5611 EC
Eindhoven
Tel: 040 435022

Brugstraat 22
9711 HZ
Groningen
Tel: 050 140167

Papestraat 17
2513 Den Haag
Tel: 070 600540

M. Smedestraat 9
6212 GK
Maastricht
Tel: 043 50972

Oude Gracht 141
3511 AJ
Utrecht
Tel: 030 313051

Österreich

Weihburggasse 5
Wien 1010
Tel: 222 529340

Schweiz

8 Rue Verdaine
1204 Genf
Tel: 022 2134 94/022 2833 40

Augustinergasse 21
Zürich
Tel: 01 221 1394

Postversand

Belgien
Vente par Correspondance
32 Rue de Namur
1000 Brüssel

Bundesrepublik Deutschland
Laura Ashley Postversand
Hunsrückstr. 43
4000 Düsseldorf

Dänemark
Laura Ashley APS
Gronnegade 10
1107 Kopenhagen K

Frankreich
Vente par Correspondance
Département A 1
198 Avenue du President Wilson
93210 La Plaine St. Denis

Großbritannien
Box No. 1
Mail Order Department
Laura Ashley Ltd.
Carno
Powys
Wales SY17 5LG

Italien
Laura Ashley SRL
Via Brera 4
2012 Mailand

Niederlande
Laura Ashley Postorders
Oudegracht 141
3511 AJ Utrecht

Republik Irland
Laura Ashley Ltd.
7 Dawson Street
Dublin 2
Republik Irland

Schweiz
Laura Ashley S.A.
Augustinergasse 21
8001 Zürich

USA
Laura Ashley Inc.
Mail Order Department
55 Triangle Boulevard
Carlstadt
New Jersey 07072

Bildnachweis

Unser besonderer Dank gilt Sasha de Stroumillo von der Laura Ashley Ltd. für das Arrangieren zahlreicher Photographien und für den großen Zeitaufwand, den sie der Vorbereitung des Buches gewidmet hat. Außerdem danken wir Monica Sudek für die Bereitstellung von Mustern und die Herstellung vieler der gezeigten Gegenstände.
Die Herausgeber danken folgenden Personen und Organisationen für die freundliche Erlaubnis, Photographien und anderes Material in diesem Buch wiederzugeben:

Photographien

Laura Ashley Limited 8–9, 22 oben, 24 oben rechts, 25, 45 unten, 60 unten, 61 oben, 64 oben, 74, 80 oben, 85 rechts, 87 rechts, 80, 90 unten; (Nick Ashley) Titelseiten, 6, 7 oben, 8–9, 13, 14–15, 23, 39 oben, 41, 55 oben, 61 unten, 62 links, 63 unten, 64 unten, 66 unten, 78, 80 unten, 90 oben, 94 unten rechts, 95; (Jean Dalban) 26 unten links, 54, 55 unten, 62 oben rechts, 65 oben links und rechts, 83, 88 unten rechts; (Mike Hancock) 51 unten, 52 unten, 53, 57 links und unten rechts, 65 unten links und rechts, 75, 86 rechts, 88 unten links und oben rechts; (Stefano Massimo) 39 unten; (Arabella Campbell McNair Wilson) 7 oben rechts und unten, 14, 17 oben links, 20, 20–21, 26 oben, 26 unten rechts, 27–35, 37, 43, 45, 47 unten, 48, 49, 51 oben, 52–53, 56, 58, 60, 62 unten rechts, 66 oben, 67, 72, 73, 76, 77, 79 links, 81 unten, 82, 84 links, 85 unten links, 87 oben und unten links, 88 oben links, 91, 94 oben rechts, 96; (James Mortimer) 24 links, 38, 85 oben links; (George Mott) 22 unten, 36–37, 39 oben, 86 oben.
Camera Press Limited 71; Carina 47 oben; Philip Dowell 90–91, 92 unten; Henry Fullerton 46; Louis/Shevre Associates (Elliot Blatt) 11 unten rechts, 40; Derry Moore 63 oben; Meredith Corporation (Bradley Olman) 44; (Thomas Hooper) 69; Malcolm Robertson 11 oben links, 57 oben rechts; Schöner Wohnen 12; Syndication International 24 unten rechts, 50; Elizabeth Whiting and Associates 9, 10, 11 oben rechts, 15, 16–17, 17 oben rechts, 18, 19, 42, 59, 70, 79 oben und unten rechts, 81 oben, 84 rechts, 92 oben, 92–93, 94 links.

Grafik

Sue Thompson 98–123, Lynn Breeze 124–155.

Raumgestaltung

Antony Childs, Inc. & Laura Chester 11 unten, 40; Betty Hammell Robrecht 46; Johnny Grey 18; Virginia Wetherall 11 oben rechts, 18 rechts, 19, 59.

Schablonenmuster

Felicity Binyon/Elizabeth McFarlane 11 oben, 18 rechts, 19; Margaret Colvin 87 oben; Mary Macarthy 87 unten.

Register

T

U

V

W

Z